W0245344

Raoul Schrott

HOMERS HEIMAT

Der Kampf um Troia
und seine realen Hintergründe

Carl Hanser Verlag

Zu den benutzten Zeichen:

[ ] = Auslassungszeichen
[…] = Leerstellen im Text
Mit | 1, | 2, | 3 etc. am Seitenrand
wird auf die Abbildungen im Anhang verwiesen.

3 4 5   12 11 10 09 08

ISBN 978-3-446-23023-1
© Carl Hanser Verlag München 2008
Alle Rechte vorbehalten
Satz: Satz für Satz. Barbara Reischmann, Leutkirch
Druck und Bindung: Ebner & Spiegel, Ulm
Printed in Germany

INHALT

HOMERS HEIMAT

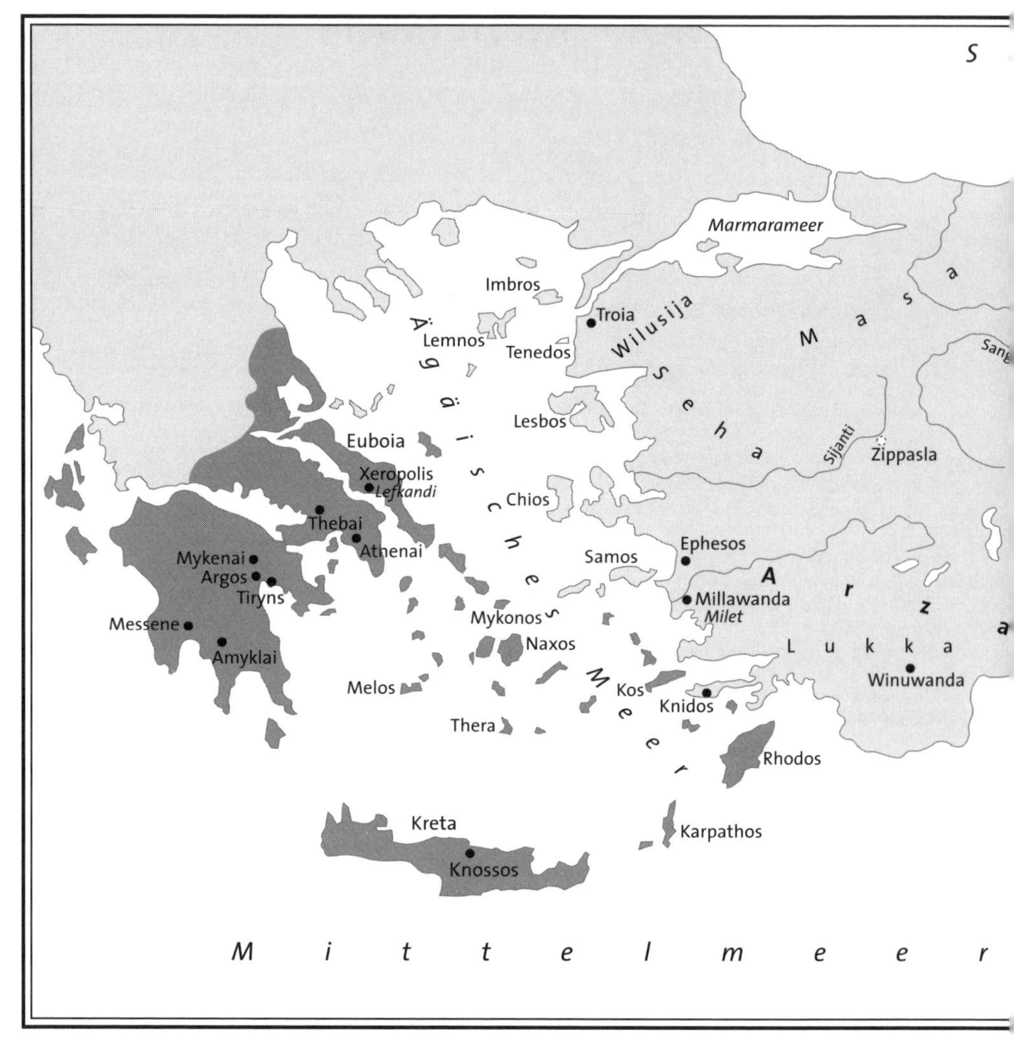

Griechenland und Kleinasien in der 2. Hälfte des 2. Jahrtausends

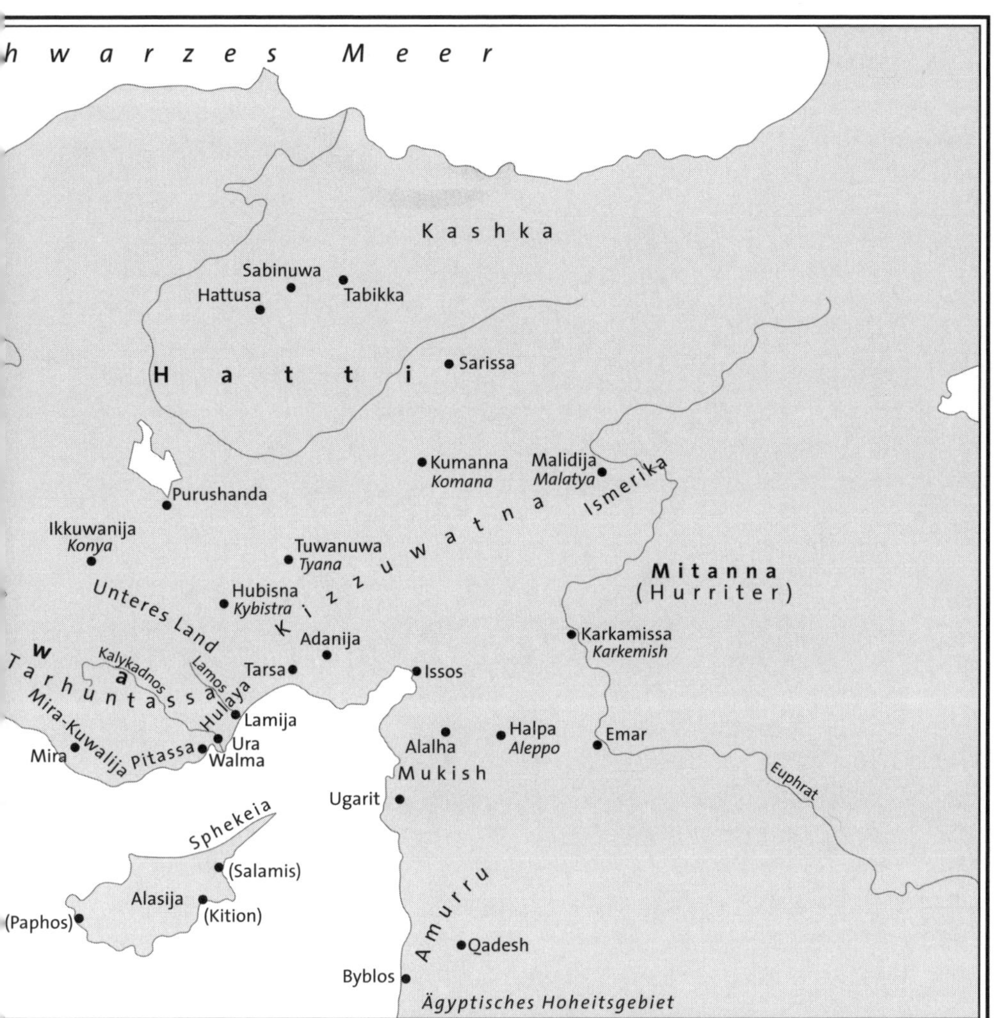
hwarzes Meer
Kashka
Sabinuwa
Hattusa
Tabikka
Sarissa
Hatti
Kumanna
Komana
Malidija
Malatya
Ismerika
Purushanda
Ikkuwanija
Konya
Tuwanuwa
Tyana
Kizzuwatna
Mitanna
(Hurriter)
Unteres Land
Hubisna
Kybistra
Adanija
Karkamissa
Karkemish
Tarhuntassa
Kalykadnos
Lamos
Tarsa
Issos
Mira-Kuwalija
Hulaya
Lamija
Halpa
Aleppo
Emar
Pitassa
Ura
Alalha
Mira
Walma
Mukish
Euphrat
Sphekeia
Ugarit
(Salamis)
Alasija
(Paphos)
(Kition)
Amurru
Qadesh
Byblos
Ägyptisches Hoheitsgebiet

VORWORT

Die *Ilias* umfaßt 15 693 Hexameter; um sie ins Deutsche zu übertragen, wälzt man Kommentare, Wörterbücher und Studien zu den einzelnen Stellen und vergleicht die vielen Übersetzungen anderer, um auf den Sinn der Zeilen zu kommen und stimmige deutsche Sätze für sie zu finden. Mehr als ein paar Dutzend Zeilen sind deshalb pro Tag nicht zu schaffen – doch man lernt so das Epos genauer kennen als beim reinen Lesen. Der Blickwinkel, unter dem man es betrachtet, ist dabei natürlich nicht unwesentlich: ich ging zunächst davon aus, es mit einer Dichtung zu tun zu haben, die auf einer uralten mündlichen Überlieferung beruhte, welche die Sage von Troia über Jahrhunderte weitergetragen hatte. Das entsprach nicht nur der etablierten Lehrmeinung, es kam mir auch als Dichter entgegen – als Argument *pro domo.* Denn welch beeindruckenderes Beispiel könnte es für den Stellenwert der Poesie geben, wenn Homer vorzuführen scheint, daß sie nicht nur eine schöne Kunst ist, sondern zugleich auch alles Wissen einer Zeit zu bewahren vermag?

Nach und nach aber lehrten die einzelnen Verse selbst, das Epos mit anderen Augen zu sehen. Trotz seiner auf orale Traditionen zurückgehenden Diktion erwies es sich zunehmend mehr als *Text,* dessen Komposition grundlegend von einer schriftlichen Abfassung geprägt war. Zugleich zeigte sich aber, daß es auch auf anderen Texten beruhte: nachdem ich vor nicht allzulanger Zeit *Gilgamesh* übertragen hatte, war ich hellhörig für die in der *Ilias* auftauchenden Parallelen dazu, die weniger wie ein Echo motivischer Archetypen denn wie wortwörtliche Übernahmen klangen. Zusätzlich wies die Sekundärliteratur neben *Gilgamesh* und anderen akkadischen Epen aber noch eine ganze Reihe weiterer semitischer und hethitisch-hurritischer Stoffe und Motive als Vorlagen aus. Wobei all dies einen um so mehr vor das Problem stellte, wie ein griechischer Dichter an sie gekommen war – und damit auch, wo.

Die einfachsten Fragen sind immer am schwersten zu beantworten – außer man weiß, wen man fragen kann. Eine Antwort darauf gab mir der Althistoriker und Altorientalist Robert Rollinger, der sich – wie Burkert, West und immer mehr Spezialisten – mit den antiken Kontakten zwischen Orient und Okzident beschäftigt hatte. Er machte mich auf Kilikien aufmerksam, wo sich alle diese Kulturkreise überschnitten – wobei er erwähnte, daß es dort auch Hinweise auf Danaer und Achaier gäbe. Meine Neugier geweckt, schob er mir einen Stapel von Arbeiten zu diesem Themenkreis auf den Tisch und lieferte mir so eine erste Orientierung für das, was für mich völliges Neuland war.

Bei den schnell auftauchenden Detailfragen wurde ich von ihm auch jedesmal auf die rechten Literaturhinweise verwiesen – was die vorliegende Studie letztlich erst möglich machte: als Grabungsarbeit in mehreren Festmetern von Büchern in einer wohlsortierten Universitätsbibliothek. Daß mir Robert Rollinger und viele seiner Kollegen in vielerlei Hinsicht mögliche Wege wiesen und sie mit mir diskutierten, ist das eine; daß ich jedoch für die in dieser Arbeit vorgelegten Ergebnisse allein die Verantwortung übernehme, ist das andere.

Denn was sozusagen mit einem Sondierungsschnitt begann, weitete sich aus, wobei über der alten troianischen Schicht bald ein ganz anderer Grundriß der *Ilias* zum Vorschein kam. Meine Skepsis über die einzelnen Funde schwand erst nach und nach: erst die die immer deutlicher zutage tretenden Fundamente räumten schießlich jeden Zweifel darüber aus, daß ich mit Kilikien auf das richtige Grabungsgelände geraten war. Weshalb sonst keiner darauf gestoßen war, hat wohl mehrere Gründe. Zum einen begann diese Region erst vor kurzem für die Forschung interessant zu werden – ohne daß man bislang daran gedacht hatte, sie mit unserem Epos in Verbindung zu bringen. Zum anderen lag es daran, daß erst die neueste Datierung der *Ilias* um 660 den Blick auf den Orient gelenkt hatte – viele Gelehrte sie jedoch immer noch im 8. Jahrhundert ansetzten. Dazu kam schließlich, daß man sich auf Troia und die kleinasiatische Westküste konzentrierte, wo den sehr viel späteren biographischen Legenden zufolge Homer herstammen sollte – was wäre näher gelegen? Jedenfalls kam so niemand auf die Idee, woanders nach ihm zu suchen.

Worauf ich jedoch am anderen Ende des Mittelmeers stieß, waren vergessene Kolonialisationsbestrebungen seitens der Griechen, die mit jedem weiteren Spatenstich zum Vorschein kamen und dabei auch den eigentlichen Zeithorizont der *Ilias* offenlegten. Auf der breiten Basis der traditionellen griechischen Epik aufbauend, sind sie es, die dem Epos seinen Gegenwartsbezug verleihen, indem sie Neues mit einbringen und alles Alte passend dazu konturieren. Als Eckpfeiler dieses von Homer gewissermaßen modernisierten und renovierten Erzählgebäudes lassen sich dabei folgende Prämissen und Schlußfolgerungen anführen:

– Als Heimat Homers läßt sich das griechische Festland oder die Westküste Kleinasiens ausscheiden, weil dort die bloß schriftlich zugänglichen akkadischen Texte nicht nachweisbar sind. In seiner Epoche überschnitten sich die diversen semitischen Kulturen mit der hurritisch-hethitischen und der griechischen Tradition – deren Vermischung die *Ilias* erkennen läßt – nur in Kilikien, auf Zypern und in Nordsyrien.

– Erster beweiskräftiger Beleg für Kilikien ist, daß die Bevölkerung dort bereits im 2. Jahrtausend gleichzeitig als Achaier *und* Danaer bezeichnet wird, was so nicht einmal für das griechische Festland gelten kann. Vermehrt gilt dies gerade für die Epoche unmittelbar vor Homers Zeit, wobei auch ein danaischer König über die kilikischen Achaier namens Awarikas greifbar wird, den die *Ilias* unter dem Namen Assarakos zu einem Vorfahren des Priamos erhebt.

– In einer breiten Gegenprobe dazu lassen sich bereits an den Göttern der *Ilias* spezifisch kilikische Synkretismen ausmachen, wobei auch die Mythen um Sarpedon, Bellerophontes, Aineias und Oineus, die Amazonenkönigin Myrine, Typhoeus oder der Feuerkult am Pyramos (der sich im Feuerkampf mit dem Skamandros widerspiegelt) bezeugbare Lokalbezüge aufweisen.

– Aussagekräftig sind auch die Landschaftsbeschreibungen der homerischen Gleichnisse. Sie stimmen in ihren agrarischen und geographischen Spezifika alle mit Kilikien und kaum je mit der Troas überein; das gleiche gilt für lokal belegbare Traditionen – von der Pferdezucht und den Schiffsbau bis hin zur Mode –, die das Epos meist formelhaft zitiert. Darüber hinaus lassen sich aber nicht nur viele iliadische Namen als typisch kilikisch ausmachen; auch eine ganze Reihe von im Epos erwähnten Orten ist in Kilikien nachweisbar.

– Von keinem anderen Land ist überdies bekannt, daß sich die Griechen in dieser Zeit gegen eine den Troern entsprechende Macht im

Krieg befunden hätten. Ihre Kolonialisationsbestrebungen Anfang des 7. Jahrhunderts im Zuge der kilikischen Revolten gegen die Assyrer boten jedoch genügend Anlaß für die iliadischen Schlachtgemälde – und das Publikumsinteresse daran. Die unabhängig davon durch Burkert und West etablierte Datierung der *Ilias* und die Abfolge dieser Aufstände stützen sich dabei gegenseitig.

– Der direkte historische Bezug zu der Geschichte der Griechen in Kilikien ergibt sich zunächst durch die erste, vom assyrischen Herrscher Sargon II. niedergeschlagene Revolte. Sein Tod im Kampf gegen die Kimmerier an der kilikischen Landesgrenze löste dann eine zweite kilikische Revolte aus; er führte überdies dazu, daß am *Gilgamesh* jene XII. Tafel angehängt wurde, die Homer offenbar als Vorlage für das Erscheinen von Patroklos' Geist diente.

– Die spezifischen Ereignisse im Rahmen dieser Aufstände, die dank der erhaltenen Annalen nachzeichenbar sind, flossen im selben Maß in die *Ilias* ein, wie sich an den daran beteiligten kilikischen Protagonisten Ambaris, Ahat-Abisha, Kirua, Sanduarri und Azatiwada Vorbilder für die Charakterzeichnungen von Paris, Helena, Hektor und Priamos erkennen lassen. Dabei wird ebenfalls deutlich, daß Homer auch Achilleus viele Züge verlieh, die auf die assyrischen Großkönige verweisen, und er die Griechen seines Epos generell in die Rolle der Assyrer schlüpfen ließ.

– Die Eroberung Jerusalems durch Sargons Sohn Sanherib im Jahre 701 leitete dann die Niederschlagung der zweiten kilikischen Revolte ein. In Jerusalem sind dabei nicht nur auf beiden Seiten Griechen nachweisbar, die Belagerung dieser Stadt lieferte Homer auch wesentliche Motive für seinen I. Gesang. Das geht aus Herodots Bericht darüber sowie der Schilderung im *Alten Testament* hervor, die mit der Anfangsszene der *Ilias* bis in Details hinein übereinstimmen.

– Im Zuge dieser zweiten kilikischen Revolte wurde das von Argeiern besiedelte Tarsos erobert, seine Mauern geschliffen und der Fluß durch sie umgeleitet, genauso wie Homer es anhand des griechischen Walls beschreibt – wobei er auch auf die Beschreibungen der etwa zeitgleichen Flutung Babylons als Textvorlage zurückgreift.

– Überdies arbeitete Homer in sein Epos auch die Kriegsberichte zu anderen assyrischen Feldzügen – die Schlacht von Halule oder die Eroberung des ägyptischen Theben in den Jahren 671 und 663 – in sein

14

Epos ein, wobei letztere mit zur modernen Datierung des Epos geführt hat.

– Die Zitadelle von Karatepe, die im Lauf der dritten kilikischen Revolte von Asarhaddon zerstört wurde, hat Homer wiederum das Modell für die Beschreibung seines Troia geliefert. Die Anlage dieser Stadtfestung auf einem steilen Hügel über einer Furt entspricht von ihren Toren bis zum Palast der Beschreibung Troias; die dort entdeckten Reliefs zeigen starken griechischen Einfluß; vielen von ihnen lassen sich Stellen der *Ilias* gleichsam als Bildlegenden daruntersetzen; und auch die erhaltene Inschrift liefert nicht wenige aussagekräftige Parallelen.

– All dies rundet noch ein literarisches Motiv ab: die *contradictio in adiecto* eines von Homer in die Troas verschobenen ›kilikischen Thebe‹; sie verrät den Projektionsmechanismus eines Dichters, der seine Zeitgeschichte auf den alten troianischen Stoff überträgt und diese Stadt zum Symbol dafür macht. Thebe wird auf dieselbe Weise von Achilleus erobert, wie es dann auch für Troia in Aussicht gestellt wird, und trägt damit bereits den Kern der *Ilias* in sich; und sie initiiert auch die Fabel des Epos – von der dort geraubten Chryseis bis zu der aus dieser Stadt stammenden Leier, mit der von alten Heldentaten gesungen wird. Wobei sich dank dieses einen Schlüsselsteins zuletzt noch eine klare Verortung der Aitoler, Kureten, Epeier und Pylener sowie von Achilleus' Herkunftsland in unserem Raum ergibt.

Diese zwölf Punkte liegen meiner These zugrunde; auf ihnen baut die Rekonstruktion eines Dioramas homerischer Zeitgeschichte auf. Ergänzt wird sie durch eine Menge weiterer Materialien, die von den jeweiligen Fachdisziplinen ausgegraben wurden: Hunderte von Fragmenten, die die Gegenwartskonturen des Epos skizzierbar machen. Was sie darstellen und woher sie stammen, ist zwar manchmal bloß erschließbar: sie sind folglich im einzelnen so disputierbar, wie andererseits ganze akademische Lehrgebäude auf ihnen aufbauen. Einzeln besehen können sie deshalb nur als Hypothesen in den Raum gestellt werden; in ihrer Summe jedoch runden sie das Ganze kohärent ab. Der Übergang von allgemein anerkannten Fakten zu Konjekturen ist dabei notgedrungen fließend – nicht zuletzt deshalb, weil wir es bei der *Ilias* ja mit Fiktion zu tun haben. Überzeugend werden sie jedoch gerade durch das Kumulative von Evidenzen und Indizien, die lückenlos zueinander passen: wo mehrere hundert von ihnen eine konzise These samt einer stringenten Argumentationslinie ergeben, hat man es wohl mit mehr als nur Wahrscheinlichkeiten und zufälligen Übereinstimmungen zu tun.

Dies gilt um so mehr, als die einzige Alternative dazu bislang auf einer einzigen Zeile in der *Ilias* beruhte, in der Aineias die Herrschaft über Ilios prophezeit wird. In Verbindung mit einer sechshundert Jahre jüngeren Stelle bei Strabon – der darin Aineias' Söhnen einen Herrschersitz in der Troas zuschreibt – hat dieser Vers genügt, um von Wilamowitz über Schadewaldt bis hinauf zu Heitsch zu postulieren, daß Homer Sänger am Hof dieses Aineidengeschlechts gewesen wäre. Wenn eine derart dürftige Beweislage genügt, um eine reine Konjektur hoffähig zu machen, dann verleihen schon allein die folgenden, exponentiell umfangreicheren Belege der hier vorgestellten These Hieb- und Stichfestigkeit: ganz abgesehen von der Aussagekraft der einzelnen Indizien, bei denen Texte, Zeitbezug und Archäologie sich gegenseitig stützen.

Daß die zu Homer überlieferten biographischen Anekdoten keine brauchbaren Fakten zu seiner Person liefern, darin stimmen die Gräzisten inzwischen überein. Die Grabungen in Troia und die Erforschung der Geschichte dieser Stadt bieten da schon ein wenig mehr – in Bezug auf das mehr als fünfhundert Jahre später geschriebene Epos bleiben die daraus gewonnenen Erkenntnisse jedoch zwangsläufig ebenfalls rudimentär. Das hat zu einem in den letzten Jahren erbittert ausgefochtenen Disput geführt, bei dem die Fakten dieser Studie eine vermittelnde Position einbringen können. Denn daß die bronzezeitlichen Schriftquellen die Genese des troianischen Sagenkreises offenzulegen vermögen, ist durchaus vertretbar. Der historische Kern dieses Stoffes ist jedoch eher in den *Kypria* nachweisbar: wobei sich zeigen wird, daß der zypro-kilikische Raum bei den geschichtlich belegbaren Ereignissen schon damals eine Rolle spielte. Dazu kommt noch der Mopsos-Mythos, der auf archäologisch nachweisbaren Wanderbewegungen nach 1200 beruht, die vorstellbar machen, wie eine im Nordwesten der Ägäis spielende Geschichte ins östliche Mittelmeer gelangte.

Für die – leider nur mehr durch Inhaltsangaben und Zitate erschließbaren – *Kypria* ist deshalb eine kontinuierliche Traditionslinie postulierbar, die auf den Gesängen von Aoiden beruhen mag; nicht jedoch für die *Ilias*. Sie baut zwar, wie sie durch viele Anspielungen demonstriert, auf diesen ›kyprischen Geschichten‹ auf und arbeitet dabei auch eine

Vielzahl von offenbar oral überlieferten Erzählungen in ihre Fabel ein: spezifische Bezüge zu den Kämpfen zwischen Achaiern und Hethitern in der Zeit vor 1200 sind in ihr jedoch ebensowenig auszumachen wie ein Bild von Troia, das der historischen Realität entspräche.

Umgekehrt lassen sich aber auch für die poetologischen und linguistischen Hypothesen, die man bislang aufgeboten hat, um eine über Jahrhunderte hinweg ungebrochene Tradierung zu behaupten, andere Erklärungen finden. Die Formelsprache unseres Epos dient ja in erster Linie dazu, Verse im Hexameter singbar zu machen: sie bildet damit eine Kunstsprache heraus, die jedoch nicht zwangsläufig auf eine uralte *orale* Konvention zurückzubeziehen ist, für die es im griechischen Raum – bis auf Hesiod und ein paar hexametrische Zeilen, die hundert Jahre älter als die *Ilias* sind – keine Belege gibt. Als Beweis einer historisch entstandenen Diktion kann sie deshalb kaum gelten: bei den Liedern unserer Minnesänger käme auch keiner auf die Idee, dahinter mündlich überliefertes Gedankengut sehen zu wollen. Und was die linguistischen Hypothesen betrifft, die das berühmte Digamma-Problem, die archaisch anmutenden Genitive und Vokabeln als Relikte der mykenischen Kultur auffassen wollen, so bieten sich auch dafür andere Antworten an: das *w* war in der luwischen Sprache Kilikiens genauso präsent; und die sprachlichen Eigentümlichkeiten sind gleichfalls durch den dort gesprochenen griechischen Dialekt erklärbar, der durchaus alte Wurzeln besessen haben mochte. Auch beim *Nibelungenlied* vertritt ja niemand mehr die Auffassung, wir besäßen damit das Zeugnis einer ungebrochenen germanischen Überlieferung: das verrät bereits sein österreichischer Spracheinschlag. Genauso wie diese Heldensage ist dabei die *Ilias* – das zeigen ihre Quellen wie ihre Form – im selben Maß Produkt eines völlig anderen Mediums: der Schrift. Was so als Text abgefaßt wurde, hat dadurch auch die alten oralen Parameter transformiert: und auch die Poetik unseres Epos zeigt durch ihre Komplexitäten wieder und wieder, daß sie weit mehr als nur das Diktat einer extemporierenden Mündlichkeit ist.

Dazu kommt ein weiteres Argument, das gegen die ebenso direkte wie umfassende Tradierung eines alten Stoffes in der *Ilias* spricht: denn je mehr man in ihr bloß historisch und formelhaft fixierte Gesänge sehen will, desto mehr verliert man jeden zeitgenössischen Bezug. Doch welches Publikum hätte sich je für einen reinen Anachronismus interessiert, der seinen Zeithorizont völlig ausblendet? Und welcher Dichter je eine Geschichte erzählt, die seine eigene Lebenswirklichkeit ganz ignoriert hätte? Wo doch das Erzählen die unmittelbarste Form darstellt, um der Gegenwart und der Welt um uns Relevanz zu verleihen? Unter diesem Gesichtspunkt bietet sich von dem, was wir über Troia und Griechenland zu Homers Zeit wissen, nichts Greifbares an, das erklären könnte, warum dieser Stoff plötzlich eine derart monumentale Gestalt erhielt, weshalb ein solches Schlachtengemälde von Bedeutung gewesen wäre und wie, wo und unter welchen Umständen es entstehen konnte – denn das in ihm beschriebene Gesellschaftspanorama läßt sich auch mit der kleinaiatischen Westküste im 7. Jahrhundert kaum in Dekkung bringen.

Vor der Kulisse Kilikiens hingegen lassen sich die Hintergründe dafür ebenso breit wie schlüssig entfalten. Auf den ersten Blick mag es natürlich stutzig machen, dort die Heimat Homers erkennen zu können. Doch auch dafür bietet die deutsche höfische Epik ein Paradigma, das sich auch auf die *Ilias* übertragen läßt. Denn wüßten wir nicht, wer unsere Artussagen geschrieben hat, müßte man sie zunächst – ihrer Handlungsschauplätze und Figuren wegen – für Zeugnisse einer uralten mündlichen Überlieferung der Kelten halten. Entdeckten wir daraufhin, daß diese *matière de Bretagne* auch in der französischen Epik – gleich wie der troianische Stoff in den *Kypria* – erstmals ausgestaltet wurde, würden wir dies wohl anfänglich ebenso nur für eine periphere Tradition erachten: im Autor unseres *Tristan* aber sähen wir sicherlich weiterhin einen keltischen Barden. Käme dann schließlich seine Identität an den Tag, stieße sie wohl überall auf ungläubige Skepsis: Gottfried? Von Straßburg??

Der Vergleich hinkt dabei nicht einmal, was die Sprache betrifft: denn so wie der keltische Stoff ins Französische und von dort in Deutsche übersetzt wurde, gelangten auch die Sagen der alten Achaier (die eine vorgriechische Sprache redeten) ins Griechische und wurden dann mit vielen aus völlig anderen Kulturkreisen übertragenen Motiven angereichert. Wobei Homer seine Lebenswirklichkeit auf dieselbe Weise in sein Heldenlied einfließen ließ wie Gottfried lange nach ihm – und Kilikien sich als ähnliche kulturelle Brücke erweist wie das Elsaß für den singenden Schreiber aus Straßburg.

Die ersten Kapitel zielen darauf ab, den troianischen Stoff zunächst in seinem historischen Kontext vorzustellen. Obwohl er für unsere eigentliche Argumentation die *Ilias* betreffend nicht direkt relevant ist, wollte ich dennoch nicht darauf verzichten, auf die zunächst wenig leserfreundlichen und sehr komplexen Ereignisse in der Zeit vor 1200 einzugehen, weil sich darin der historische Kern der *Kypria* bereits zusammen mit ersten Bezügen zu Kilikien zeigt. Weiter ausgreifend werden die Dinge erst danach: je näher sich die Zeitgeschichte anhand der *Ilias* und ihren Quellen schildern läßt, desto deutlicher wird uns dann Homers Heimat entgegentreten.

Anzumerken sind dabei zwei Caveats. Diese Studie ist darauf angelegt, möglichst umfassend jenes Material vorzulegen, das die zeitgenössischen Hintergründe des Epos zu erhellen vermag. Dadurch soll jedoch nicht der Eindruck entstehen, daß der *Ilias* jedweder mündlich überlieferter Stoff abzusprechen wäre. Ein großer Teil der Mythen, die sie einbaut, scheint nach wie vor alten griechischen Ursprungs zu sein — worauf die folgenden Seiten eingehen, sind allein jene Erzählebenen, Strukturen und Figuren, bei denen sich entweder ein spezifischer kilikischer oder ein kontemporärer Akzent ausmachen läßt. Da sie dabei alles ins Feld führen will, was an Argumenten aufgeboten werden kann, schlägt sich dies natürlich auch stilistisch nieder. Jedem Satz ein ›wie es scheint‹, ›offenbar‹ oder ›höchstwahrscheinlich‹ vorauszuschicken, hätte die sprachliche Demonstration nur unnötig kompliziert. Fakten, die nicht interpretationsabhängig wären, ergeben sich in der Geschichtsschreibung wie in der Literaturwissenschaft ohnehin nur in Ausnahmefällen; sie spiegeln nur einen sich beständig wandelnden akademischen Konsens wider. Ihm will diese Arbeit eher mit einem überzeugenden Ton begegnen, der jedoch nicht apodiktisch gemeint ist. Was sie dabei an neuen Zusammenhängen aufzeigt, beruht ja ihrerseits ebenfalls wieder überwiegend auf den neuesten Erkenntnissen der verschiedensten Disziplinen: sie wurden von mir nur auf komparatistische Art und Weise mit der *Ilias* in Verbindung gesetzt. Um auch hier eine gewisse Ökonomie walten zu lassen, weisen die Angaben in den Fußnoten nur dann Seitenzahlen auf, wenn eine Stelle nicht in der Kürze eines Aufsatzes oder durch ein Register leicht nachprüfbar ist.

Stringente Argumente vorzulegen, um sich dadurch eine Diskussion zu wünschen, die viele neue Fragen aufwerfen kann, ist Anliegen dieser

Studie: was und wieviel daran korrekturbedürftig ist, wird der wissenschaftliche Diskurs dann zeigen. Daß ich hier und jetzt vor den offensichtlichsten Fallschlingen bewahrt wurde, habe ich jedoch einer ganzen Reihe verschiedenster Fachkenner zu verdanken, die mir bereitwillig Auskunft auf meine Fragen gaben und den Text kommentierten: neben Robert Rollinger sind da von der Universität Innsbruck auch Christoph Ulf, Wolfgang Kofler, Peter Haider, Ivo Hajnal zu nennen; Sigrid Deger-Jalkotzky in Salzburg; Walter Burkert in Zürich; Rolf Stucky und Joachim Latacz in Basel; Josef Wiesehöfer in Kiel, Manfred Hutter in Bonn, Peter Jablonka in Tübingen und Barbara Patzek in Essen sowie Gianni Lanfranchi in Padua und Martin West in Oxford.

1 ANFÄNGE

A – HOMERISCHE LEGENDEN

Der göttliche Homer; der arme Sänger; der Seher; der blinde Mann aus Chios, Smyrna oder einer anderen der sieben Städte, die sich seine Herkunft zugute hielten; der Geschichtsschreiber und Philosoph; der Schirmherr aller Scholiasten, Kommentatoren, Exegeten, Gräzisten und Lehrer; der Übervater für all seine Epigonen; eine Autorität in Sachen Religion und aller sonstigen Dinge des Lebens, kurz: *der* Dichter – das ist die Maske, die uns seit dem Ende des 6. Jahrhunderts vor unserer Zeit entgegenstarrt.[1] Und seitdem kamen weitere hinzu: der Januskopf der ebenso jahrhundertealten Frage, ob ein und dieselbe Person auch die *Odyssee* geschrieben haben könne; die Chimäre, daß es ein Kollektiv von Aoiden und dann Rhapsoden war, die über Epochen mündlicher Weitergabe hinweg Epen ausarbeiteten, die erst spät in den uns vorliegenden Texten fixiert wurden[2]; oder die Sphinx eines ersten und zugleich besten Dichters, der als Hofpoet im 8. Jahrhundert nicht nur die abendländische Literatur begründete, sondern uns zugleich auch das Alphabet vorbuchstabierte.[3] Dank aller sich um ihn rankenden Legenden und trotz aller philologischen und archäologischen Verortungsbemühungen ist Homer inzwischen zu ›Homer‹ geworden.

1 Diskussion: Graziosi 2002. — 2 Janko 1982 und Nagy 1996. — 3 Latacz 1989, S. 29: *Die Literalität des Abendlandes hätte einen anderen Verlauf genommen, hätten die Griechen damals im gleichen Geist gehandelt wie später ihre etruskischen, römischen und mittelalterlichen Nachfolger: diese alle übernahmen von ihren jeweiligen Lehrmeistern zusammen mit der Schrift auch die Literatur (und eben dadurch ist die einheitliche Literalität des Abendlandes von Homer bis zur Literatur der Gegenwart ermöglicht worden). Die Griechen als einzige entschieden damals anders: Sie lösten das Instrument von den Produkten ab und nutzten es zur Schaffung einer eigenen Literatur. Die Werke, die sie an den Anfang des auf diese Weise neubegründeten Literalitätsstranges stellten, waren nicht Fremdimporte, sondern Schöpfungen des eigenen Geistes: Ilias und Odyssee.*

Daß wir nur mehr diese *persona* kennen, nicht aber das Gesicht hinter der Maske, hat historische Gründe. Zum einen fiel Homer in jene Zeit, wo die uralte Profession des Barden, die das Wissensgut und die Erzählschätze der oralen Tradition mit Hilfe von Formeln und Versen extemporierten, von einer der größten kulturellen Umwälzungen eingeholt wurde: der neuerlichen Verbreitung der Schrift im Mittelmeerraum. Vom 8. bis zum 6. Jahrhundert – der Übergangszeit für diese Medienrevolution – bildeten sich nicht nur die ersten Poeten heraus, die sie als neues Kompositionsmedium benützten, sondern auch der Berufsstand der Rhapsoden, die diese Texte nunmehr unabhängig von ihren Verfassern vortrugen. Die Personalunion des Aoiden spaltete sich so in Autoren als ›Handwerker des Wortes‹ und in Gilden von wandernden Performern auf[1]: diese gewissermaßen poetische Arbeitsteilung ist mit Ursache dafür, daß das Wissen um die Person Homers verlorenging und durch publikumsträchtige Legenden ersetzt wurde.[2] Das Interesse an diesen mehr oder minder kunstvollen Viten begann dabei mit den von Hipparch eingeführten regelmäßigen Rezitationen der beiden Epen bei den panathenäischen Festspielen um 520. Mit der gesellschaftlichen Verbreitung des Lesens und Schreibens im 5. Jahrhundert (die ersten ›Buchstände‹ gab es in Athen um 430); dem Epigonentum und der zunehmenden Zuschreibung verschiedenster Werke zum Namen ›Homer‹; seiner spätestens seit Alexander unverrückbaren Kanonisierung und seinem schließlich bis nach Rom übergreifenden Ruhm, stillten diese Viten das Interesse an seiner Person.[3]

Hinter diesem neuen Bedürfnis, den Autor als Person verorten zu wollen, wird auch eine politische Motivation kenntlich: Homer wird zur Identifikationsfigur für ein gemeinsames ›griechisches‹ Bewußtsein, das sich ebenfalls ab dem 6. Jahrhundert langsam durchsetzt. Diese Idee einer politischen Gemeinschaft, die auf sprachlichen, kulturellen und religiösen Berührungspunkten gründete, wurde von Athen und Sparta getragen; sie spielten nicht nur eine dominante Rolle in der innergriechischen Geschichte, sondern definierten auch die im 5. Jahrhundert einsetzende historiographische Überlieferung entscheidend mit. Es ist

1 Zur Differenzierung Aoide/Poet/Rhapsode: Graziosi 2002. — 2 Zu diesen völlig inauthentischen Legenden: West ed. 2003 und Latacz 1989. — 3 Diskussion: West 1999; Graziosi 2002.

eine Prägung, die bis heute nachwirkt – die griechische Geschichte wird immer noch mit Athen oder Sparta gleichgesetzt, besser gesagt: verwechselt.[1] Wo für die Jahrhunderte vorher ethnische Schranken und Abgrenzungsmuster zu anderen Kulturen kaum erkennbar sind, Orient und Okzident nur ineinander übergehende geographische Räume waren, werden sie nach den Perserkriegen zu zwei verschiedenen Welten, die gegensätzlicher nicht sein könnten: dort der verweichlichte, dem Luxus verfallene Orientale, despotisch und vielweiberisch; hier die die hart erprobten, von einer kargen Umwelt gestählten Griechen, freisinnig und demokratisch. Und dieser Gräkozentrismus geht dann nahtlos in einen ebenfalls bis heute prägenden Eurozentrismus über.

Stattgefunden hat die Geburt der Idee ›Europas‹ in einem Milieu des Austausches zwischen Europa und Asien – geführt hat diese Identitätsfindung aber wie so oft zu Ausgrenzungen und der Entwicklung von Stereotypen.[2] Die *Ilias* steht dabei genau in der Mitte dieses Prozesses: sie ist das Produkt von kulturellen Aus- und Ineinandersetzungen. Benützt jedoch wurde sie zur politischen Identitätsstiftung. Und gelesen wird sie viel zu oft immer noch unter einem gräko- oder eurozentristischen Blickwinkel: dem haben zuerst die Arbeiten Burkerts und Wests sowie archäologische Ergebnisse wirksam etwas entgegenzuhalten vermocht.

Hinter diesem kulturellen Paradigma versteckt sich auch der Gemeinplatz, demzufolge Kreativität etwas mit einer *creatio ex nihilo* zu tun hätte: ein Geniebegriff, dem ›Homer‹ seit jeher Pate stand. Dabei zeigt jedoch jeder Blick in die Kulturgeschichte, daß alles Eigenständige in der Regel durch die Übernahme von Ausdrucksformen und Inhalten aus anderen Kulturkreisen zustande kam; sie wurden für den eigenen Raum adaptiert und erhielten dadurch auch neue Relevanz: nur darin können sie dann Originalität beanspruchen.

Dies gilt schon für die Evolution des Alphabets: die mit der Adaption ägyptischer Hieroglyphen durch semitische Zwangsarbeiter in den Türkisminen am Sinai einsetzt und sich dann durch die Anpassung an immer neue linguistische Kriterien und Kulturkreise – von den Phöniziern über die Griechen, Etrusker, Römer bis zu uns – zu dem entwickelt hat, was wir heute für selbstverständlich halten. Es trifft aber auch auf

1 Diskussion: Rollinger 2004 a. — 2 Diskussion: Rollinger 2004 b.

die Geschichte des Reimes in Europa zu: aus dem arabischen Raum
kommend, wurde er über die irischen Mönche, die Trobadors und die
Dichter am Hofe Friedrichs II. importiert, konnte im alliterierenden
Deutschen erst nur schwer Fuß fassen – und gilt heute doch als das tra-
ditionellste poetische Ausdrucksmittel. Und es läßt sich auch für die
Entstehung der höfischen Epik belegen: keltische Mythen wanderten –
zusammen mit Erinnerungen an die Besetzung Englands durch die Römer und den Einfall der germanischen Stämme – von Wales in die Bretagne, gelangten als *matière de Bretagne* an die französischen Höfe und
erreichten dann wieder England, wurden dabei aber auch im deutschen
Sprachraum aufgegriffen, wo sie uns als Arturischer Sagenkreis geläufig
sind. Eine vergleichbare Peripetie für die *Ilias* nachzuzeichnen versuchen die folgenden Seiten.

B – DANAER, ACHAIER UND DARDANER
IM 2. JAHRTAUSEND

Levante und Ägäis

Für die Griechen war nicht nur die Ägäis ein vertrauter Ort, sondern
darüber hinaus auch das gesamte östliche Mittelmeer. Die geschichtliche Kontinuität dieses Raumes wird dabei selbst noch in späteren
genealogischen Mythen erahnbar. Kann die Archäologie zeigen, daß
›Griechen‹ Ende des 3. oder Anfang des 2. Jahrtausends in den Ägäisraum einwanderten, so spiegelt sich dies auch in ihren Mythen wider,
die Inachos zu ihrem Stammvater erheben. Dieser hatte zwei Söhne:
Belos, der Aigyptos und Danaos zeugte; sowie Agenor, der drei Söhne
und eine Tochter hatte: Kadmos, Kilix und Phoinix. Letztere ließen sich
auf der Suche nach ihrer Schwester Europa (die Zeus in Sidon geraubt
hatte) in Griechenland, Kilikien und in Phönizien nieder. Als Europa
von Zeus dann nach Kreta gebracht wurde, gebar sie ihm Minos, Sarpedon und Rhadamanthys: Minos wurde König von Kreta; Sarpedon
ging, um über Lykien zu herrschen, das einmal auch Pamphylien umfaßte; und Rhadamanthys wanderte nach Euböa aus. Bezeichend an

dieser Sage ist, daß sie den griechischen Küsten nur wenig Beachtung schenkt – der eigentliche kulturelle Horizont stellt für sie Ägypten, Phönizien, die Südküste Kleinasiens und Kreta dar.[1]

Was der Mythos von innen als ein geschlossenes Ganzes und über Jahrtausende hinweg Gewachsenes präsentiert, ist anhand der archäologischen Zeugnisse zeitlich wie geographisch noch differenzierbarer. So läßt sich etwa am Beispiel Milets und der umliegenden Inseln zeigen, daß kretische Minoer dort schon im 17. Jahrhundert siedelten und diese Region im 16. und 15. Jahrhundert dann regelrecht kolonisiert hatten.[2] Die mykenischen Festlandgriechen hingegen werden erst danach greifbarer.

Dem östlichen Mittelmeerbogen – von Anatolien über die Levante bis nach Ägypten – kommt dabei jedesmal besondere Bedeutung zu. Die minoischen wie mykenischen Palastkulturen und Festungsanlagen verraten große Parallelen zu jenen des hethitischen Reiches und Ugarits. Mit dieser nordsyrischen Stadt handelten die Minoer Metalle und andere Waren ein – wobei aus diesem Umraum auch Langschwerter und Streitwagen nach Kreta gelangten. Die Mykener dann unterhielten Handelskontakte mit dem Fürstentum Amurru beim späteren Byblos und übernahmen aus dieser Region auch die Technik der Metallmalerei. All dies hat auch linguistische Spuren hinterlassen. So wanderten in dieser Zeit aus den semitischen Sprachen der Levante das Wort für Helm, den Chiton, für Gold, Elfenbein, Löwe, Kumin und Sesam neben anderen Begriffen für Pflanzen, Tiere, Stoffe, Mineralien und diverseste Gebrauchsgegenstände ein.[3]

Aus dem Osten stammen auch die ältesten Schriftzeugnisse, in denen die Ägäis erstmals faßbar wird. Quellen in Ugarit[4] berichten von einer Seereise zu den ägäischen ›Inseln an der Höhe des Himmels‹ und über Kreta weiter nach Ägypten;[5] sie erwähnen dabei auch eine herrliche ›ionische‹ Vase.[6] Detailliert ausgewiesen wird der griechische Kernraum dann von einer ägyptischen Inschrift am Totentempel Amenophis' III. (ca. 1390–1352). Diese Inskription nennt zwei scheinbar gleichrangige

1 II 319–22 sowie Herodot VII 91; Schol. Eur., *Phoen.* 6, Apollodorus III.1; Diskussion: Finkelberg 2005. — 2 Niemeier 2005. — 3 Diskussion: West 1997 und CAH III.3. — 4 Diskussion: Dietrich-Loretz 1998; eine Ableitung des Begriffs ›Ionier‹ bereits zu dieser Zeit wird durch die Transformation von *Achhiya-wanni/*(A)ija-unni/Iaones* möglich. — 5 KTU 1.3 VI 7–16. — 6 KTU 1.4 I 41–43.

Regionen: Kreta (*kafta*) mit Knossos und anderen Städten und die Peloponnes samt Böotien (*tanaja* – das Land der Danaer), wo neben anderen Städten Mykene[1] und Theben aufgelistet werden. Die ägäischen Kontakte mit Ägypten lassen sich dabei auch archäologisch nachweisen: so fand man etwa in Mykene Fayenceplatten eines ägyptischen Heiligtums mit dem Namen Amenophis' III.[2]

Von einer Einheitlichkeit von Reichen in der Ägäis kann in dieser Zeit jedoch keine Rede sein: die Idee eines Staates – wie sie sich in Ägypten, Mesopotamien oder bei den Hethitern zeigt – lag noch weiter hinterm Horizont. Eher kann von unabhängigen Kleinfürstentümern und Stadtstaaten gesprochen werden, die nicht zuletzt durch ihre Heiratspolitik wechselnde Allianzen eingingen. Das gilt etwa für die Beziehungen zwischen dem mykenischen und dem minoischen ›Reich‹, wo eine kriegerische Okkupation Kretas durch die Mykener ebenso denkbar ist wie friedlich enger werdende Beziehungen.[3] Und das betrifft auch die *Ilias*: selbst noch in ihr ist das Verhältnis zwischen den einzelnen griechischen Volksgruppen von Rivalität, Beutefeldzügen und Kriegen untereinander ebenso wie von gegenseitigen Bündnissen bestimmt.

Wie zersplittert die Ägäis war, verraten auch die unterschiedlichen Schriftformen, die zu dieser Zeit dort kursierten. Grob gesprochen sieht es aus, als hätten die frühen Griechen ein allgemeines Repertoire von syllabischen Zeichen verwendet, die von den einzelnen lokalen Schriftarten jeweils etwas anders kombiniert wurden – wobei später manche dieser Symbole auch in die ersten kleinasiatischen Alphabete (wie das karische, lykische oder lydische) aufgenommen wurden. Im engeren Sinn hatten sie jedoch drei Dinge gemeinsam: ob Linear A und B, Kypro-Minoisch oder die Inskriptionen aus Byblos, dem Jordantal oder in Kanaan – sie finden sich in jenen Regionen, auf die der Inachos-Mythos Bezug nimmt; sie unterscheiden sich alle von der Keilschrift und den Hieroglyphen der Ägypter und Hethiter; und sie definieren bereits jenen Raum, der ein Jahrtausend später das phönizische Alphabet adaptieren würde.[4]

1 Die Stadt Argos wird ebensowenig wie Sparta genannt; statt dessen scheint Amyklai auf, der frühere Hauptort der Region um Sparta. — 2 Diskussion: Latacz 2001. — 3 CAH II.1. — 4 Diskussion: Finkelberg 2005.

Während die Danaer in der Ägäis kaum greifbar sind, tauchen sie jedoch schon lange vorher – und noch lange danach – am Rande des hethitischen Reiches auf, das sich zwischen dem 17. und dem 12. Jahrhundert zu einer Großmacht entwickelte, die sich mit Ägypten und Mesopotamien messen konnte. Dort, in Südanatolien, liegt jenes Durchgangsland, das in der Antike – abgeleitet von assyrisch ›Hilakku‹ – Kilikien genannt wurde und sich seit alters her aus zwei Territorien zusammensetzte: dem gebirgigen Westen mit seinem luwisch dominierten Bevölkerungsanteil (dem ›Rauhen Kilikien‹) und dem flachen, ehemals hurritisch dominierten Osten (dem ›Ebenen Kilikien‹). Diese Spaltung geht auf die dortigen Handelswege zurück, die einerseits in den Westen, nach Kappadokien und in den hethitischen Kernraum, andererseits zu den Hurritern in Mitanni oder nach Syrien und Mesopotamien führten. Und sie ist zugleich symptomatisch für die politische Situation: die wechselvolle Geschichte Kilikiens war von Allianzen mit den Reichen im Norden, Osten und Süden bestimmt, mit denen es seine Unabhängigkeit zu bewahren versuchte.[1]

Bevor wir uns jedoch auf eine nähere Diskussion dieses Territoriums einlassen, stellt uns die Erwähnung von Danaern und Achaiern sowohl in der Ägäis als auch in Kilikien vor ein immer noch diskutiertes Problem: nämlich ob sie ursprünglich von dort stammten – oder ob das Umgekehrte der Fall ist. Da es in Kilikien bislang nur zu wenigen Grabungen kam, sind die einzigen Fakten, die wir für eine Antwort einbringen können, Namen, ihre Ableitungen und schriftliche Dokumente: mehrere historiographische Zeugnisse der Ägypter und Hethiter aus dem 2. Jahrtausend, die Danaer *und* Achaier auch in Kilikien verorten; ein paar kilikische Inschriften des 8. und 7. Jahrhunderts, die diese zwei Ethnien als lokal und austauschbar erkennen lassen[2]; Homer dann, der beide mit griechischen Namen etikettiert; und die pseudohe-

---

1 Diskussion: Desideri-Jasink 1990. — 2 Bemerkenswert ist dabei, daß vor 1200 die semitischen Völker und die Ägypter diese Kiliker als Danaer *und* als Achaier bezeichnen, während die Hethiter nur von Achaiern, nie aber von Danaern sprechen, sondern vom ›Land um Adanija‹. Demnach wären die Danaer als irgendwann einmal als autochthon verstandene Bevölkerung Adanijas deutbar, während die Achaier für sie noch länger Fremde blieben – eine Unterscheidung, die für andere Völker irrelevant gewesen sein kann.

siodischen *Ehoien*, in denen Danaos zum Stammvater des vorgriechischen Volkes der Danaer und Achaios zum dem der Achaier erhoben wird.[1]

Da Hesiod wie Homer aufgrund ihrer literarischen Quellen einen Bezug zu diesem Raum hatten, scheint die historische Kontinuität der Verbindung zwischen der Ägäis und Südanatolien jedoch mehr als bloß denkbar. Mag sein, daß beide dort auf alte ›griechische‹ Wurzeln innerhalb einer Bevölkerung stießen, die längst die lokale Kultur übernommen hatte – ein fast vergessenes Erbe, wie es sich auch in unseren modernen Staatsnamen widerspiegelt. Die Holländer werden von den Engländern, die ihrerseits von den ›Angeln‹ und ›Sachsen‹ abstammen, ja heute noch ›dutch‹ – also ›deutsch‹ – genannt; und die Franzosen haben ihren Namen von den Franken. Uns tangiert dieses Problem nur am Rande; sich damit zu befassen dient jedoch dazu, dem Raum der *Ilias* eine an den Anfang der Schriftgeschichte zurückreichende Tiefe zu verleihen.

Zunächst läßt sich die Bedeutung Kilikiens zu dieser Zeit nur einkreisen. Von Kreta weiß man wie gesagt, daß seine Handelskontakte nicht nur nach Milet[2] reichten, sondern auch bis nach Zypern, Byblos in Amurru, Ugarit, Qatna am Oberlauf des Orontes und und Mari am mittleren Euphrat, dessen Palast bereits im 18. Jahrhundert starke minoische Einflüsse zeigt.[3] Vom Fürstentum Amurru ist etwa belegt, daß es engen Kontakt mit einem als ›ionisch‹ bezeichneten Nachbarland hatte.[4] Und in Ugarit läßt sich nachweisen, daß dort griechische Händler zusammen mit kilikischen Kaufleuten aus Ura lebten. In allen drei Fällen wird damit bereits eine Tangente an unsere südanatolische Region gelegt.

Greifbar wird Kilikien erstmals unter der Herrschaft des hethitischen Königs Amuna (ca. 1565–1550), wo von einer Revolte im ›Land von Adanija‹ berichtet wird. Zurückführen läßt sich dieser Aufstand auf den Einfluß der Hurriter im Osten, die sich nun wie ein Keil in das hethitische Reich zu schieben begannen.[5] In Folge brachte dies die Abspaltung Kilikiens mit sich[6]: ein selbständiges Königreich unter dem Namen Kiz-

---

1 Ehoia 128.1 und 10.23. — 2 In Milet zeigten die Grabungen, daß die Minoer schon vor den Mykenern dort einen Handelsposten hatten. — 3 CAH III.3. — 4 KTU 1.4.:27 und 1.84:2.[13]; Diskussion: Dietrich-Loretz 1998. — 5 Diskussion: Wilhelm 1982. — 6 Zeitgleich führte diese Revolte auch im Westen Kleinasiens zur Abspaltung von Arzawa, das

zuwatna entstand – wobei um 1500 ein Herrscher namens Echeya, eine achaische sowie zwei möglicherweise zypriotische Siedlungen belegbar sind.[1] Kernbereich dieses unabhängig gewordenen Territoriums war die Ebene um Adanija[2] – jene Stadt, die auch heute noch Adana heißt. Da dort jedoch bislang keine Grabungen stattgefunden haben, sind wir für die Annahme einer möglichen ägäischen Präsenz in Adanija auf eine Reihe von Indizien angewiesen.

Da ist zum einen ihre geographische Lage zu bedenken: von Adanija aus führt nicht nur der kürzeste Weg nach Hattusa, der Hauptstadt der Hethiter, und weiter ans Schwarze Meer, sondern auch ins Stammland der Hurriter[3], die die südanatolischen Kulturen mitprägten. Das betrifft sowohl die Götter dieses indoarischen Volkes, wie ihre Erfahrungen in der Pferdezucht und der Kriegstechnik: ihre gesellschaftliche Elite bezeichnete sich als ›Streitwagenfahrer‹. Von ihnen gelangte die Verwendung des Streitwagens etwa im 14. Jahrhundert – wahrscheinlich über Kreta – weiter in den griechischen Raum. In der *Ilias* leitet sich der Name eines kretischen Lenkers, Meriones, von der hurritischen Bezeichnung für diese Wagenkämpfer ab: ›maryannu‹[4]. Dasselbe gilt für den Kompositbogen, den sie gebrauchten: einen solchen benützt im Epos der Lyker Pandaros[5].

erst wieder um 1315 ins hethitische Reich eingegliedert werden konnte – und dessen Rivalität auch in bezug auf Troia und die Griechen von Bedeutung war; siehe C. — 1 Zur ›Stadt der Achaier‹ siehe infra; *URU Izzi-ya-an*, das spätere Issos; und *URU Zisi-[.]Ie KI,* das mittelalterliche Sision östlich von Adanija (heute Kozan), das zur Zeit des Hurriterkönigs Idrimi um 1500 bereits auftaucht. Die Suffixe *Ya-an* und *Ie* lassen sich mit und dem Land *Ia* – Zypern – und deren Bewohnern – *Ya-wan* – in Verbindung bringen; Diskussion Casabonne 2004 und Forlanini 2001. — 2 Diskussion: Freu 2001. Historiographisch unter diesem Namen belegt ist Adanija (als Bezeichnung einer Stadt wie eines Landes) in sechs hethitischen Dokumenten, von denen das erste einen Staatsvertrag mit Telepinu Anfang des 16. Jahrhunderts darstellt; Goetze 1940 und Desideri-Jasink 1990. — 3 A. Goetze 1962 leitet Danaer (›Macher‹) wie Achaier (›Söhne‹) aus dem Hurritischen ab; das wirft zwei weitere (vgl. Fußnote 2, S. 27) Szenarien auf: a) diese Namen stellen die hurritischen Bezeichnungen für ihre griechischen Handelspartner (und Handwerker) dar, die sich schließlich breit durchsetzten. Oder b): es handelt sich bei den Danaern und Achaiern um autochthone Hurriter, die sich dann auf griechischem Gebiet niederließen. Um zwischen diesen zwei Bevölkerungsgruppen unterscheiden zu können, dazu reichen die archäologischen Erkenntnisse nicht; was sie zumindest verband, war eine gemeinsame Sprachfamilie und Kultur – wobei es bezeichnend ist, daß die Griechen von den Hurritern die Kampftechnik mit Bogen und Streitwagen übernahmen. — 4 Diskussion: Wilhelm 1982. — 5 IV 110–1.

An einem klaren Tag sieht man von Kilikien aus die Silhouette Zyperns: daß beide sich zu einer Handelsregion verbanden, hängt auch mit den Bodenschätzen zusammen. Im Taurusgebirge hinter der neben Adanija ältesten Stadt Tarsos lagen ergiebige Silber- Blei-, Gold- und Eisenminen sowie Zinnvorkommen. Von Bedeutung waren letztere vor allem für die Bronzeherstellung: Kilikien exportierte Zinn nach Zypern und importierte von dort Kupfer.[1] Das um 1325 vor der lykischen Küste gesunkene Schiff von Uluburun hatte neben zyprischem Kupfer auch Zinn, Silber und Blei aus Kilikien an Bord[2]; ähnliches gilt für das um 1200 gesunkene Wrack von Gelidonya. Die überall in der Kilikien ausgegrabenen Tonscherben liefern einen ähnlichen Befund: Keramik ägäischen Typs wurde sowohl auf Zypern wie lokal hergestellt.[3] Wie groß der Reichtum dieses Raumes bereits in der Mittleren und Späteren Bronzezeit war, zeigen nicht nur zweistöckige Häuser mit großen Lagerräumen voller Amphoren, die in Tarsos zum Vorschein kamen[4] – Siegel weisen zudem überdurchschnittlich viele luwische ›Prinzen‹ und ›Prinzessinnen‹ aus.[5]

Evidenz für eine griechische Kolonialisation Kilikiens liefert all dies nicht, zumindest bis dato; und bis auf einen eher fraglichen ›Echeya‹ sind dort auch keine ägäischen Königsnamen belegt. Das einzige, was wir wissen, ist, daß es in diesem Raum Händlergilden gab[6], die mit dem ägäischen Raum in Verbindung standen – und daß im 14. und 13. Jahrhundert ägäische Händler auf Zypern nachweisbar sind; sie kohabitierten mit der einheimischen Bevölkerung[7], die damals unter ägyptischer Herrschaft stand.

Diese ägäischen Händler profitierten von den Seewegen, die protophönizische Schiffsleute etabliert hatten.[8] Den Wind- und Strömungsverhältnissen folgend reichten diese von der Levante über Zypern nach

1 Trémouille 2001. — 2 Diskussion: Pulak 2005. — 3 Von den 25 Fundstellen wurden jedoch nur 4 (Tarsos, Mersin, Kazanli und Kilisi Tepe) bisher ausgegraben; E. Jean 1999. Keramik vom Typ LH IIA – IIIc fand sich in Yumuktepe, Kazanli, Tarsos, Mersin (dem späteren Anchiale) sowie in und um Soloi, wo ebenfalls ›zyprisch-kilikische‹ Ware nachweisbar ist; Yagci 2001. In Kilise Tepe und zwischen Silifke und Mersin fand sich die teure, aus Zypern stammende RLW-Ware; Symington 2001. Für die Funde aus Mersin siehe Garstang 1953; Überblick der Funde auch in: J. Vanschoonwinkel 1990. — 4 Yakar 2001. — 5 Lébrun 2001. — 6 Trémouille 2001. — 7 Baurain 1994. — 8 Pulak 2005; sowohl das Uluburun-Schiff wie das von Gelidonya hatte einen semitischen Heimathafen – Diskussion: Bass 2005.

Kreta[1], weiter sogar bis nach Sardinien[2] – und über Ägypten wieder zurück. Als das Uluburun-Schiff von Zypern auslief, hatte es deshalb nicht nur einheimische Händler und italische Passagiere, sondern offenbar auch zwei mykenische Gesandte an Bord. Kilikien stellte für diese Handelsroute einen Nexus dar, durch den Waren weiter ins hethitische Großreich gelangten[3]: zyprische Luxuskeramik findet sich dank dieser Kontakte nicht nur in Ägypten und Nordsyrien, sondern auch im anatolischen Hochland[4]; und umgekehrt wanderte in dieser Zeit aus dem Taurus das Wort für ›Beil‹ in die Ägais (*pelekys*) und in Assyrien (*pilakku*) ein.[5]

Die Vermutung, daß sich in Adanija Danaer angesiedelt haben könnten, wird weiter durch die in Kizzuwatna damals urkundlich belegte Praxis der Landschenkungen möglich. Die Macht der jeweiligen Herrscher ergab sich aus der Größe des Grundbesitzes, der ihnen gehörte; sie usurpierten nicht nur Ländereien, sondern verkauften sie dann auch an den Privatsektor, zu dem die Händler gezählt wurden.[6] Daß Adanija unweit der Küste am schiffbaren Saros lag[7], ist dabei bezeichnend. Die Hethiter verfügten über keine eigene Flotte[8]; da sie deshalb auf fremde Schiffstransporte angewiesen waren, bot sich dieser Hafen wohl auch für ägäische Schiffe an – von ihm aus ließen sich die Waren noch ein ganzes Stück flußaufwärts in Richtung ihrer Hauptstadt bringen. Welche Ausmaße der hethitische Import dabei annahm, ist für das benachbarte Ugarit im 13. Jahrhundert belegt, wo die frühen Griechen eine Niederlassung etabliert hatten.[9] Der dortige Herrscher erlegte seinen einheimischen Händlern ein halbjährliches Embargo auf, damit die Getreidepreise – an denen damals auch der Wert anderer Waren gemessen wurde – durch den Export nach Kilikien nicht in Höhen getrieben wurden, die für die ugaritische Stadtbevölkerung unerschwinglich wurden.[10] Dabei kamen wohl auch minoische und mykenische Frachtschiffe ins Geschäft: Kilikien diente jedenfalls als Umschlagplatz von Waren, die von Osten, Westen und dem Meer weiter ins Inland gehandelt wurden.

---

1 Auf Kreta sind zudem im mykenischen Lexikon vor 1200 auch luwische Personennamen als Arbeiter belegt. — 2 Von Zypern gelangte Kupfer bis dorthin; Lo Schiavo 2005. — 3 Daß Zypern mit den Hethitern diplomatische Kontakte hatte, diskutiert French 1965. — 4 Eriksson 1993. — 5 Beekes 2007. — 6 Yakar 2001. — 7 Bryce 2003. — 8 Sie bedienten sich im Krieg ugaritischer Schiffe; Diskussion: Höckmann 2005. — 9 Boardman 1980. — 10 Vargyas 1985; ihr Handelspartner war dabei der westkilikische Hafen Ura.

Ägyptische Quellen geben uns dann über die folgenden Jahrhunderte Auskunft. Sie kennen Kilikien – von den Inskriptionen Thutmosis' III. angefangen, über den Briefwechsel Ramses' II. mit dem hethitischen König[1] bis hin zu Ramses III. – unter dem Namen ›Qode‹ und ›Que‹. Dieses Toponym leitet sich von der Lautung ab, mit der die Ägypter die Achaier wiedergaben: *ekwes*[2].

Unabhängig davon verorten sie dort jedoch auch Danaer. Daß sich in Adanija dabei ein möglicherweise ursprünglich minoischer Außenposten befunden haben könnte, legen die Annalen Thutmosis' III. nahe. Er berichtet nach seinem Syrienfeldzug 1437, daß ihm der ›Stadtherr der Danaja‹ ein kostbares Trinkservice im kretischen Stil als Anerkennungsgeschenk übersandt hat.[3] Darunter ist wohl kaum ein Tributzoll seitens des griechischen Festlandes zu verstehen[4], sondern eher eine diplomatische Geste Kizzuwatnas: Adanija bemühte sich augenscheinlich, die Autonomie des Landes seitens der Ägypter aufrechtzuerhalten, die nun die Levante in der Hand hatten. Den Hethitern gegenüber verlor Kizzuwatna – trotz seiner Allianz mit den Hurritern – jedoch an Boden.

Zeitgleich werden auch die Kreter aus ihren Kolonien verdrängt[5]; auf ihrer Insel werden nun vermehrt Mykener nachweisbar. Inwieweit dies symptomatisch für innergriechische Machtverhältnisse ist, läßt sich kaum sagen; der Expansionsdrang der Griechen wurde jedenfalls nicht gehemmt. So ist um 1370 von einem ›Mann aus Achaia‹ die Rede, einem gewissen Attarissija; hinter ihm läßt sich ein Grieche ausmachen: Atarsias, der ›Furchtlose‹ – hinter dessen Namen sich auch der mythische Atreus verbergen könnte.[6]

---

1 In einem Brief Ramses' II. an Hattushili III. taucht Que in einer geographischen Sequenz mit Subari und Amurru in Nordsyrien auf, Jasink 2001. — 2 Diskussion: Casabonne 2004; diese Lautung findet ihre Parallele in der Bezeichnung Kilikiens durch die späteren neoassyrischen Könige. Salmanassar bezeichnet die Kiliker zuerst als *Qa-a-ú-e*, was später auf *Qu-ú-e* verkürzt wurde. Die linguistische Brücke führt dabei von *(Ach)Chiawa* über *Qa-we* zu *Que*. Goetze 1962. — 3 So argumentiert Haider 1988; wären mit den Danaern hier jedoch Festlandgriechen gemeint, wäre wohl nicht von einem Stadtherrn, sondern von einem König die Rede. Gegengeschenk könnte die ägyptische Statuette gewesen sein, die man in Adana fand; siehe Casabonne 2004, Fußnote 775. — 4 Latacz 2003. — 5 Niemeier 2005. — 6 Von Niemeier 2002 auch als ›Atreus‹ gedeutet.

Zunächst stiftet Atarsias Unruhe in den Lukka-Ländern (dem späteren Lykien)[1]; dann überfällt er von dort aus mehrmals jene Regionen Zyperns, die von den Ägyptern dominiert werden.[2] Unterstützt wird er dabei von einem Fürsten der auch später noch ›achaisch‹ genannten Nordostküste Zyperns[3], welcher sich dadurch Hoffnungen auf die Gesamtherrschaft der Insel zu machen scheint: der Herrscher von Piggaya.[4] Atarsias' Ausgangsbasis scheint jedoch Kilikien zu sein: das legen nicht nur seine Umtriebe und sein Bündnispartner, sondern auch die folgenden Ereignisse nahe.

Nachdem die beiden dort jedoch scheitern, richten sie ihren Expansionsdrang auf den Südwesten Kleinasiens. Sie schließen sich Kupanta-Kurunta an, dem König von Arzawa, der mit ihrer Hilfe seinen erbrechtlichen Anspruch auf den hethitischen Thron durchsetzen will.[5] Sie bringen dafür auch die benachbarten Länder auf ihre Seite: im Westen das Flußland Seha, die Troas und Ilios[6]; im Osten das mit den Hurritern

---

1 Diskussion der Ereignisse um Atarsias auch Bryce 2002. — 2 Das geht daraus hervor, daß der König von Alasija (Zypern) dem ägyptischen Pharao Amenophis klagt, daß Leute des Landes Lukka auf seiner Insel Jahr für Jahr Städte plündern; Forrer RLA I [Alasija]. — 3 Forrer RLA I [Alasija] brachte Piggaya über Stephanus Byzantius, das *Etymologicum magnum* und den Scholiasten Lycophron mit der Sphekeia, einem alten Namen für Zypern, in Verbindung und belegte den Lautwechsel von *P* zu *Sph* am Beispiel von böot. *phinx*/gr. *sphinx;* die Identifikation fand breite Akzeptanz, obwohl auch eine Verortung in Perge, Pamphylien vorgeschlagen wurde (vgl. del Monte-Tischler 1978). Zur ›achaischen‹ Nordostküste Zyperns siehe auch Ptolemaios V 13. — 4 Beckman 1996, Nr. 27; der sogenannte ›Maduwatta-Text‹ (KUB 14.1 + Kbo 19.38 [CHT 147]). — 5 Beckman 1996, Nr. 27; der sogenannte ›Maduwatta-Text‹ (KUB 14.1 + Kbo 19.38 [CHT 147]); Kupanta-Kurunta war ein Sohn des hethitischen Königs Muwatallis I. — 6 In KUB XXIII. 27 und 142,2 A/85,2 A KUB XXIII 11 – den Annalen Tudhalijas II. – wird neben Arzawa und dem Flußland Seha auch ›… Wilusija, Taruisa‹ zu den feindlichen Ländern gezählt; vgl. Carruba 1977./ Der Bezug zu der im Maduwatta-Text näher geschilderten Kampagne gegen Atarsias ist dadurch gegeben, daß Tudhalija das ›Erstarken des Landes Arzawa‹ als Anlaß seines Feldzugs nennt. Wie aus den Annalen des hethitischen Großkönigs Tudhalija hervorgeht, war er gegen die aufständischen Länder im Norden Arzawas marschiert. Sein Sohn und Thronfolger Arnuwanda ging im Auftrag seines Vaters gleichzeitig gegen die Hurriter und Achaier in Kizzuwatna vor (vgl. auch den Vertrag Tudhalijas mit Kizzuwatna; Beckman 1996, Nr. 2); er schloß sich erst dann dem Feldzug gegen Atarsias an. Diese Abfolge geht aus den Annalen Arnuwandas hervor: der berichtet darin zuerst vom Kampf gegen Adanija und eine ›Stadt der Achaier‹ und berichtet erst unmittelbar danach: *Dann gingen mein Vater Tudhalija, der Großkönig, und ich – Arnuwanda, der [spätere] Großkönig – und schlugen das Land Arzawa* (KUB XXIII 21; Caruba 1977).

liierte Kilikien.[1] Daraufhin erobern sie den nordöstlich von Lykien liegenden Binnenstaat Zippasla[2], dessen von den Hethitern eingesetzter Vasallenfürst – Maduwatta – vor ihnen die Flucht ergreift.

Von zwei Seiten in die Zange genommen, reagiert der hethitische Großkönig Tudhalija II. (ca. 1390–1370), indem er seine Kräfte teilt. Er selbst marschiert gegen Atarsias und Kupanta im Westen, seinen Sohn Arnuwanda (1370–1355) schickt er jedoch in den Süden nach Kilikien. Arnuwanda stößt dort auf eine Allianz von hurritischen Kriegern und Achaiern, die in dieser Region mehr als nur einen Stützpunkt besitzen, kann aber die aufständischen Städte wieder zurückerobern:

die Stadt Adanija, die Brücke ... die Stadt Sinuwanda, die Stadt der Achaier ... baute ich wieder auf. Zuerst ... die Stadt Zulita[3], ... die Truppen und die Wagenkämpfer darin ... entfernte ich. [] Dann gingen mein Vater Tudhalija, der Großkönig, und ich – Arnuwanda, der [spätere] Großkönig – und schlugen das Land Arzawa[4].

Nachdem er Kilikien wieder unter Kontrolle gebracht hat, schließt Arnuwandas Streitmacht mit dem Heer seines Vaters auf: nördlich von Zippasla[5] kommt es zur Schlacht, die die Aufwiegler verlieren. Ku-

1 Das mit Arzawa liierte Mira reichte einmal bis Aura (die alte Hafenstadt Ura) an der Grenze zum Rauhen Kilikien und umschloß auch das südwestlich von Aura gelegene Land Pitassa; Heinhold-Kramer 1977, 335ff. und 355ff. — 2 Das geht aus dem Maduwatta-Text (Beckman 1996, Nr. 27) hervor, wo Maduwattas Herrschaftsgebiet das ›Land des Zippasla-Gebirges‹ genannt wird und vom Sijanta-Fluß die Rede ist. Beide werden von Forlanini 1977 u. a. östlich von Arzawa verortet. — 3 Sinuwanda lag nordwestlich von Adanija, an der kilikischen Pforte, wo sich Silberminen befanden; Trémouille 2001 und Forlanini 2001; wahrscheinlich war dies die Bergfestung des ungeschützt in der Ebene liegenden Emporiums Adanija. Zulita lag im östlichen Amanusgebirge und gehörte später zum Reich von Mukish, dessen Zentrum die Ebene von Antiochia bildete; del Monte-Tischler 1978 und Marin 2001. — 4 Annalen des Königs Arnuwanda I., KUB XXIII 21.6 [CTH 143/86], Carruba 1977 und der Maduwatta-Text Arnuwandas I., Beckman 1996, Nr. 27. Aus beiden Texten geht hervor, daß Arnuwanda sich dabei auf die Kampagne seines Vaters gegen Atarsias und Kupanta-Kurunta bezieht – wobei jedesmal wortidentisch erwähnt wird, daß Kupanta flüchten konnte, seine Frau und seine Kinder aber zurücklassen mußte (vgl. KUB XXIII 21. II 31–31/ III 1–4 und Beckman 1996, Nr. 27 § 8, 9 und 10). / Die Schreibweise der ›Stadt der Achaier‹ ist *URU Hi-ia-x*, del Monte-Tischler 1978. Darin spiegelt sich eine spezifisch luwische Schreibweise des Toponyms *(Ach)hiiaua* wider; Diskussion: Hajnal 2003. — 5 Am Fuß des Berges Hullusiwanda, am Oberlauf des Sijanti-Flusses (Arnuwanda-

34

panta-Kurunta kann sich zusammen mit Atarsias noch einmal retten, muß dabei jedoch seine Familie und all seinen Besitz in Zippasla zurücklassen, wo der Hethiterkönig seinen alten Vasallen Maduwatta wieder auf den Thron setzt – und ihm Kupantas erbeutete Frauen überläßt.[1]

Daß sich darunter auch eine Griechin befand, mit der das Bündnis zwischen Atarsias und Kupanta besiegelt worden war, ist für die damaligen Verhältnisse nicht unwahrscheinlich. Sie könnte jedenfalls der Grund gewesen sein, weshalb Atarsias (anders als Kupanta-Kurunta) noch nicht aufgibt. Denn obwohl militärisch kaum noch etwas zu holen war, zieht Atarsias kurz darauf noch einmal gegen Maduwatta in den Kampf – was auf eine private Fehde schließen ließe: ›der Herrscher von Achaia kam später zurück, weil er plante, *dich*, Maduwatta, zu töten‹.[2] Tudhalija schickt darauf einen seiner Generäle mit einer Abteilung Streitwagen und Infanterie gegen ihn los; bei dem Kampf fallen jeweils ein Anführer der Hethiter und der Griechen – worauf sich Atarsias endgültig geschlagen geben muß.[3]

Dieser von einem Achaier mit angezettelte Aufruhr gegen die Hethiter hat die wohl älteste Schicht des Stoffes von Troia herausgebildet. Denn so wie Atarsias einen zypriotischen Herrscher zum Bundesgenossen hat, schildern auch die *Kypria*[4], daß sich die Griechen vor ihrem Heereszug mit dem zypriotischen König Kinyras verbünden. Zusammen mit ihm wollen sie dann Troia erobern, belagern dabei jedoch die falsche Stadt: Teuthrania[5]; sie wird in eben jenem Flußland Seha situiert, das sich zu Atarsias' Zeit der Aufruhr angeschlossen hatte. Nachdem die Griechen dort jedoch – gleich wie Atarsias – eine Niederlage erleiden, kehren sie wieder auf ihre Ausgangsbasis zurück. Sie wagen erst einige Zeit später einen zweiten Anlauf gegen Troia, um sich Helena zurückzuholen, wobei es auch Achilleus auf diese Frau abgesehen hat.

Annalen, KUB XXIII 21) – ein Teil des Sultan Dag; verortet von Forlanini 1977; siehe auch del Monte-Tischler 1978. — 1 Beckman 1996, Nr. 27 § 10. — 2 Beckman 1996, Nr. 27 § 12. Denkbar ist dabei, daß Atarsias, ›der Achaier‹, in der Achilleusfigur aufging – in den *Kypria* hat er es zumindest ebenfalls auf Helena abgesehen und wird mit ihr dank Aphrodite und Thetis zusammengebracht: so wie es sich hier um eine Frau Kupanta-Kuruntas handelt, ist Helena ja auch in den *Kypria* die geraubte Frau eines Bundesgenossen. — 3 Beckman 1996, Nr. 27 § 12. — 4 Text in West 2003 b. — 5 Teuthrania wird östlich von Pergamon am Kaikos verortet, mitten im Flußland Seha – was damit gegeben ist, scheint eine Vermischung der Ereignisse um Zippasla mit der späteren, ebensowenig erfolgreichen Eroberung der Seha-Region durch Tarhundara um 1220 (siehe C).

Mag sein, daß sich in Atarsias' Vendetta mit Maduwatta eine Wurzel für das Helena-Motiv findet. Ihren troianischen Gemahl erhält sie jedoch erst dank der späteren Ereignisse in der Troas, wo es in der Folgezeit immer wieder zu Übergriffen der Achaier kommt. Wie wir im nächsten Kapitel sehen werden, taucht da nämlich um 1300 ein troianischer König namens Aleksandu auf, den die *Kypria* unter dem Namen Alexandros als Helenas Verführer präsentieren; mit ihm schließen die Hethiter einen Vertrag ab, in dem sie noch einmal auf Atarsias' Untaten verweisen.[1]

Atarsias' Aktivitäten liefern dabei nicht nur einen weiteren Beleg für die Präsenz von Griechen in Kilikien und Zypern, sie etablieren auch für den historischen Kern des Troiastoffes einen Bezug zu diesem Raum. Denn daß man sich angesichts ihrer Beteiligung am arzawischen Aufstand für Atarsias' Geschichte interessierte, scheint offensichtlich – nicht nur, weil darin eine ›Stadt der Achaier‹ und ein zypriotischer Herrscher verwickelt waren, sondern auch, weil es in unmittelbarer Folge davon zu großen Umwälzungen in Kizzuwatna kam.

1 | Die Rebellion der Randregionen einmal niedergeschlagen, wurde Kizzuwatna nun vollständig in das hethitische Reich eingegliedert – wobei sein Territorium auf das Land um Adanija beschränkt und der Saros als Grenzfluß festgesetzt wurde.[2] Es mußte seine Allianz mit den Hurritern aufkündigen, die bisher seine Unabhängigkeit garantiert hatten; im Gegenzug erhielt es dafür den Status eines ›befreundeten Staates‹, der wenigstens seine wirtschaftliche Autonomie bewahren[3]

1 Beckman 1996, Nr. 13: *In früheren Zeiten, als mein Urahn, der Labarna, die ganzen Länder Arzawas und das Land von Wilusija erobert hatte, zettelte das Land von Arzawa einen Krieg an und das Land von Wilusija wurde dem Bündnis mit Hatti [den Hethitern] untreu – doch weil dies schon lange her ist, weiß ich nicht, wer damals dort König war. Doch selbst als das Land von Wilusija von Hatti abfiel, war sein Volk noch mit den Königen von Hatti in der Ferne im Frieden gewesen; es hatte ihnen oft Botschafter geschickt. Doch als Tudhaliya [] gegen das Land von Arzawa vorging, marschierte er nicht im Land von Wilusija ein.* / Hier kann nur Tudhaliya II. und seine Militärkampagne gegen Atarsias gemeint sein. / Wie aus der nächsten Passage dieses Textes hervorgeht, kam es erst unter Suppiluliuma II. um 1350 zum nächsten Aufstand Arzawas, an dem Wilusija sich nicht beteiligte. König war damals dort ein gewisser Kukunni – den die *Kypria* Kyknos nennen. — 2 Vertrag von Tudhaliya II. von Hatti mit Sunashshura von Kizzuwatna, Beckman 1996, Nr. 2. — 3 Yakar 2001. Die Grabungen in Tarsos zeigten die hethitische Präsenz auch durch neuerrichtete große Gebäude, einen Tempel und einen

und sich auch in der hethitischen Hauptstadt kulturell etablieren konnte.[1]

Vergrößert wurde Kizzuwatnas Gebiet erst wieder, nachdem Arnuwanda die Hurriter auch in ihrer Heimat vernichtend schlagen konnte. Daraufhin wurde dem Land eine eroberte Grenzregion im Osten zugesprochen: Ismerika[2]. Bei den Unterzeichnern des Vertrags mit den Ismerikäern scheint mit einem gewissen ›Akija‹ möglicherweise nicht nur ein Achaier auf, es wird auch ein Parija-muwa aus Zazlippa erwähnt: ein Name, von dem wir wissen, daß sich von ihm ›Priamos‹ ableiten läßt.[3] Dasselbe gilt für Parija-watra, dem Stadtherrscher von Tarsos[4], mit dem ebenfalls zur dieser Zeit ein Freundschaftsbündnis besiegelt wurde.[5]

Um eine Klärung der politischen Lage bemüht scheint jedenfalls ein auf etwa 1340 zu datierender Brief aus El Amarna zu sein. In ihm gibt der Vasall von Tyros seinem ägyptischen Herrscher Amenophis IV. die Auskunft, daß der Stadtherr der Danaer gestorben sei, sein Bruder den Thron bestiegen habe und das Land im Frieden sei.[6]

Die Dardaner des 13. Jahrhunderts

Die nunmehrige Ausrichtung Kilikiens auf die Hethiter zeigt eine Inschrift von Ramses II. nach der Schlacht von Qadesh 1275, die er gegen diese um die Herrschaft in Syrien führte. Dort wird nicht nur wieder das auf seiten der Hethiter kämpfende Qode erwähnt, sondern auch ein ›Dardaner‹ genanntes Kontingent von Streitwagenkriegern. Die beiden Bezeichnungen scheinen austauschbar zu sein, da sie jeweils zwischen dieselben Nachbarn gestellt werden: die Hurriter und Karkemish im Osten sowie Pitassa, Arzawa und die Lukka-Länder im

Verwaltungsbau; Goldman II 1956. — 1 Die ehemaligen hurritischen und nun kizzuwatnischen Kulte wurden in das hethitische Pantheon aufgenommen; zugleich wurde auch die kizzuwatnische Prinzessin Puduhepa Gattin des hethitischen Königs; Diskussion: Wilhelm 1982. — 2 Heute Siverik. — 3 Vertrag Arnuwandas I. mit Ismerika; KUB 26.41/ 23.68/RS 1–28 (CTH 133). — 4 Laroche 1966. — 5 KUB XXXVI 118 und XXIV 58 in Carruba 1977. — 6 Brief Nr. 151; Moran 1992. Sie werden hier nördlich von Ugarit mit dem Namen ›Danuna‹ verortet. Da sie unter diesem Namen später auch noch in den Inschriften Ramses' III. 1188 und 1164 (siehe G) zusammen mit anderen Seevölkern genannt werden, ist eine Identifikation von ›Danuna‹ mit der im Hinterland von Tyros liegenden Stadt Danabu unzutreffend; Diskussion: Hawkins, CHLI I.1 39/40.

Westen.[1] Dieser Umstand – sowie die Tatsache, daß sonst keine einzige historische Quelle irgendwo ein Land dieses Namens kennt[2] – legt nahe, daß es sich dabei um Kiliker handeln muß. Linguistisch aus einer Reduplizierung des Namens ›Danaer‹ ableitbar[3], scheint sich darin die Assi-

1 Die Dardaner [›Drdny‹] werden zweimal, Kizzuwatna [›Qode‹] einmal als ägyptische Gegner beim Siegesgedicht über die dritte Schlacht von Qadesh genannt: / *Ramses siegte über die Reiche von Khatti [die Hethiter], Naharina [die Hurriter in Mitanni] im Land von Arzawa [der Süden Kleinasiens], Pidasa [Pitassa im Südwesten des Rauhen Kilikien, Arzawa benachbart], das Land der Dardaner [›Drdny‹] und Kashka [im NO Hattusas am Schwarzen Meer], über das Land der Masa [SO, unweit von Karkisha], das Land von Karkisha [an der Westküste Kleinasiens; das spärere Karien] und von Luka [das spätere Lykien], über Karkemish, Kady [Nordsyrien], das ganze Land von Nukashase [bei Aleppo], das Land von Qadesh [südlich von Aleppo am Orontes], jenes von Ugarit und Mushanet.[] / Der böse König von Khatti ließ zahlreiche Herrscher aufmarschieren, jeder mit seinem mit Kriegswaffen ausgerüsteten Streitwagen: den Herrscher von Arzawa, jenen von Luka, jenen der Dardaner, den Herrscher von Karkemish, den Herrscher von Karkisha und jenen von Aleppo.[] / Das ganze Land von Khatti war gekommen, gleich wie jenes von Masa, von Pidasa, von Aruwen, von Karkisha, Luka, Kizzuwatna [›Qode‹], Karkemish, Ugarit, Kady, das ganze Land von Nukashase, Mushanet und Qadesh.[]* Text Desroches 2003, Dalby 2006 und Kitchen 1999 / Das System der Liste besteht darin, daß sie vom feindlichen Kernraum (Hethiter, Mittaner und Arzawa) ausgeht, um dann in quasi konzentrischen Kreisen die restlichen Verbündeten zu nennen. Zuerst werden die Hurriter im Osten der Dardaner erwähnt, dann geographisch richtig von West nach Ost Arzawa und Pitassa, das rund um das spätere Pityoussa im Süden des Rauhen Kilikien lag (siehe Kapitel X). Nach einem Sprung zu Kashka im Norden folgen die Länder im äußersten Westen (Masa, Karkisha und Lukka) und zuletzt die im äußersten Osten an Syrien grenzenden Regionen (Karkemish, Kady, Nukashase, Qadesh, Ugarit und Mushanet). / Das zweite Mal werden die Dardaner dann zwischen Luka und Karkemish gesetzt. Beim dritten Mal wird an dieser Stelle – erneut zwischen Luka und Karkemish – jedoch Kizzuwatna [Qode] genannt. Das legt nahe, daß die Dardaner mit Kizzuwatna (Qode) gleichzusetzen sind und damit entweder die gesamte Bevölkerung Kilikiens oder die Teilregion um Adanija gemeint war. / Das Gebiet der Dardanellen fällt jedenfalls komplett aus diesem geographischen Rahmen. Überdies: da in diesem Kontext weder Troia noch Ilios erwähnt werden, warum sollten dann die Dardaner aufgelistet werden? Daß sie später auf den Dardanellen verortet werden, scheint einer Rückprojektion von der *Ilias* auf den Nordwesten Kleinasiens verdankt zu sein. Alle antiken Geographen beriefen sich ja auf Homer – der jedoch hat für sein Epos ein lokales kilikisches Ethnikon aufgegriffen. — 2 Haider 2003, dessen Verortung von Dardanern in der Troas ich jedoch angesichts der Ausführungen in der obigen Fußnote nicht zustimmen kann. Dazu kommt, daß auch dort, wo die Hethiter sonst Wilusija und Taruisa erwähnen, ebenfalls nie Dardaner verortet werden. — 3 Der Name *Dardaner* ergibt sich aus einer Reduplizierung von *Dan* und einem Wechsel von *n* zu *r* – ähnlich wie bei den Myr-mid-onen. In der vorgriechischen Sprachschicht ist dies ein häufig belegtes linguistisches Phänomen. Der Wechsel von *n* zu *r* zeigt sich etwa bei der

38

milation dieses Stammes in Kilikien widerzuspiegeln: der historische
Zeitraum ist jedenfalls lang genug für einen Lautwechsel von ›Dan‹ zu
›Dardan‹. Das gilt um so mehr, als es Kizzuwatna nunmehr auf den
Kernraum um Adanija geschrumpft war und es von den Bewohnern
dieser Stadt, den *Dan*-aern *Adan*-ijas – luwisch ›Adana-wana‹ – nicht
weit zu den ›Dardanern‹ ist.

Laut der *Ilias* – der nächsten ›historischen‹ Quelle – wurde die Stadt
Dardanie jedenfalls lange vor Ilios in der Ebene gegründet: die Archäo-
logie liefert aber keinen einzigen Anhaltspunkt für eine zweite wichtige
Stadt in der Troas, die mit Dardanie identifiziert werden könnte. Da
Karatepe jedoch Homers Modell für Ilios abzugeben scheint[1], hat er mit
Dardanie wohl die Geschichte Adanijas aufgegriffen. Ihre Darstellung
als reiche Stadt von Roßzüchtern inmitten grasiger Tiefländer und
Äcker, die von den Bergen direkt bis an den Strand des Meeres reichen,
so daß ihre göttlichen Pferde von den Feldern aus über die Wellen ga-
loppieren können[2], trifft für die adanische Ebene jedenfalls bestens zu.

Dazu kommt, daß noch andere Mythen ein fernes Echo der griechischen Vorvergangenheit Adanijas bewahrt zu haben scheinen, die eine
Identifikation mit Dardanie erlauben. So galt einer Überlieferungslinie
zufolge der erste König von Dardanies Nachbarstadt Troia – Teukros,
Sohn des Skamandros und Schwiegervater Dardanos' – keineswegs als
Troer, sondern als Kreter[3]: daß sich das kilikische Herrscherhaus an der
Wende zum 7. Jahrhundert auf einen solchen kretischen Stammvater
beruft, werden wir noch sehen.[4] Die pseudohesiodischen *Ehoien*[5] wiederum kennen Dardanos als Bruder jenes Eetion, den Homer ganz dezidiert als kilikischen Herrscher betitelt.[6] In dieser Sage emigriert der aus
Arkadien stammende Dardanos in den fernen Osten, um von Teukros
und seinen ›rossegesegneten Völkern‹ aufgenommen zu werden[7]; er hei-

vorgriechischen Vokabel *blēchnon*/*blēchron* und die Reduplizierung selbst an vielen vorgriechischen Namen, die auch in der *Ilias* auftauchen: bei *Si-syphos*; dem Fluß *Ti-taresios* oder
dem Stamm der *Le-leges*. Vgl. auch *gi-garton* und die Giganten (wo gleichzeitig auch von *r*
zu *n* gewechselt wird) oder *mormoros* und *marmaryge*. Diskussion: Bleeke 2007. — 1 Siehe
die Ausführungen dazu in den Kapiteln U, V und W. — 2 XX 215f. — 3 Lykophron 1301–
8, Diodor IV 75, Hellanikos 4 F 24. — 4 Vgl. J; die luwischen Schreibweise des um 730
belegten ›danaischen‹ Herrschers aus dem ›Haus des Mopsos‹ – Awarikas – gibt einen griechischen Namen wieder: Rhakios. Dieser galt im griechischen Mythos als Vater Mopsos'.
— 5 Ehoien 177 und Hellanikos 4 F 23/4 F 23. — 6 VI 414–6. — 7 Ehoien 179.

Am Anfang wurde Dardanos als Sohn des Wolkensammlers Zeus geboren;
er gründete Dardanie zu einer Zeit, als das heilige Ilios noch nicht
in der Ebene als Stadt für die sterblichen Menschen erbaut worden war –
damals lebten diese noch an den Flanken des quellreichen Ida.
Dann hatte Dardanos einen Sohn, den Herrscher Erichthonios,
der der Reichste aller sterblichen Menschen wurde.
Er hatte dreitausend Pferde, die in den Niederungen gehütet wurden,
alles Stuten, auf ihre sanften jungen Fohlen stolz.
Der Nordwind verliebte sich in die Stuten, die dort grasten,
und besprang sie in der Gestalt eines dunkelmähnigen Hengstes:
und sie wurden trächtig und gebaren zwölf Fohlen.
Wenn diese Fohlen auf dem kornspendenden Ackerland umhertollten,
konnten sie über die Spitzen der Ähren hinweglaufen, ohne die Halme zu knicken;
und wenn sie auf dem breiten Rücken des Meeres umhertollten,
galoppierten sie dort, wo sich die graue See bricht, über den Rücken der Wellen.

XX 215–29

ratet dessen Tochter Batieia[1] – die Homer mit der ebenfalls in Kilikien bezeugten Amazonenkönigin Myrine in Verbindung bringt.[2]

Daß in der *Ilias* die Dardaner als Feinde der Danaer auftreten, mag mit unterschiedlichen historischen Loyalitäten zu tun haben: wenn die Dardaner die alten, längst in Adanija eingemeindeten ›Griechen‹ waren, dann sahen sie wohl mit einiger Berechtigung in den plündernden griechischen Seevölkern und den daraufhin neu in Kilikien einwandernden ionischen Migranten Gegner. Das ist stimmig mit dem Umstand, daß bei den gegen die Assyrer revoltierenden Städten Kilikiens nie Adanija genannt wird – da dort die assyrischen Statthalter saßen, wurden sie offensichtlich zur feindlichen Seite gezählt.

Danaer und Achaier vom 12. bis zum 7. Jahrhundert

Nicht lange nach dem Zusammenbruch des hethitischen Großreiches und der griechischen Zivilisation in der Ägais um 1200 werden jedenfalls keine Dardaner, sondern neben Tjekern (Teukros' Volk in Palästina?) nur wieder Danaer und Achaier – ›Danuna‹ und ›Ekwes‹ – von Ramses III. zu den Seevölkern gezählt.

Historiographisch greifbar werden diese dann erst wieder Ende des 8. und Anfang des 7. Jahrhunderts[3]: und das erneut in Kilikien. Denn sowohl in der phönizischen Inschrift aus dem östlichen Nachbarland Sam'al wie in der Bilingue Azatiwadas – in Karatepe, östlich von Adanija – wird dieses Gebiet als ›Land der Danaer‹ bezeichnet. Und aus der Bilingue von Cineköy, die man 30 km südlich von Adanija fand, geht überdies hervor, daß die Kiliker dort gleichzeitig auch ›Achaier‹ genannt wurden.

Wo sich keine einzige Region Griechenlands zugleich als danaisch und achaisch bezeichnet hätte, finden sich hier also zwei der drei Namen wieder, mit den die *Ilias* ihre Griechen etikettiert. Der dritte – die Argeier – taucht in diesem 2. Jahrtausend noch nicht auf: seine eigentliche Bedeutung erlangt Argos erst Ende des 8. Jahrhunderts, wo es mit

---

1 Diodor IV 75 und Hellanikos 4 F 24. — 2 Zu Myrine – die Diodor in Kilikien verortet – und den Kimmeriern, die die Kiliker als Amazonen bezeichneten, siehe Kapitel P. — 3 Siehe Kapitel W.

Mykene rivalisieren kann. In dieser Zeit beginnt Argos auch im Osten verstärkt Kolonien zu gründen: wobei die zweitgrößte Stadt Kilikiens – Tarsos – sich dann als argeisch bezeichnet. Verweist Homer durch die Danaer und Achaier auf die frühgriechischen Siedler, stellen die Argeier wohl jene hinzukommenden Siedler dar, die sich erst nach der Umbruchszeit dort niederlassen: eine neue griechische Präsenz, die die Archäologie bestätigen kann.

C – DIE ACHAIER UND TROIA

Bei Grabungen in der hethitischen Hauptstadt Hattusa kamen Staatsverträge ans Tageslicht, in denen von diplomatischen Beziehungen zum Land der Achaier (heth. ›Achijawa‹/gr. ›Achai(w)oi‹) die Rede ist: wo es liegt, ist jedoch bis heute unklar. Die Hypothesen beziehen sich dabei einerseits auf ein mykenisches Teilreich auf Rhodos[1], andererseits auf Kilikien – wobei jedesmal auch ein Bezug zum böotischen Theben erwogen wird.[2]

Sieht man dahinter ein Stammgebiet auf dem griechischen Festland samt Stützpunkten entlang der türkischen Küste, so schließen sich diese Annahmen gegenseitig nicht aus. Wie die Ereignisse um die Rebellen Uchaziti und Pijamaradu aber zeigen, ist Kilikien aus diesem Kontext nicht mehr wegzudenken. Denn von Uchaziti wissen wir nicht nur, daß er eine Allianz mit dem König der Achaier einging, sondern auch, daß er über ein Herrschaftsgebiet am Pyramos verfügte. Und was Uchazitis Enkel Pijamaradu betrifft, so bitten die lykischen Länder einmal dessen Bündnispartner – den Achaier Eteokles –, gegen Pijamaradus Umtriebe in ihrer Region zu vermitteln.[3] Wo der Machtbereich dieser beiden Rebellen zu sehen ist, deuten einige Fragmente an, die den König von Achijawa und sein Land gemeinsam mit dem des Reiches Mira erwähnen, das einmal an Pitassa (Homers ›Phthia‹) und das Rauhe Kilikien

1 Mountjoy 1998. — 2 Diskussion: Heinhold-Kramer 2003 und Niemeier 1998. — 3 Forrer 1924.

grenzte.[1] Wobei eine Schriftquelle Pijamaradus Rückzugsort klar benennt: das kilikische Issos.[2]

Uns bringen diese Achaier zunächst jedoch nach Troia. Denn in diesen Dokumenten werden zwischen dem 14. und dem 12. Jahrhundert immer öfter auch die Namen zweier spezifischer Regionen erwähnt: ›Wilusija‹ und ›Taruisa‹ – hinter denen sich die Stadt Ilios samt den Ländereien der Troas verbirgt. Sie zählen zu jenen luwischen Stadtstaaten und Reichen in der kleinasiatischen Randzone (Arzawa östlich des späteren Ephesos; die lykischen Länder; das bis ans Rauhe Kilikien reichende Mira sowie Kizzuwatna), welche die Hethiter bemüht sind, in ihren Herrschaftsbereich einzugliedern, ohne daß ihnen das auf Dauer gelingt.

Die Achaier werden bei den hethitischen Anstregungen, ihr Herrschaftsgebiet zu stabilisieren, jedesmal zum Störfaktor. Um 1370 nützt Atarsias – wie bereits geschildert – den Aufstand von Arzawa und Wilusija, um sich zusammen mit einem zypriotischen Herrscher im Binnenland festzusetzen; sie werden jedoch mit ihren 100 Streitwagen und einer Fußtruppe von 1000 Mann wieder hinausgeworfen. Wilusija bleibt daraufhin den Hethitern treu; als es um 1350 in Arzawa zu einem neuerlichen Aufstand kommt, beteiligt sich der troianische König Kukunni nicht mehr daran.[3]

Die Achaier besitzen zu dieser Zeit mit Milet einen Brückenkopf in Kleinasien. Sie unterstützen dabei erneut einen arzawischen Herrscher gegen die Hethiter: einen gewissen Uchaziti. Sein Name bedeutet ›Ucha-Mann‹[4] – und es ist verführerisch, dahinter die Vorlage für Achilleus zu sehen. Denn in der hethitischen Keilschrift wurde er ›Ucha-lu‹ geschrieben[5] – wovon es zu einem gräzisierten ›Achi-lleus‹ wahrlich nicht weit ist. Dazu kommen aber noch die folgenden Ereignisse, die den Bezug zu diesem Helden des troianischen Stoffes noch verstärken.

Uchaziti hat dabei auch Ländereien am kilikischen Pyramos von

1 KUB XXXI 29 und XXI 34; zur Lage von Mira siehe Heinhold-Kramer 1977, S. 335ff. Zur Identifikation von Pitassa mit Phthia siehe X. — 2 Forlanini 2001; siehe infra. — 3 Beckman 1996, Nr. 13 § 3. — 4 Das luwische Suffix -*ziti* und das akkadische -*lu* bezeichnen jedesmal einen ›Mann‹; Zgusta 1964, § 13. Was die Wurzel ›Ucha‹ bedeutet, ist unbekannt; daß dahinter ein Bezug zu einem ›Achaier‹ auszumachen ist, scheint nicht undenkbar. — 5 Unter diesem Namen nennt ihn auch Heinhold-Kramer 1977.

Mursili II. zum Lehen erhalten: mit ihnen muß die spätere alesische Ebene gemeint sein. Statt sich damit aber zufriedenzugeben, ›tritt er auf die Seite des Königs von Achijawa‹.[1] Beide ziehen dann den Fürsten des Seha-Flußlandes südlich der Troas auf ihre Seite, um ihre Küstengebiete zu einem Machtbereich zu vereinen, der den Hethitern Paroli bieten kann.[2] Der hethitische Großkönig sieht dem natürlich nicht untätig zu. Es kommt im Jahre 1318 an der arzawischen Grenze zum Rauhen Kilikien zu einer Schlacht mit ihnen.[3] Ein Himmelsorakel des Wettergottes hat Mursili II. dabei verheißen, daß er Uchaziti vernichtend schlagen wird.[4] Und wirklich: er kann widerstandslos bis zur arzawischen Residenzstadt – dem späteren Ephesos – vordringen und auch Milet einnehmen, worauf Uchaziti sich samt seinen Söhnen wieder ›übers Meer‹ in Sicherheit bringt. Der Konflikt zwischen Achaiern und Hethitern wird daraufhin vorübergehend ausgesöhnt – darauf läßt sich schließen, weil später für den krank gewordenen Mursili II. die Standbilder eines ›achaischen Gottes‹ samt eines ›Gottes aus Lesbos‹ zu Hilfe geholt werden, um ihn gesundzubeten.[5]

Die Episodik dieser Ereignisse scheint nun im Vorspann der *Ilias* – den *Kypria* – ihren Widerhall zu finden. Dort ist zunächst die Rede davon, daß die Griechen Troia erobern wollen, die Stadt aber nicht finden und statt dessen Teuthrania – eine Stadt im Flußland Seha[6] – belagern. Sie erleiden eine schwere Niederlage durch den dortigen Stadtherrn Telephos, worauf Achilleus übers Meer zurück auf die Insel Skyros segelt. Der zuvor von ihm verwundete Telephos kommt ihm nach: denn ihm hat ein Orakel verheißen, daß seine Wunde nur durch Achilleus geheilt werden kann. Als Dank für seine Heilung lotst Telephos dann die Grie-

1 *Ihr Leute von Puranta waret Diener meines Vaters; mein Vater nahm euch und gab euch dem Uchaziti in Dienstbarkeit. Jener aber trat auf die Seite des Königs von Achijawa und wurde feindlich;* Kbo III 4 II 56ff., zitiert in del Monte-Tischler 1978 (Puranta). Der Puranta (auch Puruna/Purana geschrieben) wird heute nicht mehr mit dem Euphrat (›Puratti‹), sondern mit dem Pyramos gleichgesetzt; siehe Freu 2001 und Forlanini 2001. — 2 Heinhold-Kramer 1977, 99ff. — 3 Das geht aus der Feldzugsroute Mursilis II. hervor, wo er in Sallapa (in der Gegend von Ermenek; siehe Fußnote 3, S. 325) auf Hilfstruppen aus Karkemish trifft und dann nach Aura (Ura) und Walma (Holmoi) marschiert; Heinhold-Kramer 1977, 110ff. — 4 Heinhold-Kramer 1977, 104ff. Uchaziti wird daraufhin krank: Mursili ebenfalls. — 5 Diskussion der Ereignisse: West 2004 a; zu den achaischen Göttern siehe KUB 5.6 ii 57–64. — 6 Das in den *Kypria* als ›mysische Stadt‹ bezeichnete Teuthrania wird allgemein östlich von Pergamon am Kaikos verortet; sie lag damit mitten im Gebiet des Flußlandes Seha.

Die Griechen sammeln sich vor Aulis und bringen ein Opfer dar. Die Episode von der Schlange und den Spatzen wird erzählt, und Kalchas prophezeit ihnen die Zukunft.

Dann segeln sie los, gehen vor Teuthrania an Land und beginnen die Stadt zu belagern, weil sie sie für Ilios halten. Telephos kommt heraus, um sie zu verteidigen. Er hat die Myser bewaffnet, verfolgt die Griechen bis zu ihren Schiffen und tötet viele von ihnen, darunter auch Polynikes' Sohn Therpander, der sich ihm gestellt hat. Als Achilleus daraufhin auf ihn losgeht, stellt er sich ihm nicht, sondern läuft vor ihm davon; auf der Flucht gerät er mit dem Fuß in eine Weinrebe und kriegt so Achilleus' Speer in den Schenkel. Als die Griechen dann von Mysien weitersegeln, geraten sie in einen Sturm und werden versprengt.

Achilleus landet auf Skyros, wo er aufgewachsen ist. [] Telephos, dessen Wunde nicht heilen will und dem Apollon in einem Orakel offenbart hat, daß er erst gesunden wird, wenn der, der ihn verwundet hat, ihn auch wieder heilt, kommt dann aus Mysien zu Achilleus nach Argos, in Lumpen gekleidet. Nachdem er ihn um Heilung angebettelt und ihm dafür versprochen hat, den Weg nach Troia zu zeigen, behandelt ihn Achilleus, indem er den Grünspan von seinem Eschenspeer vom Pelion schabt. Telephos wird geheilt und lotst so die Schiffe nach Ilios; seine Verläßlichkeit als Führer wird ihm dabei durch Kalchas' prophetische Gabe attestiert. []

Nachdem sich die Flotte ein zweites Mal vor Aulis gesammelt hat, [], segeln die Griechen nach Tenedos. Herrscher der Stadt ist Tennes, der Sohn des Kyknos und der Proklea, manche sagen auch des Apollon ... Als Tennes die Griechen vor Tenedos auftauchen sieht, versucht er sie mit Steinwürfen zurückzudrängen; Achilleus jedoch durchbohrt seine Brust mit dem Schwert und er stirbt, obwohl Thetis Achilleus davor gewarnt hat, Tennes zu töten – denn dann würde er selbst von Apollon getötet. Und Philoktetes wird von einer Wasserschlange gebissen, die aus dem Altar hervorkriecht, während sie ein Opfer an Apollon feiern. Dem faulen Gestank seiner Wunde wegen setzt Odysseus ihn auf Agamemnons Befehl auf Lemnos aus; er wird dort mit dem Bogen zurückgelassen, den er von Herakles erhalten hat.

Danach landen sie vor Ilios, und die Troianer versuchen sie zurückzuschlagen. Dann aber wirft Achilleus sie zurück, indem er Kyknos, den Sohn des Poseidon, tötet. Thetis hatte Achilleus davor gewarnt, ja nicht der erste zu sein, der von Bord geht: der erste, der an Land springt, würde auch als erster sterben müssen. Als die Barbaren erfahren, daß die Flotte naht, bewaffnen sie sich und stellen sich ans Ufer, um sie mit Wurfgeschoßen vom Landen abzuhalten. Der erste Grieche, der von Bord geht, ist Protesilaos – nachdem er nicht wenige Troianer töten kann, wird er von Hektor niedergemetzelt. Seine Frau Laodamea liebt ihn aber selbst nach seinem Tod noch weiter und macht sich zu Hause eine lebensgroße Puppe, die ihm ähnlich sieht, damit sie mit ihm schlafen kann ...

Erst nach Protesilaos' Tod geht Achilleus mit seinen Myrmidonen von Bord, wirft

Kyknos einen Stein auf den Kopf und tötet ihn. Als die Barbaren sehen, daß er tot ist, flüchten sie sich in ihre Stadt, während die Griechen aus ihren Schiffen springen und die Ebene mit Leichen übersäen. Sie schließen die Troianer ein und ziehen ihre Schiffe an Land. Sie sammeln ihre Toten ein und schicken dann Odysseus und Menelaos als Unterhändler zu den Troianern, um die Herausgabe Helenas und des Besitzes zu verlangen. Die Troianer berufen ihre Versammlung ein, weigern sich aber nicht nur, Helena herauszurücken, sondern wollen auch noch die Gesandten umbringen – die jedoch von Antenor beschützt werden. Nachdem die Forderungen unerfüllt bleiben, beginnen sie die Belagerung.

Kypria, *kollationiert aus Proklos'* Chrestomathie, *Apollodorus'* Bibliothek, *einem Oxyrhynchos-Papyrus sowie Zitaten Herodots, Pausanias', Philodemus' und des* Ilias-*Scholiasten*

chen ins richtige Troia – worauf erst der eigentliche Krieg dort beginnt, bei dem sie gegen einen Herrscher namens Kyknos zu kämpfen haben.

So wie sich in diesem Kyknos der um 1350 herrschende König von Wilusija – Kukunni – erkennen läßt[1], scheint auch in Telephos die Person des kranken Herrschers Mursilis II. und in Achilleus' Geschichte die Flucht Uchazitis zu den Inseln aufzugehen. Das gilt auch für die Figur der Helena, die man spekulativ mit Telephos' Orakel und den für Mursilis II. herbeigeschafften achaischen Götterstatuen in Verbindung gebracht hat.

Obwohl Helena mit sehr menschlichen Zügen gezeichnet wird, gilt sie in der *Ilias* doch als Zeus' Tochter: unter diesem Gesichtspunkt ließe sie sich mit der ›Tochter der Sonne‹ gleichsetzen, die auf Rhodos neben dem Sonnengott verehrt wurde. Der Raub der Helena bezöge sich damit auf eine im Kriegswesen des Orients übliche Praxis. Dort war es ganz gebräuchlich, die Gottheiten der Gegner, d. h. ihre Standbilder, aus ihren Städten zu entführen und zu behalten. So hatte schon Mursilis I. im 16. Jahrhundert den Stadtgott Babylons entwendet – den sich die Assyrer erst ein paar Jahrzehnte später wieder zurückholen konnten.[2]

Die Übergriffe der Griechen gehen in der Folgezeit weiter. Das zeigen Tontäfelchen, die man in den Palastarchiven von Mykene, Pylos, Theben und Knossos fand: sie registrieren Arbeiterinnen aus Milet, Knidos Lemnos und dem lydischen Asuwa, die zusammen mit Personen troischer Herkunft im 13. Jahrhundert vermutlich als Kriegsbeute nach Pylos verschleppt wurden.

Frauen bekommen aber auch auf andere Weise die achaischen Machtbestrebungen zu spüren: indem sie als heiratspolitisches Pfand eingesetzt werden. Das zeigt sich am Beispiel Pijamaradus, des nächsten Rebellen gegen die Hethiter. Um sich in Milet einen Bündnispartner zu sichern, hat dieser Enkel des ins achaische Exil geflüchteten Uchaziti seine Tochter dem achaischen Fürsten dieser Stadt zur Frau gegeben. Diese Basis einmal etabliert, bringt Pijamaradu um 1280 erst Lesbos, dann erneut das Flußland Seha und schließlich auch Wilusija vorübergehend in seine Gewalt, um von dort aus sein altes Stammreich Arzawa

---

1 Identifikation: Watkins 1994. — 2 Zu dieser Auslegung des Helena-Motivs siehe West 2004 a.

wieder in die Hand zu bekommen.[1] Der hethitische König Muwatalli
II. schickt daraufhin sein Heer und gewinnt Wilusija samt Seha zurück;
Pijamaradu aber flüchtet nach Milet und setzt sich von da – wie bereits
sein Onkel Uchaziti – wieder ins achaische Gebiet ab.

Was den Troiastoff betrifft, so ist ein weiteres Mal festzustellen, daß
sich die in den *Kypria* aufgezeigte Abfolge von Feldzügen – erst gegen
Teuthrania im Seha-Gebiet, dann gegen Troia – wiederholt. Es ist dies
auch das erste belegbare Mal, daß sich ein Konflikt zwischen Griechen
und Hethitern direkt im troianischen Raum abspielt – wenn auch unter
umgekehrtem Vorzeichen: Pijamaradu erleidet ja zusammen mit seinen
achaischen Verbündeten eine Niederlage, und der gestürzte troianische
König wird wieder eingesetzt.

Denn das erste, was Muwatallis II. nach Pijamaradus Vertreibung tut,
ist, dem rechtmäßigen König von Wilusija wieder zu seinem Thron zu
verhelfen. Als Gegenleistung dafür verlangt er von ihm – unter Verweis
auf Atarsias' frühere Untaten und eine nicht näher bezeichnete Bedrohung aus dem Westen – einen Unterwerfungsvertrag, der ihn faktisch
zum Vasallen macht. Der Name dieses troianischen Königs ist Aleksandu: hinter ihm verbirgt sich jener Alexandros (›Der die Krieger Ab-
wehrende‹), der uns zuerst in den *Kypria* und dann auch in der *Ilias* begegnet. Den griechischen Namen verdankt er wahrscheinlich seiner
Mutter, die wohl nach Ilios verheiratet worden war, um ein Freundschaftsbündnis mit den Achaiern zu garantieren.

Diese verwickelten Verwandtschaftsverhältnisse für den Herrscher
von Milet, für Pijamaradu und für Aleksandu sind exemplarisch für die
Bündnispolitik der Achaier, bei denen ihre jeweiligen Frauen eine
wichtige Rolle spielten. Die Basis dafür bot die exogame Heiratspolitik
der Achaier und der hethitisch-luwischen Könige, die auch direkte ma-
trilineare Sukzessionsfolgen kannten: die Thronübergabe verlief dabei
nicht notwendigerweise vom Vater an den Sohn, sondern konnte auch
an einen Schwiegersohn weitergegeben werden.[2] Aleksandus Regentschaft zeigt dies auf zweierlei Art: geht sein Name auf eine griechische
Mutter zurück, war sein Thronfolger Walmu dann jedoch wieder ein
Troer.

1 Siehe Heinhold-Kramer 1977, S. 173ff. — 2 Diskussion: Finkelberg 2005.

Nach außen beförderten diese Eheschließungen die Bildung von extraterritorialen Allianzen; nach innen verhinderte dies, daß in dieser Kriegerkaste Schwächlinge an die Macht kamen. In der *Ilias* finden sich noch Echos davon: Bellerophontes etwa kommt auf diese Weise nach Lykien, um dort von einem fremden Herrscher in Kämpfe geschickt zu werden. Das gilt aber auch für den ›Raub‹ der Helena durch Alexandros; im weiteren troianischen Sagenkreis hat er sie ja nicht durch seine Tapferkeit, sondern allein durch die Höhe seiner Geschenke erworben, was einer Perversion des Systems gleichkam. Das Entführungsmotiv mag dabei eine ursprüngliche realpolitische Heirat kaschieren, die nicht zum Ziel geführt hatte: als Priamos' Thronfolger wird uns ja Hektor präsentiert.

Doch zurück zur Realgeschichte. Diese Art der Heiratspolitik führte nun einerseits dazu, daß Pijamaradu bei den Achaiern Milets auf Verbündete zählen konnte, die wiederum auch von Aleksandu Loyalität einfordern zu können glaubten. Unter dem Druck des hethitischen Großkönigs hielt Aleksandu sich jedoch nicht daran und stellte sich auf die Seite ihres mächtigen Gegners. Das mag erklären, weshalb Alexandros in den *Kypria* zum Katalysator eines Krieges werden konnte, bei dem sich bereits Gegner mit griechischen Namen gegenüberstehen: sie geben eine historische Konstellation von hethitertreuen und hethiterfeindlichen Griechen wieder, die Homer dann auch für seine Zeit übernehmen konnte.

Die Bündnistreue Aleksandus zu den Hethitern belegt eine spätere Nachricht, der zufolge er zusammen mit ›Helena‹ von einem Herrn Motylos empfangen wurde[1] – hinter dem nur Muwatalli II. stecken kann. Ob die Sage dabei aus seiner griechischen Mutter seine Frau gemacht hat, um damit Atarsias' Vendetta oder eine für Mursillis geholte rhodische Sonnengöttin mit in die Geschichte zu bringen, oder ob Aleksandu sich etwa eine aus Milet erbeutete Griechin zur Gemahlin nahm, ist nicht zu sagen. Irgendeine neue heiratspolitische Allianz kam jedenfalls wieder mit ins Spiel, die unter Muwatallis Nachfolger Troia und die hartnäckigen Griechen erneut zu einer ›Angelegenheit‹ werden ließ.[2]

1 Steph. Byz., zitiert in Heinhold-Kramer 1977. — 2 Diskussion der Fakten und Ereignisse: West 2004 a und Starke 1997.

Trotzdem Troia bleibt für die Hethiter bloß ein Nebenschauplatz. Denn deren eigentliche Interessen konzentrieren sich auf den Süden, wo sie die Ägypter in der Schlacht von Qadesh besiegen und sie aus der Levante vertreiben. Danach verstärkt sich ihr Griff auch auf Kleinasien, Südanatolien und auch das von ihnen inzwischen besetzte Zypern. Für die Griechen wird dies zu einer Krisensituation: es ist in dieser Zeit, daß die massiven Festungsanlagen von Mykene und Tiryns gebaut werden.

Pijamaradu setzt inzwischen jedoch seine Aktivitäten in Kleinasien fort und stiftet nun in den lykischen Ländern Unruhe. Daraufhin verjagt ihn auch der nächste hethitische Großkönig – Hattusili III. (1264–1239) – wieder, und Pijamaradu begibt sich ein weiteres Mal außer Reichweite in das Land der Achaier. Wohin genau, das verrät uns eine hethitische Annale, in der Hattusilis Frau das Meer um Hilfe bittet, Pijamaradu in die Finger zu kriegen:

Was Izzya betrifft […] am Meer, … die Königin bittet das Meer: Ja, Meer, mein Herr, Du mir […] an die Götter, […] mir […] den Pija-maradu, […] damit er mir nicht entkommt.[1]

2 | Die Stadt Izzya ist eindeutig mit dem späteren Issos in Kilikien zu iden-tifizieren – wobei es sich um eine zypriotische Gründung zu handeln scheint.[2] Beides hat für den historischen Kern des Troiastoffes nun die Konsequenz, daß auch damit wieder – wie schon beim Feldzug gegen Atarsias und Uchaziti – ein Bezug zu Kilikien gegeben ist.

Um Pijamaradu nun ein für allemal das Handwerk zu legen, schreibt Hattusili III. einen langen Brief an einen ›Aioler-Herrscher‹ aus dem ›Land der Achaier‹ namens Tawagalawa, Sohn des Antravas. Er wird als ›Eteokles, Sohn des Atreus‹ aufgefaßt[3] – womit wir es mit der legendä-ren Herrscherdynastie Agamemnons zu tun hätten. In diesem Schreiben

1 KUB LVI 15; Diskussion: Forlanini 2001 – diese Stelle erinnert frapant an die Verflu-chung des Gilgamesh in der hethitischen Version des Epos – siehe T. — 2 In KUB LIV 47 wird sie *URU Izzi-yaan* genannt, was sich mit den *yawan* – der luwischen Bezeichnung für die Bewohner Zyperns (aus dem dann das Ethnikon ›Ionier‹ wurde) in Verbindung bringen läßt; siehe L. Im übrigen ist auch für Sizzu weiter nördlich bei Karatepe eine Schreibweise *URU Zisi-X(-)Ie KI* belegt; dieses *Ie* läßt sich ebenfalls mit Zypern in Verbindung bringen; Diskussion: Casabonne 2004 und Forlanini 2001. — 3 So bereits von Forrer 1924.

50

heißt es, daß Eteokles über seinen Bruder dem Pijamaradu ausrichten soll, daß der hethitische König ›die Angelegenheit von Ilios‹ inzwischen als bereinigt ansieht; er habe sich umstimmen lassen: ›ein Krieg ist Unrecht für uns‹.

Auf diesen Konflikt scheint aber sich auch ein Brief eines namentlich nicht bekannten Herrschers an den Hethiterkönig zu beziehen, der darin Anspruch auf ein paar Inseln erhebt; sie stünden ihm zu, weil sein Vorfahre Kagemunas – hinter dem sich der mythische Kadmos verbergen mag[1] – die Tochter des Herrschers von Asuwa geheiratet habe, einer Nachbarregion der Troas.

Doch da zeichnet sich schon der nächste Konflikt unter einem neuen hethitischen Großkönig (Hattusilis Sohn Tudhalija IV., um 1239–1209) und einem neuen Rebellen namens Tarhundara ab. Der bemächtigt sich – mit achaischer Unterstützung – ein weiteres Mal des Seha-Tals südlich der Troas. Über Ilios herrscht dabei inzwischen Aleksandus Schwieger- oder Adoptivsohn Walmu, der dieser zweiten Kampagne der Achaier gegen Troia weichen muß. Doch nicht lange: denn Tarhundara wird bald besiegt und Walmu vom Hethiterkönig wieder aus dem Exil geholt.

Nach Tarhundaras Feldzug verschlechtern sich die Beziehungen zwischen Achaiern und Hethitern endgültig. In der Folge nehmen die Achaier über das syrische Fürstentum Amurru Handelsbeziehungen zum Zweistromland auf – das belegen Rollsiegel, die bei Ausgrabungen in Theben zum Vorschein kamen. Im Gegenzug verfügen die Hethiter, die mit Assyrien im Krieg stehen, daß Amurru jeden Handel sowohl mit den Assyrern als auch den Achaiern zu unterbinden habe, und streichen den achaischen Herrscher wieder aus der Liste ihrer diplomatischen Kontakte.[2]

Auch über Ilios erfahren wir von hethitischer Seite nichts mehr. Um 1200 geht in enger Folge nicht nur dieses Großreich unter, sondern auch die Paläste der ägäischen Machtzentren – zusammen mit Troia. Die Stadt wurde von einem großen Brand zerstört: wobei man Skelette von Personen fand, die sich nicht retten konnten und unter den Trümmern begraben wurden. Daß dies infolge einer Belagerung

---

1 Von Starke mit Kadmos identifiziert, von Hawkins jedoch bestritten. — 2 Diskussion: Lehmann 1991.

und längeren Kampfhandlungen geschah, scheint ausgeschlossen: man stieß nicht einmal auf eine Handvoll Pfeil- und Speerspitzen, und selbst die gefundenen Schleudersteine wurden nie zur Verteidigung eingesetzt. Wenn, dann erscheint bestenfalls ein Überraschungsangriff denkbar – ob daran jedoch Achaier beteiligt waren, ist nicht zu sagen.[1] Feststellbar ist allein, daß in dieser Zeit eine Völkerwanderung einsetzt und die ägäischen wie die hethitischen Verwaltungssysteme zusammenbrechen.[2]

D – DIE TROIANISCHE LEGENDE

Was sich als Konstante in dieser für die Zeit keineswegs unüblichen politischen Wirren ablesen läßt, ist der Expansionsdrang griechischer Machtzentren an der Peripherie der orientalischen Großreiche. Sie versuchen überall im östlichen Mittelmeergebiet Fuß zu fassen. Die an Bodenschätzen reiche kleinasiatischen Küste – Milet etwa lag am Mäander, der jenes Gold ausschwemmte, das Krösus' legendären Reichtum begründete – ist dabei nur eines der Ziele. Troia stellte einen Landeplatz für die Schiffsroute ins Schwarze Meer dar und konnte dabei Zölle einheben. Die wirtschaftliche Bedeutung der Stadt war jedoch trotzdem eher mäßig: von großanlegter Handelstätigkeit kann dort nach all den Grabungen ebensowenig die Rede sein wie von einem kulturellen Scharnier zwischen Ost und West.[3]

Darauf lassen bereits die *Kypria* schließen, in denen die Griechen Troia zunächst gar nicht finden können. Statt dessen belagern sie ja fälschlicherweise das weiter südlich liegende Teuthrania; und selbst beim zweiten Anlauf noch sind sie darauf angewiesen, daß der ortskundige Telephos sie dorthin bringt. Zum Kristallisationspunkt für einen ganzen Sagenkreis geriet Ilios wohl nur, weil sich an diesem Schauplatz die jahrhundertelangen griechischen Bemühungen, ihr Einflußgebiet

1 Diskussion: Hertel 2003. — 2 Aufarbeitung der Quellen durch Frank Starke 1997; Latacz 2001, West 2004 a; Janko 2005. — 3 Diskussion: Hänsel 2003.

52

auszudehnen, festmachen ließen. Gegenüber der hethitischen Großmacht konnten sie dies jedoch nur an einem peripheren Ort versuchen – wobei sie auch da noch erfolglos blieben. Daß Aleksandu dabei zu einer solch schillernden Symbolfigur geriet, hatte wohl damit zu tun, daß sich in seiner Person zwei rivalisierende Kulturen vereinten: als ›Grieche‹, zumindest dem Namen nach, hatte er jene machtpolitische Rolle, von der die Achaier nur träumen konnten. Um so mehr ein Grund, ihn negativ zu zeichnen.

Interessant aber ist noch ein weiterer Punkt: sowohl die *Kypria* wie die *Ilias* lassen auch auf der feindlichen Seite Griechen auftreten. Und nicht genug damit: trotz ihrer historischen Niederlagen präsentieren sie die Achaier dann schließlich als Sieger. Die epische Dramaturgie einer notwendigerweise griechischen Erzählperspektive erklärt dies nur oberflächlich. Denn was dahinter zum Ausdruck kommt, ist die Projektion eines Griechentums, das sich gegenüber den herrschenden Großreichen nur als Minorität sehen konnte, mit all seinen Kämpfen aber einen Platz innerhalb dieser Hochkulturen und ihrer wirtschaftlichen Potenz zu etablieren versuchte. Wo sich dieses Wunschdenken faktisch nicht realisierte, erfüllte es sich so in der Fiktion.

Dies gilt um so mehr dann für die *Ilias*: sie verarbeitete zwar die Episodik der erfolglosen kilikischen Revolten gegen die Assyrer, verlieh den geschlagenen Griechen jedoch im Epos auch die Charakteristiken der Sieger – indem Homer sie in seiner Erzählung einfach in die Rolle der Assyrer schlüpfen ließ. Denn auch in Kilikien befanden sich die Griechen gegenüber der reichen späthethitischen Bevölkerung und den assyrischen Oberherrn in einer von vornherein unterlegenen Position. Daß in der *Ilias* deshalb Troianer mit griechischen Namen zu den Gegnern ihrer Helden zählen, gleichzeitig aber auch Achilleus mit deutlich auf die assyrischen Könige verweisenden Zügen gezeichnet ist und der Schlachtverlauf des Kampfs um Troia Ereignisse der assyrischen Feldzüge wiedergibt, entspringt einem Doppeldenken. Einerseits kann dadurch die reale Geschichte in einer Erzählung verarbeitet werden, andererseits können sie darin wenigstens als Sieger hervorgehen: voraussichtlich – denn in der *Ilias* ist davon nur in einer Prophezeiung die Rede.

Die epische Fiktionalisierung ist aber auch verantwortlich dafür, daß sich über Aleksandu – obwohl er das Vorbild für den Alexandros des troianischen Stoffes abgegeben haben muß – anhand der Quellen letztlich genausowenig sagen läßt wie etwa über den realen Artus der mittelalterlichen Epik. Dasselbe gilt für die skizzierten historischen Ereignisse: lassen die *Kypria* noch etwas von den ursprünglichen lokal begrenzten Scharmützeln erahnen, so trifft dies für die *Ilias* jedoch nicht mehr zu.

Ganz auszuschließen ist etwa, daß sich die Truppen aus allen griechischen Ländern zu einem großen Belagerungsheer unter einem Feldherrn verbunden hätten – das ist nicht einmal zur Zeit der Perserkriege gelungen. Und das ist nur einer von vielen Punkten, die es fraglich erscheinen lassen, daß die *Ilias* reale Geschehnisse der Bronzezeit wiedergibt. Es finden sich in ihr keine Hethiter erwähnt, und selbst den alten achaischen Stützpunkt Milet kennt das Epos nur als Stadt der Karer. Ebensowenig wird die gegenseitige Feindschaft zwischen Troern und Griechen auch nur einmal kulturell oder ethnisch begründet. Eine für die Rückerinnerung an das mykenische Reich bezeichnende nationale Motivation fehlt in Homers Fassung des Stoffes ebenfalls. Und so wie Zeus beiden Kriegsparteien zur Seite steht und sie gegeneinander ausspielt, so tragen auch die Krieger der feindlichen Seite überwiegend griechische Namen. Diese Konstellation scheint deshalb weit eher einen internen Krieg zu schildern – bei dem sich die Frage stellt, wer sie gegeneinander aufgebracht hat.

Die Dorier oder die Seevölker, die beim Umbruch des griechischen Raumes auftauchen, werden darin jedenfalls nicht genannt – genausowenig wie die Illyrer aus dem Balkan und dem Donauraum, die beim Untergang Troias um 1200 archäologisch anhand ihrer ›Buckelkeramik‹ und ›Barbarischen Keramik‹ nachweisbar sind. Mag sein, daß Homer mit den thrakischen Roßzüchtern zumindest geographisch auf sie anspielt – doch er stellt sie dabei in einen Kontext mit den Hippomolgoi und Abioi[1], hinter denen weit eher skythische Völker stecken. Als Feindbilder werden jedoch auch sie nicht gezeichnet, ganz im Gegenteil: sie gelten dort als die ›Gerechtesten aller Völker‹. Das hat damit zu tun, daß sich die *Ilias* auf die Konflikte in einem ganz anderen Land be-

---

1 XIII 5–6.

54

zieht: die kilikischen Revolten gegen ihre assyrischen Oberherrn, bei denen sich assyrertreue wie assyrerfeindliche Parteien gegenüberstanden. Doch um diese Geschichte nachzeichnen zu können, haben wir noch ein ganzes Stück Weg vor uns.

E – TROIAS TOPOGRAPHIE

Zu Homers Zeit war die ehemalige Stadtburg von Troia einem kleinen Dorf gewichen, indem man gerade einen Tempel der Athena errichtete[1]; einzig auf der Plateaukante mußten noch die Ruinen der alten Akropolis mit ihren sechs Meter hohen Mauer-, Turm- und Torresten der Festung erkennbar gewesen sein, darunter vielleicht die hölzernen Reste der Unterstadt.[2] Davor begann das Vorland, das einige alte Siedlungshügel aufwies, welche man wohl damals als Heroengräber deutete. Diese kleine Ebene endete an einer damals weiter ins Land hineinreichenden Bucht, wo der ›Skamandros‹ und der ›Simoeis‹ in den Hellespont mündeten. Im Westen zeichnete sich der Umriß von Tenedos ab; im Norden waren die Dardanellen zu sehen, im Nordwesten hinter der Insel Imbros die Silhouette Samothrakes; und im Osten ragte der Berg Ida auf.

Daß Homer grundsätzlich über die allgemeine Topographie der Troas Bescheid gewußt hat, ist unbestreitbar. Die Details seiner Beschreibungen lassen sich jedoch bloß sehr oberflächlich mit der Landschaft und den Ergebnissen der Archäologie in Verbindung bringen. So ist in der *Ilias* von der großen Unterstadt des historischen Troia kein einziges Mal die Rede. Die Oberstadt hingegen besaß stets mehr als die zwei von Homer erwähnten Tore: Troia VI weist fünf Tore auf, von denen bei Troia VIIa kurz vor 1200 noch drei offenstanden.[3] Ihr Grundriß läßt dabei ebensowenig ›breite Gassen‹ erkennen wie die dort ausgegrabenen kleinen Megara dem Grundriß von Priamos' Palast entsprechen.

1 Rose 1997. — 2 Pöhlmann und Korfmann 1999. — 3 Auskunft Peter Jablonka; dazu sind aber noch die mindestens vier Tore der Unterstadt zu rechnen, die ebensowenig bei Homer Erwähnung finden.

Genausowenig reichen die paar Meter Höhenunterschied zwischen Ebene und Plateaurand aus, um von jener ›windigen, hohen und steil abfallenden‹ Stadt[1] zu reden, die uns formelhaft vor Augen gerückt wird. Und auch der Tempel der Athena passt nicht in den Kontext des Epos – sie wird ja als eine den Troern feindliche Göttin vorgestellt.

Was die Troas selbst betrifft, so kann dort von den für eine Pferdezucht großen Stils notwendigen saftigen Grasweiden wie von den in den Gleichnissen beschriebenen Gerstenfeldern und Obstgärten auf dem Lateritboden dieser Gegend ebenfalls nicht die Rede sein. Und auch der Ida stellt bloß eine einzelne runde Bergkuppe und keine Bergkette mit einem Gewirr von vorgelagerten Hügeln und Tälern[2] und zahlreichen Gipfeln[3] dar, eine ›Mutter des Wilds‹[4], wie es die *Ilias* wiederholt schildert – all dies beschreibt weit eher kilikische Gebirge wie den Taurus und den Amanus.

Das gleiche gilt für den Skamandros und den noch weit kleineren Simoeis. Bereits der älteste Reisebericht über die Troas aus dem Jahre 1650 stellt konsterniert fest, die zwei ›Flüsse‹ dort führten nicht einmal im Winter genug Wasser, daß darin eine Gans schwimmen könnte.[5] Braucht es schon sehr viel Phantasie, um im heutigen Flüßchen Karamendres einen ›Strom‹ zu erkennen, der eine Furt besitzen soll, so ist dies für das bloß ein paar Kilometer lange Rinnsal des Dümrek gänzlich unmöglich. So flach und gerade, wie es dahinfließt, wird es nicht nur seinem epischen Namen (*simos* – ›gebogen wie eine Stupsnase‹) in keinster Weise gerecht; kein anderes Bächlein dieser Art wäre sonst je von einem antiken Geographen in Kleinasien angeführt worden. Weder die *Kypria* noch Hesiod oder die pseudohesiodischen *Ehoien* erwähnen irgendwelche Flüsse bei Troia. Ihre Identifikation mit der Troas beginnt mit Herodot, der dort zunächst nur den Skamandros kennt, und sie wird dann durch Strabon festgeschrieben – der seine fehlende Ortskenntnis verrät, indem er den Skamandros als ›schiffbar‹ bezeichnet und dort neben dem Simoeis zusätzlich noch einen Xanthos und einen Palaeoskamandros auflistet.[6]

---

1 XIII 773; *aipys* und *aipeinos* gilt in der *Ilias* sonst auch für den Berg Pedasos; Diskussion: Watkins 1994. — 2 XXIII 116. — 3 XX 60. — 4 XIV 283. — 5 Pierre Belon, zitiert in: J. M. Cook 1973. — 6 Str. XIII 33.

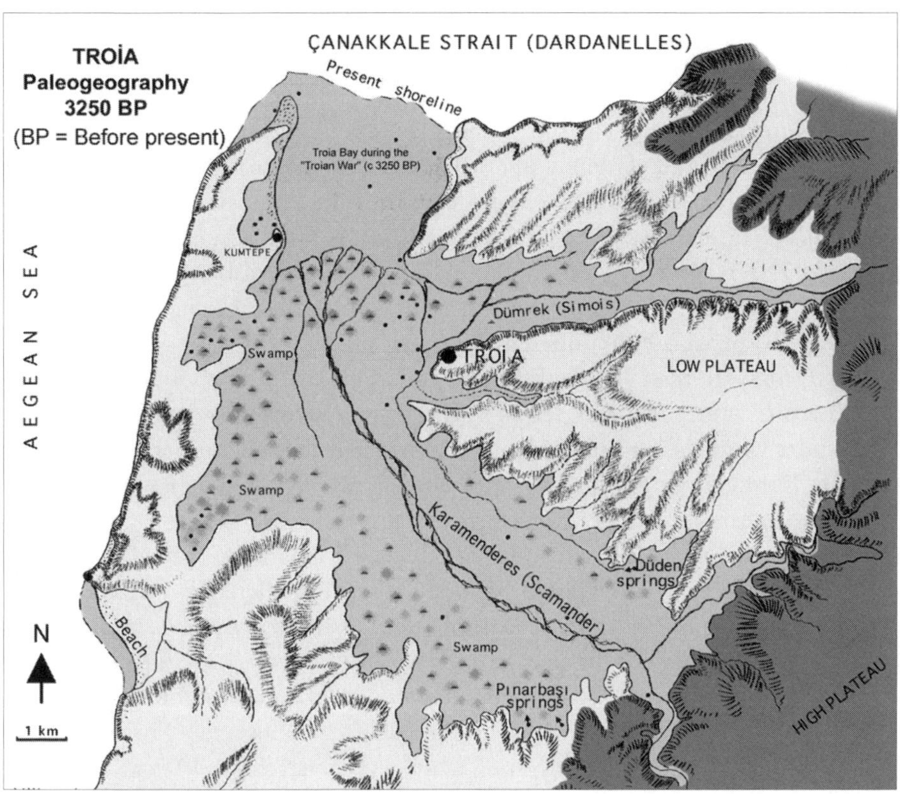

Karte von Troia um 1250 v. u. Z; I. Kayan 1999

Von ihnen angefangen, über Schliemann bis heute, wurde die *Ilias* als autoritativ genug aufgefaßt, um ihre Ortsnamen auf die Troas zu übertragen. Dabei hatte jedoch bereits Homer projiziert: um für seine unmittelbare Zeitgeschichte wichtige kilikische Flüsse mit einem epischen Nimbus zu versehen, übernahm er zwei Ströme aus der *Theogonie* seines älteren Kollegen Hesiod[1] – der darin die Zuflüsse des Okeanos auflistet und dabei Simoeis und Skamandros weit auseinanderliegen läßt. Die Folge von Homers Projektion jedoch ist, daß seine Ortsbeschreibungen und Orientierungen mit jenen des historischen Troia in keinem einzigen Punkt übereinzubringen sind.

Denn geht man von der realen Topographie aus, werden sogleich die ersten Unstimmigkeiten deutlich. Der Karamendres floß damals näher an der westlichen Küste als heute; dazwischen breitete Sumpfland sich aus. Da die Troer im Epos erst ganz am Schluß ihre Stellung jenseits der Skamandros-Furt aufgeben und wieder zurück in ihre Stadt gejagt werden[2], heißt dies, daß sich – der gegebenen Topographie gemäß – das griechische Lager im Westen befinden muß. Wie die Archäologie gezeigt hat, lag in der Bucht von Besik dort zwar der einzige Schiffslandeplatz Troias; doch da gab es niemals Platz für 1200 Schiffe, noch wurde dieser schmale Sandstreifen je von zwei Kaps eingerahmt.[3] Dazu kommt, daß das griechische Heer – um auf das stets als staubig beschriebene Schlachtfeld zu gelangen – jedesmal eine verschilfte Marsch hätte überqueren müssen, um vor dem Skamandros auf ein lächerlich schmales Kampfgelände zu gelangen. Und in diesem Morast hätten die 50 000 Troer dann auch ihr Nachtlager aufschlagen müssen: wovon in der *Ilias* ebenfalls nie die Rede ist.

Versucht man dann die fiktive Topographie der homerischen Schil-

---

1 *Tethys aber gebar dem Okeanos wirbelnde Flüsse:*
Neilos, Alpheios, Eridanos, voll von reißenden Strudeln,
Strymon und Maiandros, Istroa, das herrlich strömende Wasser,
Phasis und Rhesos, den silberwirbelnden Acheloos,
Nessos, Aisepos und die göttliche Flut des Simoeis,
Hermos, Peneiso, den herrlich fließenden Kaikos,
den breiten Strom des Sangarios, Ladon, Parthenios, Ardeskos,
ferner Euenos und schließlich den Skamandros, den göttlich hehren. (Theogonie 337–45)
Zur Übernahme von Hesiods Flußliste, die Homer dann zitiert, um sie die griechische Mauer wegschwemmen zu lassen, siehe West 1997. Zur Reihung Hesiods vor Homer siehe auch West 1995. — 2 Vgl. XIV 429f. und XXI 1f. — 3 XIV 35f.

derungen auf die örtlichen Gegebenheiten zu übertragen, zeigen sich die nächsten Inkongruenzen. Eigentlich finden die Kämpfe ja auf der Ebene zwischen den Ufern des Simoeis und des Skamandros statt.[1] Da beide Flüsse später die griechische Mauer in den Hellespont spülen, müßte das Schiffslager demnach – wiederum aufgrund der realen Topographie – zwischen ihnen im Norden gelegen haben. Dieselbe Nordlage ergibt sich auch dadurch, daß die troianischen Reihen in einer geraden Linie von Osten nach Westen vor dem griechischen Schiffslager stehen.[2] Eine solche Position im Norden ist mit dem späteren Schlachtverlauf jedoch nicht zu vereinen: denn auch dann könnten die Griechen die Troer am Schluß nicht über die Skamandros-Furt in die Stadt zurückjagen – sondern nur ins Meer im Westen drängen.

Ein weiterer markanter Widerspruch ergibt sich auch innerhalb der epischen Beschreibungen. Denn einmal situiert Homer das griechische Schiffslager eindeutig im Süden: das ergibt sich aus dem Sonnenaufgang am Meer, den Achilleus vom Lagerstrand aus erlebt[3] – um ihn zu betrachten, im Winter dieser Schlacht, dazu braucht es schon einen freien Blick nach Südosten.

Wie wir noch in aller Ausführlichkeit zeigen können[4], werden all diese Inkongruenzen erst stimmig, wenn wir die topographischen Charakteristiken und Orientierungen auf eine völlig andere Region übertragen: auf Kilikien. Wobei Homer für sein Epos die Ortsbeschreibungen der zwei prominentesten Städte überblendet, die an den kilikischen Revolten beteiligt waren: der alte kilikische Handelsort Tarsos und Karatepe, als größte danaische Festungsstadt der damaligen Zeit. Was die groben Umrisse betrifft, so hält er sich im Epos an die Lage Tarsos', um für die Nahaufnahmen seines Troia auf Karatepe als dreidimensionales Modell zurückzugreifen. Die Flußnamen dienen ihm dabei jedesmal nur als Platzhalter für die jeweiligen lokalen Flüsse – erst dadurch erhalten die Ereignisse der verschiedenen kilikischen Revolten, die er in seinem alten troianischen Stoff aufarbeitet, die erzählerisch notwendige Einheit von Ort, Zeit und Handlung.

1 VI 3–4. — 2 XII 201/219/239–40, wo ein Adler entlang der vordersten Schlachtreihe des Heeres, das vor dem Schiffslager steht, vom Osten rechts in den Westen links fliegt. — 3 XXIV 13. — 4 Siehe U.

Was Tarsos betrifft, so lag es am Kydnos an der letzten Hügelstufe des Taurus; davor öffnete sich eine weite Ebene, die im Osten vom Saros begrenzt wurde. Fokussiert Homer sein Epos auf Tarsos als griechisches Schiffslager, spielt der Kydnos die Rolle des Skamandros und der Saros übernimmt jene des Simoeis: der Bedeutung dieses Namens entsprechend wurde der Saros von den Assyrern zu Homers Zeit nicht nur ›Bogen-Fluß‹ genannt, er hieß auch in der Römerzeit noch ›Sinarus‹.[1] Schildert Homer jedoch die Ereignisse um das Troia des späthethitischen Königs Azatiwada, wird der Pyramos zum Skamandros. Das ist weniger als poetische Lizenz zu werten denn als gängige antike Praxis: eine in Adana gefundene Inschrift weist beispielsweise den Saros als Arm des tarsischen Kydnos aus. Zudem weiß man, daß der Saros einmal bei Mallos in den Pyramos floß und seinen Lauf erst wieder zu Justinians Zeit änderte, um dann wieder unweit des Kydnos ins Meer zu münden – im kilikischen Schwemmland haben die Flüsse haben wohl mehrmals ihren Verlauf geändert.[2]

Was nun den Kydnos betrifft, so floß dieser sieben Kilometer südlich von Tarsos durch die Ebene – die somit genug Raum für die Schlachten zwischen zwei Heeren bot – in einen Hafen, der groß genug war, um all die Handelsschiffe der biblischen Tarshish-Flotte aufzunehmen. Eine der größten Landebuchten der damaligen Zeit, U-förmig und an beiden Seiten etwa sechs Kilometer lange und flache Sandufer bietend, konnte sie wohl auch die 1200 griechischen Rudersegler aufnehmen. Und seine beiden von Homer beschriebenen Kaps waren dabei markant genug, daß die Ausfahrt zwischen ihnen den Namen *Rhegma* erhielt: ›Spalte, Durchstich‹[3]. Von diesem Schiffslager aus konnte Achilleus auch bestens die Morgensonne aufgehen sehen – und mit den Danaer dann die Troer über den Kydnos zurück nach Tarsos treiben.

Der epischen Beschreibung als reißend aus dem Gebirge strömendem Fluß gemäß, wurde Tarsos nicht nur im Laufe seiner wechselvollen Geschichte mehrmals von Überschwemmungen heimgesucht, auch der Hafen verlandete dadurch schnell – was dem homerischen Szenario

---

1 In einem assyrischen Dokument heißt es, daß ein Gesandter aus Que zum ›gebogenen Fluß‹ zurückkehrt; damit muß der Saros gemeint sein, der den damaligen assyrischen Gouverneurssitz Adanija durchfloß; Parpola 1987, Nr. 110. Zum ›Sinarus‹ siehe Barrington Atlas. — 2 Diskussion: Langlois 1861, S. 347/48. — 3 Hild-Hellenkemper 1990; der Hafen ist inzwischen verlandet – siehe dazu auch Taffet 2001.

der Flutung des Schiffslagers einen realen Hintergrund verlieh, der noch durch die Umleitung des Flusses durch die Assyrer im Rahmen der zweiten kilikischen Revolte verstärkt wurde. Dazu kommt, daß sich 15 km nördlich von Tarsos an einem Arm des Kydnos jene Doppelquelle des epischen Skamandros verorten läßt, die Homer offenbar die Idee zum Wendepunkt von Hektors tödlichem Wettlauf mit Achilleus lieferte.[1]

Daß während der kilikischen Aufstände jedesmal auch Furten hart umkämpft waren, ist selbstverständlich; anders als in der Troas ergeben solche strategischen Punkte erst bei den großen kilikischen Flüssen Sinn. Das gilt auch für den größten kilikischen Fluß, den Pyramos. Um eine seiner wenigen Furten kontrollieren zu können, wurde Azatiwadas hochgelegene Festungsstadt in Karatepe auch erbaut — wie wir noch sehen werden, ist ihre Beschreibung bis ins Detail auf das homerische Troia übertragbar. Im Verlauf der dritten kilikischen Revolte wurde dieses Wahrzeichen danaischer Unabhängigkeit von den Assyrern so niedergebrannt, wie es das Epos auch für Ilios in Aussicht stellt; und es ist hier, daß dann auch die nördliche Position des griechischen Wehrlagers und die Ausrichtung von Hektors Schlachtreihen davor stimmig wird. Denn ein Gelände für einen solchen Belagerungskampf findet sich bei Karatepe nur auf der Ebene rund um diese nördlich der Stadt gelegene Furt. Daß der Pyramos dabei die Rolle des Skamandros übernimmt, darauf verweist im Epos dann auch sein Doppelname ›Xanthos‹: der Pyramos wurde in der Antike des öfteren als *xanthos* — gelb vor Schlamm — bezeichnet.

›Xanthos‹ nennt Homer dann allerdings auch jenen Fluß, zu dem nicht nur der Heerführer dieses letzten Aufstandes mit seinen Truppen zurückgedrängt wurde, sondern der auch seit jeher die Westgrenze des Grenze des Rauhen Kilikien bildete: der Kalykadnos.[2]

---

1 Beim Dorf Ulas; Hild-Hellenkemper 1990; siehe U. — 2 Im Epos wird Sarpedon ein Grabmal am Xanthos errichtet; die Identifizierung mit dem Kalykadnos ergibt sich dadurch, daß Sarpedons Grab an dessen Mündung verehrt wurde. Dabei zeigt sich auch, daß Homer im Kalykadnos/Xanthos die Grenze zu Lykien sah: Pamphylien erwähnt er nie; und die alten, dort angrenzenden Reiche Pitassa und Mira bringt nur ins Spiel, um Achilleus eine prestigeträchtige Herkunft zu verleihen — zu seiner Zeit bestanden sie ja nicht mehr. Siehe P und X.

Mit diesem ersten Ausgriff auf den realen Hintergrund von Homers Fassung des Kampfes um Troia soll nun nicht die Identifizierung Hisarliks mit Ilios untergraben werden; Homers Ortskenntnisse waren immerhin groß genug, daß Calvert und Schliemann aus ihnen diesen historischen Schauplatz erschließen und entdecken konnten. Gewonnen hat Homer sie jedoch eher aus der historischen Überlieferung des alten Stoffes oder aus einem alten Periplos – was anhand der durchwegs generischen Beschreibungen weit wahrscheinlicher ist. Die iliadischen Spezifika hingegen rühren daher, daß Homer kilikische Landschaftsmerkmale auf die Troas projiziert hat – wo sie dank der Autorität des Textes von den antiken Geographen im nachhinein übernommen und unhinterfragt bis heute festgeschrieben wurden.

Diese Art der geographischen Verschiebung und die daraus resultierenden Ortsüberlagerungen sind in der Epik nichts Ungewöhnliches. Nehmen wir etwa Gottfried von Straßburgs *Tristan* als Fallbeispiel. Wiewohl in Cornwall angesiedelt, liegen seine Burgen in urdeutschen Lindenwäldern und die Liebeshöhle in einem ›wilden Berg‹ voller Bergkristall und Marmor, ›eine Tagesreise weit ringsum nur Felsen‹ und ›Berge in vielen steilen Krümmungen‹. Weder diese Flora noch diese Geologie und ihr alpines Panorama gibt es im Südwesten Englands – und Gottfried ist der erste, der dies eingesteht: ›ich kenne diese Grotte schon seit meinem elften Lebensjahr und war trotzdem nie in Cornwall‹. Er schreibt sein Epos, indem er einen uralten keltischen Stoff aufgreift, den er in Frankreich vorgeformt findet – und projiziert darauf dann sein eigenes geographisches Umfeld. Als Paradigma betrachtet, gilt diese Art der Translatio auch für Homer und seine *Ilias*: auch er greift den troianischen Stoff in der Ausgestaltung der *Kypria* auf – und bildet darin seine unmittelbare Lebenswirklichkeit ab. Schon deshalb erscheint die Mühe vergeblich, Homers Heimat in und um Troia zu suchen; genausogut könnte man auch den *Tristan* dort verorten wollen, nur weil einer der Bearbeiter dieses Stoffes Chrétien de Troyes hieß.

Gleiches gilt für die Verschiebung in der Zeit: auch die Projektion der Gegenwart auf längst vergangene Epochen ist typisch für das epische Erzählen. Das um 1100 geschriebene *Chanson de Roland* feiert eine Schlacht von 778, macht dabei aber nicht nur kontemporäre Adelige zu Zeitgenossen Karls des Großen, sondern läßt ihn auch gegen den falschen Gegner antreten: Karl kämpft darin statt gegen Basken gegen die erst später auftretenden Mauren. Im *Nibelungenlied* verschmelzen verschiedenste Erinnerungen an die Völkerwanderungen miteinander; es läßt Ermanarich aus dem 4. und Attila aus dem 5. Jahrhundert nebeneinander auftreten, baut aber auch den im 12. Jahrhundert lebenden Bischof von Passau ein und nimmt Bezug auf die zeitgenössische Dichtung. Und so wie die gesamte deutsche Heldenepik ihren Vorlagen ein zeitgenössisches, christlich-höfisches Gepräge samt Landgrafen verleiht, spielt auch die Stauferpartie in Veldekes *Eneas-Roman* auf die Schwertleite von Barbarossas Söhnen und das Mainzer Hoffest von 1184 an. Die *Ilias* tut desgleichen: sie setzt ihre Griechen an die Stelle der Assyrer und verleiht ihren Troern deutlich späthethitische Züge. Das hat auch damit zu tun, daß Epen ihre Relevanz erst in dem Maß erhalten, wie sie ihre Gegenwart reflektieren: welches Publikum hätte je eine völlig anachronistische Geschichte interessiert, die keine Bezüge zur eigenen Lebenswirklichkeit bieten könnte?

F – EPISCHE MOTIVE DER BRONZEZEIT

Die greifbaren historischen Koordinaten der auf Troia bezogenen Ereignisse, Personen und Motive lassen für den Bauplan der *Ilias* nur einen äußerst undeutlichen Grundriß erkennen. Und dieser wird um so blasser, als sich darin auch Motive und Figurenkonstellationen aufgenommen finden, die aus dem allgemeinen Repertoire der Aoiden und ihrer mündlichen Dichtungstradition kommen.

Diese Sänger überlieferten Geschichte anhand von *Geschichten*; sie waren für Zaubersprüche zuständig, die überall zu den ältesten Zeugnissen von Literatur zählen, und für Invokationen der Götter bei den Opferriten; und sie zelebrierten auch die Genealogien und den Nachruhm von Königen – nicht zuletzt um dadurch deren Herrschaftsansprüche zu festigen. Einige Formeln in der *Ilias* – bei weitem jedoch nicht alle – scheinen dabei einer uralten indoeuropäischen Tradition zu entstammen: so etwa, wenn Hektor als so menschenmörderisch beschrieben wird, wie es Achilleus' Hände sind; wenn die Waffen überall in der *Ilias* nach Fleisch und Blut dürsten; ein Herrscher der Hirte seines Volkes und die Stadt ein Pferch ist; Pferde als goldmähnig und starkhufig gelten und die Wagen, die die Sonne und die Krieger ziehen, als golden und glänzend beschrieben werden.

Was Homer an Helden und Sagen in sein Epos einbaut, scheint dabei auf griechisches Volksgut aus der Bronzezeit zurückzugehen: der Kreter Idomeneus etwa sowie sein Wagenlenker Meriones, der nicht nur Minos' Enkel ist, sondern auch einen für das frühe Mykene typischen Helm aus Eberzähnen trägt; Achilleus und sein Vater Peleus; Tydeus als einer der ›Sieben gegen Theben‹ sowie die Taten ihrer Söhne, der Epigonen.[1] Wie wir jedoch im Laufe unseres Argumentes sehen werden[2], sind die sich um sie rankenden archaischen Mythen nicht notwendigerweise auch Stoffe, die vom griechischen Festland stammen Denn vieles, was urgriechisch wirkt – die Legenden um die Aitoler, Kureten, Nestors Pylener und Epeier oder Heroen wie Bellerophontes, Aineias oder Aias –, wurde von Homer zumindest mit klar erkennbaren kilikischen Bezügen versehen: wenn die Mythen um sie nicht gar ganz dem südanatolischen Raum entstammen.

Die Fundamente der iliadischen Poetik, ihre stilistischen wie motivischen Topoi – auch das werden wir noch sehen – übernimmt Homer jedoch aus jenem Kulturraum, dem wir nicht nur den Schriftgebrauch, die ältesten Städte, die Domestizierung von Auerochsen, Wildpferden und Wildziegen verdanken, sondern auch die Kultivation von Wildgetreiden und einen Grundbestand an Figuren des späteren homerischen Götterapparates: dem Zweistromland. Daß sie bereits in der Bronzezeit in den Ägäisraum wanderten, ist angesichts der oben skizzierten Kontakte gegeben; daß sie dort ihre eigenen Ausprägungen erfahren haben mögen, ebenfalls – neu ist jedoch, in welchem Ausmaß sich zeigen läßt, was Homer dabei an für ihn unmittelbar Zeitgenössischem eingearbeitet hat.

1 Diskussion der scheinbar bronzezeitlichen Motive und Stoffe: West 1988. — 2 Siehe P, Q, U und X.

G – DIE UMBRUCHSZEIT UM 1200

Sowenig, wie sich bestimmen läßt, was sich bereits in der Bronzezeit an östlichen Einflüssen und lokalen griechischen Traditionen legiert hat wie Kupfer und Zinn, genausowenig kann man bislang eindeutig sagen, weshalb die großen griechischen Fürstentümer zeitgleich mit dem Reich der Hethiter untergingen. Erwägt werden für den Zusammenbruch des ägäischen Zivilisationsraumes im Westen und Osten um 1200 mehrere Faktoren: Seuchen, Erdbeben, Mißernten, Dürren oder Revolten von Randvölkern – sowie die jeweils daraus folgenden sozialen Unruhen, die durch eine überzentralisierte Wirtschaft und Konflikte zwischen den einzelnen Machtzentren befördert wurden. In der Folge kommt es jedenfalls im gesamten östlichen Mittelmeerbogen zu Übergriffen von ›Seevölkern‹ und am griechischen Festland zur Einwanderung von ›Doriern‹ aus dem Norden.[1]

Die Migrationsbewegungen, die daraufhin einsetzen, wirken sich bis tief in den Süden aus. So berichtet ein Relief im Totentempel Ramses' III. 1188 von Danaern, die in einer Konföderation von Seevölkern auch Ägypten angreifen:

Ich bin wie Re in Ägypten als König erschienen: ich schützte es, indem ich für es die Neun Bogen [die Randvölker] abwehrte. Diese Fremdländer – sie machten ein Bündnis auf ihren Inseln; sie zogen aus und überzogen plötzlich alles mit ihrem Kampfgewühl. Kein Land konnte ihren Waffen standhalten; von den Hethitern über Qede [Kilikien], Karkemish, Arzawa und Alasiya [Zypern] angefangen, wurden sie alle mit einem Schlag abgeschnitten. Sie errichteten ihr Lager in einem Ort in Amurru und vernichteten die Bevölkerung und das Land dort, als hätten sie nie existiert. Dann rückten sie gegen Ägypten an, obwohl die Flamme vor ihnen geschürt wurde. Ihr Bündnis bestand aus Philistern, Tjeker [Teukroi aus Nordpalästina], Shekelesh [die sizilianischen Sikeler], Danaern und Weshesh [Libyer?]. Sie legten ihre Hände auf die Länder bis zum Umkreis der Erde; ihre Herzen voller Zuversicht und Vertrauen sagten sie sich: ›Unsere Pläne werden gelingen!‹[2]

1 Parker 1995. — 2 Eder 2005 und Pritchard 1969.

Dieser Bericht legt nahe, daß die entlang der protophönizischen Schiffs-
routen liierten Völker ›der Mitte des Meeres‹ sich zusammenschlossen,
um die Schwäche der einzelnen Großreiche auszunützen und ihre
Randzonen zu okkupieren. Diese Militärkampagnen lassen dabei bereits jenes Muster erkennen, wie wir es bei den Ioniern wiederfinden
werden. Daß die Ägypter diesen Beutezügen Einhalt gebieten konnten,
zeigt ein auf 1164 zu datierender Papyrus, auf dem Ramses III. festhält:

> Ich habe die Danaer auf ihren Inseln vernichtet und die Tjeker und
> Philister zu Asche gemacht. Die Shardaner [Sarden] und Weshesh des
> Meeres habe ich vom Erdboden vertilgt, sie alle gefangen und in
> ägyptische Gefangenschaft gebracht wie die Sande am Strand.[1]

Wer jedoch mit den von Ramses III. gemeinten Danaern gemeint war,
ist schwer zu sagen. Zum einen sind kretische Söldner denkbar, deren
Beziehung zu den Philistern schon aus der Bibel hervorgeht.[2] Wahrscheinlicher sind jedoch wiederum die kilikischen Danaer, die mit Hilfe
dieses Bündnisses versuchten, die Macht lokal an sich zu reißen: die beschriebenen Krisenherde befinden sich jedenfalls in Kilikien und in unmittelbarer Nachbarschaft dazu.

Der letzte hethitische Großkönig lieferte den von ihm nicht näher
differenzierten ›Feinden‹ – dank der ugaritischen Flotte – eine Reihe
von Seeschlachten vor Zypern und entlang der südanatolischen Küste,
mußte dann aber Kilikien aufgeben, bevor sein Reich um 1180 endgültig zusammenbrach.[3] Daß sich die Danaer dort trotzdem halten konnten, zeigen die vier Jahrhunderte später auftauchenden kilikischen Inschriften, in denen sie erneut neben den Achaiern genannt werden.
Dazu kommen aber auch griechische Neuzugänge im Rahmen der
nach diesem Seevölkersturm einsetzenden Wanderbewegungen, die
von der Ägäis aus Zypern, Kilikien und die Levante erreichen. Daß die
Archäologie dennoch vor dem 7. Jahrhundert keine offensichtliche
›Gräzisierung‹ dieser Gebiete oder Kolonien feststellen kann, stellt keinen Widerspruch dar; als Bevölkerungsgruppe blieben sie bis dahin eine
Minorität, der nichts anderes übrigblieb, als sich von der lokalen Kultur
assimilieren zu lassen.

1 Pritchard 1969. — 2 Lehmann 2005. — 3 Lehmann 2005.

Am griechischen Festland selbst gerät der alte Regionalismus durch die
›Dorier‹ völlig aus den Fugen. Wo zuvor dezentrale Kulturzentren feststellbar sind, konzentriert sich nun alles in einem Kernraum, der von
Euböa, dem südlichen Thessalien und Boiotien gebildet wird. Der
Machtbereich der Herrscher schrumpft dabei – das zeigt sich auch an
der neuen Bedeutung, die der *basileus* einnimmt. Wo damit zur mykenischen Zeit bloß eine Art Ortsvorsteher bezeichnet wurde, muß er jetzt
als Bezeichnung für ›König‹ herhalten – es ist unter dieser Bedeutung,
daß ihn Homer dann einsetzt.[1]

Diese Herrscher dort empfingen in ihren Häusern sicherlich auch
Aoiden, die ihnen mit Geschichten über Troia oder die Kentauren[2] die
Zeit vertrieben. Doch diese Sagen waren nun wohl mehr als bloße Unterhaltung – in dieser Krisenzeit scheinen sie ein darüber hinausgehen-
des Bedürfnis zu erfüllen. Zum einen arbeiteten sie am Fall Troias auch
die einschneidenden gesellschaftlichen Umbrüche allegorisch ab. Zum
anderen aber dienten sie auch der nun von allen Seiten bedrängten ehemaligen Elite dazu, sich von den neu Zugewanderten abzugrenzen, den
eigenen Machtanspruch weiter zu behaupten und anhand ihrer epischen Ideale ein ›aristokratisches‹ Gruppenbewußtsein zu erhalten.

Das läßt sich archäologisch belegen. So zeigt sich im 12. Jahrhundert
überall im östlichen Teil Griechenlands wie in der Ägäis an den Vasenmalereien ein neuer erzählerischer Stil, bei dem Jagd, Tanz und Fest,
Phantasien von Monstern und mythischen Kreaturen, vor allem aber
Streitwagen und Krieg zu beliebten Motiven werden. Sie bilden ein
›heroisches‹ Weltbild ab, bei dem die Tugenden im Kampf und bei der
Seefahrt tragend werden und die Frauen den Abschied und Tod von
ihren Männern und Söhnen beklagen. Dargestellte Statussymbole wie
das Zepter – das im II. Gesang prominent präsentiert wird[3] – verweisen
dabei auf die geschrumpften Machtzentren von Stadtherrn, die sich
ihren Luxus bewahren konnten und ihn auch bei Banketten und Sym-
posia demonstrierten (die meisten Abbildungen stammen von Misch-
krügen, die sich zusammen mit prunkvollen Trinkbechern fanden).
Auch das Bild eines Phorminxspielers, der sich auf einer um 1150 zu da-

<hr>

1 Diskussion des Terminus: Deger-Jalkotzy 1994. — 2 Ein auf das letzte Viertel des 10. Jahrhunderts zu datierender Terrakotta-Kentaur fand sich bei den Grabungen im euböischen
Xeropolis; West 1988. Ein Vorbild für diese Mischwesen aus Pferd und Mensch findet sich
in den assyrischen Lamassu-Statuen, dämonischen Tempelwächtern. — 3 II 101–9.

tierenden Vase in Tiryns fand, gehört in diesen Kontext: er kann als Symbol für die Generationen von Vorläufern Homers gelten, die die alten Traditionen dem nunmehrige Zeitgeist anpassten – und damit Anteil an jenem Grundstock von epischen Motiven hatten, der von der *Ilias* aufgegriffen wurde.[1]

Diese bis ins 8. Jahrhundert reichende Neuevaluierung läßt sich auch an der poetischen Aktivität erkennen. Die pseudohesiodischen *Ehoiai* beinhalten Genealogien, welche die Stammbäume kleinerer Helden aus Chalkis und Böotien auf Helena, die Atreiden und Priamos zurückführen – um sich prestigeträchtig mit dem sagenumwobenen Krieg in Verbindung bringen zu können. Und etwa um die gleiche Zeit setzt auch der Herrscher von Chalkis bei den Totenspielen Trophäen für einen Sängerwettstreit aus, bei denen Hesiod – der erste uns greifbare griechische Dichter – gegen andere auftritt (wobei ihn eine spätere Sage sogar gegen Homer gewinnen läßt).[2]

Daß dabei dem böotisch-euböischen Raum dank seiner Kontakte zum Osten große Bedeutung nicht nur im Wirtschaftlichen, sondern auch an der Neuetablierung alter Traditionen zukam, das verrät noch die Kunstsprache der *Ilias*. Sie leitet sich überwiegend aus dem ionischen Dialekt ab, weist aber auch Einsprengsel einer ›aiolischen‹ Sprachschicht auf. Die Sprachgeschichte kann dabei zeigen, daß die eigentliche sprachliche Heimat des ionischen Dialektes Euböa war[3] und das Ursprungsland jener aiolischen Dialektform, die auf Lesbos und Umgebung gesprochen wurde, das Böotien benachbarte Thessalien.[4]

1 Diskussion: Deger-Jalkotzy 1994. — 2 West 1988. — 3 Finkelberg 2005. — 4 Das sogenannte ›Aiolische‹; es ist dies jedoch ein Terminus, der sich – laut Auskunft von B. Rose (Druck in Vorbereitung) – erst zur Zeit der Perserkriege herausbildete.

Daß dieser Kernraum als eine der wenigen Regionen in dieser Zeit auch wirtschaftlich nicht verarmte, sondern zwischen dem 10. und 8. Jahrhundert zu prosperieren begann, belegt die Archäologie. Sie zeigt nicht nur engste Verbindungen zwischen Euböa, Boiotien und Thessalien auf, sondern auch die Beziehungen von diesem Zentrum nach Skyros, zu den nördlichen Kykladen, Lesbos, Zypern und in die Levante – und weiter an die Enden der damaligen Welt: so fand sich etwa in Pithekoussa, einer phönizisch-euböischen Kolonie auf Ischia, ein aus Kilikien stammendes Siegel.[1]

Eingehandelt war es wohl in Al Mina, das in unmittelbarer Nachbarschaft zu Kilikien liegt und das zerstörte Ugarit um 825 als Handelsumschlagsplatz abgelöst hatte. Dort, wo sich damals Phönizier und Aramäer vermischten, um mit Assyrien und den späthethitischen Stadtstaaten Handel zu treiben, unterhielten die Euböer eine eigene Niederlassung. Sie waren auf der Suche nach neuen Metallvorkommen und brachten neben den Rohstoffen und neuen metallurgischen Kenntnissen (Bronzeschmelztechnik und Eisenverarbeitung ist in Euböa schon ab 900 nachweisbar) von da auch Kultur mit. Das belegen neu eingewanderte Worte aus den semitischen Dialekten der Levante: die Worte für Schüssel, Korb und Safran stammen ebenso aus dieser Region wie Purpur (*phoinos*), der Name für einen feingewebten roten Stoff und der Papyros (*byblos* – was sich von jener phönizischen Stadt ableitet, die als Zwischenlager dafür diente).[3]

Der Reichtum der gesamten Region zeigt sich an einem Herrschergrab, das man im euböischen Xeropolis ausgrub. Diese beim heutigen Lefkandi zu verortende Stadt (in deren Nachbarschaft nach 825 Eretria entsteht) liegt an der Wasserstraße zum Festland, auf einem vorspringenden Kap der Westküste, das eine natürliche Anlegestelle für den Schiffsverkehr bot. Die Maße dieses auf das 10. Jahrhundert datierten Grabmals sind für diese Zeit ungewöhnlich monumental: 45 Meter lang und 10 Meter breit. Im Inneren fanden sich zwei nebeneinanderliegende

1 CAH III.3. — 2 Boardman 1980. — 3 CAH III.3.

Bestattungen mit prunkvollen Beigaben: ein nach orientalischer Sitte verbrannter Mann, samt eisernen Waffen, Rasiermesser, Wetzstein und Pferdeknochen; und die Körperbestattung seiner Frau, samt Ohrringen und Halsband aus Gold und Fayenceschmuck. Vieles daran verweist bereits auf die von Homer geschilderten Bestattungsriten[1] – Patroklos' Begräbnis ist jedoch in vielen Details näher noch an spräthethitischen Gebräuchen.[2] Dazu passt, daß der Großteil der Grabbeigaben in Xeropolis aus dem zypro-kilikischen Raum, der Levante und Ägypten stammt.[3]

In der Nachfolgesiedlung Eretria läßt sich später nicht nur eine orientalische Goldschmiedewerkstatt nachweisen, sondern auch der erste bislang bekannte Tempelbau großen Stils in ganz Griechenland.[4] Und das benachbarte Chalkis zeigt schon durch seinen Namen die wirtschaftliche Bedeutung dieses Raumes: sie ist die ›Erzene‹.[5] Daß Homer deshalb Agamemnons Flotte von der Wasserstraße zwischen Euböa und Böotien lossegeln läßt; daß er den Schiffskatalog seines Epos mit dem Kontingent der Boioter beginnt; daß er ihnen die ausführlichste Beschreibung darin widmet; und daß er kurz danach auch ein eigenes Kontingent aus Euböa (die Abanten) losschickt, bei dem Chalkis und Eretria an prominenter Stelle genannt werden, ist deshalb nicht als durch mündliche Tradierung jahrhundertelang überliefertes historisches Wissen zu verstehen, sondern als Aufgreifen einer für Homer weit gegenwärtigeren Situation.[6]

Hier profitierte also eine einheimische Oberschicht nun von jenen Handelskontakten, die sie selbst mit der Levante geknüpft hatte, während umgekehrt phönizische Händler auf ihrer Suche nach neuen Märkten längst schon mit dem griechischen Festland Kontakt aufgenommen hatten. Beides stieß einen bedeutenden Entwicklungsschub für die zentralgriechischen Regionen an, die dadurch zu einem Motor der kulturellen Entwicklung Griechenlands wurden: andere Gebiete, denen dieser Stimulus fehlte, behielten dagegen ein weit ärmeres und primitiveres Gepräge.

1 Diskussion: Blome 1991. — 2 West 1997. — 3 Rollinger 2004 a und b. — 4 Visser 1997 samt Literaturangaben. — 5 Die Kontakte Euböas hören nach den Lelantischen Kriegen Ende des 8. Jahrhunderts auf; dann finden sich statt ihrer nun Seefahrer aus Rhodos im Osten sowie Seeleute aus Aegina, die Keramik aus Korinth und Athen weiterhandelten; CAH III.3. — 6 Diskussion: Visser 1997.

In Nichoria an der Südküste der Peloponnes hatte sich etwa nach dem Zusammenbruch um 1200 nur eine kleine Dauersiedlung in primitiven Einraumhäusern gehalten, die aus Steinfundamenten und einfachen Aufbauten aus Flechtwerk und Stampflehm bestand. Im 10. und 9. Jahrhundert wuchs sie auf vielleicht 40 Familien an: Hütten um ein etwa 10 Meter langes Zentralgebäude, deren Bewohner von Jagd und Viehzucht lebten und augenscheinlich über keine größeren Handelsbeziehungen verfügten. Diese große kulturelle Differenz kennzeichnet auch in der Folgezeit die einzelnen griechische Regionen – die Kontakte mit dem Osten entschieden über die Chancen wie das Ausmaß kultureller Entfaltung und Prosperität.[1]

Im kulturellen Gefälle zwischen dem Kernland der nordöstlichen Küste mit seinen Beziehungen zum Osten und dem autochthonen Süden werden Spannungen spürbar, die sich auch in der Mitte manifestieren. So werden im Lauf dieser Renaissance des späten 8. Jahrhunderts (nicht vorher) in Attika, der Argolis, Messenia, in Zentralgriechenland und der Peloponnes Heroenkulte nachweisbar: für Menelaos und Helena in Sparta, für Agamemnon in Mykene. Sie zeigen, daß manche der alten Stadtstaaten langsam wieder an Boden gewannen: diese Kulte hatten wohl den Zweck, die ehemaligen Territorien ideologisch wieder neu zu besetzen und eine Kontinuität zur glorreichen Vergangenheit herzustellen. Gegenüber dem neuen Zeitgeist wird dabei auch eine Art Minderwertigkeitskomplex spürbar, bei dem ein verschwundenes glorreiches Zeitalter von Helden den eigenen weit prosaischeren und provinzielleren Lebensumständen entgegengehalten wird – jener Ärmlichkeit, die Hesiod in seinen *Werken und Tagen* thematisiert.[2] Die zentralen Rollen, die den Atreiden und Helena in der *Ilias* zugewiesen werden, gründen also weniger in einer historischen Reminiszenz als in einer neugewonnen Aktualität.

In diesem Kontext erhält nun auch der dritte Name für die Griechen in der *Ilias* – die Argeier – seine Relevanz. Während Attika im Norden politisch vereint war, waren die Verhältnisse in der Argolis noch von der Konkurrenz neuerstarkter Städte wie Argos, Mykene und Tiryns bestimmt. Argos beanspruchte zu Homers Zeit die Hegemonie über diese

1 Diskussion: Rollinger 2004 a und b sowie Blome 1991. — 2 Diskussion: Whitley 1988.

Region, errang sie aber erst endgültig lange danach durch die Eroberung Mykenes.[1] Dieser Rivalität ist zuzuschreiben, daß Homer zwar Agamemnon nominell zum Herrn über Argos und die Argolis macht (auf die Mykene historisch und mythisch Anspruch hatte), als eigentlichen Herrscher über Argos jedoch Diomedes präsentiert und ihn auch ein eigenes Truppenkontingent anführen läßt. Was zeitgenössische Konfliktsituation war, spiegelt sich dabei poetisch in den harten Worten Agamemnons an Diomedes[2] wider – sowie dem Umstand, daß Diomedes im Epos eine weit kampfkräftigere Figur macht als sein Kriegsherr.

Gleiches gilt aber auch für das allgemeine Weltbild, das in der *Ilias* präsentiert wird. Ihm unterliegt jener Wandel, der den griechischen Regionen ab dem 8. Jahrhundert ein neues Prestige verlieh. Die sprunghafte Zunahme an Bestattungen sowie ihre beachtliche lokale Variabilität lassen auf eine deutliche Bevölkerungszunahme schließen. Gegenüber Jagd und Viehzucht gewann die Landwirtschaft nun einen dominierenden Anteil; dadurch konnten sich größere Gemeinschaften bilden, die ihrerseits eigene Identitäten bildeten. Bei diesem Prozeß kamen auch Heiligtümer als identitätsstiftende Zentren neue Bedeutung zu – im Gegensatz zur Zeit vor 750 sind jetzt an vielen Orten Steinaltäre nachzuweisen, auf denen regelmäßig Tieropfer dargebracht werden; kurz darauf werden Kulthäuser als den Göttern zugedachte Wohnungen gebaut und eine spezifische Tempelarchitektur entwickelt sich. Das trifft auch für den Siedlungsbau zu: dominierte vor 750 das Einraumhaus mit apsidialem Grundriß, werden jetzt Rechteckhäuser gebaut, die einen mehrteiligen Grundriß aufweisen, jene Hofhäuser, die sich bald über ganz Griechenland ausbreiten.

Zur gleichen Zeit entstehen auch die ersten großen Platzanlagen, die als Versammlungsräume sich formierender Bürgergemeinschaften anzusehen sind. Damit war der klassischen griechischen Polis der Weg gewiesen – übernommen aber wurde das Konzept dazu aus dem orientalischen Raum. Möglich wurde dies durch das von phönizischen und griechischen Händlern geöffnete Handelsnetzwerk, das die lokalen griechischen Märkte darin einband – über es wurden fremde Einflüsse bereitwillig aufgenommen und den eigenen Bedürfnissen angepaßt. Dies

---

1 Diskussion: Visser 1997 und Whitley 1988. — 2 IV 370–400.

gilt inbesondere von den griechischen Emporien: die Nähe zum levantinischen Raum ermöglichte die fast unbegrenzte Aufnahme orientalischer Kulturgüter und Denkformen, die von dort aus zu etwas Neuem transformiert wurden – wie etwa die Adaptation der phönizischen Alphabetschrift demonstriert.[1]

All das kommt auch in der *Ilias* zum Vorschein: die vielen detaillierten Gleichnisse aus dem Bereich der Landwirtschaft sind so prägnant, weil sie eine verhältnismäßig neue Lebensgrundlage beschreiben. Daß der Priester Chryses gleich zu Beginn des Epos betont, er habe seinem Gott einen Tempel samt Dach darüber errichtet, verweist auf dieses Neuartige ebenso wie die vielen Schilderungen von Tieropfern auf Altären. Dazu gehören aber auch die Beschreibungen der Götterhäuser am Olymp (die ihnen Hephaistos gebaut hat, der im XVIII. Gesang als mit modernsten Mitteln arbeitender Ingenieur vorgestellt wird); der Grundriß von Priamos' Palast, der in keiner Weise mehr der mykenischen Architektur entspricht; die vielen Epitheta für hohe, geräumige Hof- und Herrenhäuser; die ausführliche Darstellung neuester Dachkonstruktionen[2]; der Umstand, daß Ilios einen Versammlungsplatz besitzt; die Städtebeschreibung auf dem ›Schild des Achilleus‹, in der sich eine moderne Polis mit ihren Bürgern und einer öffentlichen Gerichtsverhandlungen präsentiert – und nicht zuletzt die Erwähnung der handeltreibenden Phönizier, deren Seerouten von Sidon bis Lemnos erwähnt werden. Wie ihre Kabirenkulte[3] archäologisch zeigen, reichten diese weiter auch bis zu den im Epos erwähnten Inseln Imbros und Samothrake. Eine der Regionen, aus denen all diese Neuerungen übernommen wurden, ist dabei auch jener Raum, der den Hintergrund der *Ilias* bildet: Kilikien.

1 Kurz aufgearbeitet samt ausführlicher Literatur bei Rollinger 2004 b. — 2 XXIII 712–3. — 3 Die Kabeiroi – ›Große Götter‹ – sind eine direkte Umschreibung von semitisch ›kebir‹: groß. Es scheint, daß die Thraker diesen Kult von den Phöniziern übernahmen; völlig okkupiert wurde diese Insel jedoch erst im 5. Jahrhundert, von Samos. Die *Ilias* aber, die dort Poseidon residieren läßt, nennt sie am Anfang noch Samothrake, am Ende jedoch mehrmals Samos – was vermuten läßt, daß die ersten breiteren Kontakte der Griechen mit dieser Insel in die Zeit der Niederschrift der *Ilias* fielen. Diskussion der Kolonisation: Graham, 2002; West 1997.

I – BLICK ÜBER DIE ÄGÄIS HINAUS

Trotzdem bleibt der griechische Stammraum für Homer einer, der zwar mythische Tiefe besitzt, konkret jedoch – und anders als bei Hesiod – deutlich hinter seinem Horizont liegt. Das unklare Bild, das man in der *Ilias* von den kontemporären Entwicklungen in Griechenland gewinnt, hat man bisher entweder durch das äußerst archaische Traditionsbewußtsein der mündlichen Dichtung erklärt – oder durch die geographische Distanz zwischen einem in der Umgegend von Troia lebenden Dichter und seinem Mutterland. Doch was Homer von diesem Landstrich trennt, ist nicht das Meer vor Troia, Chios und den übrigen Inseln und Kolonien Kleinasiens, sondern ein anderer Teil des Mittelmeers: jener des Kilix und des Phoinix.

Daß diese Region von den Homerforschern bislang völlig übergangen wurde, erstaunt um so mehr, als bereits an den Werken Hesiods – dessen Vater ein aus dem kleinasiatischen Kyme stammender Schiffskapitän war – erkennbar ist, daß aus ihr mehr als nur Waren importiert wurden. Seine *Theogonie* etwa basiert auf den hethitisch-hurritischen Mythen von *Kumarbi* und *Ullikummi* sowie den babylonischen Mythos des *Enuma Elish*; und seine *Werke und Tage* adaptierten das im Orient bereits seit ewigen Zeiten gebräuchliche Modell der Weisheitsliteratur für den böotischen Raum.[1] Wie und wo Hesiod an diese Quellen kam, ist bei ihm ebenso übergangen worden wie bei Homer: daß Hesiod einmal in Askra unter dem Helikon seine Schafe gehütet hat, genügte bislang ebenso wie die Legenden, die Homer mit den griechischen Kolonien in Kleinasien in Verbindung bringen.

Das liegt zum einen grundsätzlich daran, daß Gräzistik und Altorientalistik verschiedene Disziplinen sind und man diese Sprachbarriere deshalb reflexhaft auch für Homer annimmt. Spezieller gesehen hat es auch damit zu tun, daß Homer eine Diktion übernommen hat, die sich sprachgeschichtlich später im ostgriechischen Küstenland und an der kleinasiatischen Küste verorten läßt, wobei der Sprachraum des dorischen oder kretischen Dialekts (der nicht in diese Diktion mit einfloß) auch geographisch als Korridor verstanden wurde. Die Migrationen der

1 Ausführliche Diskussion: West 1997 und Burkert 2003.

Griechen gingen jedoch weit über diesen Raum hinaus – in jenen östlichen Mittelmeerbogen, von denen all die Handelswaren kamen. Die Aufarbeitung der Kultur jenseits des europäischen Raumes hat erst in den letzten 20 Jahren begonnen – und sie kann nun das Material liefern, um Homer verorten zu können. Um diesen Periplos nachzuzeichnen, ist es jedoch vonnöten, ein weiteres Mal bei der Krisenzeit um 1200 anzusetzen.

2 DER OSTEN

J – MOPSOS UND DIE GRIECHISCHEN MIGRATIONEN

Die griechische Diaspora und die Mythen

Der Überlieferung zufolge ging die Invasion der mythischen Dorier in zwei Wellen vor sich: nach ihrem ersten Versuch, die Peloponnes zu besetzen, zogen sie sich wieder auf ihre Basis in der Ebene von Marathon zurück, um drei Generationen später zurückzukehren und sich endgültig dort niederzulassen. Wer diese Dorier waren, läßt sich aus den archäologischen Zeugnissen nicht erkennen.[1] Die kulturellen Einschnitte jedoch, die der Mythos ahnbar werden läßt, sind für diesen Zeitraum belegbar: die Kornspeicher von Mykene etwa wurden um 1150 zerstört; der völlige Zusammenbruch der mykenischen Zivilisation ist dank der hinterlassenen Scherben jedoch erst um 1050 anzusetzen. Danach finden sich mykenische Spuren sowohl in Achaia im Nordwesten der Peloponnes, auf Kephallonia, an der Ostküste Attikas, den Kykladen, Kreta und den Dodekanes – doch es besteht auch kein Zweifel darüber, daß sich die Griechen in dieser Zeit bis nach Kleinasien, Kilikien, in die Levante und auf Zypern abzusetzen begannen, um dort bessere und sicherere Lebensbedingungen zu suchen.

Sprachgeschichtlich läßt sich dies ebenfalls nachweisen.[2] Das dialektale Kontinuum innerhalb Festlandgriechenlands wurde über diese Wanderbewegungen völlig zersplittert: der ursprüngliche Dialekt des

---

1 Zu den ›Doriern‹ und einer Diskussion griechischer Identitäten unter dem Blickwinkel der Ethnogenese siehe Ulf 1996. — 2 Diese Diskussion sowie jene der Wanderbewegungen Mopsos' bis nach Palästina: Finkelberg 2005.

arkadisch-messenischen Raumes lebte auf Zypern weiter; jener von Achilleus' legendärer südthessalischer Heimat im späteren kilikischen Nachbarland Pamphylien – das Homer pauschal Lykien nennt; die Böotier wanderten nach Lesbos und Umgegend aus und die ursprüngliche Bevölkerung Attikas und Euböas an die ionische Küste Kleinasiens – um nur einige zu erwähnen.

Das Ende einer Ära bronzezeitlicher Zivilisation hat dabei nicht einmal den geringsten Verweis auf die ursprünglichen Ursachen hinterlassen. Was sich in der kollektiven Erinnerung und ihrem selektiven Gedächtnis festgesetzt hat – das unheroische Niederlagen nun einmal ungern für die Nachwelt breittritt –, ist der Mythos einer Heldenrasse, deren Vernichtung auf die Kriege um Theben und Troia bezogen werden, und der die darauf einsetzenden Migrationen schildert.

Dieses Thema bildet das Sujet für den überlieferten Anfang der *Kypria,* die den Vorspann zur *Ilias* darstellen; es wurde aber auch in einer Passage von Hesiods *Werken und Tagen* übernommen:

Zeus, der Sohn des Kronos, erschuf auch noch ein viertes, gerechteres und besseres Geschlecht: das der Heroen, eine göttergleiches Geschlecht; jene, die vor uns auf der grenzenlosen Erde wohnten, wurden auch Halbgötter genannt. Sie wurden teils vom bösen Krieg, teils von schrecklichen Schlachten ausgelöscht, manche vor dem siebentorigen Theben im Land des Kadmos, als sie um die Viehherden des Oidipus kämpften, manche als sie ihre Schiffe über die weiten Tiefen des Meeres nach Troia brachten, der schön gelockten Helena wegen, wo nicht wenige vom Ende des Todes eingehüllt wurden. Einigen aber schenkte Vater Zeus, der Sohn des Kronos, Nahrung und Wohnstatt weit weg von den Menschen und siedelte sie am Rand der Erde an. Dort, auf den Seligen Inseln am wirbelreichen Okeanos, führen sie nun ein sorgloses Leben, glückliche Helden für die eine getreidespendende Erde ihre Früchte so süß wie Honig reifen läßt, dreimal im Jahr.[1]

---

1 Hesiod, Werke und Tage, 158–73; von drei Ernten pro Jahr spricht auch Homer in XVIII 582 – was bestens zum kilikischen Klima paßt.

Der Epenzyklus im Umfeld der *Ilias* zeichnet diese Wanderbewegungen zu diesen überwiegend zypro-kilikischen ›Inseln der Seligen am Rand der Erde‹ nach. Er wird wenig passend auch *Nostoi* (›Heimfahrten‹) genannt – denn vom Seher Amphilochos und Odysseus abgesehen, kehrt von diesen Irrfahrten keiner von ihnen wieder in seine Heimat zurück: Teukros segelt nach dem Kampf um Troia gen Zypern, wo er Salamis gründet; Agapenor läßt sich im ebenfalls dort liegenden Neupaphos nieder; Diomedes wird in der Adria zum Stammvater zahlloser Städte; und so weiter und so fort …

Das Ausmaß dieser Diaspora, sofern sie den Osten betrifft, ist dabei an der Mittelmeerküste vom kilikischen Tarsos bis zum philistinischen Askhelon im Süden archäologisch nachweisbar: entlang dieses Bogens findet sich überall mykenische Keramik aus der Zeit um 1150 in beträchtlichen Mengen. Und in einem Fall läßt sich die reiche Tradition dieser *Nostoi* sogar historisch belegen: was den legendären Seher Mopsos betrifft – dem in den hesiodischen Fragmenten der *Melampodia* ebenfalls ein literarisches Denkmal gesetzt wurde.

Die Mopsos-Legende und Kilikien

Den Legenden zufolge wanderte der Kreter Rhakios[1] mit seinen Leuten an die Westküste Kleinasiens aus. In Karien trifft er auf Manto, die Tochter des Teiresias; sie hat ihrerseits nach der Zerstörung Thebens durch Diomedes und die Epigonen Flüchtlinge hierhergeführt. Die beiden tun sich zusammen, gründen Kolophon mit seinem Apollon-Orakel, heiraten und bekommen einen Sohn namens Mopsos[2], der Seher wird.

Dieser Mythos – in dem sich die diversen frühgriechischen Expansionsbestrebungen widerspiegeln – überschneidet sich dann mit dem troianischen Sagenkreis. Denn jetzt taucht Kalchas samt seinem Gefolge in Kolophon auf – Agamemnos Seher in der *Ilias*. Zwischen ihm und Mopsos kommt es zum Streit, wer besser im Auslegen von Orakeln sei; Kalchas verliert und stirbt.

---

1 Pausanias IX 33.2 und VII 3.1–3; der Name *Rhakios* ist in Pylos als *wo-ro-ko-jo* belegt (PY Sa 763). — 2 Auch der Name Mopsos ist bereits in Knossos (14. Jahrhundert, KN De 1391.B) und in Pylos (13./12. Jahrhundert, PY Sa 774) erwähnt; Diskussion: Desideri-Jasink 1990 und Vanschoonwinkel 1990.

Daraufhin zieht Mopsos zusammen mit Amphilochos und einem
Trupp von Migranten weiter, die sich nun Ionier nennen[1] – was die Situation nach der Umbruchzeit bestens charakterisiert. Und mit ihnen
wandert nun auch der troianische Stoff ins östliche Mittelmeer. Zuerst
geht es nach Pamphylien, wo Aspendos, Phaselis, Perge und Sillyon[2]
entstehen, und dann weiter nach Kilikien, wo Mallos aufgebaut wird.
Amphilochos stirbt dort (in einer anderen Fassung kehrt er nach Argos
zurück), worauf Mopsos alleine Mopsouhestia (Pahri südwestlich von
Karatepe) und Mopsoukrene (nördlich von Tarsos) gründet. Und schließlich erreicht der Zug des Mopsos auch Syrien und Palästina:

> Herodot sagt, daß die Pamphyler von den Volksgruppen abstammen,
> die Amphilochos und Kalchas folgten, einige bunt gemischte Horden, die sie von Troia weg begleiteten, und daß – während die meisten in Pamphylien blieben – der Rest sich auf die verschiedensten
> Orte der Region verstreute. Kallinos jedoch sagt, daß Kalchas in Klaros starb und daß diese Volksgruppen Mopsos über das Taurusgebirge
> folgten: einige blieben in Pamphylien – der Rest aber ließ sich in Kilikien nieder, einige auch in Syrien und Phönizien.[3]

Manche dieser mopsischen Städtegründungen sind Ursprungslegenden,
mittels deren diese ab dem 7. Jahrhundert überall nachweisbaren griechischen Kolonien sich im nachhinein eine in die Vorgeschichte zurückreichende Legitimität verliehen. Das gilt etwa für die Kietis[4], die
Nachbarregion des Rauhen Kilikien, die auch das alte Pitassa umfaßte,
oder den Osten der ehemaligen lykischen Länder: was später ›Pamphylien – ›Land der vielen Stämme‹ – genannt wurde, hieß einmal ›Mopsopia‹.[5] Mit diesem Gebiet hatten die Zyprioten seit Urzeiten Handel
getrieben, und jetzt ließen sich dort auch Griechen aus dem Westen
Kleinasiens nieder: Phaselis wurde Anfang des 7. Jahrhunderts von
Rhodos aus besiedelt, Side von Kyme aus, Nagidos und Kelenderis von
Samos aus[6], und Aspendos galt als Gründung der Argeier.[7]

---

1 Pausanias VII 3. — 2 Perge und Sillyon werden jedoch erst ab dem 4. Jahrhundert als dezidierte griechische Siedlungen greifbar. — 3 Strabon XIV 4.3. — 4 Ptolemaios, Geo.
V.7.3–6, wo er die Kietis von Anemourion bis Olba gehen läßt. — 5 Plinius, Nat. Hist. V
96. — 6 CAH III.3 1982. — 7 Strabon XIV 4.2.

Daß Mopsos' Zug einen historischen Kern in den Wanderbewegungen nach 1200 findet, demonstriert die Archäologie. Tarsos – eine der ältesten Städte Kilikiens – wurde von den Seevölkern niedergebrannt und so geplündert, daß den Ausgräbern nur noch feine Gußformen der Goldschmiede, Alabaster- und Lapislazulistücke und eine Statuette aus Kristall etwas vom ursprünglichen Reichtum dieses Ortes verrieten. Die historische Kontinuität wurde dadurch jedoch nicht unterbrochen – in derselben Schicht stieß man auch auf Keramik, die jener der Argolis gleicht. Kurz darauf finden sich überall Töpfereien zyprischen Typs, die auch lokal hergestellt wurden – und die zahlenmäßig dann in der assyrischen Zeit zunehmen.[1]

Im ebenfalls befestigten Ingirra – dem späteren Anchiale[2] – zeigt sich dasselbe Bild: auch Ingirra wurde kurz nach 1200 niedergebrannt, blieb aber weiterhin besiedelt, wobei auch hier zuerst zypro-kilikische Ware auftaucht, die ab dem 7. Jahrhundert sprunghaft häufiger wird, um dann von überall importiert zu werden, vor allem aus Rhodos.[3] Gleiches gilt für den Hafen Soloi, der enge Kontakte mit Rhodos hatte; das spätere Mopsoukrene[4]; Mallos – dessen Name es als phönizische Kolonie ausweist – sowie weitere 20 Fundplätze.[5] Sie bezeugen eine Präsenz von Griechen zur Zeit ebendieser Migrationen. Dezidierte Kolonialsierungsbestrebungen verraten sie jedoch erst ab dem 8. Jahrhundert.[6]

In dieser Zeit wird der Mopsos-Mythos zum ersten Mal auch historiographisch greifbar. In der Bilingue, die man in Cineköy, südlich von Adanija, fand, wird um 830 ein gewisser ›(A)Warikas‹ aus dem ›Haus des Mopsos‹[7] als ›Herrscher über die Danunym und Chiyawa‹ betitelt: hinter diesen luwischen und phönizischen Schreibweisen verstecken sich überraschenderweise die Danaer, Achaier und der griechische Name von Mopsos" mythischem Vater Rhakios.[8] Zwei Generationen später bezeichnet sich der in Karatepe regierende Kiliker Azatiwada in einer Bilingue ebenfalls wieder als dem ›Haus des Mopsos‹[9] verbunden, weil

1 Goldman II/III. — 2 Heute: Mersin. — 3 Garstang 1953. — 4 Kazanli Tepe. — 5 Diskussion: Vanschoonwinkel 1990; Jean 1999. — 6 Die griechischen Ortsbezeichnungen gelten erst ab und nach Homer. — 7 Luwisch *[mu-ka]sa-sa INFANS.NEPOS-si-sa*; phönizisch *SPH MPS;* Diskussion: Tekoglu-Lemaire 2000. — 8 Diskussion zur Entsprechung Warikas–Rhakios: Forlanini 1996; für Mopsos, Danaer und Achaier siehe Lanfranchi 2005 und Hawkins CHLI I. — 9 Die luwische Inschrift nennt ihn ›Muksa‹, die phönizische Inschrift ›Mpsh‹; er wird von Hawkins und Cambel mit Mopsos identifiziert, vgl. CHLI I und II.

er seine Herrschaft über die ›Danaer‹[1] diesem Awarikas/Rhakios verdankt.

Das sind die ersten konkreten Hinweise, die wir auf die Heimat Homers und die Danaer und Achaier seiner *Ilias* haben. Und nicht genug damit. Denn so wie Azatiwada sich auf Awarikas beruft, verdankt auch der iliadische Priamos seine Herrschaft dieser Dynastie: der Bruder seines Großvaters hieß Assarakos – ein Name, der sowohl auf Awarikas wie auf Rhakios verweist. Daß diese Übereinstimmung kein Zufall ist, werden wir im Laufe unserer weiteren Ausführungen noch sehen. Denn Homer scheint nicht nur mittels Priamos' ein Porträt Azatiwadas' zu zeichnen – auch Assarakos taucht noch einmal auf. Einer seiner Söhne – ›ein Achaier, der Sohn des HSRQ (Assarakos?)‹ – scheint jene kilikischen Hifstruppen kommandiert zu haben, die Hiskia bei der Belagerung Jerusalems zur Seite standen: dieser Konflikt leitete die Niederschlagung der zweiten kilikischen Revolte ein und lieferte Homer wesentliche Motive für seinen I. Gesang.[2]

Das griechische Erbe in Palästina

Die ägäischen Seevölker werden aber nicht nur in Kilikien, sondern auch in der Levante seßhaft[3]: mit ein Grund für die engen Beziehungen zwischen dieser Region und der Levante. Ihren Niederschlag finden diese ebenfalls wieder in gemeinsamen Mythen. Laut dem lydischen Geschichtsschreiber Xanthos – der im 5. Jahrhundert lebte – soll Mopsos auch Kanaan erreicht haben und in Ashkelon den Kult der kleinasiatischen Göttin Atargatis begründet haben. Die Bibel wiederum spricht davon, daß die dort lebenden Philister eigentlich aus Kaphtor – Kreta – stammten, während sich weiter nördlich jene Tjeker niederließen, deren Stammvater die *Ilias* ihre Reverenz zu erweisen scheint, indem sie den ›kilikischen‹ Aianten Teukros zur Seite stellt.

Die Archäologie kann auch diese Mythen mit einem realen Kontext

---

1 Die luwische Inschrift nennt sie ›Atana-wani –Bewohner von Adanija‹; die phönizische Inschrift ›Dnnym‹ – in der derselben Namensschreibweise, mit der auch die Ägypter oder die Inschrift von Sam'al die Danaer bezeichnen. — 2 Siehe W. — 3 Allgemeine Diskussion zu Xanthos, Mopsos, Atargatis, Potnia und Achish/Ikausu: Finkelberg 2005; spezifische Details durch die folgenden Fußnoten ausgewiesen.

versehen. Aus ägyptischen Quellen geht etwa hervor, daß die Philister in Söldnerlagern in Kanaan angesiedelt wurden. Bestätigt wird dies durch Ausgrabungen in den fünf philistinischen Städten, die auf das 12. und 11. Jahrhundert datiert werden: man fand dort neben Keramik auch Götterfigurinen, die genau die gleichen mykenischen Züge zeigen, wie sie zu der Zeit auch für Zypern typisch sind. Tjeker wie Philister begannen dann neue ethnische Identitäten zu entwickeln: wer denkt heute schon daran, daß die Palästinenser einmal aus der Ägäis kamen?[1]

In welchem Maß Griechen von einer lokalen Kultur assimiliert wurden, belegt auch eine Inschrift in Ekron aus dem 7. Jahrhundert. Gerichtet ist sie an die Schirmherrin der Stadt, die die dort gefundenen Figurinen darzustellen scheinen: sie trägt den Namen einer uralten griechischen Erdgöttin – ›potnia gea‹[2]. Zugleich wird sie jedoch auf semitisch als ›Herrin‹ bezeichnet: offenbar wurde sie zu der Zeit bereits mit der kanaanäischen Ashera gleichsetzt, der Mutter der Götter, Tiere und Pflanzen.[3] Diese Weihung zeigt einerseits, wie lange Restformen originär ägäischer Traditionen sich hielten – andererseits aber, daß die Akkulturation dieser ehemaligen Griechen in ihr Milieu nicht vollständiger sein konnte. Denn ihr höchster Gott ist nicht Zeus, sondern der kanaanäische Gott Dagon, ihre Sprache ein kanaanäischer Dialekt und die Inschrift in phönizischen Zeichen verfaßt.

Gestiftet wurde diese Inschrift vom Stadtherrn über Ekron, ›Achish, dem Sohn des Padi‹, der darin auf seinen vier Generationen zurückreichenden Stammbamm hinweist.[4] Assyrische Dokumente kennen ihn auch als ›Ikausu‹ – mit beiden Namen ist eindeutig ›ein Achaier‹ ge-

---

1 Es ist dabei durchaus denkbar, daß Daniter – der siebte der mythischen Stämme Israels – sich auf die Danaer bezieht; ihr Gebiet lag ursprünglich auf dem Territorium der Philister zwischen Ekron und Jaffa, und sie werden in der Bibel stets nur als kriegerische Heerführer ohne eigentliche Geschichte charakterisiert. — 2 *Ptny.h. 'dth* – von Schäfer-Lichtenberg 2000 mit ›Potnia Gaia‹ oder ›Gaia aus Pytho‹ gleichgesetzt, ein Titel, wie er sich häufig in Linear B für mykenische, minoische und andere archaisch griechische Götter findet; das *'dth* hingegen ist Semitisch für ›seine Herrin‹. — 3 Diskussion: Yasur-Landau 2001. — 4 *Diesen Tempel erbaute Der Achaier (Achish/Ikausu), der Sohn des Padi, Sohn des YSD, Sohn des Ada, Sohn des Ya'ir, Herrscher über Ekron, für Potnia Gaia, seine Herrin. Möge sie ihn segnen und ihn beschützen, seine Tage verlängern und über sein Land wachen.* /Die Bibel nennt bereits zu Davids Zeit überdies einen weiteren Achaier als König der Philisterstadt Gath – Achish: 1 Samuel 21.10–15, 27.5–12, 28.1–2, 29.2–11 und 1 Könige 2.39–46.

meint. Seinem Vater – der sich auf griechisch ›Pandion‹[1] geschrieben hätte – werden wir ebenfalls noch im Zusammenhang mit der Belagerung Jerusalems begegnen.[2]

K – ZYPERN UND DIE *KYPRIA*

Der kulturelle Kontext der Kypria

Obwohl es auch auf dieser reichen und fernhandeltreibenden Insel um 1200 zu Zerstörungen durch Seevölker kam, konnte sich dort die östlich geprägte Kultur ungebrochen weiterentwickeln. Sie wurde im 12. Jahrhundert ebenfalls von einer ersten, noch kleinen Auswanderungswelle erreicht, die sich in das zyprische Gesellschaftsgefüge einordnete. Gleichzeitig intensivierte sich durch sie auch der Kontakt zum griechischen Festland – was im 11. und 10. Jahrhundert zu vermehrten Einwanderungswellen führte, hauptsächlich von der Peloponnes her.

Diese Migranten übernahmen die längst levantinisch geprägte zyprische Kultur zusammen mit der alten einheimischen Schrift: das zeigt ein Bratspieß mit dem Namen eines gewissen Opheltas[3] – ein arkadischer Name, der jedoch in kypro-minoischen Schriftzeichen eingeritzt ist. Umgekehrt zeigt sich an den Bronzearbeiten und der Keramik des Ägaisraums ab dieser Zeit zypriotische Einflüsse. Zypern bildet in dieser Zeit also gleichsam das östliche Gegenstück zur Insel Euböa: auch deren wirtschaftliche und kulturelle Bezugspunkte lagen ja in der Levante.

Was die Einwanderer dabei mitbrachten, war der neue narrative Stil der griechischen Vasenmalereien mit ihren epischen Motiven. Exemplarisch demonstrieren dies bereits zwei Bilder aus dem 11. Jahrhundert. Auf dem einen ist ein Krieger/Sänger ganz in der Pose des leierspielenden Achilleus dargestellt.[4] Das Instrument, das diese Figur neben ihrem

1 *Pdy* wird in den assyrischen Annalen *Pa-di-i* geschrieben; er wird von Demsky 1997 mit Linear B ’pa-de’/’pa-di-yo’ und mit dem auch in der *Ilias* erwähnten ›Pandion‹ (XII 372) gleichgesetzt. — 2 Siehe W. — 3 Einen Opheltios erwähnt Homer in XI 302. — 4 IX 186–90.

Schwert trägt, entspricht in seiner Form weder den zypriotischen und orientalischen Harfen noch der älteren mykenisch-minoischen Kithara, sondern der dreiseitigen Phorminx, wie sie zu der Zeit am griechischen Festland gespielt wurde. Die andere, auf einer ägäischen Kanne dargestellte Figur wiederum zeigt einen mykenischen Schild (in der typischen Form der 8) und einen mykenischen Trinkbecher.[1]

Letztere, längst anachronistisch gewordene Statussymbole werfen die Frage auf, ob sich bei ihnen vom griechischen Festland neu importiertes Kulturgut mit der epischen Tradition der sphekeischen Nordküste Zyperns vermischt haben könnte. Für eine eigenständige Überlieferungslinie dagegen – die sich etwa der Ereignisse um Atarsias und den Herrscher von Piggaya erinnern mochte – sprechen zumindest die überraschenden Parallelen zwischen dem Vokabular der homerischen Epen und alten kypriotischen Worten.[2] Sie lassen sich auch in den zyprischen Inschriften dieser Zeit belegen.[3] Bezeichnenderweise wurden die meisten davon in Paphos gefunden, der Residenzstadt jenes mythischen Kinyras, der bereits in den *Kypria* eine Rolle spielt. Die Prominenz dieser Figur wirkt sich dabei noch bis in die *Ilias* aus: das Kettenhemd, das er Agamemnon schenkt[4], ist die neben Achilleus' Rüstung prunkvollste Schmiedearbeit im Epos.

So wie sich in den *Kypria* ein weitaus deutlicherer Kern an historischen Ereignissen ausmachen läßt[5] als in der *Ilias*, sind diese ›kyprischen Geschichten‹[6] zudem älter als unser Epos. Sie wurden zwar wahrscheinlich erst nach der *Ilias* schriftlich fixiert; doch aus den erhaltenen Fragmenten und den von Proklus und Apollodorus zusammengefaßten Episodenfolgen geht hervor, daß sie gleichsam den ersten Teil der *Ilias* bilden – weshalb Homer auch stets auf den von ihnen behandelten Stoff zurückverweist. Dazu gehört Thetis' Hochzeit mit Peleus; Helenas Ge-

---

1 Diskussion: Deger-Jalkotzy 1994. — 2 Karageorghis-Demas 1988, 192. — 3 Masson 1975. — 4 XI 19–28. — 5 Siehe B und C. — 6 Der Titel – *tá kypria (épe)* – suggeriert, daß diese Sagen aus Zypern stammten oder dort geläufig waren – ähnlich wie die *Phokais* aus der Phokaea kam und die *Naupaktia* aus Naupaktus; West 1988 und 1999; Burkert 2003 und 2005. Auch der Inhalt nimmt auf Zypern Bezug: laut den erhaltenen Inhaltsangaben verbringt Alexandros dort einige Zeit, und der mythische Herrscher Kinyras beteiligt sich ebenfalls an der Strafexpedition gegen Troia, nachdem Menelaos, Odysseus und Talthybios ihn dort aufsuchen; Textstellen in West 2003 b.

burt; die Herkunft von Achilleus' Speer und seinen göttlichen Rössern; der Plan des Zeus, die Erde von der Last der Menschen zu erleichtern, der den Grund des Kampfs um Troia erklärt; das ›Parisurteil‹ als der eigentliche Auslöser dieses Krieges; die Entführung Helenas durch Alexandros; das Aufstellen des Heeres in ganz Griechenland; die Rolle Kinyras' dabei; das Sammeln der Flotte in Aulis; der Tod des Protesilaos, der als erster vor Troia stirbt; die Gesandtschaft von Menelaos und Odysseus nach Ilios; Achilleus' erste Begegnung mit Aineias; Lykaon, der von Patroklos nach Lemnos verkauft wird; sowie die Zuteilung von Briseis und Chryseis als Beute.[1]

Anders als man es von einer traditionsbewußten hexametrischen Epik erwarten würde, die diese zentralen Handlungsstränge jedesmal aufs neue ausbreitet, spielt Homer jedoch jeweils nur auf die kürzest mögliche Weise auf sie an. Obwohl es sich dabei um zentrale Motive des troianischen Stoffes handelt, die zum elementaren Repertoire eines jeden Aoiden gehören müßten, begnügt er sich damit, sie als allseits bekannt vorauszusetzen. Wie kryptisch diese Anspielungen sind, verrät sich etwa an Agamemnons Schelte Kalchas', wo er ihn einen Propheten schimpft, der ihm dauernd nur Schlechtes verkündet.[2] Erklären läßt sich seine Wut allein dadurch, daß Kalchas ihn bereits in den *Kypria* dazu gebracht hatte, Artemis durch die Opferung seiner Tochter Iphigenie friedlich zu stimmen – und er jetzt in der *Ilias* auch noch von ihm verlangt, ihren Bruder Apollon durch die Herausgabe seiner Beutesklavin Chryseis zu besänftigen.

Diese Art der ›Intertextualität‹ verrät jene Modernität, wie sie auch die übrigen zyklischen Epen kennzeichnen. Sie gehen zwar von Grundkonstellationen des Stoffes und den wichtigsten Figuren darin aus – die eigentliche Fabel wiederholen sie jedoch nie, sondern arbeiten dann völlig neue Erzählungen aus. Schon allein das weist die *Ilias* nicht als die eigentliche Grundform des troianischen Stoffes aus: als solche können höchstens die *Kypria* gelten. Wobei die Knappheit von Homers Verweisen auf den alten Erzählstrang demonstriert, daß er sich für sein Epos einen Freiraum geschaffen hat, in dem die alten Überlieferungen andere Konturen erhalten konnten.

Denn gleich wie in der etwa zeitgleich entstandenen *Aithiopis* plötz-

---

1 Diskussion: Kullmann 1991 und 1960. — 2 I 106.

lich jene Nubier auftauchen, die die Ursage unmöglich gekannt haben
kann, so führt auch die *Ilias* zum einen neue Figuren und Handlungs-
fäden ein und rückt zum anderen die etablierten Protagonisten und Erzählungen ins Licht der Gegenwart. In den *Kypria* wird beispielsweise
Alexandros noch nicht mit seinem Doppelnamen Paris erwähnt – wie
wir zeigen können, hat Homer ihn aus seinem kilikischen Umfeld in das
Epos eingebracht. Dasselbe gilt für Priamos[1] oder seine Gattin Hekabe,
die ebenfalls in den erhaltenen Zeugnissen zu den *Kypria* keine Erwähnung finden, was angesichts ihrer dynastisch zentralen Rolle mehr als
erstaunlich ist; die *Kypria* kennen zwar Hektor, der eigentliche König
von Troia ist jedoch Kyknos. In der *Ilias* taucht Kyknos nicht mehr auf –
er wird statt dessen durch Priamos und Hekabe ersetzt: angesichts der
kilikischen Belege für diese beiden Namen scheint es deshalb, als hätte
erst Homer diese Herrscherfamilie erfunden.

Und wo die *Kypria* zwar Odysseus, Menelaos und Agamemnon neben
seinem Herold Talthybios erwähnen, fehlen die Aianten samt Teukros
ganz – da der Name Aias in Adanija belegt ist, ist es deshalb weit eher
wahrscheinlich, daß Homer ihn ebenfalls von einem kilikischen Sagen-
stoff übernommen hat. Überdies sind da noch jene Unzahl von Kompar-
sen, die sich nicht durch ein mykenisches Gedächtnis erklären lassen, sondern weit eher das Bemühen um die Einbindung von Gegenwart zeigen.
Und dazu gehört auch, daß die althergebrachten Figuren wie Hektor und
Helena neu charakterisiert werden: indem Homer mit ihnen – wie wir
noch zeigen werden – auf historische Personen seiner Zeit anspielt.

All dies tut der gängigen Auffassung einer oral tradierten Epik keinen
Abbruch: es ist immer noch eine große Menge an altem griechischen
Erzählgut, auf dem Homer aufbaut. Doch wie der Vergleich mit den
Kypria zeigt, greift er diesen Stoff auf, um sein Epos dann als eigenstän-
dige Fortsetzung zu konzipieren. Dabei bedient er sich nicht nur des
Gilgamesh als literarische Folie, die ihm hilft, sein Epos neu zu struktu-
rieren – er greift auch auf die assyrischen Annalen zurück, die ihm als
Quelle für die zeitgenössische Geschichte Kilikiens vorlagen. Absicht

---

1 Apollodorus' Inhaltsangabe erwähnt als einzigen Hinweis auf Priamos seinen Sohn Me-
stor: doch darin mag eher eine spätere Angleichung an die *Ilias* oder ein kilikisches Motiv
zu sehen sein. Daß Priamos bestenfalls eine Randfigur ist, dafür spricht auch, daß die Griechen nach Kyknos' Tod – dessen Sohn über Tenedos herrscht – nur pauschal mit ›den
Troianern‹ verhandeln.

dieser Arbeit ist es deshalb nicht, dem Troiastoff jede Relevanz abzusprechen, sondern jene Stellen herauszustreichen, in denen das Corpus der traditionellen Überlieferung neu geprägt wird. Doch dazu ist es zunächst nötig, den Kontext aufzuzeigen, in dem die troianischen Erzählungen von Zypern nach Kilikien wanderten.

Die Vermittlung der kyprischen Geschichten nach Kilikien

Wie die Troiasage von Zypern nach Kilikien gelangte, ist nur mehr über Indizien auszumachen. Den kulturellen Hintergrund dafür bietet zunächst der Umstand, daß die Nordküste Zyperns seit jeher als ›achaisch‹[1] bezeichnet wurde – und zu Homers Zeit einen gemeinsamen Kernraum mit Kilikien bildete. Der in den *Kypria* wie der *Ilias* erwähnte Kinyras ist dabei Teil eines Mythos, der diese Wechselbeziehungen thematisiert. Ihm zufolge soll Sandokos, Gründer der kilikischen Stadt Kelenderis, die Tochter des benachbarten Königs von Hyria (der Hafenstadt Ura) geheiratet haben; zusammen zeugten sie den legendären Kinyras, der als Stammvater Paphos' galt.[2]

Aber auch die Sprachgeschichte zeigt die engen Kontakte zwischen Zypern und Kilikien: sie leitet die Namen für die zyprischen Priester, die Tamiraden, ebenso von einer kilikischen Wurzel ab wie griechische Metallbezeichnungen.[3] Dabei ist überdies wahrscheinlich, daß man in Kilikien anfänglich eine kyprische Silbenschrift benützte[4] – wobei umgekehrt wiederum der Nachname ›Der Kiliker‹ auf Zypern in dieser Schriftform belegt ist.[5] Dazu ist auch die Archäologie in der Lage, anhand der Keramik die kulturelle Einheitlichkeit des zypro-kilikischen Raumes ab dem 9. Jahrhundert nachzuweisen.[6]

1 Forrer 1924. — 2 Apollodorus III.14.3 und Tacitus, Hist. II.3. — 3 Es sind jedesmal hethito-luwische Etymologien: für die Metalle *soru, misu* und auch für die griechische Kolonie Soloi in Kilikien, deren Namen sich von hethitisch *sulai* – ›Blei‹ ableitet und in der *Ilias* ›Eisenbarren‹ bezeichnet (XXIII 826); vgl. Neumann 1995. — 4 Casabonne-Egetmeyer 2002. — 5 ›ki-li-ka-se‹; Diskussion: Guzzo-Amadasi 1978. — 6 Im 9. und 8. Jahrhundert finden sich in Kilikien zyprisch-geometrische Weißmalerei und Schwarz-auf-rot-Malerei auf den Vasen, die wohl in Zypern wie auch in Kilikien (in Tarsos und in Issos) produziert wurden, so daß man heute vom zyprisch-kilikischen Milieu spricht; vgl. dazu die Funde in Issos, im östlichen Kilikien, wo griechische Keramik bereits ab der Bronzezeit nachweisbar ist; Hodos 2000 und M. H. Gates 2001.

Verstärkt wurde diese Anbindung von Zypern an Kilikien durch die Phönizier, die sich in beiden Territorien etablierten; im zypriotischen Kition, in der Region Kietis an der Grenze zum Rauhen Kilikien, sowie nordöstlich davon. So findet sich ihre Keramik in Tarsos ab etwa 850; und die kilikischen Bilinguen zeigen zudem, daß sich ihre Sprache auch im Ebenen Kilikien durchsetzte. Von Tyros aus ergibt sich somit ein Zypern und Kilikien umfassendes Handelsdreieck, von dem aus ihre Waren bis weit in die Binnenländer gelangten.[1]

Ihnen folgten die Griechen; sie etablierten nun überall Emporien, die man nicht nur als Handelsstützpunkte, sondern auch als Söldnerlager auffassen kann. Im Zuge dessen entstand somit eine einheitliche Region[2], wo sich ›homerischer‹ Lebensstil mit ›orientalem‹ Luxus verband – wobei bezeichnend ist, daß Zypern von den Assyrern als von Adanija aus verwalteter Distrikt aufgefaßt wurde.[3]

Dazu kommt, daß der zypro-kilikische Raum Ende des 8. Jahrhunderts unter die Oberhoheit der assyrischen Herrscher gelangte. Zypern geriet unter ihre Dominanz, weil der Stadtherr der phönizischen Kolonie Kition[4] ein Vasall des tyrischen Herrschers war – der sich 738 den Assyrern unterwarf. Kilikien selbst wurde unter Sargon II. zur assyrischen Provinz – woraufhin auch die sieben griechischen Stadtherrscher von Zypern Sargon ›Anerkennungsgeschenke‹ zu Füßen legten und er zum

1 Lipinski 1985. — 2 Peltenburg ed. 1989. — 3 *... ingesamt 7 Könige des Landes Ia [Zypern], eines Distrikts des Landes Iadnana [Adanija], das in einer Entfernung von 7 Tagen mitten im Meer der untergehenden Sonne liegt, deren Wohnsitze somit weit entfernt sind, die seit langer Zeit ... ihre Tributgeschenke alle miteinander ... verweigerten sie ... seine schwere Abgabe brachte er, und zur Unterwerfung von X ... schickte ich einen meiner Eunuchen, der den Kampf nicht fürchtet, zusammen mit meiner königlichen Kerntruppe aus, und um ihn zu rächen ... Sie sahen die Macht der ungeheuren Streitkräfte Assurs und fürchteten sich schon bei der bloßen Erwähnung meines Namens und ihre Arme wurden schwach. So brachten sie Gold, Silber, Geräte aus Ebenholz und Buchsbaum, Erzeugnisse ihres Landes, zu mir nach Babylon, und ich rechnete sie zu X [den Assyrern?].* Fuchs 2.3 (394–8)/ARAB II 44. / Der Bezug auf Adanija ergibt sich aus den zwei in den assyrischen Inschriften belegten Schreibweisen des Namens: *Ia-ad-na-na* bzw. *Ad-na-na*; sie lassen sich hier nicht mit den Ioniern in Verbindung bringen, da diese bei Sargon *Ia-am-na-a(-a)* genannt werden. / Daß Zypern und Kilkien eine gemeinsame Region bildeten wird weiters dadurch unterstrichen, daß Asarhaddon später zu den Zehn Königen von Zypern auch Kisu von Soloi (*Si-il-li/lu*) zählt; vgl. Borger 27.21/ARAB II 690. Siehe auch infra: L. — 4 Die bei den Phöniziern *Qartikhadast* hieß, das ›Carthago‹ Zyperns.

Zeichen seiner Herrschaft um 707 eine Stele auf Zypern errichten ließ.[1] Die gemeinsamen Tributzahlungen beider Regionen setzten sich aber auch unter Asarhaddon[2] und Assurbanipal[3] fort.

Dieser assyrische Einfluß schlug sich nicht nur in der *Ilias*, sondern auch bereits in den kyprischen Geschichten nieder. Aus der erhaltenen Einleitung zu ihnen wird deutlich, daß sie dafür ein Motiv des akkadischen Epos *Enuma Elish* übernommen haben, in dem der Wettergott beschließt, die unter der Last der allzuvielen Menschen aufschreiende Erde zu erleichtern[4]: in den *Kypria* wird dies zum eigentlich Plan des Zeus, den auch Homer in seinem Proömium aufgreift. Und so wie bei ihm der Name der Göttermutter Tethys eine gräzisierte Transkription der ebenfalls im *Enuma Elish* auftauchenden akkadischen Meeresgöttin Tawtu/Ti-amat darstellt[5], ließe sich auch einer der berühmtesten troianischen Helden sprachspielerisch von einem mesopotamischen Vorbild ableiten. Denn Odysseus erinnert als trickreicher Seefahrer ja in nicht wenigem an jenen legendären Überlebenden der weitverbreiteten Flutgeschichte, welchen man auf sumerisch ›Zi-ud-sudra‹ schrieb. Zu ›Ud-zi‹ umgedreht, käme dabei ein cleveres Wortspiel auf ›Od-ys-seus‹ heraus, der sich in der *Odyssee* ja auch ›Ou-tis‹ − ›Niemand‹ − nennt. Und da Ziudsudra zusätzlich noch mit ›abzu‹, dem mesopotamischen Unterweltsmeer, so verbunden ist wie Odysseus mit der See, läßt sich daraus auch ein Wortspiel auf ›Abyssos − Odysseus‹ heraushören. Solche Doppelsinnigkeiten sind dabei in der mesopotamischen Literatur nichts Ungewöhnliches: *Gilgamesh* ist voll von derartigen Sprachspielen.

Unabhängig davon paßt es aber auch zu den *Kypria*, daß Odysseus als Sohn des Laertes gilt − eine Stadt mit diesem spezifisch lykischen

---

1 *Und 7 Könige von Ia, einem Distrikt von Iadnana, deren fernes Domizil sieben Tagesreisen weit im Meer der untergehenden Sonne liegt, und deren Landesnamen seit den fernen Tagen der Ära des Mondgottes kein einziger der Könige − meine Väter, die vor meiner Zeit lebten − gehört hatte, diese Könige hörten von weitem, in der Mitte des Meeres, von den Taten, die ich in Chaldaea und im Hethiter-Land vollbracht hatte, und das Herz schlug ihnen im Halse, und Angst überwältigte sie. So brachten sie Gold, Silber und Gegenstände aus Ebenholz und Buchsbaum, Erzeugnisse ihres Landes, zu mir nach Babylon und küßten mir die Füße.* Larnaca-Stele ARAB II 179f.; Diskussion: CAH III.3. — 2 Borger 27.21 / ARAB II 690 mit einer Liste von 10 zyprischen Stadtherrschern, unter denen neben Kisu von Soloi drei weitere Griechen auftauchen: ›Philagoras von Chytrol‹, ›Eteandros von Paphos‹ und ›Aretos von Salamis‹. — 3 ARAB II 771. — 4 Burkert 1991. — 5 Siehe P.

90

Namen[1] gab es damals auf dem Zypern gegenüberliegenden Festland, nördlich des heutigen Alanya am Cebel Iris Dagi. Wie aus einer dort gefundenen phönizischen Inschrift hervorgeht[2], lag das antike Laertes einmal an der westlichen Grenze der Kietis[3], die im Osten an das Rauhe Kilikien grenzte.[4] Stimmig mit dieser geographischen Lage und ihrem phönizischen Umfeld ist auch der Kontext, in dem Odysseus in den *Kypria* erstmals vorgestellt wird. Denn als die Griechen dabei sind, ihr Heer aufzustellen, reisen sie zuerst überall in den griechischen Ländern herum, um erst am Schluß zu Odysseus zu segeln. Dieser taucht dabei im Zusammenhang mit Palamedes auf: jener mythischen Figur, die die kulturellen Errungenschaften der Phönizier verkörperte und als Erfinder der Schrift galt. Erst daraufhin setzen Menelaos und Odysseus nach Zypern zu Kinyras über: die Stadt Laertes würde dieses Itinerarium bestens erklären – nicht zuletzt, weil nirgendwo anders ein Ort dieses Namens bekannt ist und es von Ithaka nach Zypern eine wahre Odyssee gewesen wäre.

Daß die *Kypria* durch enge nachbarschaftliche Kontakte und zypriotische Siedler aufs Festland wanderten, belegt später noch eine auf sie anspielende Inschrift aus Salamakis vom 2. Jahrhundert. Die Relevanz ihres Stoffes für Kilikien ergibt sich dabei nicht nur durch die griechische Vorvergangenheit Adanijas, den kilikischen Feldzug gegen Atarsias, die Schlacht der Hethiter gegen Uchaziti an der Grenze zum Rauhen

1 Beekes 2007 faßt den Namen als vorgriechisch auf. *La-ertes* scheint dabei auf den lykischen Sippenname *-urrta* zurückzugehen; ein Mann namens *Liba-ortes* ist in Termessos belegt, unweit von Laertes; Zgusta 1964, § 12. Übrigens stammte Diogenes aus Laertes. — 2 In dieser Inschrift wird das Toponym KW (also ›Que‹) erwähnt; dazu – sowie zur K(i)etis – siehe Casabonne 2004. Beides bringt die alte zypro-kilikische Region ins Spiel, wo im 8. Jahrhundert (vor der Herrschaft der Assyrer also) Zypern noch als Distrikt Adanijas galt. — 3 Der Skylax-Periplos nennt für dieses Teilgebiet des Rauhen Kilikien bereits ein *Keton;* Ptolemaios zählt später zur Kietis mit ihrer Hauptstadt Koropissos auch Anemourion, Arsinoe, Kelenderis, Aphrodisias, das Kap Sarpedon und die Mündung des Kalykadnos (Geo. V 7.3 und 6). Zur Achämenidenzeit befand sich dort das luwische Reich Pirindu. Diskussion: Casabonne 2004. — 4 Hilakku – das Rauhe Kilikien – geriet ab dem 8. Jahrhundert zunehmend in den Einflußbereich Ques – nicht zuletzt dank der Ionier, die sich in beiden Regionen festsetzten. Erst nach der Niederschlagung der dritten kilikischen Revolte (zu Homers Zeit also) wurde das Gebiet jenseits Holmois und Sarpedons (inkl. der Kietis) wieder zu jener Region gezählt, die Homer pauschal ›Lykien‹ nennt.

Menelaos geht nach Mykene und beschließt mit seinem Bruder eine Strafexpedition gegen Ilios. Dann geht Menelaos zu Nestor [] und daraufhin reisen sie überall in Griechenland herum, um die Führer zu versammeln. Agamemnon hat zuvor einen Herold zu jedem Herrscher gesandt, um sie an ihre geleisteten Eide zu erinnern; er rät dabei auch allen, sich um ihre Frauen zu kümmern, da diese Mißachtung der Griechen eine Bedrohung für alle darstellt. Odysseus tut so, als wäre er nicht ganz bei Sinnen, um nicht an der Expedition teilnehmen zu müssen, aber sie entlarven seine Finte, indem sie einen Einfall Palamedes' in die Tat umsetzen und sich seinen Sohn Telemachos greifen. Palamedes entreißt ihn Penelopes Busen und zieht sein Schwert, als wollte er ihn töten.

Menelaos geht dann mit Odysseus und Talthybios zu Kinyras nach Zypern, um ihn aufzufordern, sich an der Expedition zu beteiligen. Der schenkt dem abwesenden Agamemnon seine Rüstung; nachdem er geschworen hat, fünfzig Schiffe aufzubieten, schickt er jedoch bloß eines unter dem Kommando von Pygmalions Sohn – die anderen formt er aus Lehm und läßt sie zu Wasser.

Kypria, *kollationiert aus Proklos'* Chrestomathie*, Apollodorus'* Bibliothek*, einem Oxyrhynchos-Papyrus sowie Zitaten Herodots, Pausanias', Philodemus' und des* Ilias-Scholiasten

Kilikien, Pijamaradus Stützpunkt in Issos oder den mit Troia verknüpf-
ten Mopsos-Mythos, der eine eigene Überlieferungstradition glaubhaft
macht. Auch die Namensgeographie unterstreicht die enge Bindung
zwischen Zypern und Kilikien: Issos[1] wie die bei Karatepe liegende
Stadt Sizzu[2] weisen dank ihrer Schreibweisen einen Bezug zu Zypern
auf; und die zwischen Karatepe und Mopsouhestia liegende alesische
Ebene – der Homer durch die Bellerophontes-Saga und das kilikische
Thebe einen epischen Fokus verleiht[3] – steht ebenfalls mit dem alten
Namen für Zypern in Verbindung: Alasiya.[4]

Daß die Gesänge der *Kypria* durch Aioden nach Kilikien gelangte,
scheint deshalb kaum bezweifelbar: die Archäologie kann gerade im
7. Jahrhundert – zu Homers Zeit also – die Pflege der Poesie in Tarsos
durch mehrere Siegel attestieren, die Leierspieler samt tanzenden Mädchen darstellen.[5] Überdies sprechen aber auch noch zwei antike Nachrichten für die engen kulturellen Kontakte zwischen Kilikien und Zypern, indem sie verwandtschaftliche Beziehungen zu Homer ins Spiel
bringen. Denn für die *Kypria* wurde neben Hegesias aus dem zypriotischen Salamis oder dem ebenfalls zypriotischen Stasinos sogar Homer in
Betracht gezogen – wobei Stasinos der Schwiegersohn Homers gewesen sein soll.[6] Und der pseudohesiodische *Wettstreit* vermeldet noch, daß
Homers Vater von den Zyprioten an die Perser als Geisel ausgeliefert
worden sei – was ein nur leicht zeitverschobenes Echo der ionischen
Kämpfe gegen die Assyrer darstellen kann.[7]

| 3

---

1 Forlanini 2001. — 2 Casabonne 2004. — 3 Siehe P und X. — 4 Da sowohl Sizzu in der
alesischen Ebene wie Issos am Golf die Namenswurzel ›Pferd‹ in sich tragen, ließe sich spe-
kulieren, daß die Zyprioten sich von dort ihre Streitrösser holten – dieser Teil Kilikiens war
ja berühmt für seine Pferdezucht. — 5 Goldman III 1963, S. 354. — 6 Vgl. West 2003 b. —
7 Text in West 2003 c.

L – DIE IONIER UND DIE *ILIAS*

So wie die Assyrer von ihrer Perspektive aus das danaische Adanija als Hauptort der Region sahen, so schließen sich auch die Phönizier dieser Namensgebung an. Auch sie bezeichnen damals die Einwohner des heutigen Adana als *adana-wana*[1], während sie komplementär dazu die Zyprioten *ia-wana* nennen, was sich von *ia* (›Insel/Küste‹) und *wana* (›Bewohner‹) ableiten lässt[2] – und zu Homers *Ia-ones* führt.

Die *Ilias* nennt sie nur ein einziges Mal als ›Iaones mit ihren langen Chitons‹[3], um sie mit ihrer Kleidung von Danaern abzusetzen: es ist dies eine Mode, die auch Herodot bei den Zyprioten erwähnt.[4] Breiter greifbar werden diese Ionier erst an der Wende vom 8. zum 7. Jahrhundert, wobei diese Bezeichnung zu einem Ethnikon wird, das sich hauptsächlich auf den zyprisch-kilikischen Raum bezieht: das Altpersische nennt sie *yauna*, die Ägypter *jawan* und die Hebräer *yawan*.[5] Für die weiter entfernten Perser waren die Ionier alles, was von der anatolischen Küste kam: sie bezeichnen sie als ein Volk, das einmal auf ›Inseln‹, ›im‹, ›am‹ oder auch ›jenseits des Meeres wohnt‹. Einzig die semitischen Bewohner der levantinischen Küste differenzieren sie genauer.[6] So nennt das *Alte Testament* vier ›Söhne Yawans‹: Elisha, Tarshish, die Kittim und die Dodanim[7]. Darunter sind in dieser Reihenfolge die Bewohner Alasyas (der Name Zyperns im 2. Jahrtausend), die Ionier des kilikischen Tarsos[8], die von

1 Donner-Röllig 1964, 38–39. — 2 Casabonne 2004 und Rupp 1998; das phönizische *-wana* bildet dabei das luwische Suffix *-wani* ab, Vanschoonwinkel 1990. — 3 XIII 685. — 4 Herodot VII 90. — 5 Diskussion: Rollinger 1999 und 2001b. — 6 Diskussion der semitischen Quellen: Wittke 2004. — 7 Genesis 10.4; Chroniken 1.7. — 8 ›Tarshish‹ mag sich aus dem akkadischen Schreibweise des Stadtnamens ›Tarshishi/Tarzi‹ ergeben haben. Bislang wurde es oft fälschlich mit Tartessos in Spanien in Verbindung gebracht, weil sich auch dort Minen fanden. Die äußerst ergiebigen Zinnminen im Taurus gehen jedoch bereits auf das 3. Jahrtausend zurück – von ihnen wurde Zinn überallhin durch die Phönizier exportiert; Diskussion: Yener 1994. Dabei wurde Tarshish bereits von Flavius Josephus (Jüdische Altertümer VI 1.127) mit Tarsos identifiziert. Zu Tarsos führt auch die biblische Legende Jonas, der auf seiner Reise vom Wal verschlungen wird – wobei es sich bei diesem Motiv jedoch um den im Golf von Iskenderun zu verortenden Mythos vom Seeungeheuer *Hedammu* handelt. Im Taurusgebirge – das die Assyrer ›Silberberg‹ nannten – liegen auch alte Silber-, Blei- und Eisenminen; passend dazu berichtet das *Alte Testament* von diesen Metallen, die aus Tarshish kamen (Ezechiel 27.12/Jeremia 10.9). Diskussion zu Tarshish/Tarsos auch Haider 1996.

Ioniern und Phöniziern besiedelte Kietis an der Grenze zum Rauhen Kilikien[1] sowie die Rhoder zu verstehen.[2]

Mit dieser Aufzählung befinden wir uns bereits im 7. Jahrhundert Homers: denn die Präsenz von Ioniern im kilikischen Tarsos und von Rhodern hängt unmittelbar mit deren Versuchen zusammen, sich an der südanatolischen Küste festzusetzen. Wie sehr sie sich in der Folge mit der einheimischen Bevölkerung vermischten, zeigt dann ein aramäisches Zollregister aus dem Ägypten des 6. Jahrhunderts, das aus der rhodischen Kolonie Phaselis in Pamphylien eingelaufene Schiffe pauschal als ›ionisch‹ bezeichnet: die Kapitäne scheinen griechischer wie karischer oder lykischer Abstammung zu sein – und auch ein hethitischer Name findet sich.[3]

Zunächst jedoch treten diese Ionier als Freibeuter in Erscheinung, die gleichsam als antike Wikinger überall auf Kaperfahrten gehen. Das wird bereits in der ältesten datierbaren Quelle deutlich. So berichtet um 730 ein Beamter aus Danabu – einer hinter Tyros liegenden Stadt – an seinen König Tiglatpilesar III.:

Die Ionier sind aufgetaucht. Bei der Stadt Samsimuruna haben sie ein Gefecht geliefert, bei der Stadt Harisu, und bei der Stadt [...]. Ein Berittener kam nach Danabu, um mir alles mitzuteilen. Ich sammelte die regulären Truppen und Dienstverpflichteten und verfolgte sie. Gar nichts haben die Ionier mitgenommen. Sobald sie nämlich meine Soldaten sahen, suchten sie auf ihren Schiffen das Weite und verschwanden in der Mitte des Meeres.[4]

Dieser Bericht setzt die Ionier bereits als bekannte Größe voraus: sie treten nicht als geschlossene politische Macht mit territorialen Ansprüchen auf, sondern werden als Unruhefaktor präsentiert – gegen den die Assyrer bereits ein Verteidigungssystem mit effektivem Meldesystem und

---

1 Im *Alten Testament* bzw. seiner griechischen Übersetzung werden sie *Kittim, Ketioi, Kitioi, Kitiaioi, Kittiyim, Chettieim* und *Chettiin* geschrieben – eine Konfusion, die sich dadurch ergeben haben mag, daß einmal auf das zypriotische Kition, ein andermal auf das zu den lykischen Ländern zählende Gebiet Kietis verwiesen wird; Diskussion: Casabonne 2004. — 2 Begriffsdiskussion: Casabonne 2004. — 3 Das Zollregister stammt aus der Achämänidenzeit; Diskussion: Casabonne 2004. — 4 Zitiert bei Rollinger 2003.

mobilen Kavallerietruppen installiert haben. Das Interesse der Ionier scheint vor allem im Rauben und Plündern bestanden zu haben; ihr Vorteil ist die Schnelligkeit – als Seefahrer geht es ihnen taktisch um rasches Beutemachen (worunter neben Gütern wohl auch Sklaven zählen) und sofortigen Abzug.

Die geopolitischen Verhältnisse dieser Zeit gibt eine assyrische Länderliste wieder[1]: Que wird da noch als eine von seinem nördlichen Nachbarn Tabal dominierte Region aufgefaßt[2]; unabhängig davon wird jedoch das westliche Hilakku (das Rauhe Kilikien) aufgeführt – wobei es als ›Land Ionia‹[3] bezeichnet wird. Damit kann aber auch die Kietis an der Grenze zu den lykischen Ländern gemeint sein, wo sich neben Phöniziern aus Zypern auch zypriotische Ionier sowie Ionier aus dem lykischen Küstenstrich niedergelassen hatten: eine Region, aus der später dann Pamphylien hervorging. Bezeichnend ist auch, daß direkt nach dem ›Land von Hilakku, Land von Ionia‹ Philistia und Ashkelon aufgelistet werden: in der Philisterstadt Ekron herrschte damals eine achaische Dynastie; und in der Philisterstadt Ashdod war überdies der Ionier Iamani gerade dabei, den Thron an sich zu reißen.

Diese Ionier beginnen sich nun langsam zu formieren und in offene Konfrontation zu gehen. Sie wollen sich weiter im Osten – im Ebenen Kilikien und an der Levante – festsetzen, um mit ihren Schiffen auch von jener Seehandelsroute zu profitieren, die die Phönizier zwischen Tyros und Tarsos etabliert haben (wobei diese ebenfalls vorhaben, sich von der assyrischen Kontrolle zu lösen). Folge davon ist die erste kilikische Revolte, die 715 niedergeschlagen wird. So berichtet Sargon II. (721–705) in seinen Annalen:

1 Fales-Postgate 1995, Nr. 1. Eine Datierung zwischen 730 und ca. 708 ergibt sich dadurch, daß Que erst nach Tabal genannt wird und das Land Kush separat von Ägypten aufgelistet wird. Tabal wurde erst 730 unter assyrische Kontrolle gebracht, und die Aithiopier aus Kush erobern das Nildelta um 708 und werden damit zu Herrschern über ganz Ägypten – siehe W. — 2 Awarikas hatte ursprünglich Tabal erobert, wurde dann aber von den Phrygern – die Tabal Hilfe leisteten – geschlagen, worauf Que unter deren Einfluß geriet; das änderte sich erst, als die Assyrer 730 in Tabal einmarschierten – siehe W. — 3 Daß mit dem Land *Ia-e-na* Zypern gemeint sein könnte, ist unwahrscheinlich: zum einen wurde es zu dieser Zeit Adanija zugerechnet, zum anderen *Ia-man* geschrieben. Da die Länderliste sehr kleinteilig ausgelegt ist, können die 7 Könige von Zypern wohl nicht so geringschätzig Hilakku zugeschlagen worden sein – es scheint darin eher als ›Seeland […]‹ vor Ägypten aufzutauchen.

Um die Ionier zu unterwerfen, deren Wohnsitze mitten im Meer liegen, die seit fernster Vergangenheit die [assyrertreuen] Einwohner der Stadt Tyros und des Landes Que [das Ebene Kilikien] töteten und den Handelsverkehr unterbrachen, fuhr ich mit hethitischen[1] Schiffen gegen sie aufs Meer hinaus und streckte sie allesamt, ob groß oder klein, mit meiner Waffe nieder.[2]

Daraufhin kehrt kurz wieder Frieden ein, und die Assyrer verzeichnen die üblichen Tributzahlungen: wobei jene aus Que zugleich mit denen aus Ekron und des Iamani in Ashdod in ihrer Hauptstadt eintreffen.[3]

Nach Sargons Tod kommt es jedoch zur zweiten kilikischen Revolte, an der sich nun neben den Philistern und Judäern auch die in Kilikien längst etablierten Phönizier beteiligen, denen das assyrische Monopol auf den Holzhandel im Libanon ein Dorn im Auge war. Sargons Nachfolger Sanherib (704–681) geht dann mit aller militärischen Härte gegen die Kolonialisationsbestrebungen der Ionier vor – wobei jedoch erst Asarhaddon (680–669) von sich behaupten kann, ihre feindlichen Kräfte an seiner Westgrenze unters Joch gebracht zu haben:

Alle Könige, die im und am Meer wohnen, von Iadnana [Adanija][4] über Iaman [Zypern] bis nach Tarshishi [Tarsos], unterwarfen

1 Da in den assyrischen Annalen der Assyrer die Einwohner Sidons als ›hethitisch‹ bezeichnet werden (vgl. Borger 27.5), scheinen damit phönizische Schiffe gemeint – jene Schiffe, die die Bibel auch als ›Schiffe von Tarshish‹ bezeichnet. — 2 Fuchs 2.3 (117–9)/ARAB II 16; Diskussion: CAH III.3 1982; Rollinger 2003; siehe infra: W. — 3 Fales-Postgate 1995, Nr. 34. Diese Datierung ergibt sich durch die Erwähnung des Personennamen Iamanis, der 711 aus Ashdod flüchten muß – siehe infra. — 4 Konventionell wird *Iadnana* meist mit Zypern identifiziert und unter *Iaman* ein nicht weiter verortetes Ionien verstanden; wie sich jedoch aus dem in Fußnote 3, S. 89 zitierten Text und der phönizischen Bezeichnung der Einwohner Adanijas als *adana-wana* (bzw. jener Zyperns als *ia-wana*) ergibt, scheint es plausibler, hinter *Iadnana* Adanija und hinter *Iaman* Zypern zu vermuten. Dies gilt um so mehr, als es diese beiden Regionen sind, die den Assyrern wiederholt Probleme machten./Ionien hingegen mit der kleinasiatischen Westküste und Tarshish mit dem spanischen Tartessos gleichzusetzen, wie es öfter noch geschieht, ist historisch widersinnig. Ein Kontakt der Assyrer zur ›ionischen‹ Küste Kleinasiens läßt sich zu keiner Zeit ausmachen – genausowenig wie sich ihnen im spanischen Tartessos je Könige unterworfen hätten – wie auch? Die Assyrer besaßen zu dieser Zeit keine eigene Flotte; sie mußten sich im Kampf gegen die Ionier ja der phönizischen Schiffe bedienen …

sich meinen Füßen. Ihren schweren Tribut nahm ich in Empfang.[1]

Die drei hier erwähnten Gebiete zeigen die Unruheherde während der kilikischen Aufstände. Ihre maßgebliche Beteiligung daran brachte den Ioniern zwar kein autonomes Territorium ein – aber sie führte dazu, daß sie sich von ihren Basen in Lykien, der Kietis, dem Rauhen Kilikien und auf Zypern auch nach Que ausdehnten, wo sie sich als Siedler niederlassen konnten, sofern sie bereit waren, die assyrische Herrschaft anzuerkennen.

Mit den ionischen Kaperfahrern stehen wir nicht nur bereits mitten in der *Ilias*[2] – wir erhalten durch ihre ersten Übergriffe in der Levante auch schon ein Relief ihrer Protagonisten. Denn fern davon, Helden zu beschreiben, die sich auf dem Feld der Ehre für Volk und Vaterland aufopfern, ist es ja ein völlig anderes Bild, das Homer von seinen Griechen vor Troia zeichnet. Als marodierende Kaperfahrer zu See und Raubritter zu Lande entsprechen sie ganz den Beschreibungen der assyrischen Annalen. Ihr Heer ist ein Haufen, dessen Disziplin – anders als bei jedem organisierten Heeresverband – immer wieder in Gefahr ist, weil sich ihr Kriegsherr nur schwer durchsetzen kann; ihre Kampfbereitschaft muß permanent angestachelt werden, damit sie nicht bei der erstbesten Gelegenheit Fersengeld geben; und ihr Ehrbegriff ergibt sich erst über den Beuteanteil (die homerischen ›Ehrgeschenke‹).

Auf die Ionier bezogen erhält so auch die permanente Betonung Homers, daß die Griechen schnelle und große Schiffe besitzen und der Verlust dieser Rudersegler die schlimmste denkbare Katastrophe darstellt, eine völlig neue Präsenz. Wie bei den Ioniern werden auch in der *Ilias* die umliegenden Städte zur Tag- und Nachtzeit überfallen und geplündert, Geiseln genommen und gegen Lösegeld freigelassen, Kriegsgefangene als Sklaven weiterverkauft und Frauen verschleppt. Es ist ein Söldnerwesen, das sich zwar mit der glorreichen Vergangenheit und aristokratischen Herkunft jedes einzelnen schmückt: Prestige erringen

1 Borger 57/ARAB 710; Diskussion Rollinger 2003 und Rollinger 2001 b; zur semantischen Austauschbarkeit von ›im‹, ›am‹ und ›mitten im Meer‹ siehe auch Rollinger 1999 – für die Assyrer in Ninive lag das Mittelmeer wohl etwas zu weit weg, als daß sie hier genau differenziert hätten. — 2 Siehe W.

die iliadischen Helden jedoch erst auf dem Schlachtfeld, wo es gilt – fern von jeder anderen Form von Moral – im Gemetzel der Beste zu sein.

Anders als bei den bronzezeitlichen Konflikten in Kleinasien, machen die assyrischen Quellen auch deutlich, wie zeitgenössisch die griechischen Kampftaktiken sind. Konturiert wird diese militärische Charakterzeichnung noch durch etwas spätere persische Quellen. Am Grabmal des Dareios I. in Naqsh-i Rustam präsentiert sich der Großkönig – ähnlich wie in Persepolis – auf einer Thronplattform, die von 30 Vertretern der Reichsbevölkerung unterschiedlichster Provenienzen getragen wird: darunter sind auch zwei Träger, die als ›Ionier‹ und als ›*taka* tragende Ionier‹ bezeichnet werden. Beide sind mit einem knielangen Chiton bekleidet, eine Chlamys – einen Umhang – um die Schultern, ein langes Schwert am Riemen über die Schulter gehängt: ganz so, wie sie uns auch die *Ilias* beschreibt. Das *taka*[1], das sie tragen, ist der gleiche zur Schulter hochgehaltene Lederschild, wie ihn Homer[2] und später auch Herodot bei den Kilikern erwähnt: ›sie führen statt schwerer Schilde leichte Tartschen aus ungegerbtem Rindsfell‹[3]. Als Kampftechnik ist dies mit der an anderen Stellen des Epos[4] hervorgehobenen Phalanx in Verbindung zu bringen, die die Griechen ebenso berüchtigt machte wie die Beinschienen, die sie – anders als die Hethiter, Ägypter oder Assyrer – auf dem Schlachtfeld trugen.

Das Söldnerwesen der ionischen Truppen und ihre überlegene Kampfkraft zeigen auch die ägyptischen Quellen. So hatten die griechischen Söldner namhaften Anteil am Libyenfeldzug Psammetichs I. (654/653); und unter dessen Sohn Necho II. (610–595) rekrutierte sich die königliche Kampfschiffflotte auf dem Mittelmeer vornehmlich aus griechischen Ruderseglern.[5]

Daß sich die Griechen als Piraten, Söldner oder Händler erweisen, ist symptomatisch für diese Zeit. Während sie im westlichen Mittelmeer längst freies Spiel hatten, um ihre Kolonien zu etablieren (wo sie einfach die Bewohner Syrakus' vertrieben[6]), waren sie von den Mächten im Osten nur geduldet: sie konnten nur siedeln, wo man sie siedeln ließ.

---

1 Diskussion: Rollinger 2006 a und c. — 2 XII 137 und XXII 4. — 3 Hdt. VII 91. — 4 VI 6; XI 90; XIII 126–135; XV 618–622; XVI 211–217. — 5 Haider 2004. — 6 Thuk. VI 3.2.

Die Alternative dazu waren entweder Raubüberfälle entlang der Küste –
oder individuelles Migrantentum.[1]

Wer sich nicht unter assyrische Kontrolle begeben wollte, dem blieben die Schlupfwinkel der felsigen Küste des Rauhen Kilikien mit ihren
vielen Inselchen und versteckten Häfen.[2] Selbst die Römer hatten dort
noch mit Freibeutern zu tun, die sich ihre eigenen Schiffe bauten[3]: sie
setzten die Kiliker nicht erst seit ihrer Entführung Caesars generell mit
Piraten gleich. Die anderen versuchten in den Großreichen des Ostens
ihr Glück zu machen. So sind dort nicht nur Söldner und Sklaven nachweisbar, sondern auch einzelne Griechen in verwaltenden Positionen –
als Schreiber, Kornkommissare und Facharbeiter.[4] Befördert wurde
dies durch vermehrte wirtschaftliche Eigeninitiativen und ›private‹
Märkte, die sich überall an ihrer Peripherie durchsetzten – nicht zuletzt
dank der Phönizier und ihres Fernhandelsnetzes. Durchorganisiert
wurde dies alles jedoch erst in der Folge der militärischen Kampagnen
der assyrischen Großkönige, die die zersplitterte Landschaft von Stadtstaaten in Kilikien, Nordsyrien und der Levante administrativ in den
Griff kriegten.[5]

Gleichzeitig wird durch die geschichtlichen Quellen deutlich, wie
sehr die Ionier in dieser Umbruchzeit versuchten, mehr als nur einen
Fuß an Land zu setzen. Daß sie über ihre Emporien hinaus kurzzeitig
auch politische Macht erringen können, zeigt das Beispiel des ›Ioniers‹
Iamani aus Ashdod in Kanaan unter der Regierungszeit Sargons II. im
Jahre 711. Das Ressentiment dieser alten unabhängigen Stadt voller
›Hethiter‹ gegen die assyrische Kontrolle hatte dazu geführt, daß der
Stadtherrscher seine Tributzahlungen einstellte, worauf Sargon einen
loyaleren Vasallen installierte. Dieser wurde jedoch von einem seiner zy-
priotischen[6] Söldnerführer – einem ›Niemand‹ namens Iamani – vom
Thron gestürzt. Wie aus den Annalen hervorgeht, hatte er keinen ge-

---

1 Diskussion: CAH III.3. — 2 *Die Region ist wie geschaffen für Räuberei sowohl zu Land als zu
See – zu Land wegen der großen Ausdehnung des Gebirges, und weil die oberhalb wohnenden Völ-
ker große und leicht zu überfallende Ebenen und angebaute Flächen besitzen, zur See wegen des
Reichtums sowohl an Schiffsbauholz als an Häfen, natürlichen Festungen und Schlupfwinkeln.*
Strabon XIV 6. — 3 Vgl. Appian, Myth. XIV.92 und Cicero, Att. V.20.5, der Statthalter in
Kilikien war. — 4 Zu Herkunft und Hintergrund dieser Migranten, Rollinger 2001 c. —
5 Rollinger-Korenjak 2001. — 6 Sein Name stimmt mit der Schreibung Zyperns unter Sargon – *ia-am-na-a* – überein; vgl. Fußnote 4, S. 97.

nealogischen Anspruch darauf; er war ein ›Gemeiner‹, der ›ohne jede
Achtung vor dem Recht‹ von den Bürgern zum Oberhaupt gewählt
wurde – und dabei Unterstützung in Ägypten suchte. Als Sargon gegen
ihn anrückte, ›entschlüpfte er wie ein Fisch‹ mit Frau und Kindern
übers Meer an die ägyptische Grenze, wo er ›wie ein Dieb lebte‹. Er
wurde dann ein paar Jahre später von den dort eben an die Macht ge-
kommenen nubischen Aithiopiern an den assyrischen Großkönig in
Hand- und Fußfesseln ausgeliefert.[1] Was weiter mit ihm passierte, ist
nicht überliefert – aber man kann es sich denken.

Diese Revolte zeigt dabei im kleinen, was die schon zuvor unter Sargon einsetzenden kilikischen Revolten im großen vor Augen führen:
nämlich den unmittelbaren Zeithorizont der *Ilias*. Woher sollte auch zu
Homers Zeit das Interesse am Epos eines großen Krieges mit einer
fremden Macht rühren – wo uns doch sonst von derartigen Auseinandersetzungen nichts bekannt ist? Um den realen Hintergrund dafür jedoch genau situieren zu können, ist es zunächst vonnöten, vom Text
auszugehen: der uns in diesen Raum und diesen Zeitabschnitt führt.

1 Diskussion: Rollinger 2001 b, Fuchs 1998, Haider 1996 und CAH III.3.

3 DATIERUNG UND TEXT

M – DATIERUNG DER *ILIAS*

Bislang war es üblich, die *Ilias* ins 8. Jahrhundert zu datieren. Das führte nicht nur zu der in der gesamten Literaturgeschichte einzigartigen Situation, daß der erste belegbare Dichter nicht nur der beste war (also vergleichbar mit der Vorstellung, daß auch Vergil keine Vorläufer gehabt hätte), sondern daß er sich extra dafür noch eines völlig neuen Mediums bedient haben müßte, den von den Phöniziern adaptierten Alphabetzeichen. Inzwischen hat sich jedoch aufgrund von Burkerts und Wests Arbeiten eine Datierung auf die Mitte des 7. Jahrhunderts weitgehend durchgesetzt. Sie rückt Homer in die Zeit des Archilochos und näher an Sappho und Alkaios[1], was um so zwingender erscheint, als die ersten wirklich gesicherten Darstellungen von spezifisch iliadischen Motiven auf Vasenbildern alle dem letzten Viertel des 7. Jahrhunderts angehören.[2]

Diese Datierung gründet auf mehreren Argumenten, die hier nur kurz zusammengefaßt werden sollen[3]: eine Anspielung Homers auf Tyrtaios[4]; die Übernahme nicht weniger Motive aus der *Theogonie* und den *Werken und Tagen* des ein bis zwei Generationen älteren Hesiod[5]; die Beschreibungen der Waffen und der Kampftechnik, die für die erste Hälfte des 7. Jahrhunderts typisch sind – die Dominanz des Speers über Schwert und Bogen; Kettenhemden; korinthische Helme, Beinschie-

---

1 Von Alkaios ist die erste direkte Anspielung auf die *Ilias* nachweisbar (vgl. Fr. 44.6–8). —
2 Fittschen 1969. — 3 Ausführlich in West 1995. — 4 XXII 66–76/Tyrtaios 10.21–28. —
5 Dazu zählen der Typhoeus-Mythos (II 782–3/Th. 853ff.), das Motiv des Tartaros (VIII 16/Th.720), die Liste der troianischen Flüsse (XII 20–22/Th. 337–345), die Liste der Nereiden (XVIII 39–49/Th. 240–62), Hephaistos' Mädchenroboter (XVIII 419f./WT 61–64) sowie zwei weitere Anspielungen (XVII 738/WT 245, 325; XXIII 87/WT 654–656).

nen, die Phalanx, die Homer ausführlich beschreibt[1], und das Schild-
emblem der Gorgo, das sich ebenfalls erst ab etwa 680 nachweisen läßt:
so etwa im Kilikien benachbarten Karkemish.[2]

Dazu gehört aber auch, daß die zwölfte Tafel des *Gilgamesh* – Homers Vorlage für das Erscheinen von Patroklos' Geist – erst nach Sargons
Tod 705 angehängt wurde. Der Einfall, die griechische Mauer durch
Flüsse wegschwemmen zu lassen[3], geht ebenfalls auf assyrische Schriftquellen zurück: Homers Wortlaut hält sich eng an die Inschriften Sanheribs, der Babylon 682 auf diese Weise überflutete, sowie jene seines
Sohnes Asarhaddon, der die Stadt 678 wiederaufbauen ließ.

Zusätzlich lassen sich noch die Verweise auf das phrygische Reich anführen, das erst Ende des 8. Jahrhunderts eine Rolle zu spielen beginnt.
Im von Homer erwähnten Kampf der Phryger und ihrer Verbündeten
gegen die Amazonen am Sangarios[4] spiegelt sich wahrscheinlich die
letzte Schlacht gegen die Kimmerier 676 wider; mit ihr gingen die
Phryger unter – wobei sich die Kimmerier erst danach bis an die kleinasiatische Westküste auszubreiten begannen.[5] Die in der *Ilias* auftauchenden Aithiopier werden ebenfalls nicht vor 700 greifbar, wo sie die
Herrschaft über Ägypten an sich reißen – um dann von den Assyrern
zweimal besiegt zu werden. Und die Erwähnung des ›Reichtums des
hunderttorigen ägyptischen Theben‹ kann sich nur auf die Militärkampagnen gegen dieses Reich durch Asarhaddon im Jahre 671 und jene Assurbanipals 663 beziehen.[6]

Diese Indizienkette ist schlüssig genug, um inzwischen breite Akzeptanz zu finden. Völlig unabhängig davon wird aber auch unsere Diskussion zahlreicher Stellen in den assyrischen Annalen zeigen, daß die
Beendigung der Niederschrift der *Ilias* spätestens auf etwa 660 fixiert
werden muß. Die Datierungen stützen sich damit gegenseitig.

---

1 West 1995 und van Wees 1994. — 2 Abbildung Barnett 1977. — 3 VII 442–464 / XII 17–33.
4 III 186f. — 5 Vgl. Strabon I 2.9: *Die Schreiber der Chroniken machen klar, daß Homer die
Kimmerier kannte, weil sie das Datum der kimmerischen Invasion entweder kurz vor Homer oder
schon zu Homers Zeit datieren.* Siehe auch Strabon III 2.12 und Herodot IV 12. — 6 Burkert
1976.

N – DIE *ILIAS* ALS TEXT

Formelsprache und das Argument mündlicher Überlieferung

Basis unserer Ausführungen ist auch, daß wir es bei der *Ilias* mit einem schriftlich komponierten Text zu tun haben. Diese Auffassung wird inzwischen breit vom einen[1] bis zum anderen[2] Spektrum der Gräzistik anerkannt, wenngleich sie bislang nur ansatzweise beispielhafte Analysen vorstellen konnte.[3] Deshalb sollen hier einige Argumente dafür angerissen werden, inwieweit dieses Epos sich von der mündlichen Dichtung absetzt.

Wenn das Wesen der oralen Poesie darin bestand, daß sie anhand von Formeln Verse extemporierte und kreativ improvisierte, so war damit auch das Element der Variation begriffen: so wie kein Vortrag dem anderen glich, wurden auch die Versblöcke immer wieder neu aneinandergefügt. Diese auf dem Gedächtnis beruhende Kompositionstechnik setzte ihre halb- bis ganzzeiligen Elemente in immer wieder neuen und kreativen Kombinationen zusammen: was völlig konträr zur Technik eines sturen Auswendiglernens steht. Sie mag das fehlerfreie Wiedergeben von Listen zwar marginal in ihrem Extemporieren integrieren (Stammbäume etwa als unbedingt wortwörtlich zu bewahrendes Überlieferungsgut); ganze Passagen können jedoch kaum dazu zählen.

Gibt Homer jedoch in XV 263–8 oder IX 18–25 den völlig identen Wortlaut von VI 506–11 respektive II 111–18 wieder – ohne daß es sich dabei um narrativ oder mythologisch zentrale Passagen handeln würde, bei denen der exakte Wortlaut wichtig wäre –, so ist daran wohl eher ein klarer Rückgriff des Autors auf seinen bereits geschriebenen Text zu

---

1 Latacz 1989. —2 West 2000 sowie 2004 b: *Meiner Ansicht nach (und der der meisten Homerkenner) ist das, was die Tradition uns überliefert hat, keine ›Masse von multiplen Versionen‹, sondern eine einzige Fassung, die nur trivial durch Interpolationen und Korruptionen gelitten hat. Diese eine Version mag sicherlich die Spuren verschiedener anderer zeigen, die ihr Autor – von berufswegen ein oraler Poet – bei unterschiedlichen Gelegenheiten rezitierte. Aber er bemühte sich, eine einzige, kohärent geschriebene Fassung zu erarbeiten, und, je tiefer man sich mit der Ilias befaßt, desto mehr beeindruckt in dieser Hinsicht das Ausmaß seines Erfolges [...] es gibt keine Evidenz für irgendwelche wesentlich ›verschiedenen Versionen‹ dieser Epen, nur für triviale Variationen und Amplifikationen auf der wörtlichen Ebene.* — 3 So etwa Wirbelauer 1996.

sehen, über neun bzw. sieben Gesänge hinweg.[1] Dasselbe gilt auch für all die anderen identen Textpassagen, die im Spiel zwischen Botschaftsauftrag und Botschaftswiedergabe wiederholt werden: wobei die ebenfalls im IX. Gesang repetierten Verse 122–57 und 264–300 die längste wortwörtliche Wiedergabe darstellen. Hier ist also ein Autor am Werk, der seine Kapitel aus Textblöcken aufbaut.

Sinn und Zweck einer oralen Diktion war dabei die Ökonomie: sie diente dazu, die unterschiedlichsten Erzählsituationen vor Publikum möglichst flüssig auszugestalten – was nur mittels eines vielseitig anwendbaren Grundstocks an Formeln bewältigbar war. Das half nicht nur dem Sänger beim Extemporieren, sondern erleichterte auch das Zuhören, dessen Aufnahmefähigkeit ja weit geringer ist als beim Lesen. Dem trägt auch Homer Rechnung: die 115 000 Wörter seiner *Ilias* sind reduzierbar auf einen Grundwortschatz von etwa 6000 Vokabeln.

Trotzdem tut Homer alles, um dieser Diktion entgegenzuarbeiten: er variiert nicht nur seine Grundverse, wo und wann immer er kann, er setzt auch immer neues Vokabular ein – 2000 Wörter (sogenannte *hapax legomena*) kommen nur bei ihm vor. Sie stellen also ein Drittel seines Lexikons dar – was ein weiteres Argument für die Schriftlichkeit seines Textes ist. Denn hier wird der Vergleich mit einem anderen, in einer langen Schrifttradition arbeitenden Dichter aussagekräftig: Shakespeare verfügt zwar über einen weit größeren Wortschatz als Homer, aber auch sein Vokabular besteht zu 40 Prozent aus Wörter, die er nur einmal verwendet.

Die *crux* dieser Diktion ist also, daß sie auf einer formelhaften Sprache basiert, die Homer jedoch literarisch einzusetzen bemüht ist. Er mag sie noch so sehr modifizieren – dennoch bleibt er abhängig davon. Und da es nun einmal zu der Spezifik solcher Module gehört, universell einsetzbar sein zu müssen, schafft diese eine stilistisch neutrale Ausdrucksbreite, die im Gegensatz zu unserem modernen Anspruch an das *mot juste* steht. Die Verse werden dadurch zwangsläufig breiter, großflächiger und umschreibender – statt treffend, punktuell und beschreibend.

1 Es handelt sich hier auch nicht – wie West 2001 zeigt – um die sonst feststellbaren Interpolationen von Kopisten, die sich einer Passage erinnern und Zeilen aus dem Gedächtnis vervollständigen.

Diese Unschärfe muß dabei nicht unbedingt das Produkt uralter mündlicher Überlieferung sein. Denn letztlich ist sie auch dort nur die notwendige Folge jeder durch extrinsische Parameter definierten Sprache, mit der auch heute noch jeder Sonntagsschreiber zu kämpfen hat. Will man – als einfachstes Beispiel – jambische Verse schreiben, fällt bereits ein großer Teil unseres Sprachschatzes weg; will man noch dazu idiomatisch wiederverwendbare Formeln daraus bauen, reduzieren sich die semantischen Möglichkeiten noch einmal um die Hälfte. Rechnet man das nun auf die dreistimmige Prosodie des Hexameters hoch – dann kommt genau jene semantische Vagheit heraus, mit der man es zu tun hat, wenn man Homer in eine modern ausdifferenzierende Idiomatik übertragen will.

Parrys und Lords einflußreiche Studien haben herausgearbeitet, inwieweit die Syntax der homerischen Diktion von metrischen Gesetzen bestimmt wird. Sie haben sie mit dem Improvisationsdruck vor Publikum erklärt, der den Sänger zwingt, auf Formeln als bloße Zeilenfüllsel zurückzugreifen; die Epitheta wären dann nur Ausschmückungen, die keinen unmittelbar situativen Kontext besäßen, weshalb man sie mehr oder weniger übergehen könne. Von dieser Vorstellung einer oralen Vortragssituation ausgehend, wurde dann eine jahrhundertealte mündliche Überlieferung des troianischen Stoffes postuliert, die in der *Ilias* ihren Ausdruck fand. Unterstützt wurde dies durch das Argument, daß sich manche archaische Wortformen in diesen Formeln verkapselt finden und manche Zeilen nur skandierbar sind, wenn man das alte mykenische *w* darin einsetzt.

So zwangsläufig, wie dies gemeinhin dargestellt wird, ist es jedoch nicht. Zum einen fallen Parrys und Lords Exempla einer solch oralen Vortragsweise – die Gesänge serbischer Barden –, was ihre poetologischen Qualitäten betrifft, im Vergleich zur Dichte und Komplexität des *Textes* unseres Epos weit ab. Zum anderen spannt Parrys und Lords These dabei den Karren vor das poetische Roß. Denn jede Art von Metrik prägt zwangsläufig eine bestimmte syntaktische Diktion heraus – ohne daß dahinter gleich eine jahrhundertealte und derselben Kultur verhaftete poetologische Tradition stehen muß. Das zeigt selbst noch die Lyrik der gegenwärtigen Popmusik, wie schnell sich eine durch ihre metrischen Zwänge entstandene Formelsprache herausbilden kann. Sie beruht ja größtenteils aus Floskeln, die auf die amerikanische Folkmusik der 60er Jahre zurückgehen – und mithin nicht einmal 50 Jahre gebraucht haben, um sich auch in Europa durchzusetzen. Dasselbe läßt sich aber auch schon bei den deutschen Minnesängern feststellen, die ebenfalls auf keine jahrhundertalte mündliche Tradition zurückgriffen, sondern auf die Texte der okzitanischen Trobadors – die ihrerseits wieder arabische Gesänge adaptiert hatten.

Aussagekraft hat dieses Paradigma auch für die *Ilias*. Wo die Verweise auf eine mykenische Dichtungstradition Konjektur bleiben müssen, läßt sich für sie der Einfluß der akkadischen Epik belegen, die alle Charakteristiken des homerischen Formelrepertoires aufweist, dabei aber eine tausend Jahre alte Texttradition besitzt.[1] Das schließt nicht aus, daß Homer in seinem Epos Stoffe aufarbeitete, die ihm durch hexametrische Gesänge von Barden bekannt waren und die archaische Idiome bewahrt hatten – ähnlich wie man heute noch von ›Kind und Kegel‹ spricht, ohne daß außerhalb dieses Kontextes das Wort ›Kegel‹ noch als uneheliches Kind verstanden würde. Bevor man jedoch pauschal anhand einiger unmetrischer Verse, ungebräuchlicher Genitive und ausgefallener W's mykenische Urformen zu konstruieren beginnt[2], ist zumindest zu bedenken, daß ein Text von der Länge der *Ilias* fast notgedrungen metrische Fehler aufweisen wird. Und daß sich für bestimmte scheinbar archaische Lautungen auch eine moderne Erklärung anbietet.

Statt diachron zu argumentieren, könnte man deshalb genausogut davon ausgehen, daß sich darin bestimmte dialektale Eigenheiten bewahrt haben, wie sie für das Griechische in Kilikien typisch gewesen sein mußten. Das *w* etwa läßt sich auch auf den Einfluß des Luwischen zurückführen: wo die *adana-wana* und die *ia-wana* zu Adanija und Iaones wurden, mochte es durchaus noch ausgesprochen worden sein – und auch die ›falschen‹ Genitive sind für das durch seinen ›Soloikismos‹ bekannte kilikische Griechisch charakteristisch.

1 Siehe O. — 2 Diskussion dieser ›Urformen‹: Latacz 2003.

Direkt mit dem Argument der Schriftlichkeit zu tun hat jedoch eine zweite Fehleinschätzung, die sich aufgrund von Parrys und Lords These ergibt: daß Homer nämlich seine Epitheta bloß einsetzt, um seine Verse vervollständigen zu können – weshalb man ihren Sinn ruhig überlesen könne. Diese Auffassung ignoriert die Kontrolle, die ein Dichter über sein Sprachmaterial hat: sie macht ihn letztlich zu einem bloß passiven Re-Produzenten, einem einarmigen Banditen gleich, dessen poetischer Spielautomat – grob gesprochen – nur zufällige Kombinationen solcher Formeln erzeugt. Mag dies für einen oral extemporierenden Barden zutreffend sein, so kann es für einen Dichter wie Homer, der bei der Niederschrift Zeit genug hat, seine Epitheta überlegt zu positionieren, jedoch kaum noch haltbar sein. Ihren Bildgehalt zu verdrängen, um trotz aller Textstrukturen von einer rein oral geprägten Dichtung sprechen zu können, wäre vergleichbar damit, daß man in 500 Jahren von der deutschen Dichtung nur mehr einen Band von Rilkes Gedichten findet, um dann zu behaupten, bei seinen *Sonetten an Orpheus* müßte man den Sinngehalt der Reimworte selbst besser überhören, weil sie ja bloß durch den erkennbaren Reimzwang entstanden wären.

Homer kann sich zwar noch nicht vom Formelhaften der dichterischen Sprache lösen – dazu hätte er schon eine völlig neue erfinden müssen –, aber er kann ihren Bildraum nun weit spezifischer ausschöpfen. Homers Literarizität zeigt sich nun in dem Maß, wie er den Epitheta spezifische Symboliken und Mehrdeutigkeit abzugewinnen versteht. In einer oralen Kultur, die alles individuelle Handeln fremdbestimmt sieht und jede subjektive Regung depersonalisiert und durch Götter, Dämonen oder Natur personifiziert, dienten sie noch der Typisierung; besser: sie standardisierten und stereotypisierten. Gut plaziert macht Homer jedoch aus diesen statisch schmückenden Beiwörtern Handlungsbilder, die einer gewissen Dynamik fähig sind.

In der *Ilias* arbeitet er mit seinen Epitheta dadurch die Facetten eines Charakters implizit heraus: durch die Reibung eines Typs mit einer jeweils spezifischen Situation. Daß Achilleus ›schnellfüßig‹ ist, heißt eben nicht nur, daß er gut im Laufen ist, sondern daß er ganz allgemein agil ist: nicht bloß physisch, auch intellektuell ist er wendig und flink; emotionell jedoch bedeutet dies für Achilleus – in den Situationen, in denen dies zum Tragen kommt –, daß er sich mit seinem Temperament schnell verrennt und mit dem Kopf gegen die Wand läuft. Das ist eben seine Natur – wie schon Aristarch sagte. Die Dialektik, die sich dahinter verbirgt, besteht im unveränderlichen Wesen eines Menschen oder eines Dinges, das mit einer Situation in Konflikt gerät – und damit wieder und wieder die Agonien der *Ilias* bewirkt. Sitzt der ›schnellfüßige‹ Achilleus nur am Strand[1], dann ist er (wie die am Ufer aufgebockten ›schnellfahrenden‹ Schiffe) damit auch seiner eigentlichen Potenz beraubt. Und damit tut sich jeweils ein Subtext auf, ein Diskurs zwischen den Zeilen, der mit dieser Bedeutungsebene die eigentliche Handlung konterkarieren, verzerren oder auch widerspiegeln kann.

Entscheidend dabei ist, daß Homer diese Epitheta nur selten als Füllsel einsetzt; in den meisten Fällen läßt sich ihnen ein Kontext abgewinnen, der Bezug auf die jeweilige Situation nimmt: was auf die Bedächtigkeit des Schreibens verweist. Nehmen wir eine Stelle aus dem XIII. Gesang.[2] Die Troianer sind in Bedrängnis, Deiphobos sucht Verstärkung und geht Aineias holen, der untätig hinter der Frontline herumsteht, weil er – ähnlich wie Achilleus gegen seinen Kriegsherren – gegen Priamos einen Groll hegt, worauf ihm Deiphobos eine Standpauke hält:

> er fand Aineias hinten in der Menge
> herumstehend; immer noch zürnte er dem *Göttlichen Priamos*,
> weil er ihn, den *Tapfer Unter Den Männer Seienden*, nicht ehrte.
> Nahe herangetreten sprach er die *Geflügelten Worte*:
> »Aineias, *Ratgeber Der Troer*, nun ist es für dich sehr notwendig,
> dem Schwager beizustehen …«

Werden diese Epitheta einfach übergangen – wenn man, wie Latacz[3] etwa mit Hermann sagt, daß sie ›keinerlei Bedeutung für den jeweiligen Erzähl-Inhalt haben‹ und am besten zu überhören sind wie bei uns Floskeln wie ›der liebe Gott‹ –, so gewinnen diese Verse kaum Kontur. Geht man jedoch auf sie ein, dann setzen sie erst die richtigen Akzente. Denn wird Priamos hier als göttlich bezeichnet, dann um seinen Rang herauszustreichen und damit auch auch die Rivalität von Aineias' dardanischer

---

1 I 488–9. — 2 XIII 459–64. — 3 Latacz 2000.

Nebenlinie zur herrschenden Dynastie – was ihn um so mehr aufbringt, als er sich in seiner mannhaften Tapferkeit nicht gewürdigt fühlt: soziale Stellung *und* individuelle Natur sind hier als in Gegensatz gebracht, und nur sie erklären, warum Aineias sich aus dem Kampf hält. Darauf spielt nun Deiphobos an: nicht nur, weil sein Schwager gefallen ist, soll Aineias sich jetzt in die Schlacht stürzen, sondern auch, weil er sonst doch einer der wichtigsten Ratgeber der Troer ist – auch das ist hier ebenfalls nicht bloß Anrede und schmückendes Beiwort, sondern ein klarer Verweis auf eine Verpflichtung, der Aineias nicht nachkommt.

Das Bild der ›geflügelten‹ Worte wiederum – die also ›wie gefiederte Pfeile‹ sind – hat dabei in dieser Stelle nichts damit zu tun, daß sie wie Pfeile ›schnell ihr Ziel erreichen‹, ein wenig mehr schon, daß sie ›treffend‹ sind, viel mehr jedoch damit, daß sie ›verletzend, spitz und hart‹ sind. Sie gehen Aineias gewissermaßen so ›unter die Haut‹, daß er sich daraufhin in Marsch setzt. Das nächste Mal aber, wenn sich dieses Epitheton findet[1], beschreibt es dadurch weniger Hektors Befehlston als die Dringlichkeit seiner Anweisungen: seine ›gefiederten Worte‹ geben dann nicht mehr sarkastische Schärfe wieder, sondern das Pfeilschnelle von drei kurzen Befehlen. Wobei all diese Differenzierungen weit entfernt von einer formelhaften oralen Diktion sind, sondern eben auf einen Text verweisen.

Bildlichkeit

Nicht unwesentlich für den in der *Ilias* spürbaren Übergang von der Oralität zur Literalität ist dabei das Bildliche – es bildet gleichsam eine Brücke hin zur semantischen Tiefe des Textes. Die Epitheta des ›fischreichen Meeres‹ und die Formel, daß den Helden auf dem Schlachtfeld ›die Beine unterm Leib zusammengehauen werden‹, lassen sich gerade zu Homers Zeit auf zeitgenössischen Reliefs nachweisen.[2] Es ist in dieser Epoche, daß nun Dekorationen greifbar werden, die ganze Bildgeschichten erzählen: von den Votivschilden der Idaischen Höhle (die

---

1 XIII 750. — 2 Das ›fischreiche Meer‹ gehört zum Standardrepertoire der Reliefs in Ninive (siehe Russel 1991); und Helden im – Schnelligkeit vermittelnden – ›Knielauf‹ zählen zum Standardrepertoire der späthethitischen Reliefs (Akurgal 1961).

vom 8. bis ins 7. Jahrhundert datiert werden) über die zypro-phönizischen Krüge und Schalen zwischen 710 und 675, die neohethitischen Orthostate in Karkemish bis hin zu den assyrischen Palastreliefs, die alle dynamische Handlungen in statischen Bildern ausdrücken.[1]

Die Epitheta im Text bilden dazu gleichsam eine Bildgrundierung, um so mehr als sie hauptsächlich konkrete und plastische Bilder präsentieren – die je nach situativem Blickwinkel ein anderes Profil erhalten können. Staucht Zeus im I. Gesang seine Göttergattin Hera bei einem ihrer vielen Ehekräche zusammen, indem er sie beim ersten Mal aus der Fassung bringt, ihr beim zweiten Mal aber – nachdem er ihr ein paar Ohrfeigen androht – richtig Angst einjagt, steht jedesmal nur stereotyp ›und die kuhäugige Hera erwiderte ihm‹[2]. Visuell auf die Situation bezogen jedoch erhält dieses Epitheton jedesmal eine anderen Gesichtsausdruck; beim ersten Mal macht sie ihm noch ›ungläubig große Augen‹; beim zweiten Mal eben ›weiten sie sich vor Angst‹.

Daß Publikum und Leser das statische Epitheton rezeptiv für den jeweiligen Kontext dynamisch adaptieren, ist wohl ebenso anzunehmen, wie man darin eine bewußte Intention Homers sehen kann. Wenn Homer im Schiffskatalog sagt, daß die zwei Anführer der Minyer von Ares gezeugt wurden, der ihre Mutter heimlich entjungferte und schwängerte, welches Epitheton folgt dann, um ihre Schiffe zu beschreiben? Nicht ›schnellfahrend‹, sondern ›dickbäuchig‹! Das ist mehr als nur humorvolle Anekdotik – es zeigt ein Stilprinzip auf, das Homer zu dem großen Dichter macht, als der er gilt: was nicht zuletzt auf seinen Gleichnissen, seiner Allegorik und seiner Ekphrastik beruht.

Dieses Denken in Bildern vermittelt zwischen der Schwerfälligkeit der Oralität und der Vielschichtigkeit der Literalität. Hier ein ganz einfaches, wörtlich übersetztes Beispiel aus dem XII. Gesang[3], einer der Höhepunkte des Epos, wo es Hektor endlich nach langer Schlacht gelingt, das Tor des griechischen Schutzwalls zu stürmen:

> Er trat ganz nah heran, und sich aufstemmend warf er den Stein
>   in die Torflügelmitte,
> die Beine gut gespreizt, damit nicht zu schwach das Geschoß sei,

1 West 1995. — 2 I 551 und 568. — 3 XII 457–62.

zerschmetterte er beiderseits die Torzapfen. Und da fiel der Stein hinein
mit Wucht, laut brüllten auf beiden Seiten die Torflügel auf,
       und die Querbalken
hielten beide nicht, und die Türflügelbohlen zersplitterten,
       hierhin und dorthin
unter dem Aufprall des Steins.

Für moderne Begriffe sind hier nicht nur die Verben zu generisch, allzu
stilneutral für diese Dramatik – vielmehr sind auch die temporalen und
kausalen Sequenzen heillos durcheinandergeraten: Hektor wirft den
Felsbrocken, bevor er ihn noch hochgestemmt und sich breitbeinig aufgestellt hat; der Felsbrocken liegt drinnen, noch bevor er das Tor zer-
schmettert hat, trifft dabei aber nicht nur die Mitte, sondern gleichzeitig
auch die Torzapfen rechts und links! Diese wiederum zerbrechen schon,
bevor die Tore noch beim Aufprall aufdonnern oder die Bohlen zersplittert sind; und die das alles erst bewirkende Durchschlagskraft des Wurfs
wird immer nur nachgereiht – wobei strenggenommen am Ende das
Tor, durch das Hektor gleich stürmen wird, nicht einmal offensteht.
Diese logischen und zeitlichen Sprünge – Metalepsen, im rhetorischen
Fachbegriff – wirken für unsere Augen oberflächlich unbeholfen, da wir
inzwischen ein filmisches Denken gewohnt sind, bei dem die Dinge dynamisch auf die Bildfläche treten, Gestalt annehmen, sequenzhaft agieren und wieder verschwinden.

Das heißt jedoch nicht, daß diese parataktische Darstellung wirklich
ungeschickt wäre: in ihrem Vor- und Zurückspulen liefert sie die wesentlichen Details, nur eben statisch von einem mentalen Standbild ausgehend. Zu einem filmischen Ablauf wird das Ganze erst im Kopf des
Zuhörers; er setzt diese Mosaiksteine retrospektiv zusammen, verleiht
ihnen eine einheitliche Gestalt und ordnet sie dann in einem Ablauf
zu – auf dieselbe Art von situativer Kontextualisierung, die wir auch bei
den Epitheta aufgezeigt haben.

Homer erzählt also, indem er uns gleichsam ›freeze frames‹ vor Augen
führt. Das gilt für die Schlachtbeschreibungen, deren Einzelabläufe
ständig vor- und zurückspringen: zuerst trifft meist der Speer sein Ziel;
dann wird nachgeführt, wo genau; erst danach erfahren wir, ob sich die
Spitze verbogen hat oder doch durch die Rüstung dringen konnte. Das

gilt vor allem jedoch für die epischen Gleichnisse, die spezifische Situation in ihrem weiteren Bildrahmen großflächig aufspannen; auch dort lenken sie den Blick vom Allgemeinen auf einzelne Details, die nach-, vor- und aneinandergereiht werden, ohne einer strikten kursiven Abfolge zu gehorchen: um letztlich das Geschehen ebenfalls wieder zum Erstarren zu bringen. Und das gilt nicht zuletzt auch für die Bildbeschreibung des Schilds des Achilleus. Die detaillierte Prägnanz dieser Technik spricht dabei ebenfalls gegen reine Improvisationskunst: dazu fehlt es ihnen an Redundanz, ist immer das Wesentliche rund um den Vergleichspunkt herausgearbeitet.

Gerade Homers Fähigkeit zur Allegorik ist es ja, die die *Ilias* auszeichnet. Zum einen bewahrt er in jedem Gesang einen Bildbereich im Hinterkopf, den er auf immer neue Weise zum Vorschein kommen läßt. Im III. Gesang ist es beispielsweise die Farbe Rot, die als diskretes Leitmotiv manchmal ihre Akzente setzt: nicht nur bei all dem fließenden Blut oder dem Simile der purpurrot gefärbten Gebißstange, sondern auch beim Epitheton, mit dem Menelaos hier vorwiegend beschrieben wird (im Gegensatz zu anderen Gesängen, wo er als ›stimmgewaltig‹ gilt): dem Rotstich seiner Haare. Erst das verleiht der *Ilias* ihre einheitliche Grundierung, die durch die Oberfläche der Geschichte durchschimmert.

Und das gilt auch für die semantischen Felder, bei der er versucht, eine ganz spezifische Idiomatik soweit wie möglich zu tragen. So beginnt etwa im XXIV. Gesang ab Vers 475 sich alles ums Thema Essen zu drehen; dieses Motiv wird dann von der Parabel der Niobe aufgenommen, die dabei auch ihren ›Kummer verdaut‹ (617), und führt schließlich auch zum ›Genuß des süßen Schlafes‹ (636). Diese Art von imaginativer Kohärenz ist es, die auch heute noch eines der wesentlichsten Qualitätskriterien von Literatur ist; und sie ist – wie all die einschlägigen Beispiele zeigen – in einem extemporierten Gesang nur ganz, ganz selten herstellbar.

Intertextualität und Ringstruktur

Ausweiten läßt sich dieses Argument auf die Ebene der Intertextualität, die die innere Kohäsion eines Textes widerspiegelt, als Anspielung von einer Ebene zur anderen, die neue Bedeutungsräume eröffnet. Je impliziter sie dabei gesetzt werden, desto mehr verrät sich an ihnen die Kompositionsweise eines Textes – im Unterschied zur oralen Vortragsweise, die auf einen unmittelbaren Erzählbezug ausgerichtet ist, der direkt realisiert werden muß. Auch dies demonstriert Homer sogar an einem so sperrigen Stilmittel wie den Epitheta. Im letzten Gesang beispielsweise begegnet Hermes – der Schelmischste aller Götter – Priamos in der Gestalt eines hübschen jungen Myrmidonen, den Homer ›Argostöter‹ nennt. Als Priamos Hermes für seine Freundlichkeiten lobt und seinen Eltern zu einem solchen Sohn gratuliert[1], folgt darauf wieder das Epitheton des ›Argostöters‹ – und verleiht diesem Kompliment eine verräterische Doppelseite: denn wie wir aus dem Mythos wissen, konnte zumindest Hermes' Mutter Hera kaum froh darüber sein, daß Hermes ihren zum Schutz der Io abgestellten Wächter Argos getötet hatte, um es seinem Vater Zeus zu ermöglichen, dieses Weibsbild zu kriegen.

Stellt diese eine Anspielung auf den Mythos außerhalb des Epos dar, so wird die Spezifik eines Textes auch innerhalb seiner an weit zurückreichenden Bezügen erkennbar. Denn kurz darauf offeriert Hermes Priamos seinen Geleitschutz. Hermes bietet ihm an, ihn – wenn's sein muß – bis nach Argos (also nicht in seine vorgebliche Heimat Phthia!) zu bringen und fügt hinzu, daß in seinem Beisein keiner es wagen würde, mit ihm Streit anzufangen. Auch das ist in seiner Andeutung mehr als ironisch: im II. Gesang[2] haben wir ja ganz zu Beginn erfahren, daß Hermes sein Zepter an Pelops weitergab – worauf es zum allseits bekannten Bruderzwist im Hause der Atreiden kam. Die Hinterfotzigkeit des Gottes findet sich hier also nicht nur im Erzählten inszeniert; die Doppelbödigkeit dieser Figur wird auch noch darunter äußerst subtil angestimmt.

Solche feinen Ober- und Zwischentöne zeigen sich auch an der Gesamtstruktur der *Ilias*, die in den ersten beiden Gesängen 21 Tage umspannt – und dies auch im letzten wieder tut. Die Kreiskomposition des Epos, die mit dem Streit um die Ehrgeschenke begann – mit dem all die Agonien ihren Anfang nahmen –, schließt sich erst bei den Wettkämpfen zu Ehren des Patroklos[3], als dort ein erneuter Streit um Trophäen anhebt. Die Rollen werden dann jedoch vertauscht: es ist Antilochos, der Achilleus gegenüber auf seinem Ehrgeschenk auf dieselbe Weise besteht

1 XXIV 377. — 2 II 104–5. — 3 XXIII 540.

wie Achilleus damals vor Agamemnon; und so wie Achilleus ehedem, droht ihm nun auch Antilochos damit, um seine Trophäe kämpfen zu wollen. Diesmal jedoch kommt es nicht zum offenen Konflikt. Die in 23 Gesängen gelernte Lektion hat gegriffen – Achilleus lächelt, als wäre er sich der Ironie seiner Position bewußt. Und wie um zu zeigen, daß sich die Ringstruktur der *Ilias* an genau diesem Punkt geschlossen hat, schenkt ihm Achilleus einen Panzer, um den herum wörtlich ›glänzendes Zinn in einem Kreis gelegt wurde‹[1]. Es ist dies die einzige derartige Beschreibung einer Rüstung, die so etwas am oder als Rand besitzt – und damit ein diskretes Detail, das die Kreisform der Komposition markiert.

Interpolationen und Textumfang

Die *Ilias* selbst ist mehr als nur ein Epos: sie ist das Monument einer Zeit – und gerade dieses Statuarische spricht gegen das notgedrungen Episodische jeder oralen Dichtung. Denn trotz ihrer Unterteilung in einzelne Narrationen finden sich die Erzählschichten über viele Gesänge hinweg weitergetragen – sie erhalten erst als Ganzes einheitliche Gestalt. Daß diese Form von Homer selbst fixiert wurde und nicht auf einer weitwuchernden mündlichen Überlieferung, die irgendwann einmal schriftlich niedergelegt wurde, zeigen auch die gut 2000 Papyrusfunde und Manuskripte. Von wenigen politisch motivierten Einfügungen (um Athen, Sikyon, die Phokaier und möglicherweise auch die Ionier unterzubringen) abgesehen, beschränken sich die Interpolationen auf kurze Verweise zu den kyklischen Epen – stellen sonst aber nur erklärende Glossen, Paraphrasen, Übereinstimmungen und rhetorische Erweiterungen dar. Nirgendwo jedoch finden sich erzählende Passagen, die nicht im Text enthalten wären, was der Fall sein müßte, wenn wir es hier mit oraler Dichtung zu tun hätten.[2]

Dazu kommt, daß die *Ilias* kaum für den bloßen Vortrag konzipiert ist. Das gilt für die meisten Einzelgesänge, deren Überfülle von Namen, Rück- und Querverweisen sowie überkurzen mythologischen Anspielungen die Auffassungsgabe eines bloßen Zuhörers mehr als strapazie-

---

1 XXIII 562. — 2 Vgl. West 2001 sowie Finkelberg 2000 zum Unterschied zwischen den diversen Überlieferungen der *Kypria* und der Texttreue der *Ilias*.

ren. Und das gilt auch für die Gesamtkonzeption: bei den panathenäischen Festspielen, dem ersten belegbaren Mal, daß alle 24 Gesänge vorgetragen wurden, war das Publikum wohl genauso überfordert wie das heutige, wenn es sich Wagners kompletten *Ring* anhorchen muß. Selbst über vier Tage verteilt. Nein – die *Ilias* mag sich singen lassen wie andere orale Epen; komponiert jedoch wurde sie als Text, dessen Eigenheiten und Vielfältigkeiten erst beim Lesen erfahrbar werden.

4 ASSIMILATIONEN

O – POETIK

Der sogenannte ›Nestor-Becher‹ wird auf etwa 735 datiert. Auf ihm findet sich eine Inschrift, die nicht nur als erster Beleg für den Hexameter gilt, sondern zugleich das zweitälteste Zeugnis für die Wiedergabe des Griechischen mittels phönizischer Schriftzeichen darstellt.[1] Der Trinkbecher stammt aus der euböischen Kolonie Pithekoussai auf Ischia, wo damals Griechen mit Phöniziern als Exponenten einer mobilen unternehmerischen Oberschicht zusammenlebten[2] – ein ideales Umfeld also für die Adaptation phönizischer Buchstaben zum griechischen Alphabet.

Darin jedoch einen Hinweis auf eine vollkommen eigenständige griechische Tradition sehen zu wollen, ist insofern problematisch, als wir es hier mit einer Mischform zu tun haben: die erste dieser drei Zeilen ist in einem unregelmäßigen jambischen Trimeter verfaßt.[3] Da sich der nächste Beleg für den Hexameter[4] dann erst bei Hesiod und Homer findet, deren orientalische Einflüsse außer Zweifel stehen, ist es ein großer Sprung hin zum Postulat einer weit in die vormykenische Zeit zurückreichenden oralen Poesie der Griechen, die spezifisch auf *diesem* Metrum fußen soll.[5] Es gibt zwar Hexameter bei Homer, die einige selt-

1 Diskussion: Heubeck 1979; inzwischen wurde in Italien eine weitere, auf 770 datierte Inschrift entdeckt. — 2 Patzek 2004. — 3 Watkins 1994. — 4 Der fünfteilige ›Hexameter‹ auf der Dipylonkanne wird bereits in Abhängigkeit von Homer gesehen; Heubeck 1979. — 5 Hajnal 2003 argumentiert dagegen. Er nimmt einen indogermanischen Achtsilber an, der sich ›von den Prinzipien der indogermanischen Versdichtung gelöst hat – offensichtlich, um den Anforderungen des improvisierenden Sprechgesangs zu entsprechen‹. / Dies könnte durchaus in Anlehnung an ein orientalisches Vorbild geschehen sein: das Metrum des Nationalepos der mesopotamischen Kulturen – *Gilgamesh* – baut auf einem Vers auf, der ebenfalls durch eine Zäsur gekennzeichnet ist, deren Hälften Di- und Trimeter aufweisen.

same linguistische Anachronismen aufweisen – doch diese können ebensogut auch auf den zypro-kilikischen Raum zurückgehen, wo Phönizier und Griechen engen Kontakt hatten und sich auch ein assyrischer Einfluß verrät, der sich in den *Kypria* wie der *Ilias* niedergeschlagen hat.

Weitaus weniger kontrovers läßt sich jedoch für andere Charakteristiken der homerischen Poetik belegen, daß sie auf im Zweistromland längst schriftlich fixierten Vorbildern aufbauen.[1] Was die Diktion betrifft, so finden wir dort seit Jahrhunderten bereits den Usus vor, einen Gesang durch eine Invokation zu beginnen (wenn auch nicht an die Musen); Epitheta und Formeln (die oft direkt in der *Ilias* übernommen werden[2]); den Wechsel von erzählenden Passagen zu direkten Reden samt den Standardeinleitungsformeln, die die Form des Dramas bereits vorwegnehmen; sowie die für Homer typischen Gleichnisse – auch wenn sie in der akkadischen Literatur weitaus kürzer ausfallen.[3] Dasselbe gilt für die typisch iliadische Erzähltechnik, wo der Zustimmung zu etwas ein Vor-

Über das (notwendige) Regelmaß der akkadischen Prosodie läßt sich jedoch wenig aussagen, da bestenfalls nur der Iktus rekonstruierbar ist. Der Schritt zum Hexameter könnte sich dabei durch den Unterschied zwischen den altsemitischen und der griechischen Sprache erklären lassen: erstere ist kompakter und braucht daher weniger metrischen Raum als letztere, was die Ausweitung zu einem doppelten Trimeter erklären würde; der dominante Vokalismus des Griechischen (den die konsonantenlastigen altsemitischen Sprachen weit weniger besitzen) könnte überdies die schwebend regelmäßige Lautform des Hexameters noch verstärkt haben: bei seinen auf drei Ebenen synkopierten Strukturen konkurrieren vokalische Tonhöhen mit Wortakzenten und einem rhythmischen Iktus, ohne daß dieser Versfuß etwas streng Metronomisches hätte./Diese Adaptation entspräche dabei einem in der Geschichte der Weltliteratur durchaus typischen Paradigma: der erste okzitanische Trobador Guihelm IX. imitierte in seinen frühesten Liedern erst arabische Reimschemata, bevor er daraus eine eigenständige Strophik entwickelte – und die Römer taten mit den griechischen Versformen dasselbe. — 1 Ausführliche Diskussion: West 1997. — 2 Daß eine Rede ›süßer als Honig ist‹ findet sich bereits im ältesten bislang überlieferten Gedicht, von Ilumiya aus der Zeit um 1200; ebenso häufig auch ›breite Gassen‹, das ›breite Meer‹ oder der ›breite Himmel‹ oder die Phrase für den Tagesanbruch als ›auf die Dämmerung, die zum Vorschein kommt‹ – um nur einige Beispiele zu nennen. — 3 Dazu zählen der Vergleich von Kriegern mit Löwen, Wölfen oder Raubvögeln; der Schlacht mit einem Sturm oder einem Brand; die Idee, das Gedanken und Gefühle ›irgendwo innen‹ sind (was Homer dann in der Brust oder im Herzen lokalisiert); daß etwas ›leer wie der Wind ist‹ oder die Hoffnung ›wie ein Lichtstrahl‹.

schlag vorausgeht, jeder Handlung eine Beratung, der Ausführung ein Befehl oder eine Ankündigung.

All das, was an der *Ilias* scheinbar spezifisch griechisch wirkt, geht also auf Standardschemen der orientalischen Epik zurück – und das betrifft auch die Handlungsführung: auch schreitet sie voran, indem Befehle Dienern erteilt oder Mitteilungen einem Boten übergeben werden, wobei sich die entsprechenden Passagen jedesmal wortwörtlich wiederholt finden. Ein neuer Erzählansatz wird in den orientalischen Epen wie in der *Ilias* beidemal vorzugsweise durch Tageszählungen eingeleitet, wobei die Erzählzeit eine Vorliebe für 12 Tagesperioden hat. Träume spielen eine dramaturgische Rolle; Feste, Opfer und Gebete zählen zum fixen Bestandteil der Narration ebenso wie die Schilderung von Bekleidungsszenen, dem An- und Ausschirren eines Wagengespannes und natürlich Schlachtszenen, bei denen auch die Götter dem Heer voranmarschieren – wie überhaupt der ganze redselige und zerstrittene Götterapparat, der sich zynisch entweder am Treiben der Menschlein ergötzt oder sich einmischt, aus der Tradition des Zweistromlandes übernommen ist.

Auch was das allem zugrundeliegende Weltbild betrifft, sind viele seiner Spezifiken aus diesem Raum übernommen: der Okeanos, der alles umfließt wie der Apsu; die komplette Vorstellung der Unterwelt, in der die Seelen im Dunkeln weitervegetieren; das Tor, das in den Hades führt, ebenso wie die Vorstellung von Himmelstoren.

Diese Spiel- und Stilformen des Erzählens sind jedoch in der jahrtausendealten orientalischen Literatur längst zum Klischee erstarrt. Es wird zwar gerade zu Homers Zeit in den Königsinschriften der assyrischen Herrscher ein anderer Ton merkbar, der die herkömmlichen Muster aufbricht – und von dem Homer profitiert, wie wir noch sehen werden. Erst in der *Ilias* aber erhalten diese Formen und Figuren wieder neue Frische: Homer übernimmt sie, gestaltet sie aber anders und weitaus breiter aus; er bringt eine völlig neue Fülle von Details ein und eröffnet ihnen weitere und komplexere Bedeutungsräume. Wie in seiner Diktion ist hier schon ein Sprung zu jenem Individualismus merkbar, der uns dann bei Archilochos und Sappho weit konkreter ins Auge springt.

Diese Janusköpfigkeit zwischen Oralität und Literalität zeigt sich auch an der Erzählperspektive, die er einnimmt: obwohl er sich mehr als jeder vor ihm bemüht, das Typisierende seiner Diktion auch zur Charakterisierung einzusetzen und sich darin als feinfühliger Psychologe erweist, schlüpft er doch nie in die Rollen seiner Figuren. Sie erzählen nur selten von sich aus, sondern sehen sich beim Reden gewissermaßen von außen: selbst wenn klar ist, daß sie ›uns‹ oder ›hier‹ meinen, sprechen sie stets von ›den Achaiern‹ oder dem ›Schiffslager‹, als wäre der Wechsel von einer auktorialen in eine intrinsische Perspektive noch nicht ganz möglich – bloß andeutbar.

P – GÖTTER UND HEROEN

Orientalische Vorbilder

Der Einfluß der orientalischen Literatur auf Homer läßt sich also erschöpfend belegen – und das in einem Maß, daß sich schon ein deutscher Gelehrter in den 50er Jahren fragen konnte, was angesichts dieser Sachlage im archaischen Griechenland *nicht* aus dem Orient stamme.[1] Exemplarisch läßt sich dieses Aufgehen vom Osten im Westen auch am Synkretismus der Götterfiguren der *Ilias* zeigen – in einem Spiel der Metamorphosen.

Zeus als Göttervater entspricht dem akkadischen Anu; seine diversen Attribute hat er dabei aber aus verschiedensten anderen Kulturkreisen gewonnen: seine Charakteristik als Sturm- und Wettergott übernimmt er vom luwischen Hauptgott Tarhunta[2]. Wo dieser sonst jedoch meist mit Stieren dargestellt wird, erhält er aus dem südanatolischen Raum dafür nun einen Streitwagen samt Pferdegespann; sein luwischer Kollege Pihashashi (der bei Hesiod zum Pegasos wird)[3] drückt ihm in die eine Hand seine Blitze, sein hurritisch-hethitischer Großvater Kuruni in

1 Stier 1950, 227. — 2 Tarhunta, der ›Eroberer‹, abgeleitet von luwisch ›tarh-‹; auf ihn spielt das homerische Verb ›tarkhyein‹ in VII 85 und XVI 453–7 an, ›mit Grabhügel und Stele als Helden ehren‹; Diskussion: West 1997. — 3 Hutter 2003.

die andere jene uralte krumme Sichel, die ihm dazu gedient hatte, die Erde vom Himmel zu trennen.[1]

Der Kult von Poseidon und Gaia wiederum ist in mehreren kleinasiatischen Städten nachweisbar. Poseidon opferte man in dieser von häufigen Beben heimgesuchten Region, weil man glaubte, er würde sich damit für mangelnde Gaben rächen, während man zu Gaia betete, damit sie als Erdgöttin sein Beben verhindere.[2]

Apollon wird möglicherweise bereits in hethitischen Quellen als Apalunias greifbar, wo er als Stadtgott Troias gilt.[3] Seine Verbindung zum Licht erhält er über den luwischen Sonnengott Tiwad[4]; Pfeil und Bogen sowie seine Funktion als Pest- und Heilgott übernimmt er jedoch vom kanaanäisch-phönizischen Gott Reshep[5] – wobei Homer ihn nicht nur Aineias heilen läßt, sondern ihn in einer profanisierten Arztgestalt auch zum Vater des thessalischen Heerführers Asklepios macht.[6]

Seine Mutter Leto trägt einen lykischen Namen und wurde dort am Xanthos als Muttergottheit verehrt[7] – auch wenn Homer ihr diese Rolle im letzten Gesang durch Niobe streitig machen will. Ihre Tochter Artemis wiederum hat ihren bronzezeitlichen Ursprung in der luwischen Göttin von Ephesos, die eigentlich aus Anatolien zu stammen scheint[8]; sie übernimmt später auch von der mesopotamischen Göttin Ishtar deren Titel als ›Herrin des Wildes‹.[9]

Ishtar selbst geht über die phönizische Astarte und auf dem Umweg über Zypern in der Aphrodite auf. Dabei übergibt sie ihre ursprüngliche Rolle als Kriegsgöttin der Athene – weshalb Homer Aphrodite auf dem Schlachtfeld jedesmal unter parodistischem Vorzeichen darstellt: für ihn ist sie längst die verderbliche Göttin des Sexus geworden.[10] Im Verlauf dieser Verwandlungen legt Aphrodite dabei auch jene zwei Hörner ab, die sie als Astarte noch besaß[11] – und drückt ihren Kuhschädel dafür Zeus' Gattin Hera auf. Deren Züge als Himmels-, Mutter-, aber auch

---

1 Diese Sichel wandert ebenfalls bereits durch Hesiod in die griechische Vorstellungswelt ein; Haas 2006. — 2 Ehling/Pohl/Sayer 2004. — 3 Hutter 2003. — 4 Hutter 2003. — 5 West 1997; Apollons Identifikation mit Reshep ist auch in Zypern belegt, wo er als wichtigster Gott neben Zeus galt; Diskussion Mylonas 1998. — 6 Asklepios ist eine direkte Übersetzung aus dem Akkadischen, wo er als ›Heiler mit dem Hund gilt‹; der Name seines Bruders in der *Ilias* – Podaleiros – leitet sich von dem semitischen Wort für ›Heiler, Salber‹ ab – Diskussion: Lorenz 2004. — 7 Benda-Weber 2005. — 8 Hutter 2003. — 9 West 1997. — 10 West 1997. — 11 Lorenz 2004.

Liebesgöttin (sie verführt ja Zeus mit Hilfe Aphrodites) samt Kuhaugen und Lockenfrisur erhält sie über die in Zypern verehrte, ursprünglich ägyptische Hathor.[1]

Athene wiederum geht auf die phönizische Kriegsgöttin Anat zurück; beiden war im zyprischen Idalion ein Heiligtum geweiht. Dazu paßt nicht nur, daß in der *Ilias* Athenes Statue mit phönizischen ›Gewändern aus Sidon‹ bekleidet wird[2], sondern daß sie sich auch schon in mykenischer Zeit als ›Atana‹ bezeichnet findet: als einfache linguistische Umformung von Anat.[3] Ebenso eng wie Anats Beziehung zu ihrem Bruder Baal ist auch die Athenes zu Ares; der jedoch scheint (auch lautlich) direkt vom hethitischen Kriegsgott Jarri[4] und vom akkadischen Gott Erra abgeleitet.

Der bei Homer eher blasse Hermes dagegen erhält seine Charakteristiken vom luwischen Hirtengott Runt-iya[5] und dem trickreichen akkadischen Ea – der sich bereits im *-iya* dieses Gottesnamens versteckt. Sein mykenischer Name ›Hermahas‹ scheint sich dabei von Hamsa abzuleiten, jener Figur, die in der hethitischen Version des *Atrahasis* die Rolle Eas übernimmt.[6] Ea[7], der ›Herr der Weisheit‹, stand aber auch für den Kunstschmied Hephaistos Pate, in dem sonst noch der ugaritische Kothar aufgeht, der göttliche Demiurg der semitischen Feuerkulte.

Von anderen, bei Homer eher im Hintergrund stehenden Göttern lassen sich noch die Mutter des troianischen Helden Pedasos aufzählen, die Flußnymphe Abarbare[8]: sie mag auf das Ebabbara-Heiligtum in Sippar am Euphrat anspielen.[9] Die althethitischen Schicksalsgöttinnen Papaya und Istuya, die seit Urzeiten mit Spindel und Spinnrocken den Lebensfaden spinnen, sind ebenso als unmittelbares Vorbild für die Moiren zu erkennen wie die diversen weiblichen akkadischen Todesdämonen für die Keren. Für die Göttermutter Tethys[10] wiederum ist eine noch

1 Mylonas 1998. — 2 VI 289–91. — 3 Ausführliche Diskussion Anats, ihrer Mythen und den Parallelen zur Athene-Figur der *Ilias*: Louden 2006. — 4 Haas 1994. — 5 Als Hirtengott wird Hermes in XIV 490–91 präsentiert. — 6 Beckmann 2005; Hamsa gilt dort als Vater Atrahasis' – was vergleichbar mit der Stelle in der *Ilias* wäre, wo Hermes auf väterliche Art und Weise die Führung Priamos' übernimmt, um in der Folge dann weitere Züge von Atrahasis/Utnapishti zu übernehmen, jenem weisen Mann im *Gilgamesh*, der die Flut überlebt hat und bei dem Gilgamesh sich Rat holt (vgl. S). — 7 Unter dem Namen ›Ninagal‹ zur Zeit Sanheribs; ARAB II, 389, 412, 461. — 8 VI 21–2. — 9 Dieses Heiligtum wurde zu Homers Lebenszeit restauriert; ARAB II 958. — 10 Sie ist nicht Achilleus' Mutter Thetis, sondern die Gattin des Okeanos – vgl. XIV 201.

weit nähere Verwandtschaft nachweisbar: ihr Name stellt eine direkte Transkription der akkadischen Meeresgöttin Tawtu/Ti-amat dar, die im *Enuma Elish* auftaucht.[1]

Kilikische Synkretismen

Anhand dieser breitgestreuten Synkretismen drängt sich natürlich die Frage auf, wo all diese hurritisch-hethitisch-luwischen, die phönizisch-aramäischen und die mesopotamischen Götter zu denen Hesiods, vor allem aber jenen der *Ilias* verschmolzen. Stellen läßt sich diese Frage klarer und einfacher bei den literarischen Quellen; wir nehmen die Antwort hier bereits vorweg, um noch spezifischer auf diesen Vorstellungsbereich eingehen zu können. Denn wie sich zeigen wird, überschneiden sich alle diese Kulturkreise nur in einer einzigen Region: in Kilikien.

Sieht man sich nun in der spezifisch kilikischen Götterwelt um – wie sie sich in den späteren griechischen Kolonien wie bei der einheimischen Bevölkerung präsentiert –, wird man weiter fündig.[2] An epigraphisch belegbaren Göttern ist so Zeus' Großvater Ouranos als in den Dörfern Kilikiens verehrter Fruchtbarkeitsgott nachweisbar. Zeus' Vater, der sichelschwingende Titan Kronos, wurde bereits von den Hurritern unter dem Namen ›Kuruni‹ verehrt; von den kilikischen Bauern als Saat- und Ernteschützer apostrophiert, ging in ihm auch der hurritische Gerstengott Kumarbi auf, der seinen Vater mit der Sichel kastriert. In Zeus selbst vereinen sich dabei mehrere lokale Berggötter: der Gott Oros als ›erhörender Berg‹ ebenso wie der Berggott Olybris, der am Hemite bei Anazarbos eine Kultstätte besaß. Die griechischen Siedler interpretierten diese lokale Gottheit als Titan ›Olymbros‹, einen Bruder Adanos', die einheimischen Kiliker jedoch als Verkörperung ihrer Zeusfigur – die Anspielung auf den Olymp liegt da nicht fern.

Kronos' Brüder, die Titanen, wurden im kilikischen Raum in den Rang von Städtegründern erhoben. So galt Adanos später als Gründer Adani-

---

1 Diskussion: Burkert 2005. — 2 Diskussion der kilikischen Götterwelt, wo nicht näher ausgewiesen: Ehling/Pohl/Sayar 2004; sie diskutieren sie hauptsächlich aufgrund von Münzdarstellungen aus dem 5. Jahrhundert; für die Zeit davor gibt es kaum Zeugnisse.

jas und Iapetos – den die *Ilias*[1] zusammen mit Kronos in die Unterwelt verbannt – als Vater Anchiales, der Begründerin jener gleichnamigen Kolonie[2], die zu Homers Zeit in der von Sanherib eroberten Stadt Ingirra entsteht. In ihrer Hafenstadt Soloi wiederum verehrte man die Dioskuren, als Beschützer der Seefahrer; um sie unterzubringen, macht Homer sie wohl deshalb – anders als in der sonst gängigen Mythologie und den *Kypria* – zu Helenas Brüdern.[3]

In Mallos, das sich auf Amphilochos berief, um die Herkunft seiner Bewohner aus Argos herauszustreichen[4], verehrte man überdies eine Göttin namens Magarsia, die einen anatolischen Schleiermantel und eine ungewöhnlich lange Aigis trägt; sie geht bei Homer in der Figur der Athene auf, die im V. Gesang[5] einen von ihr kunstvoll gewirkten Mantel ablegt, bevor sie sich die Aigis umhängt.

In der griechischen Kolonie Aigai am Golf von Issos wiederum verortet Homer Poseidons unterseeischen Palast[6]. Die auch unter den Meeresspiegel reichenden Höhlen an der Küste dort mochten für solche eine Sage den Anlaß geboten haben – jedenfalls war diese Hafenstadt auch später noch ein wichtiges religöses Zentrum.[7] Dazu paßt nicht nur, daß das Epos einem Sohn des Poseidon – dem Monster Aigeion[8] – diesen Namen gibt, sondern auch, daß Homer im Kampf Herakles' mit dem Seeungeheuer[9] den hurritisch-hethitischen Hedammu-Mythos aufgreift, der besonders am Golf von Issos verbreitet war.[10]

Während die griechischen Kolonien sich anderswo rühmten, auf spartanische oder athenische Gründungen zurückzugehen, priesen die griechischen Siedlungen in Kilikien vorwiegend ihre argeische Herkunft – was sich in der dritten homerischen Bezeichnung für die Griechen widerspiegelt. Das gilt außer für Mallos, Mopsouhestia und Aigai vor allem für Tarsos. Dort wurde Apollon unter seinem Beinamen Lykeios verehrt, indem man ihm – als Stammvater von Argos – ein Fest weihte:

---

1 VIII 479. — 2 Ein Anchialos taucht ohne den sonst üblichen Stammbaum in V 609 auf, um von Hektor getötet zu werden. — 3 III 273f. — 4 Das bewog Alexander – der sich selbst zu den aus Argos stammenden Herakliden rechnete – auf seinem kilikischen Feldzug dann, ihnen Vergünstigungen einzuräumen; Arr. an. 2,5,9. — 5 V 735. — 6 XIII 21. — 7 Hild-Hellenkemper 1990. — 8 II 403–4. — 9 XX 145–8. — 10 Haas 2006; der Hedammu-Mythos findet seine biblische Entsprechung in der Geschichte von Jonas und dem Seeungeheuer, das ihn auf dem Weg von Jaffa nach Tarsos verschluckt.

126

im Epos erscheint er deshalb auch als ›Wolfsgott‹.[1] Daneben verehrte man in Tarsos die Mithrasfigur[2] Helios. Seine geflügelte Sonnenscheibe ist auch in Issos, Mallos und Karatepe präsent – und dementsprechend ist auch der Rang, der ihm in der *Ilias* zukommt: nicht nur Helios und Hyperion, auch Helenos, Helena oder die Stadt Helos tragen in ihren Namen die Sonne in sich.

In Tarsos ist aber auch der Kult des luwischen Heroen Sandan bezeugt. In hethitischen Texten wird sein Name mit dem Sumerogram geschrieben, das für Marduk gebräuchlich war – jenem babylonischen Stadtgott, der meist zusammen mit dem Schlangendrachen Mushushu dargestellt wurde. Die Griechen interpretierten ihn hingegen als Herakles oder Bellerophontes (›Töter des Monsters Belleros‹) und erhoben beide zu Gründern von Tarsos.[3] Die späteren Münzen der Stadt verleihen ihnen deshalb deutlich griechische Züge[4]: schwerbewaffnet stehen sie in Siegespose auf einer Kreatur aus Löwe und Ziege, einem jener Mischwesen, wie sie für die an Flügellöwen, Greifen und Sphinxen reiche späthethitische Kultur typisch sind. Bellerophontes' Monster begegnet uns deshalb in der *Ilias* auch in einer Gestalt[5], die sowohl hethitische wie assyrische Charakteristiken besitzt: dem Sandan/Marduk-Mythos entsprechend tötet er eine Chimäre, die sich aus Löwe, Ziege *und* Schlange zusammensetzt.

Was Homer mit diesem Mythos präsentiert, ist dabei gleichsam eine uralte Eroberungsgeschichte Kilikiens. Als Ausgangsbasis für Bellerophontes' Heldentaten nennt Homer Lykien, worunter er den gesamten Raum westlich des Rauhen Kilikien versteht.[6] Die Grenze zwischen beiden Regionen bildete zu seiner Zeit der Kalykadnos, rund um dessen

---

1 IV 101. — 2 Ulansey 1991 hat versucht, in Kilikien den Ursprung der vor allem in Persien dominierenden Mithrasreligion zu verorten. — 3 Denys Periegetus 866–876 nennt Bellerophontes als Gründer von Tarsos. — 4 Er wird – typisch nur für die Griechen – auch nackt abgebildet. Hethiter wie Assyrer stellten Götter stets nur bekleidet dar; für sie galt Nacktheit – außer im erotischen Bereich – als beschämend und demütigend; Ehling/Pohl/Sayar 2004. — 5 VI 179–202. — 6 Diese Grenzziehung ergibt sich aus den nun folgenden Punkten; das spätere Pamphylien hingegen wird von ihm nicht erwähnt – er bringt nur bei der Achilleus' Männer betreffenden Stelle im Schiffskatalog die in dieser Gegend vor 1200 bestehenden Reiche Hulaya, Pitassa und Mira ein, um den Myrmidonen einen entsprechend alten und prestigeträchtigen Stammbaum zu verleihen; siehe X.

Mündung die Hafenstädte Holmoi, Sarpedon und Ura lagen[1]: dorthin und weiter ins Ebene Kilikien zieht dann Bellerophontes für seine Abenteuer aus.

Wo sein Kampf gegen die Chimäre stattfindet, geht aus Hesiods *Theogonie*[2] hervor, die Homer auch hier als Quelle benützte: diese Kreatur stammte nämlich von Typhoeus und Echnida ab, die in einer unterirdischen Grotte im ›Land der Arimoi‹ hausten, eine Höhle, die wir in Kilikien verorten können.[3] Wer Bellerophontes bei der Konfrontation mit der Chimäre zur Seite stand, war Pegasos – hinter dem sich der in Kilikien besonders verehrte luwische Blitzgott Pihashashi verbirgt. Passend dazu findet sich heute im Museum in Adana ein auf das Ende des 8. Jahrhunderts datiertes Siegel, das eine solche Chimäre zeigt.

Homer läßt jedoch die kilikischen Bezüge dieser Saga noch weiter reichen: denn nachdem er die Chimäre getötet hat, kämpft Bellerophontes gegen die berüchtigten Solymier die ›härteste Schlacht, die je ein Mensch geschlagen hat‹. Darunter sind am ehesten[4] die für ihre Aufsässigkeit berüchtigten Bergbewohner des Rauhen Kilikien zu verstehen. Sie zu unterwerfen versucht dann noch Bellerophontes Sohn Isandros[5] – genauso wie auch Azatiwadas Inschrift in Karatepe festhält, daß dieser gegen die aufsässigen Bergbewohner im Westen seines Landes vorging.[6]

Als dritte Heldentat folgt die eine Schlacht gegen jene Amazonen, gegen die auch Priamos in den Kampf zieht. Dieses mythische Volk

1 Ura ist das spätere Seleukia und heutige Silifke. — 2 Theogonie 297f., wo die Chimäre ebenfalls bereits den Einfluß Marduks zeigt; Diskussion: Casabonne 2004. — 3 Siehe weiter unten. — 4 Strabon stimmt in XIV 28 Apollodorus zu, daß die Solymier zu den ›uns heute unbekannten Völkern zählen‹. Die Zuordnung von Solymiern zum Hinterland von Soloi erfolgt hier entgegen der Identifikation mit dem Berg Solymos, auf dem das pisidische Termessos lag, weil dies eine jüngere Gründung ist und die Zuschreibung des Mythos auf diesen Ort viel später erfolgt sein muß./Die Solymier ließen sich auch mit der alten kizzuwatnischen Grenzstadt Saliya in Verbindung bringen, die bei der kilikischen Pforte am Fuß des Bolkar Dag lag, ein Gebirge das die Hethiter Sarlaimmi nannten; Saliya lag unweit des Lamos, der damals die Grenze zwischen dem Ebenen und dem Rauhen Kilikien bildete (Dincol, Yakar et al. 2001). Auf die Solymier verweisen darüber hinaus die Stadt Sallune (Selinus) südlich davon sowie der alte Name des Kalykadnos: Saliya (im Mittelalter noch Saleffi). An dessen Mündung lag Holmoi, wo auch die Legende von Bellerophontes' Enkel Sarpedon zu verorten ist (siehe infra); laut Herodot I 173 war auch Sarpedon einmal Herrscher über die Solymier. — 5 VI 204. — 6 Siehe W.

bringt man in der Regel mit den Kimmeriern in Verbindung, die zu Homers Zeit eine ständige Bedrohung Kilikiens darstellten.[1] Wie wir weiter unten sehen werden, garantierten sie dem Rauhen Kilikien politische Unabhängigkeit[2] – was Soloi und Ingirra/Anchiale auch später noch mit mehreren Münzprägungen honorierten, die eine Amazone samt Pfeil und Bogen zeigen.[3]

Am Ende seines Lebens läßt Homer dann Bellerophontes in der ›alesischen Ebene‹ herumirren – so nannten die Griechen den östlichen Teil des kilikischen Tieflands[4] zwischen Pahri/Mopsouhestia und Karatepe. Und schließlich scheint er sogar das Amanusgebirge überquert und bis nach Antiochien gelangt zu sein: denn dort erweist ihm Oineus – dessen Mythos sich dort situieren läßt[5] – seine Gastfreundschaft.

Wo die kilikischen Städte sonst überall einheimische Götter assimilierten, wurde in Adanija, dem agrarischen Zentrum des Tieflandes, jedoch ausschließlich Demeter verehrt (woraus sich erneut auf eine uralte griechische Tradition Adanijas schließen ließe). In der *Ilias* wird Demeter spezifisch im Kontext eines ›gutangelegten Gartens‹ erwähnt.[6]

Über Demeter verweist Homer aber auch auf das Rauhe Kilikien; das legt bereits die erste Erwähnung dieser Göttin nahe: sie fällt in der mythischen Geographie des Schiffskatalogs bei den ›Phylakern‹, wo der ihr geweihte Bezirk ›Pyrasos‹ genannt wird.[7] Die Kommentatoren sind sich einig darin, daß weder Phylake noch Pyrasos in Griechenland lokalisierbar sind.[8] In unserer Region hingegen lassen sich beide sehr wohl verorten: Phylake scheint den assyrischen Namen für das Rauhe Kilikien – Hilakku – wiederzugeben und Pyrasos eine Stadt namens Pirwashuwa, die am nördlichen Fuß des Taurus bei Kybistra lag.[9] Dort war

1 Zur Identifikation von Kimmeriern mit den Amazonen siehe Sonneville-David 1988; zur Bedrohung Kilikiens durch die Kimmerier siehe W; ein kimmerischer König trägt dabei einen Namen, der auf dem Theonym ›Sanda‹ aufbaut; Ivantchik 1993. — 2 Diodor Sic. III 55.4–5. — 3 Diskussion: Casabonne 2004. — 4 Herodot 6.95. — 5 Siehe X. — 6 XXI 76–77. — 7 II 695–6. — 8 Visser 1997. — 9 Del Monte-Tischler 1987 (Pirwashi) liefern Material, um diese Stadt südlich von Kayseri und in Harkiuna, einem Nachbarland Hulayas verorten zu können. In einer aus Kastabala stammenden Inschrift aus dem 5. Jahrhundert (Casabonne 2004, IAC 5) wird Perasia als aus Pirwashuwa kommend bezeichnet (Casabonne 2004, Fußnote 595). Und Strabon spricht in XII 1.4 und 2.7 von einem Perasia-Kult nicht nur in Kastabala im Ebenen Kilikien, sondern auch in einem Kastabala bei Kybistra – was gut zur Lage von Pyrasos/Pirwashi/Pirwashuwa paßt.

der Kult einer Göttin namens Perasia beheimatet, deren polymorphe Gestalt deutliche Attribute Demeters trägt.[1]

In dieser Perasia gingen neben Demeter auch noch andere Göttinnen auf: Hekate; Kubaba, die uralte anatolische Muttergöttin und Stadtschirmerin von Karkemish; sowie die ebenso alte hurritische Hebat mit ihrem Sohn Sharruma (›König‹), die im hethitischen Staatspantheon als höchste Göttin galt. Homer scheint all diese Gottheiten lautlich in der Mutterfigur des Stadtschirmers Hektor verschmolzen zu haben: Hekabe. Ihre Stammwurzel – *hakab* – stellt zu Homers Zeit jedenfalls eine geläufige hurritische Namensform dar[2]; und die Ikonographie eines Reliefs in Karatepe wird überdies noch eine enge motivische Nähe zur Hekabeszene in der *Ilias* vor Augen führen.[3]

Der Bezug zu Karatepe ist aber auch insofern bedeutsam, als die Perasia ein paar Kilometer weiter südlich in der ›heiligen Stadt Kastabala‹ verehrt wurde, die sich über den Ruinen der ehemaligen kizzuwatnischen Hauptstadt erhob[4] und am Pyramos lag. Daß Homer aus den dort bezeugten Kultformen die Idee des Feuerkampfes mit dem Flußgott Skamandros gewann, wird sich später zeigen.[5]

Kilikische Bezüge lassen sich aber auch bei anderen Göttern feststellen. Der für diese Region prägende Vegetations- und Landwirtschaftsgott Telepinu (›starker Bursche‹)[6] scheint von seiner Charakterisierung wie auch lautlich – (Te)l(ep)inu – auf den jungen Linos zu deuten, der auf dem Schild des Achilleus eine Rolle spielt.[7] Daß Artemis als ›Herrin des Wilds‹ in eine Höhle flüchtet[8], mag mit den lykisch-kilikisch bezeugten Theoi Agreis in Verbindung zu bringen sein, wilden Jagdgöttern, die mit ihren Hunden in Höhlen wohnen. Die überwiegend in der *Ilias* vorkommende Divinationsform wiederum – die Vogelschau – ist ebenfalls eine Spezialität dieser Region; ihre älteste Erwähnung findet sich in der Inschrift der Idrimi-Statue, die man in Nordsyrien fand und die auf die Mitte des 2. Jahrtausends datiert wird.[9]

Mit der in Sipylos angesiedelten Geschichte der versteinerten Niobe[10] wiederum scheint Homer einen alten Mythos aus dem Rauhen

1 Ehling/Pohl/Sayer 2004. — 2 Goetze 1939 diskutiert die hurritische Namenswurzel; eine griechische Etymologie ist für Hekabe jedenfalls nicht nachweisbar. — 3 Siehe V. — 4 Identifikation: Casabonne 2004. — 5 Siehe U. — 6 Haas 2006. — 7 XVIII 569–72. — 8 XXI 495. — 9 TUAT I. — 10 XXIV 602–17.

Kilikien aufgegriffen zu haben: beim späteren Sibyla ist heute noch die heilige Thekla greifbar, deren legendäre Vita in bezug auf das Fasten und die Berge noch Verbindungen zur unglücklichen Niobe aufweist; ihre Gestalt verehrte man wohl in der steilen Felsnadel, von der zwei Rippen wie Arme abstehen, oder in dem kugelförmigen Felskopf, der vor dem Berg aufragt.[1] | 6

Der Typhoeus-Mythos geht ebenfalls auf einen hurritisch-hethitischen Mythos aus dem Rauhen Kilikien zurück[2]; er wird von Homer in Arima verortet.[3] Gemeint ist damit die alte hethitische Stadt Arimmatta beim späteren Korykos.[4] In den alten hethitischen Grenzverträgen wird diese Stadt stets gleichzeitig mit jenem ›Quelloch‹ genannt[5], das den korykischen Höhlen entspricht – dem heutigen Cennet ve Cehennem, | 7 den ›Abgründen des Paradieses und der Hölle‹.[6]

Diese von einem unterirdischen Fluß in den Karst gegrabenen Grotten von Korykos liefern dabei noch ein weiteres Lokalkolorit: sie gaben einer in der Antike besonders begehrten Krokusart ihren Namen – dem Safran. In den Poljen des Karstes dort wuchs der beste Safran[7], für den Kilikien bis in die Römerzeit hinein berühmt war: *crocum in ciliciam ferre* bedeutete einmal soviel wie Eulen nach Athen tragen. Wenn Homer deshalb die Morgendämmerung in ein safrangelbes Gewand kleidet[8] und bei der Vereinigung von Zeus und Hera am Berg Ida diesen Krokus sprießen läßt[9], liegt auch hier der Ortsbezug nicht fern.

1 Siehe Hild-Hellenkemper 1990 (Sibyla, Malva und Dalisandos). In der Vita heißt es, daß Thekla mehrere Tage fastete, um Paulus sehen zu dürfen, und daß sich ihr auf ihrem Weg nach Syrien ein Berg dank ihrer Tränen öffnete. — 2 Watkins 1992. — 3 II 782–3; und schon vorher bei Hesiod, Theog. 297–307. — 4 Der Barington-Atlas verortet ein römisches Arima zwischen Korykos und Korasion beim heutigen Narlikuyu. — 5 Im Vertrag zwischen Hattusili III. und Ulmi-Teshup von Tarhuntassa (Beckman 1996, Nr. 18 B § 3 und 18 C § 4) wird die Grenze zwischen dem Flußland Hulaya, das die Küste zwischen Alluprata/Illubru (bei Mersin), dem Fluß Lamos und Arimmatta umfaßt, und dem unmittelbar südlichen anschließende Pitassa (rund um die Insel Pityoussa) gezogen und dabei der KASKAL.KUR von Arimmatta erwähnt: es nur als kleines Quellbecken aufzufassen wäre wohl wenig charakteristisch für eine Stadt; darunter jedoch die tiefen und großen, von einem Fluß gegrabene Doljen von Korykos zu sehen, passt dazu weit besser (vgl. auch Hild-Hellenkemper 1990). — 6 Diskussion zur Lokalisierung: Casabonne 2004. — 7 Strabon XIV 5.5. — 8 VIII 1. — 9 XIV 348.

Die Prominenz von Bellerophontes' Enkel Sarpedon im Epos ist ebenfalls dadurch erklärbar. Sein Name besitzt eine luwische Wurzel; Herodot zufolge war er Herrscher über die Solymier[1] − dementsprechend wurde auch ein Gebirge nach ihm benannt.[2] Ein Periplos[3] kennt eine ›verlassene‹ oder ›nichtgriechische‹ Stadt namens Sarpedon ›mit ihrem Fluß‹: sie lag unweit der Mündung des Kalykadnos, der die damalige Grenze zu Lykien bildete und von Homer ›Xanthos‹ genannt wurde.[4] Zwei ihrer unmittelbaren Nachbarstädte − Holmoi und Ura − prägten Münzen mit seinem Bild. Und auf einem Kap dort[5] lag schließlich auch die berühmte Orakelstätte seines Grabmals, das in der *Ilias* prominent hervorgehoben wird[6] − die Tradition kennt kein anderes Grab als jenes bei Holmoi.[7]

Zu guter Letzt läßt sich auch noch für den vor dem epischen Troia liegenden ›Hügel der springenden Myrine‹[8] ein Lokalbezug nachweisen: und zwar erneut über die Kimmerier, die Homer − wie in Kilikien üblich − ›Amazonen‹ nennt. So berichtet Diodor, daß ›Myrine, die Königin der Amazonen, Syrien unterwarf; als die Kiliker ihr aber mit Geschenken entgegenkamen und ihren Oberbefehl akzeptierten, gewährte sie jenen, die sich ihr spontan anschlossen, die politische Unabhängigkeit − darum werden sie bis zum heutigen Tag *Freie Kiliker* genannt‹.[9] Wer sich ihr nicht unterwarf, war der legendäre griechische Städtegründer Mopsos; laut Diodor zog er dann gegen Myrine in eine Schlacht, in der sie umkam.[10] Damit ist möglicherweise der Kampf gemeint, den Azatiwada − der sich zum ›Haus des Mopsos‹ zählte und Homers Vorbild für Priamos war − zusammen mit den Assyrern 679 gegen die Kimmerier führte.[11] Und das ist nicht der einzige Verweis, der einen Zusammenhang zwischen Azatiwada und Myrine herstellt:

1 Herodot I 173. — 2 Benda-Weber 2005. — 3 Skylax 102. — 4 II 877. Zu Homers Zeit umfaßte das unter assyrischer Herrschaft stehende Kilikien Que und das von Soloi (den Solymiern also) bis zum Kalykadnos reichende Hilakku. Deshalb wird Sarpedons Leiche schließlich auf ›lykischem‹ Gebiet bestattet: darunter verstand man jene alten Lukka-Länder, die mit der Kietis und den ionischen Siedlungen im Osten begannen und später Pamphylien genannt wurden. — 5 Heute Tasucu Körfezi, 3 km südlich des ehemaligen Holmoi, wo an der Stelle der Orakelstätte Sarpedons später das Kloster des heiligen Theodor stand; Hild-Hellenkemper 1986 und 1990. — 6 XVI 445–7. — 7 Diskussion: Casabonne 2004 und Hild-Hellenkemper 1986. — 8 II 814. — 9 Diodor Sic. III 55.4–5. — 10 Diodor Sic. III 55.11; Strabon zufolge stirbt jedoch ein kimmerischer König namens Lygdamis in Kilikien (I 3.21). — 11 Siehe W.

denn unmittelbar südlich seiner Festungsstadt findet sich ein Hügel mit einem Felsrelief, das eine Reitergöttin auf einem springenden Pferd darstellt.

Kontemporäre Aneignungsprozesse

All diese Synkretismen zeigen die unterschiedlichsten Formen von Kulturkontakten: die Persistenz eigener Traditionsformen, die Akkommodation fremder Vorstellungswelten, Adaptionen und Assimilationen als Formen der Annäherung – wobei die originär griechischen Elemente eher im Hintergrund stehen. Vieles davon mag bereits Produkt einer jahrhundertelangen bronzezeitlichen Synthese sein – doch wie die oben angeführten Beispiele zeigen, bei weitem nicht alles. Schon am Paradigma des ägyptischen Einflusses auf die griechische Welt läßt sich zeigen, daß solche Assimilationen auch binnen ein bis zwei Generationen vor sich gehen können.[1] Das gilt auch heute noch – man denke nur daran, wie schnell etwa die Immigranten in Amerika eine eigenständige Kultur herausbildeten, die Nachfolgenden sich ihr anpassten und sie von dort wieder zurück nach Europa gelangte: sowohl zur Zeit der amerikanischen Unabhängigkeit wie nach dem Zweiten Weltkrieg. In einen ähnlich kurzen Zeitrahmen fallen auch die griechischen Kolonien in Kilikien.

Wie zeitgenössisch solche Aneignungsprozesse sein können, zeigt sich nicht nur darin, daß etwa Thetis und Tethys sich gerade erst etabliert zu haben scheinen. Spezifisch homerisch ist auch die *profanisierende* Übernahme göttlicher Attribute für die Helden des Epos.[2] Dazu gehört die numinose Ausstrahlung, die sie besitzen, die schreckliche Aura, die seit jeher besonders für die akkadischen Götter typisch war. Der Lichtglanz, der sie umhüllt, wird bei den homerischen Kriegern dabei in den Epitheta der stets glänzenden, funkelnden und gleißenden Rüstungen sichtbar. Dieser Feuerschein, der um sie als Nimbus liegt, tritt besonders dann in den Vordergrund, wenn die Protagonisten als Halbgötter zu ihrer Aristie antreten: aus Diomedes' Helm und Schild züngeln Flammen empor, die von einem Feuer um Haupt und Schul-

1 Diskussion: Haider 2004. — 2 Diskussion: Rollinger 1996.

tern begleitet werden[1]; Hektor ist von Feuer umstrahlt, wenn er sich ins Kampfgetümmel wirft[2]; Achilleus umgibt eine goldene Wolke, ein ruheloses und furchtloses Feuer ist um sein Haupt, seine Augen strahlen so schrecklich wie die Flammen eines Brandes, ebenso wie sein Arm und sein Schild und sein Speer, der auch mit dem Strahlen eines Sterns verglichen wird.[3]

Erkennbar wird die zeitgenössische Adaptation orientalischer Motive gerade dort, wo Homer verrät, daß er sie übernimmt, ohne recht zu verstehen, was damit im Grunde gemeint ist. So erscheint Eris, die Furie des Hasses, mit einem ›Zeichen des Kampfes‹[4] in der Hand, das nicht weiter beschrieben wird und dessen Aussehen den Kommentatoren deshalb seit jeher Kopfzerbrechen bereitete. Sieht man jedoch in Eris die Entsprechung zu Saltum – der akkadischen weiblichen Personifikation der Zwietracht und des Kampfes – so ist unter diesem Götterzeichen eine verliehene Fähigkeit zu verstehen (eine ›dem Inneren hinzugefügte Sache‹ wie es etwa im altbabylonischen *Agushaialied* heißt).[5] Homer jedoch deutet diese göttliche Kompetenz bei Eris ebenso zu etwas Konkretem um wie er dann Hera Aphrodites Talisman umhängt[6]: was bei der akkadischen Liebesgöttin Ishtar ursprünglich ebenfalls nur ein Götterzeichen[7] war, eine abstrakte Charakteristik, wird von Homer so erneut zu einem Ding gemacht.

Noch deutlicher wird dies an einem anderen orientalischen Topos, der bei Homer gewissermaßen im luftleeren Raum hängenbleibt: den ›Seilen des Krieges‹[8], die von den Unsterblichen gehalten werden. Homer führt nicht aus, was an diese Seile gebunden sein soll, macht dann aber eins davon im nächsten Gesang zum Mittelpunkt einer Parabel.[9] In dieser droht Zeus den aufmüpfigen Göttern, ein Seil vom Olymp herabhängen zu lassen und sie samt der Erde daran heraufzuziehen, um alles im Himmel baumeln zu lassen – ein etwas gestelltes Bild, das jedes situativen Kontextes entbehrt. Was Homer dabei aufgreift, ist jenes Symbol göttlicher Herrschafts- und Entscheidungsgewalt, das sich im akkadischen Mythos auf ein Leitseil bezieht, mit dem die Götter die

1 V 4/7. — 2 XV 623. — 3 XVIII 205–14/225–227/225–227; XIX 16–17/379–80; XX 371–72; XXII 26–31/131–137. — 4 XI 4. — 5 Diskussion: Rollinger 1996. — 6 XIV 214–7. — 7 Akkadisch ›ittu‹; sumerisch ›me‹ – wie es bereits in Enheduannas Hymnus an die Liebesgöttin verliehen wird. — 8 VII 102. — 9 VIII 19–27.

134

Menschen an der Nase führten wie Stiere an einem Nasenring.[1] Diesen, für ihn fremden Topos deutet er hier in eine Geschichte um, die besser in seine Vorstellungswelt paßt: als Tauziehen zwischen Göttern. An anderer Stelle bedient er sich dieses goldenen Seils, um es für eine spezielle Art der Folter einzusetzen: er fesselt Hera damit an den Händen und läßt sie an ihm, mit zwei Ambossen beschwert, vom Himmel hängen[2] – was ebensoweit vom Herkunftskontext entfernt ist wie die Idee des Tauziehens.

Doch auch umgekehrt lassen sich interkulturelle Mißverständnisse aufzeigen – etwa wenn Homer korrekt etwas beschreibt, das für seinen Kulturkreis klar ist, von den Griechen später aber gedeutet werden muß: die *aigis*. Dahinter verbirgt sich das hethitische Kultobjekt *kurshash* – ein Fellbeutel, in dem man die Jagdbeute verstaute, als Symbol der Kornukopia, die ewige Fruchtbarkeit, Fülle, Kraft, Ausdauer und Männlichkeit verheißt. Es wird von Homer korrekt mit dem traditionell gebräuchlichen Epitheton ›alterslos und unzerstörbar‹[3] bezeichnet und die Zotteln dieses goldenen Vlieses ebenso wie die Zierquasten daran beschrieben: es ist folglich *in* dieser Jagdtasche, nicht *auf* ihr, daß er Eris (die Streitlust), Alke (die Kampfkraft) und Ioke (den Ansturm) verborgen sieht. Einmal jedoch von Ursprungskontext in den griechischen Raum eingewandert, sah man sich gezwungen, dieses Objekt zu deuten: und so wird daraus die konkrete Vorstellung eines mit einem Ziegenfell bespannten Schilds, ein allegorischer Wolkenschild – oder jener Fellumhang, den die späteren Vasenbilder darstellen.[4]

1 Diskussion: Rollinger 1996. — 2 XV 18–22. — 3 II 447. — 4 Diskussion: Watkins 2002.

Q – LITERARISCHE QUELLEN

Ähnlich eklektisch ist auch der Umgang Homers mit seinen literarischen Quellen. Wiewohl bereits ausführlich kommentiert[1], sollen sie auch hier nochmals unter dem Gesichtspunkt zusammengefaßt werden, welche längeren markanten Passagen als direkt übernommen gelten können, geordnet nach den wichtigsten orientalischen Epen. Einige der auf deutsch noch nicht übersetzten Texte legen wir hier vor; die vielen Übernahmen aus den assyrischen Königsinschriften werden dann in W in ihren Zeithorizont eingebettet.

Bei den hebräischen und hethitisch-hurritischen Stellen sind die Parallelen meist breiter – was darauf zurückzuführen sein mag, daß sie zum lokalen Erzählstoff gehörten (die hebräischen Stoffe beginnen ja erst in dieser Zeit schriftlich fixiert zu werden). Beim Vergleich der akkadischen Passagen mit jenen unseres Epos fällt jedoch die Übereinstimmung von Randdetails auf. Um nur ein Beispiel zu nennen: gleich wie Gilgamesh nach Enkidus Herz tastet, das nicht mehr schlägt, legt auch Achilleus seine Hände auf Patroklos' Brust – worauf bei beiden ein Simile über eine Löwin folgt, die ihre Jungen verloren hat.[2] Wäre der Konnex dabei rein mündliche Überlieferung, würden solche Einzelheiten in der Tradierung verlorengehen, weil sie nur ornamental sind, unwesentlich für den zu transportierenden Anekdotenkern. Ganz abgesehen davon, daß es keinen einzigen Hinweis gibt, wie eine solche Breite von akkadischen Motiven auf mündlichem Weg in den griechischen Erzählstoff eingeflossen sein könnte, verraten gerade diese Details, daß Homer ein Text vorlag, den er genau kannte – weil er für ihn Schullektüre und kanonisches Vorbild war, wie wir noch sehen werden. Die Übernahmen aber verraten dabei weniger den pedantischen Kompilator als den Blick eines Dichters, der ein Auge für das jeweils daraus hervorleuchtende Detail hat, um es mitsamt seiner Hintergrundgeschichte nahtlos in seinen Stoff einzubetten.

1 Burkert 1991, 2003, 2005, West 1997, Rollinger 1996; Patzek 2003, Reichel 1992. —
2 G VIII 44f. und Ilias XVIII 317f.

Gesang von der Freilassung

Poseidons und Apollons Strafarbeit (XXI 442–57 und Kbo 32.19 i 11–28)[1]:

Gesang von Ullikummi[2]:

Zurückweisen von Wein und Essen (VI 258–68/XI 644f./XXIII 200f. und U I A iv 41ff.)
Andromache fällt in Ohnmacht (XXII 447–74 und U III A ii 8–10)

Heddamu-Mythos[3]

Herakles' Kampf mit dem Seemonster (XII 145–48 und die Erzählung von dem mit der Tochter des Meeres gezeugten Monster, das ans Ufer kriecht und dort 70 Städte zerstört)

Annalen des Mursilis[4]

Hermes führt im Auftrag Zeus' Priamos mit seinem Wagen zu Achilleus (XXIV 331–469 und A iii 33f., wo der Wettergott seinem Boten Tashmeshu den Auftrag gibt, den König und sein Heer unsichtbar zu machen)

Realien

Patroklos' Begräbnis (XXIII 110–257 und die hethitischen Totenrituale)[5]
Die Waage der Schlacht (VIII 69–74/XXII 209–13 und die antagonistische Idee der Waage bei den Hethitern)[6]

---

1 Hoffner jr. 1998 und Haas 2006, 182–185. — 2 West 1997. — 3 Haas 2006, 155. — 4 Burkert 1991. — 5 West 1997. — 6 Watkins 1994.

Erra:

Die gesellschaftliche Verpflichtung des Kriegers (XII 310f. und ER I 46f.).
Die Verdunklung des Schlachtfeldes (XVII 366–8/644–49 und ER I 169–174/II C2 39–43)[1]
Helenas Selbstanklage (VI 345–8 und ER IV 81–83 und 87–92)[2]
Zeus' Drohung an die versammelten Götter (VIII 1ff. ER V 1 ff.)[3]

Enuma Elish:

Der alte Streit zwischen Okeanos und Tethys (XIV 200–7/245–8/301–und EE I.1–78)[4]

Atrahasis:

Die Revolte der Götter gegen Zeus (I 396–406 und A I 39–180)[5]
Poseidons Beschwerde bei Zeus (XV 184–95 und A II v 13ff.)[6]
Die Aufteilung der Welt unter den Göttern (XV 190–93 und A I 12–18)[7]

Gilgamesh[8]:

Thetis Klage über Achilleus und ihre Bitte an Zeus (I 414–8/500–7 und G III 45–54)
Aphrodites Klage vor Dione (V 355–430 und G VI 81f.)
Hektors Fluch, daß sich die Erde öffnen möge (VI 281f. und G VI 97–100)
Hektor und sein Verlangen auf Nachruhm (VII 87–90 und G Y 186–7)
Der kalydonische Eber (IX 533–49 und G VI 116–27)
Die Überflutung der griechischen Mauer (XII 1–33 und G XI 99ff.)

---

1 Rollinger 1996. — 2 West 1997. — 3 West 1997. — 4 Burkert 2005. — 5 West 1997. — 6 West 1997. — 7 Burkert 2005. — 8 West 1997.

Die Aufmunterung Glaukos' durch Sarpedon (XII 322–28 und G V 183 ff.)

Hera und Hypnos ziehen aus und kommen zu einem hohen Baum (XIV 281–9 und G V 133–6/1–10)

Frauenkatalog (XIV 315–28 und G VI 58 ff.)[1]

Warnung des troianischen Rates (XV 721–3 und G II 287 f.)

Aias' Bitte, im Licht zu stehen (XVII 645–7 und G IX Si i 13–5)

Achilleus' Schmerz über Patroklos' Tod (XVIII 22–7 und G VIII 63–4)

Achilleus' Akzeptieren seiner Sterblichkeit (XVIII 88–121 und G X 61–71/244–8/296–322)

Thetis' Warnung und Schmieden der Waffen (XVIII 134–7/468 ff. und G III 2 und II Y 163–71)

Achilleus' Trauerklage (XVIII 316–23 und G VIII 45/58–62/91)

Der Wurm (XIX 24 f. und G X 233 f.)

Drohung, daß die Toten zurück aus der Unterwelt kommen (XX 61–6 und G VI 96–100)

Achilleus' Drohung an Apollon (XXII 20 und G VI 156–7)

Achilleus soll sich waschen (XXIII 40–1 undnG XI 252 f.)

Patroklos' Geist (XXIII 62–107 und G XII)

Honig und Fett als Grabbeigaben (XXIII 170 und G VIII 215–9)

Achilleus' Trauerklage über Patroklos (XXIII 222 f. und G VIII 3–4/59)

Achilleus' Erinnerungen an Patroklos (XXIV 7 f. und G VIII 52–55)

Achilleus und Priamos (XXIV 522–6 und G X 270 ff.)

Priamos kann nicht schlafen; Essen und Schlafen (XXIV 637–8 und G XI 208; XXIV 641–4 und G XI 209 f.)

Achilleus und Hektor messen sich mit Blicken (XXIV 629–33 und G XI 2–4)

Realien

die Vertragspraxis, wie sie inhaltlich und rituell 16mal in der *Ilias* aufscheint (exemplarisch in III 67–138/245–8/268–301/IV 155–68/269–71) und bis ins Detail mit assyrischen Praktiken übereinstimmt: Schwur auf eine ›Vertragsklausel‹; Gottesschutz und -zeugenschaft;

1 Burkert 1992.

Stipulation samt Berufung auf die Vorgeschichte; Ermahnung gegen den Vertragsbruch und Fluch – wobei das Ritual aus Handschlag, Weinspende, Schlachten der Opfertiere und Wasserspende besteht. Wie bei den neuassyrischen Verträgen werden auch in der *Ilias* folgende Strafen für den Vertragsbruch angedroht: Frauenraub und Vergewaltigung; daß Männer zu Frauen werden; daß Waffen zerbrochen, Leiber von Hunden und Geiern zerfleischt werden; eine ordnungsgemäße Bestatttung verweigert werden wird; die Vertragsbrüchigen keine Nachkommen haben; und sie sich zu Wasser und Erde verwandeln sollen.[1]

Die Rechtspraxis: Blutzoll als Strafe für einen Ermordeten (XVIII 497–508) zählt ebenso zur gängigen assyrischen Praxis[2], die sich von den sonst üblichen Fehden zwischen den Griechen deutlich unterscheidet, wie der vor allem am Land übliche Brauch, Rechtsstreitigkeiten durch ein Gottesgericht (XVI 384–92) zu entscheiden[3], oder die Möglichkeit, Schulden (XXI 442–57) durch freiwillige Sklaverei auf Zeit abzudienen.[4]

HEBRÄISCHE ÜBERLIEFERUNGEN[5]

Altes Testament[6]

Apollon kommt mit seinen Pfeilen herab (I 35–52 und Psalmen 18.7–20)
Menschen wie Blätter (VI 146–9 und Psalmen 103.15–6 und 90.5–6)
Proitos' Frau Anteia (VI 160f. und Potiphars Frau Genesis 39)
Der tödliche Brief (VI 157f. und 2 Samuel 11.14–7)
Nestors und Ereuthalions bzw. Areithoos' und Lykourgos' Kampf (VII 132–60 und 1 Samuel 17, wo David gegen Goliath mit einer ähnlich massiven Waffe kämpft; Nestor der jüngste Sohn Neleus' ist, wie David jener des Isai; und die Schlacht am Iardanos stattfindet, der auf den Jordan verweist)

---

1 Ausführliche Diskussion mit allen Beispielen: Rollinger 2004 c. — 2 Vgl. Jas 1996, Nr. 1 und 41–43. — 3 Vgl. Jas 1996, Nr 7, 10 und 11. — 4 Vgl. Jas 1996, Nr. 28. — 5 Eine ausführliche Diskussion alttestamentarischer und ugaritischer Schriftquellen, die die semitische Tradition weiter zurück in der Zeit verankern, bietet Louden 2006. — 6 West 1997.

Phoinix' Affäre mit der Geliebten seines Vaters (IX 447–57 und Genesis 35.22/49.3f.)

Die Spionageepisode (X 203ff. und Richter 7.10–5/1 Samuel 26.6–12)

Nestors frühere Heldentaten (XI 670–761 und 1 Samuel 17.33/17.38–40/18.7)

Zeus' Überschwemmung aus Zorn über Unrecht (XVI 383–92 und die biblische Flutgeschichte als Strafe für Sünde)

Das sprechende Pferd (XIX 404–18 und Num. 22.28)

Gleichnis von Wölfen und Lämmern (XXII 262–7 und Eccl. 13.16–9)

Was sich an diesem Amalgam von Fremdeinflüssen schon rein ›statistisch‹ ersehen läßt, ist in etwa ein Gleichgewicht von semitischen und hethitisch-hurritischen Einflüssen, das vom Akkadischen breit überlagert wird. Dabei drängt sich natürlich die Frage auf, ob es eine Region gibt, in der eine solche multikulturelle Konstellation nachweisbar ist. So unwahrscheinlich es vielleicht auf Anhieb erscheinen mag, die Antwort darauf fällt doch positiv aus. Denn all diese Kulturkreise überschneiden sich in Kilikien: weiter westlich – und es wäre kein assyrischer Einfluß mehr feststellbar, weiter südlich – und das hurritisch-hethitische Kulturgut wäre nicht mehr nachweisbar.

Es ist in Kilikien, daß sich jene sogenannten späthethitischen Stadtstaaten herausbildeten, wo sich das Erbe des hethtitischen Großreiches nach seinem Zusammenbruch um 1200 kontinuierlich fortsetzen konnte. Auf einem Grundstock von hurritischer Kultur aufbauend – jenem anatolischen Volk, das sich bereits im 15. Jahrhundert in Kilikien und später vielleicht auch in Zypern festgesetzt hatte[1] – kamen dann im Zuge der Wanderungsbewegungen auch luwische Bevölkerungsgruppen hinzu, die die Oberschicht bildeten. Ab dem 8. Jahrhundert aber geriet diese Gegend unter die Oberhoheit der Assyrer, die nicht nur von der fruchtbaren Schwemmebene angelockt wurden, sondern auch von den Rohstoffen in den Bergen ringsum: Silber, Zinn, Blei, Eisen und Hölzer. Dort aber hatten auch die Phönizier längst ihre Handelskontakte etabliert – und ihre semitische Kultur mitgebracht, die für hebräisch-aramäisch-kanaanäisch-phönizischen Elemente unserer Liste verantwortlich zeichnet. Die besonders engen Entsprechungen zwischen

1 West 1997.

ihnen und der *Ilias* sind dabei auch zeitlich bedeutsam: denn es ist in diesem 7. Jahrhundert, daß man inzwischen die erste Abfassung des *Alten Testaments* ansetzt. Und als wäre die Situation noch nicht komplex genug, versuchten nun auch die Griechen ihre Stellung zu behaupten. Exemplarisch zeigen sich diese Verhältnisse in der Bilingue von Karatepe: dort deklariert ein unter assyrischer Kuratel agierender Herrscher, der sich stolz als Danaer sieht und sich dem Hause Mopsos' zurechnet, seinen Herrschaftsanspruch in phönizischer und luwischer Sprache.

HETHITISCH-HURRITISCHE EPEN

Gesang von der Freilassung

Hier droht der hurritische Gott Teshub, der als Sklave für die reichen Bürger der syrischen Stadt Ebla arbeitet, die Stadt zu vernichten, wenn sie ihm nicht seine Schuld erlassen:

Wenn er ihr der Thronstadt Ebla nicht binnen sieben Tagen die Schulden erlasst, komme ich über euch ... Ich werde die Thronstadt Ebla zerstören, und es wird so sein, als hätte es sie nie gegeben. Ich werde die Mauern um die Unterstadt zerbrechen wie eine Tasse. Ich werde die Mauern um die Oberstadt schleifen, daß alles wie eine Müllhalde aussieht.

Kbo 32. 19 i 11–28

Poseidons und Apollons Strafarbeit:

Erinnerst du dich nicht mehr daran, wie elend es uns zwei in Ilios erging,
allein und fern von den Göttern, als Zeus uns schickte, um zu schuften
für den arroganten Laomedon und wir ein Jahr lang seine Arbeiter waren?
Unser Lohn war abgesprochen: er war unser Herr und gab uns Befehle.
Ich baute den Troianern eine Mauer um ihre Stadt,
eine große und beeindruckende Mauer, um die Stadt uneinnehmbar zu machen,
und du, Phoibos, warst ein Hirte mit seinen schlurfenden krummhörnigen Rindern
in den Ausläufern und vielen Tälern des bewaldeten Ida.
Aber als die freudenreichen Horen das Ende unserer Lohnarbeit nahen ließen,
beraubte der grausame Laomedon uns des Lohns und verjagte uns unter Drohungen.
Er drohte, uns an Händen und Füßen zu fesseln
und uns zu fernen Inseln zu schicken, um uns als Sklaven zu verkaufen:
und er behauptete, er würde uns beiden die Ohren mit seiner Bronze abschälen.
So kehrten wir voller Zorn im Herzen zurück,
aufgebracht über den Lohn, den er versprochen hatte und uns vorenthielt.
Und nun begünstigst du sein Volk? Und schließt dich uns nicht an
in unserem Vorhaben, die übermütigen Troianer völlig zu vernichten
und ihnen samt ihren verehrten Frauen und Kindern ein elendes Los zu bereiten?

XXI 442–60

AKKADISCHE EPEN

Erra:

Hier erinnern die sieben Krieger, die schon zu lange nicht mehr im Krieg waren, den
Kriegsgott Erra an seine Pflicht:

Sie sind es, die in Wut geraten sind und ihre Waffen hochhalten.
Sie sagen zu Erra: Auf mit dir, tu deine Pflicht!
Wieso sitzt du in der Stadt wie ein alter schwacher Mann?
Wieso sitzt du zu Hause wie ein hilfloses Kind?
Sollen wir Weibernahrung essen wie jemand, der nicht kämpft?
Sind wir schon so ängstlich und zitternd,
        als ob wir nicht kämpfen könnten?
Aufs Feld zu gehen ist für die Jungen und Kräftigen wie ein Fest;
der Edle aber, der in der Stadt bleibt, wird niemals genug Essen kriegen.
Seine Leute ehren ihn kaum, sie bezeugen ihm keinen Respekt;
wie könnte er einem Krieger auch drohen?
Gleich, wie gut gebaut ein Stadtbewohner auch ist,
wie könnte er einem Krieger überlegen sein?
Wie gut das Stadtbrot auch schmeckt,
        es ist nichts gegen einen Fladen am Lagerfeuer;
wie gut das Bier auch schmeckt,
        es ist nichts gegen Wasser aus einer Ziegenhaut;
alle Terrassen eines Palastes sind nichts gegen ein Lager am Weg!
Auf mit dir ins Feld, Krieger Erra, laß deine Waffen klappern
laß deinen Schlachtschrei erschallen, daß alles ringsum erbebt!

ER I 46f.

Die gesellschaftliche Verpflichtung des Kriegers:

Glaukos – warum hält man uns zwei wohl in Lykien in höchsten Ehren,
mit einem Ehrensitz, dem besten Fleisch, den Weinbecher stets voll,
daß alle zu uns aufsehen als wären wir Götter?
Warum haben zu unserem Gebrauch einen großen Sektor besten Landes
am Ufer des Xanthos, reich an Weingärten und weizentragenden Äckern?
Deshalb müssen wir uns nun an die Front der lykischen Reichen stellen
und uns der segenden Schlacht entgegenwerfen,
damit sie unter den schwergepanzerten Lykiern sagen können:

›Das sind keine wertlosen Männer, die über uns in Lykien herrschen,
diese Herrscher, die wir haben, die unsere fetten Schafe essen
und den auserlesensten honigsüßen Wein trinken! Nein – sie haben auch Kraft
und Mut, weil sie an der Spitze der lykischen Reihen kämpfen!‹
Lieber Freund, wenn wir diesen Krieg überstehen
und ewig leben würden, alterslos und unsterblich,
würde ich nicht selber in vorderster Reihe kämpfen
und dich auch nicht in die Schlacht treiben, wo Männer Ehre erringen.
So aber stehn bei allem, was wir tun, die Keren des Todes über uns
in tausenderlei Art: kein Sterblicher kann ihnen davonrennen oder entfliehen.
Darum laß uns gehen und über unsern Feind triumphieren – oder er über uns.

XII 310–28

——————

Und Marduk sagte zum Krieger Erra:

Wenn ich mich von meinem Sitz erhebe,
     wird die Teilung zwischen Himmel und Erde aufgehoben,
die Wasser werden ansteigen und das Land überfluten,
der helle Tag wird zur Finsternis werden,
ein Wirbelwind wird sich erheben und die Sterne am Himmel [ ],
schlimme Winde werden wehen und der Blick
               der lebenden Kreaturen [wird sich verdüstern?]

ER I 169–74

Und Erra fragte sein Herz, was er tun sollte:

Geh voraus, laß mich die Kampagne beginnen!
Die Tage sind gekommen, die festgesetzte Zeit ist vorüber.
Gebe ich den Befehl, verliert die Sonne ihren schützenden Glanz,
und des Nachts verhülle ich das Gesicht des Mondes.

ER II C2 39–43

Die Verdunklung des Schlachtfeldes:

So kämpften sie weiter wie Feuer, und du hättest gesagt
daß sich Mond und Sonne nicht länger am Himmel hielten,

weil eine Staubwolke sich über den ganzen Teil der Schlacht legte,
wo die Vorkämpfer sich vor den toten Sohn des Menoitios stellten.

XVII 366-9

Aber ich kann nirgends mehr einen Achaier sehen, der das tun würde –
sie sind alle von einer Staubwolke verhüllt, Männer wie Pferde.
Vater Zeus, rette die Söhne der Achaier von diesem Nebel,
laß den Himmel aufklaren und gib uns Licht für unsere Augen –
töte uns im Tageslicht; du findest daran ja Gefallen.

XVII 644-8

————————

Ishtaran, der Gott der zerstörten Stadt Der, lamentiert:

Den, den der Prinz nicht getötet hat,
	wird ein Gewittersturm fortschwemmen,
der, den der Gewittersturm nicht fortgeschwemmt hat,
	wird von der Sonne verdorrt,
der, der hinaus in die Welt ging,
	wird vom Wind fortgerissen.

Du hast oben und unten dem Erdboden gleichgemacht;
und der Stadtschirmer sagt zu seiner Mutter:
	wäre ich nur in deinem Bauch steckengeblieben,
		am Tag als du mich geboren hast,
	wären unsere Leben doch zu Ende gewesen,
	wären wir doch zusammen gestorben,
	denn du hast mir eine Stadt gegeben,
		deren Mauern zerstört sind

ER IV 81-3 und 87-92

Helenas Selbstanklage:

Wie ich wünschte, daß mich am ersten Tag, als mich meine Mutter gebar,
irgendein übler Sturmwind fortgerissen und über die Berge
oder in die Dünung des tosenden Meeres gewirbelt hätte,
wo die Wellen mich fortgeschwemmt hätten, bevor all dies geschehen konnte!

VI 345–8

____

Erra:

Nachdem Erra sich beruhigt hatte
     und seinen Sitz wieder einnahm
     starrten all die Götter ihm ins Gesicht,
all die Igigi-Götter und Annuna-Götter hatten Ehrfurcht vor ihm
und Erra öffnete seinen Mund und sagte zu all den Göttern:
     Ruhe, ihr alle! Hört, was ich euch zu sagen habe!
     Zweifellos wollte ich Böses
       durch mein vergangenes Vergehen;
     ich war zornig und wollte die Menschen vernichten.

ER V 1ff.

Zeus' Drohung an die versammelten Götter:

Und Zeus, der gerne donnert, hielt eine Versammlung der Götter
auf dem höchsten Gipfel des schartigen Olymp ab;
er wandte sich an sie und alle Götter schenkten ihm ihre Aufmerksamkeit:
Hört mir zu, all ihr Götter und ihr Göttinnen,
damit ich euch sagen kann, wonach das Herz in mir drängt.
Kein weiblicher und kein männlicher Gott soll jetzt versuchen,
meinen erklärten Willen zu vereiteln – ich will, daß ihr alle zustimmt,
damit ich diese Sache zu einem schnellen Ende bringe.
Merke ich aber, daß einer von euch sich über die Götter hinwegsetzen will,
indem er entweder den Troianern oder den Danaern Hilfe bringt,
wird er mitleidslos verdonnert und im Laufschritt zum Olymp zurückgeschickt.

VIII 2–12

Enuma Elish:

Als oben der Himmel noch keinen Namen hatte
und auch die Unterwelt noch nicht so genannt wurde,
mischten der Urgott Apsu, ihr aller Vater,
und die Urmutter Tiamat, die sie alle gebar,
ihre Wasser zusammen,
daß kein Röhricht und kein Dickicht sich verflocht.
Als noch keine Götter geschaffen waren,
niemand beim Namen genannt und kein Schicksal bestimmt war,
entstanden so die Götter in diesen beiden.
Lahmu und Lahamu erstanden und erhielten Namen [11–15]
Dann schuf Anu nach seinem Ebenbild Nudimmud
und Nudimmud beherrschte dann seine Vorfahren:
von tiefer Weisheit war er, scharfem Verstand und äußerst stark,
viel mächtiger als sein Großvater Anshar;
er hatte keinen Rivalen unter den Göttern, seinen Brüdern.
Die göttlichen Brüder aber verbündeten sich
und als sie sich rührten und regten wurde Tiamat unruhig;
sie wühlten Tiamats Eingeweide auf
und ihr Aufruhr störte das Innere der Göttlichen Wohnstatt.
Apsu konnte ihr Lärmen nicht abstellen
und Tiamat schwieg dazu nur;
ihre Taten ärgerte sie zwar
ihr Verhalten war anstößig, aber sie ließ sie gewähren. [29–34]
Darauf sagte Apsu zu ihr
zu Tiamat mit lauter Stimme:
  Ihr Verhalten stört mich!
   Bei Tag hab ich keine Ruhe,
    nachts kann ich nicht schlafen!
   Ich will, daß dieses ungehörige Benehmen
    ein für allemal aufhört!
   Es soll wieder still werden, daß wir schlafen können!
Als Tiamat das hörte
wurde sie zornig und schrie ihren Gatten an;
verbittert rief sie aus, wütend, daß sie allein stand
denn er drängte ihr Böses auf
[darauf folgen Schilderung und Auswirkungen des Streits]

EE I.1–78

Der alte Streit zwischen Okeanos und Tethys:

Ich gehe zu den Enden der nährenden Erde,
um Okeanos zu besuchen, den Quell der Schöpfung der Götter,
     und Mutter Tethys.
Sie holte mich von Rhea, zog mich groß und nahm mich voll Güte
     in ihrem Haus auf
als der weitblickende Zeus Kronos unter die Erde
     und das erntelose Meer verbannte.
Ich gehe, um sie zu besuchen und ihre endlosen Streitereien zu schlichten.
Es ist schon eine lange Zeit, daß sie sich davon enthalten,
in Liebe miteinander zu schlafen, weil ihre Herzen voller Zorn sind.
Wenn ich ihre Herzen mit meiner Überredung besänftigen kann
und sie dazu bringe, daß sie in Liebe vereint auf ihr Lager zurückkehren,
werden sie mich auf ewig ihre hochgeschätzte Freundin nennen.

XIV 200–10

—————————

Atrahasis:

Enlil war voller Zorn auf Enki:
Alle wir Götter haben uns
auf eine Regel geeinigt.
Anu und Adad wachen über die oberen Regionen,
ich wache über die untere Erde.

A II v 13ff.

Poseidons Beschwerde bei Zeus:

Da antwortete ihr der berühmte Erderschütterer voller Zorn:
Oh, welche Anmaßung – obwohl er ein großer Gott ist – davon zu reden,
daß er mich gegen meinen Willen mit Gewalt bändigen will.

XV 184–6

—————————

Als die Götter noch Menschen waren, Zwangsarbeit leisteten und es schwer hatten:

zogen sie Lose; die Götter nahmen, was ihnen zufiel:
Anu stieg hinauf in den Himmel;
Enlil erhielt die Erde als sein Reich;
den Dreizack und das alles umfassende Meer
bekam Enki, der Führer;
die Annuna-Götter gingen in den Himmel,
die anderen Götter hinab in die Tiefe.

A I 12–8

Die Aufteilung der Welt unter den Göttern:

Drei von uns sind es, Brüder, die Rhea Kronos geboren hat:
Zeus und ich, und der dritte ist Hades, der Herr über die Toten.
Die ganze Welt wurde in drei Teile geteilt und jeder erhielt seinen Teil.
Als die Lose geworfen wurden, zog ich das graue Meer
als mein Reich auf ewig, und Hades zog das neblige Dunkel darunter,
und Zeus zog den weiten Himmel in den Wolken und dem Äther.

XV 187–92

========

Gilgamesh

Mein Freund, den ich so sehr liebte,
    der mit mir durch dick und dünn ging,
ihn holte das Schicksal der Sterblichen ein.
Sechs Tage lang weinte ich um ihn und sieben Nächte.
Ich ließ seinen Leichnam erst begraben,
als ihm ein Wurm aus dem Nasenloch kroch.
Dann überkam mich die Angst, daß auch ich sterben könnte;
ich begann mich vor dem Tod zu fürchten
    und indessen durch die Wildnis zu wandern.
Mein Freund, den ich so sehr liebte, ist zu Lehm geworden.

G X 233f.

Der Wurm:

                          Aber ich habe währenddessen
ganz schreckliche Angst um den tapferen Sohn des Menoitios –
daß Fliegen in die Wunden kriechen, die ihm die Bronze geschlagen hat,
und darin Würmer ausbrüten, um seinen Leichnam zu verunstalten,
jetzt, wo ihm das Leben genommen wurde und all sein Fleisch verwesen wird.

XIX 23–7

HEBRÄISCHE ÜBERLIEFERUNG

Altes Testament

Von Jahr zu Jahr säst du die Menschen aus;
sie gleichen dem sprossenden Gras.
Am Morgen grünt es und blüht,
am Abend wird es geschnitten und welkt.

Psalm 90.5–6

Des Menschen Tage sind wie Gras,
er blüht wie die Blume des Feldes.
Fährt der Wind darüber, ist sie dahin;
der Ort, wo sie stand, weiß nichts mehr von ihr.

Psalm 103.15–16

Blättergleichnis:

Großherziger Sohn des Tydeus, warum fragst du nach meiner Geburt?
Das Geschlecht der Menschen ist wie das der Blätter –
der Wind weht die Blätter eines Jahres über den Boden, aber der Wald knospt
und treibt andere hervor, sobald die Zeit des Frühlings naht.
So ist's auch mit dem Menschen: ein Geschlecht wächst heran
        und ein anderes welkt.

VI 144–9

R – SCHULE UND SPRACHE

Lehrtexte und Schreiber

Führt die obige Liste zur Antwort darauf, wo Homer Zugang zu diesen
Quellen gehabt hat, wirft sie aber auch die Frage nach dem Wie auf.
Was die akkadischen Epen betrifft, so ist eine öffentliche Aufführungs-
praxis nicht belegbar; selbst wenn sie bei Ritualen zu hohen Festtagen
aufgeführt wurden, blieben sie doch hauptsächlich Schultexte. Dazu
kommt, daß sie – von einem Motiv aus dem akkadischen *Enuma Elish* in
den *Kypria* und bei Hesiod abgesehen – nie in irgendeiner schriftlichen
Form ins Griechische übersetzt oder paraphrasiert worden wären. Daß
sie als Teil einer mündlichen Überlieferung in griechisches Gedankengut Eingang gefunden hätten, läßt sich ebenfalls ausschließen; denn auf
sie zurückgreifen – in all der Fülle, die die *Ilias* demonstriert – konnte
nur jemand, der die akkadischen Texte auch lesen konnte.

Für Burkert sah es deshalb aus, ›als hätte ein bildungswilliger Grieche
Anfangsunterricht in orientalischer Literatur genossen, und zwar vielleicht doch eher indirekt im aramäischen Bereich; man wäre dort über
das bloße Einüben des Alphabets – im Elementarsten ist die Kontinuität
der Schultradition ja am Klarsten zu fassen – ein Weniges hinausgekom-
men‹.[1] West hielt dagegen rein spekulativ einen assyrischen Poeten, der
eine Ausbildung als Schreiber erhalten hatte und dann zum ›Westen‹
übergelaufen war, für die Quelle all der östlichen Einflüsse in den homerischen Epen – ein desillusionierter Mensch, ein Aufseher vielleicht,
der gegen seinen Willen in eine Grenzsiedlung am Rande des Reichs
versetzt worden war und der dann eines Tages ein Schiff nach Zypern
genommen hatte, um dort als Immigrant sich einer neuen Sprache und
eines neuen Stoffes anzunehmen.[2] Und Högemann hat erstmals versucht, sich die *Ilias* vor einem Publikum auf der kleinasiatischen Westküste vorzustellen.[3]

Was gegen letzteres spricht, sind der assyrische Einfluß sowie die
zahllosen kilikischen Spezifika. Gegen Wests Szenario steht der unmittelbare Zeitbezug der Quellen zur *Ilias* sowie die erstaunliche Breite

1 Burkert 2004, 54. — 2 West 1997, 629. — 3 Högemann 2000.

und Detailfreudigkeit der Parallelen unterschiedlichster Provenienz: eine einzelne Person als Überlieferungsträger wäre damit mehr als überfordert. Und da nicht wenige der von West angeführten Passagen aus dem 7. Jahrhundert stammen, müßte dieser erstaunliche Gedächtniskünstler dazu noch Homers unmittelbarer Lehrmeister gewesen sein – womit wir es plötzlich mit *zwei* Genies zu tun hätten. Nein – die Textparallelen verweisen eher auf einen kompilierenden und kollationierenden Autor, der die einzelnen Vorlagen zu seiner Verfügung hat. Burkerts Szenario eines Griechen in einer aramäischen Schule hingegen – das er durch die Übernahme der phönizischen Zeichen für die Niederschrift der *Ilias* begründet – ist kaum korrekturbedürftig; man braucht es nur auf Kilikien zu beziehen.

All diese Annahmen treffen sich dabei entweder in einem mehrsprachigen Umfeld oder in einer Schulausbildung – wobei beides für unsere Region typisch ist. Unsere These sieht deshalb diese Ausbildung in einer assyrischen Schule in Kilikien im Rahmen jener Maßnahmen, mit denen die Assyrer ihre Herrschaft festigten: sie setzten in jeder neueroberten Provinz ihren Verwaltungsapparat ein – und waren vom Straßennetz bis zu den Eingreiftruppen gut durchorganisiert. Von Kilikien sind uns jedenfalls aus der homerischen Zeit nicht nur Briefe an die Hauptstadt erhalten[1] – auch umgekehrt werden die Annalen der Könige dort in Stelen und in den Inskriptionen der Statuen greifbar, die alle auch in Kilikien aufgestellt wurden, um die Taten und Eroberungsfeldzüge auch propagandistisch zu dokumentieren.

Konkret heißt dies, daß wir uns wohl Homer als Schüler in einem kilikischen Tafelhaus vorstellen können, der zumindest die Keilschrift beherrschte, vielleicht auch die luwische Hieroglyphenschrift[2] – auf jeden Fall jedoch die phönizischen Zeichen, mit denen nicht nur die Bilingue von Karatepe verfaßt wurden: in ihrer zum griechischen Alphabet

---

1 The Correspondence of Sargon II, Vol. 1–3. 1987, 1990, 2001. — 2 Als Verweis auf diese zu Homers Zeit nur mehr repräsentativ gewordene, letztlich überalterte Schrift ließe sich die anachronistische Begrifflichkeit für den Proitosbrief auffassen. Dort ist nicht von der üblichen Bezeichnung *grammata* für die Buchstaben des Alphabets die Rede, sondern von *semata* – Zeichen. Will man dahinter einen historischen Hintergrund sehen, so könnte Homer damit späthethitische Hieroglyphen gemeint haben, mit denen in Lykien einmal geschrieben wurde; vgl. Wittke 2004, Bellamy 1989 und Heubeck 1979.

ádaptierten Form wurde dann auch die *Ilias* niedergeschrieben. Dafür sprechen vor allem die akkadischen Texte: bis auf das Gilgameshepos (von dem es eine eigenständige hethitische Fassung gibt) läßt nichts vermuten, daß sie durch Übersetzungen, Bearbeitungen oder über öffentliche Aufführungen zu hethitisch-luwischem Volksgut geworden wären. Der generelle Konsens ist, daß es sich bei den akkadischen[1], aber auch den hethitischen Epen[2] vor allem um Lehrstoff im Unterricht handelte. Das belegt gerade die große Anzahl der erhaltenen Kopien, die nicht nur in Ninive, sondern im gesamten assyrischen Reich ausgegraben wurden, sowie die Kollophone darauf, die sie als Schulabschriften ausweisen. Und dabei sind es gerade die aufgelisteten akkadischen Werke – *Enuma Elish, Erra, Gilgamesh* und *Atrahasis* –, die sich in etwa in dieser Reihenfolge der Beliebtheit über Jahrhunderte hinweg aufzeigen lassen.[3]

Es sind dies also Texte eines überregionalen Curriculums, und sie gehörten zu einem Beruf, der in der Regel vom Vater an den Sohn weitergegeben wurde. Als ebenso traditionell kann wohl auch die Funktion der Schreibstuben angesehen werden. Sie finden sich kaum je in Privathäusern, sondern sind Teil von Palastarchiven, deren Beamte durchwegs hohe Positionen in der Hierarchie einnahmen. Von der unterrichtenden Rolle der Schreiber abgesehen, bestand ihre Hauptfunktion darin, zwischen dem jeweiligen Herrscher und seinen Gesprächspartnern zu vermitteln, insbesondere im internationalen Briefverkehr.

Dies ist bereits vor 1200 nachweisbar: Herkunftsort akkadisch geschriebener Briefe sind neben der hethitischen Hauptstadt Hattusa auch das späthethitische Karkemish, Orte an der Mittelmeerküste wie Ugarit sowie Zypern und Ägypten. In Ugarit etwa trugen die Schreiber ebensooft ugaritische wie hurritische Namen; der Unterricht begann dabei in der Buchstabenstabenschrift ihrer Muttersprache, wobei den eigenständigen Texten ein phönizischer (und nicht etwa der ugaritische) Dialekt zugrunde lag; die akkadischen, hurritischen und hethitischen Texte hingegen wurden in Keilschrift verfaßt. In Amarna schrieb man in der Spätbronzezeit in einer akkadischen Koine und verwendete neben Hieroglyphen und Keilschrift auch das kanaanäische Alphabet; die Schreiber selbst waren sowohl Ägypter wie Kanaanäer. Und ähnliches gilt

---

1 So etwa George 2003. — 2 So etwa Beckmann 2005, 256. — 3 Diskussion: George 2003.

auch für das syrische Ebla — wobei an all diesen Orten die Texte oft genug zwei- wenn nicht dreisprachig abgefaßt wurden.[1]

Für das Assyrien unserer Zeit gilt zusätzlich, daß die Schreiber überwiegend jung waren: wenn sie nicht den Beruf ihres Vaters übernommen hatten, waren sie Priester- und Ärztesöhne, konnten aber auch aus niederen Schichten stammen[2]; in den Rang von Gelehrten stiegen sie erst nach einer langen Lehrzeit auf. Dabei teilten sich die Schreiber in zwei Gruppen. Die assyrischen Schreibern am Königshof hielten ihre Texte in Keilschrift auf Ton- wie auf Wachstafeln fest — wobei sie diese auf Grund von alten Vorlagen kompilierten und kollationierten[3]: ganz wie Homer seine Mythen auch. Die andere Gruppe bestand aus aramäischen Schreibern, die die eigentliche Bürokratie zu bewältigen hatten. Sie notierten militärische, juristische, ökonomische oder administrative Dokumente in ihrer Muttersprache mit am phönizischen Alphabet angelehnten Schriftzeichen auf Pergament. Ingesamt läßt sich deshalb von einer dezidierten ›assyrisch-aramäischen Symbiose‹ im Verwaltungsbereich sprechen[4] — die den Schritt zur Notation der *Ilias* auf Pergament in einem ans phönizische Skript angelehnten griechischen Alphabet gering erscheinen lassen.

Das konservative mesopotamische Schulmodell samt seinen aramäischen Schreibern fiel dabei im späthethitischen Raum auf fruchtbaren Boden: man bediente sich hier für den allgemeinen Verkehr längst der phönizischen Schrift und Sprache. Privat wurden Briefe auch auf Blei geschrieben — die hieroglyphenluwische Schrift wurde hingegen nur mehr aus Prestigegründen für öffentliche Inschriften auf den Reliefs der Toranlagen und Tempel verwendet: wobei sie aber auch hier, der leichteren Verständlichkeit wegen, von einer phönizischen Übersetzung begleitet wurden.

Die Verfasser sprechen dabei zu einem lesekundigen Publikum — wobei die Schreiber die Texte selbstbewußt mit ihrem Namen signieren. So heißt es schon am Ende der Bilingue von Karatepe: ›diese Inschriften haben Massani und Massanazami eingemeißelt‹. Daß sich die kilikische

---

1 Diskussion: Schretter 2004 und 2006. — 2 Diskussion: Hunger 1968; er erwähnt dort einen ›jungen Bierbrauer des Nabu‹ als Schreiber. — 3 Diskussion: Hunger 1968. — 4 Diskussion mit vielen weiteren Verweisen: Pongratz-Leisten 1999.

Gesellschaft als allgemein schriftkundig präsentierte, zeigt auch eine Grabstele aus der zweiten Hälfte des 8. Jahrhunderts: auf ihr hält ein Kind neben seinem Spielvogel Schreibtafel und Schreibgerät.[1]

Welch hochrangige Persönlichkeiten diese Schreiber waren, belegt zudem ein für ›Ilalis, Schreiber des Herrschers‹ errichtetes Grabmal im ehemals kilikischen Tabal.[2] Ihre Stellung rührte auch daher, daß sie nicht nur verschiedene Schriften auf unterschiedlichen Materialien (Stein, Ton, Blei, Wachstafeln, Papyrus und Pergament), sondern auch mehrere Sprachen beherrschten. Das wird auch aus einer Inschrift des 8. Jahrhunderts im ebenfalls benachbarten Karkemish deutlich, wo sich Iariri – der vom Prinzenerzieher, Eunuchen und Schreiber zum Herrscher von Karkemish aufgestiegen war – folgendermaßen präsentiert:

Ich konnte in 4 Schriften schreiben, und zwar in der städtischen, in der phönizischen, der assyrischen und der aramäischen Schrift. Ich beherrschte auch 12 Sprachen: um sie zu erlernen, hatte mein mein Herr mir im Laufe seiner Reisen den Sohn eines jeden dieser Länder zur Verfügung gestellt – und der lehrte mich alle Gewandtheit darin.[3]

Mehrsprachigkeit

Homers Muttersprache ist ein ionischer Dialekt, in dem sich einige wenige altertümliche Formen bewahrt haben: was ebensogut für eine kontinuierliche poetische Tradition spricht wie sie zugleich typisch für die Kolonialisierungsbemühungen dieser Zeit sein kann, wo neue ionische Siedler auf ältere, bereits assimilierte griechische Präsenzen stießen – bei denen entweder noch ein mykenisches oder ein luwisches *w* hörbar war. Die außerionischen Einsprengsel fügen sich jedenfalls bestens in dieses Bild ein: sie verraten eher den im benachbarten Pamphylien gesprochenen Dialekt mit seinen thessalischen Wurzeln als das an der Westküste gesprochene Aiolische.[4] Dazu würden auch die vielen *hapax*

<hr>

1 Diskussion: Cancik 2002. — 2 Inskription von Kululu 3, CHLI I.2. — 3 Diskussion: Rollinger 2006 a und Hawkins CHLI I II.22 und 24. — 4 Diskussion der Sprachschichten: Forrsman 1991.

legomena im Epos passen, deren Bedeutung oft nur erschlossen werden kann: sie würden dann einem Dialekt entstammen, der auf eine alte griechische Sprachschicht zurückgeht. Das widerspricht einer alten (aber eben nicht uralten) poetischen Überlieferung im Hexameter nicht: es bettet sie nur besser in einem lokalen Kontext ein. Denn daß Homer zu seinen griechischen Mythen über solch traditionelle Gesänge kam, ist nicht zu bezweifeln.

Das Griechische stellt in dieser Zeit in Kilikien jedenfalls eine Minderheitensprache dar. Und gerade das ist bezeichend für die *Ilias*. Denn typisch für die Situation einer linguistischen Minorität im Polyglotten dieser Region ist ja nicht nur die Selbstverständlichkeit, mit der sich im Epos die beiden feindlichen Lager über alle Sprachbarrieren hinweg verständigen, sondern auch, daß Personen, Orte oder Flüsse oft genug zwei verschiedene Namen tragen, für die es meist keine plausible griechische Etymologie gibt. Das gilt für Toponyme (die Batieia/der Myrinenhügel vor Troia/Ilios[1]), Ethnonyme (wie Danaer, Achaier und Argeier), Götter (Xanthos/Skamandros) und Monster (Aigaion/Briareos[2]) ebenso wie für die Namen von Tieren (eine Eule[3] und ein Adler, den man unter zwei verschiedenen Namen kennt[4]) oder Sternen[5]. Als Praxis waren diese Doppelbezeichnungen gerade in Kilikien üblich: das zeigt sich auch an der Bilingue Azatiwadas, wo ein und dieselbe lokale Gottheit zwei verschiedene Namen trägt.

Auch bei Homer ist keine dieser Bezeichnungen wertend eingesetzt – die Griechen sahen damals ihre eigene Sprache noch nicht als den anderen überlegen. In Ägypten etwa nannten sie sich selber *alloglossoi* – das Volk, das eine andere, keine bessere Sprache spricht.[6] ›Barbaren‹ schimpft Homer bloß das Bergvolk der weit entfernten Karer, die von den Lykern nie je unterworfen waren, und ›Leleger‹ – das sich von einem hethitischen Wort für ›Stammler‹ ableitet – die Gebirgsstämme des kilikischen Hinterlandes[7]: beide Regionen lagen abseits des mittelmeerischen Kulturraumes. In dieser Mehrsprachigkeit spiegelt sich also jene multikulturelle Gesellschaft wider, wie sie sich in Kilikien zu der

---

1 II 813–4. — 2 II 403–4. — 3 XIV 290–1. — 4 XXIV 315–6. — 5 XXII 29. — 6 Herodot II 154.4; obwohl sich die Griechen dabei eher herablassend über ägyptische Charakteristiken äußerten: die Pyramiden nannten sie ›Weizenkuchen‹, Obelisken ›Bratspieße‹, Krokodile ›Echsen‹ und den Vogel Strauß einen ›Spatz‹. — 7 II 867; zu den Lelegern siehe X.

Zeit präsentiert – oder wie Homer sagt: ›so sind in der großen Stadt doch viele Bundesgenossen, alle mit einer anderen Sprache‹[1].

Das Polyglotte läßt sich dabei auch archäologisch belegen. In Tarsos grub man zusammen mit griechischen Scherben 16 Tontäfelchen in Keilschrift aus, die auf die Mitte des 7. Jahrhunderts datiert werden. Auf ihnen werden überwiegend luwische Namen kenntlich: was zeigt, daß die Assyrer zwar die Verwaltung im Griff hatten, nicht aber auch in der Bevölkerung aufgingen.[2] Daß das Luwische die einheimische Umgangssprache war, belegen auch die gefundenen Bilinguen. Wo die luwische Hieroglyphenschrift Repräsentationszwecken vorbehalten blieb (und das Akkadische nur den Umgang mit der weit entfernten Herrschaftsmacht verrät), stellte das Phönizische die eigentliche Verkehrssprache und -schrift Kilikiens dar.[3] Das demonstriert auch der Fund eines Dokuments vom Ende des 7. Jahrhunderts, das rein lokalen Bezug hat: eine phönizisch verfaßte Pachturkunde, auf der jedoch – vom Schreiber angefangen – nur luwische Namen aufgelistet werden.[4]

Anders als an der kleinasiatischen Westküste spricht hier jedenfalls die Vielzahl von phönizischen Inskriptionen für die Gebräuchlichkeit dieser Schrift. Womit wir auch der Antwort auf die Frage nach dem aus phönizischen Zeichen adaptierten Alphabet näherrücken, das Homer für die Abfassung seines Textes verwendet hat. Entweder war es bereits bei den an der kilikischen Südgrenze in Al Mina stationierten euböischen Händler in Verwendung – diesen Konnex legt zumindest Herodot nahe.[5] Da das älteste Zeugnis des griechischen Alphabets bereits aus der Zeit um 770 stammt und es dann auch um 735 auf Ischia belegt wird, ist jedoch ebensogut denkbar, daß es von den griechischen Siedlern mitge-

1 II 803. — 2 Diskussion: Desideri-Jasink 1990; vgl. auch Goetze 1939. — 3 Diskussion: Lemaire 2001 und Ch. Gates 2001. — 4 Mosca-Russell 1987; Diskussion: Desideri-Jasink 1990. — 5 Herodot meint (V 58–61), daß das griechische Alphabet seine ›phönizischen Zeichen‹ den den Gephyraiern zu verdanken hat, Phöniziern, die sich im euböischen Eretria niederließen – jener Stadt, deren Konnex zum südanatolischen Raum belegt ist. Übernommen wurde aus der Levante zu Homers Zeit auch ein weiteres bezeichnendes Lehnwort: *deltos*, eine Schreibtafel, wie sie auch das *Alte Testament* kennt (Ezechiel 37.16–17) – in der *Ilias* fällt dieser Begriff im Zusammenhang mit Lykien und der Saga von Bellerophontes (VI 169). In der Bilingue von Tell Fekheriye an der türkisch-syrischen Grenze aus dem 9. Jahrhundert schreibt das ›Phönizische‹ bereits die Vokale.

bracht wurde, die sich in Tarsos und Soloi niederließen. Wenn nicht, dann bot Kilikien jedenfalls das beste Umfeld für die Übernahme dieser Zeichen: wollten die Griechen vom phönizischen Handelsnetz profitieren, mußten sie sich ihrer Schrift wohl oder übel bedienen. Was für Ischia gilt, wo Phönizier mit Griechen zusammenlebten, ist um so mehr für Kilikien anzunehmen — ganz abgesehen davon, daß sich bereits durch das in Pithekoussa gefundene kilikische Siegel eine Beziehung zu unserem Raum ergibt.

Für Kilikien ist dabei nachweisbar, daß die Assyrer nicht nur ihre Militärs, sondern auch ihre Gelehrten nach Kilikien schickten[1] — nicht zuletzt um den assyrischen Großkönigen regelmäßig Lageberichte zu übermitteln.[2] Sie hatten in den Provinzen den Verwaltungsapparat aufzubauen, wobei es auch zu ihren Aufgaben gehörte, zwischen den Einheimischen, den lokalen Stadtfürsten und den assyrischen Herren zu vermitteln. Dabei lernten sie wohl auch Einheimische als Schreiber an: denn bei Bedarf mußten die assyrischen Gesetze ja auch lokal verbreitet und die in der königlichen Schreibstube der Hauptstadt erstellten Siegesberichte öffentlich verkündet werden.[3] Das bedeutete, daß sie für die Bevölkerung übersetzt werden mußten, wobei den Schreibern sicherlich die Funktion eines Dolmetschers zukam — was auf die prominente Rolle der Herolde und öffentlichen Ausrufer in der *Ilias* verweisen würde, die wie die (oder als) Schreiber eine prominente Rolle in den jeweiligen Herrscherhäusern einnahmen.

Die von den Schreibern erstellten Textsorten und jene der Ilias

Zugleich aber sagt dieser Kontext auch etwas über die spezifische Form des Epos aus. Die Schreiber mußten nicht nur in der Lage sein, Formulare, Berichte und Siegesmeldungen zu verfassen; als Bibliothekare, Archivare und öffentliche Kulturträger schrieben sie anhand alter Vorlagen auch neue Texte in einem bewußt archaisierendem Stil[4]: ihre Kanzlei-

---

1 Fales-Postgate 1995, Nr. 136, wo von Kommagene aus Militärs und Gelehrte nach Que geschickt werden. — 2 Vgl. Parpola 1987, Nr. 1, 110 und 251. — 3 Das ergibt sich aus dem Proömium des Textes der 8. Kampagne Sargons II., Mayer 1983. — 4 Diskussion: Cancik 2002.

sprache war dabei jene auch für die *Ilias* typische Formelsprache. Und auch die Arbeit des Kompilierens und Kollationierens, die aufgrund althergebrachter Muster Neues formulierte, ist für unser Epos bezeichnend. Es unterstreicht dabei die Zeittiefe ihrer mythischen Stoffe, um die archaische Vorgeschichte der Griechen zu demonstrieren – um ihre mündlich kursierenden Erzählungen dann schriftlich zu fixieren.

Gerade die Sagen, Ursprungslegenden und Stammbäume, die den Handlungsrahmen immer wieder sprengen, zeigen dabei weniger einen Erzähler als einen Protohistoriker am Werk, der bemüht ist, griechische Geschichte möglichst umfassend zu dokumentieren. Dabei entwickelt Homer einen fast schon archäologisch zu nennenden Blick – so etwa wenn er Ruinen und Denkmäler als Zeugnisse längst vergangener Zeiten herausstreicht.[1] Als Protogeograph jedoch zeigt er sich, wenn er anhand von Mythen und eingeholten Informationen versucht, für die das Bevölkerungsgemisch der Kiliker eine Topographie ihrer Ursprungsländer zu entwerfen, ungeachtet dessen, daß sie oft nur imaginär bleibt.[2] Er tut dies im Schiffskatalog nicht nur für die griechischen Migranten – um ihnen so eine Karte ihres Mutterlandes zu zeichnen –, sondern im troianischen Katalog auch für die Luwier.

Unter diesem Gesichtspunkt ist die *Ilias* nicht nur eine Epos, sondern mehr noch ein quasi lexikalisches Schriftprodukt. Das zeigt sich besonders dann, wenn dem Erzähler Homer sein Hang zum Enzyklopädischen in die Quere kommt: etwa wenn er bei Priamos' Scheltrede an seine nichtsnutzigen Söhne[3] unvermittelt in eine ausführliche Beschreibung übergeht, die übergenau detailliert, mit welchen Handgriffen man einem Maultiergespann das Joch anlegen muß, um es vor den Karren zu spannen.

Abgesehen davon hatten die Schreiber neben Genealogien, Listen und Vorgeschichten auch andere spezifische Genres aufzuarbeiten: sie waren ja auch in den Tempeln angestellt – wobei das Dokumentieren von Beschwörungen Omen, Segens- und Verwünschungssprüchen, Ritualen, Hymnen, Gebeten und der allgemeinen Weisheitsliteratur zu

1 So etwa in II 811–14; XXI 403–5 oder XXIII 327–32. — 2 Wie Visser 1997 sowie Eder 2004 und 2005 sehr deutlich ausführen. So zeigt sich etwa – um nur eins von vielen Beispielen zu nennen – dank der Ausgrabungen in Pylos, daß sich Nestors Palast nicht dort findet, wo ihn die Epen lokalisieren – mithin von echter historischer Erinnerung nicht die Rede sein kann, wie oft noch (zuletzt von Latacz 2003) vertreten wird. — 3 XXIV 265f.

ihrem Aufgabenbereich gehörte.[1] All diese Textsorten prägen den Bauplan der *Ilias* zu einem wesentlichen Teil: sie werden mit größter Liebe zum Detail ausgeführt und stellen in ihrer stetigen Wiederkehr gleichsam die Eckpfeiler dar, die von den epischen Handlungsflächen ausgefüllt werden.

Dazu kommt aber noch die quasi notarielle Aufgabe der assyrischen Schreiber. Die detaillierte Kenntnis der Vertragspraxis[2], die das Epos verrät, ist wohl nur so zu erklären, daß Homer dadurch ein Wissen aus erster Hand einbringt. Dasselbe gilt für die Rechtspraxis: wenn er das Procedere bei einem Mordfall[3] und den am Land üblichen Brauch schildert, wo man sich mangels einer königlichen Instanz auf ein Gottesurteil verließ[4], dann weil ein Schreiber das entsprechende Dokument dafür abfaßte und dabei meist als Zeuge fungierte – wenn er nicht gar selbst als Streitschlichter aushalf.[5] Und auch was die Schlachten betrifft, so läßt sich für den Schreiber Homer nicht nur ein breiter Zugriff auf die assyrischen Kriegsreportagen behaupten, sondern auch noch – je nachdem, wie alt man Homer einschätzen mag – als Augenzeuge: die Reliefs in Sanheribs Palast zeigen jedenfalls mehrmals Schreiber auf dem Schlachtfeld, die die Zahl der Kriegsgefangenen und abgeschlagenen Köpfe zu protokollieren haben.

| 9

Schulmathematik und die Struktur der Ilias

Aber noch ein weiterer Reflex von Homers Schreiberausbildung läßt sich in der *Ilias* feststellen. Zum Curriculum eines Schreibers gehörte auch eine mathematische Ausbildung im mesopotamischen Sexagesimalsystem, das anders aufgebaut war, als das griechische System, das seine Zählzeichen in Fünferschritten wechselte. Im Sexagesimalsystem verband sich eine Notation in Zehnerschritten (1–9 wurde mit entsprechend vielen Spitzkeilen ausgedrückt, die 10 jedoch mit einem neuen Zeichen notiert, einem stumpfen Querhaken) mit einem Duodezimalsystem (von den 12 Tierkreiszeichen über die 12 Monate, von

---

1 Schretter 2004 und 2006 sowie Pongratz-Leisten 1999 für die Aufgaben der neoassyrischen Schreiber. — 2 Diskussion: Rollinger 2004 c. — 3 XVIII 497–508. — 4 XVI 384–92. — 5 Diskussion mit vielen Beispielen: Jas 1996.

einem in ebensoviele Stunden eingeteilten Tag bis zu Maß- und Mengeneinheiten, die mit dem Dutzend rechneten – wobei die 12 jene Art der Vollkommenheit symbolisierte, wie sie sich dann auch bei den Autoren der *Bibel* wiederfindet, die von den Assyrern gelernt hatten).

Der Zeitrahmen der *Ilias* und seine Symbolik spiegelt diese Notationssysteme wider. Neun gleichförmige Jahre dauert die Belagerung Troias, bis im zehnten Jahr unversehens alles anders wird; neun kleine Sperlinge werden – wie es das diesbezügliche Omen verheißt – plötzlich von einer Schlange verschluckt, die daraufhin zum steinernen Zeichen wird. Das ist ein Bruch, der gleichsam reflexhaft den Wechsel von neun identen Keilspitzen zum Querhaken der Zehn widerspiegelt – und sich mehrmals wiederholt. Neun summarische Tage dauert am Anfang auch der Pfeilbeschuß durch Apollon, bis es am zehnten Tag dann zum Bruch zwischen Achilleus und Agamemnon kommt; und neun Tage dauert am Schluß auch das Holzsammeln für Hektors Scheiterhaufen, bis er am zehnten Tag dann verbrannt wird. Dazwischen beläuft sich die reale Erzählzeit des Epos auf ingesamt 20 Abschnitte: fünfzehn Tage und fünf Nächte.

Die Götter dagegen rechnen mit dem Duodezimalsystem: 11 Tage streiten sie am Schluß darüber, was mit Hektors Leiche zu geschehen habe, bis sie sich am 12. dann zu einem gemeinsamen Entschluß durchringen; 11 Tage sind sie anfangs aber auch bei den Aithiopiern, bis sie sich am 12. dann mit Thetis' Bitte beschäftigen. Der erste Kampftag beginnt daraufhin am 22. Tag der Geschichte – der sich ästhetisch ansprechend mit zwei Haken und zwei Keilen notieren läßt. Nach 2 × 12 Tagen bauen die einzig an dieser Stelle als Halbgötter betitelten griechischen Krieger in einem prometheischen Akt ihre Mauer, die den Olympiern deshalb ein Dorn im Auge ist.

Mit dem Sonnenaufgang des 30. Tages beginnt dann der letzte Gesang und er schließt mit dem 50. Tag – wobei die Zählungen insgesamt so ausgeklügelt wie versteckt sind. Im mesopotamischen System setzt dieser 50. Tag einen symbolisch markanten Schlußpunkt: die Zehnerprogressionen hören dort mit fünf übereinander gesetzten Querhaken auf (erst die 60 wurde dann wieder mit einem links plazierten Keil notiert, so daß der Zählzyklus wieder von vorne begann). Die zehn Tage, die dann das Maß auf die 60 vollmachen würden, deutet dabei auch der Text an: der Krieg geht ja weiter. Denn dem Willen der Götter zufolge muß sich Achilleus' menschliches Schicksal noch vollenden – an jenem Punkt, an dem auch das Dezimal- und das Duodezimalsystem ihr kleinstes gemeinsames Vielfaches finden.

Dieselbe mathematische Eleganz läßt sich auch an der Einteilung der Bücher der *Ilias* erkennen. Die Dolonie des X. Gesangs sticht, wie alle Kommentatoren übereinstimmend feststellen, handlungsmäßig wie stilistisch ganz aus dem Zusammenhang heraus.[1] Während die Gesandtschaft des IX. Gesangs nochmals die Konflikte des I. Gesangs wiederaufgreift, bricht der X. Gesang völlig mit der Dramaturgie; er wirkt vergleichsweise so interpoliert wie der Haken, der in der mesopotamischen Notationsprogression die Spitzkeile ablöst. Auch der XX. Gesang mit Aineias' Zweikampf scheint ähnlich eingeschoben, um durch diesen Bruch die Dramatik des Epos zu verzögern – wobei er gleichzeitig die zweite große Peripetie vorbereitet: denn hier beschließen die Götter nun in die bevorstehende Schlacht einzugreifen.

Das Zwölfersystem liefert dagegen einen anderen dramaturgischen Bogen: der XII. Gesang schildert die erste große Peripetie, wo die Troianer endlich die griechische Mauer durchbrechen können. Damit findet das erste Dutzend von Gesängen seine Vollendung in einem negativen Höhepunkt – während der XXIV. Gesang dann die Versöhnung zwischen Priamos und Achilleus als positives Gegenstück dazu setzt.

Dem typisch griechischen Fünfersystem hingegen kommt bloß ein untergeordneter Rang bei: Diomedes' Aristie im V. und der Gegenangriff der Griechen im XV. Gesang tragen lange nicht jene Bedeutung, die die Gesänge X, XII, XX und XXIV besitzen.

Diese Zahlensymboliken ordnen nicht nur die Ringkomposition des Textes, sie lassen sich spielerisch auch auf den Schiffskatalog übertragen. Jene Helden, die sich im Epos als untadelig erweisen, sind klar mit den Nennern unterschiedlicher Notationssysteme markiert: der am sympathischsten geschilderte Grieche – Menelaos – kommandiert 60 Schiffe; der große Aias und Odysseus je 12 (Eumelos dagegen, der zwar die be-

---

1 Die Diktion ist ›iliadisch‹; sein ›modernes‹ Vokabular jedoch – wie beim XXIV. Gesang – weist ungewöhnlich große Parallelen zur *Odyssee* auf, was die Annahme nahelegt, Homer – oder einer seiner Schreibkollegen – könnte den X. Gesang am Ende nachgetragen haben, um auf die runde Zahl 24 zu kommen.

sten Pferde hat, dann aber beim Wagenrennen zu kurz kommt, fehlt passenderweise genau ein Schiff aufs runde Dutzend). Der großmächtige und doch allzumenschliche Quadratschädel Agamemnon dagegen hat 10 × 10 Schiffe (so wie es ihm an göttlicher Vernunft fehlt, gibt er auch symbolische 60 Schiffe, die er zusätzlich besitzt, an seinen arkadischen Vasallen Agapenor ab, der dann im Epos keine Rolle mehr spielt). Ihrem Status im Epos gemäß erhalten Nestor 90, Diomedes und Idomeneus jeweils 80 Schiffe. Den übrigen Kriegern, die mit ihrer Leistung das heroische Ideal bestenfalls zu zwei Dritteln erfüllen, schreibt Homer in der Regel jeweils 40 Schiffe zu. Achilleus bleibt dabei – seiner exzeptionellen Rolle im Kampfgeschehen wie seinem Schicksal entsprechend – eine Ausnahmeerscheinung: er ist der einzige, der mit seinen 50 Schiffen zu je 50 Mann nur durch das typisch griechische Fünfersystem markiert wird.[1]

Die Anzahl der griechischen Kontingente ist dabei insgesamt 29. Woher der 30. Truppenverband kam – der die Zahl der Schiffe von 1186 auf ideale 1200 vervollständigt hätte[2] – und wo er abblieb, das läßt sich den *Kypria* entnehmen. Denn dort bauten die Zyprioten unter ihrem schlauen König Kinyras Schiffe aus Lehm: die sich dann zumindest in der *Ilias* wieder in Schlamm und Wasser aufgelöst haben.

Was die Gesamtzahl des griechischen Heeres betrifft, so muß sie sich ursprünglich auf 60 000 Mann belaufen haben: das ergibt sich auch daraus, daß Fünfzigruderer zu Homers Zeit die größten Schiffe darstellten.[3] Diese Rechnung wird weiters durch die Heeresgröße der Troianer gestützt. Ihnen gegenüber können die Griechen zu keinem Zeitpunkt in

1 Daß auch die Athener über gleichviel Schiffe verfügen, ist wohl eher einer späteren Nachjustierung zu verdanken, die sich in ihrer Bedeutung Achilleus gleichstellen sehen wollten (daß die athenische Passage im Schiffskatalog später überarbeitet wurde, darin sind sich die modernen Kommentatoren einig). Die Boiotier besitzen zwar, ihrer historisch wie mythischen Rolle entsprechend, auch 50 Schiffe: die sind jedoch mit je 120 Kriegern bemannt – was die ideale Zahl von 6000 Mann Besatzung ergibt. — 2 Wie viele Schiffe Kinyras in den *Kypria* besaß, ist nicht überliefert: 14 Schiffe wären jedenfalls eine plausible Zahl – es wären dann doppelt soviel wie jene, über die der ebenfalls in den *Kypria* erwähnte Philoktetes verfügt. — 3 Philoktetes' Schiffe in II 719 haben je 50 Mann, genausoviel wie Achilleus in XVI 168–70, womit Pentekontoren damit wohl als Regel aufgefaßt werden können; das entspricht auch den maximalen Besatzungsgrößen der damaligen Zeit (vgl. Archaeologia Homerica G). Die boiotischen Schiffe zu je 120 Mann erscheinen damit ein weiteres Mal als rein mythische Größe.

der Übermacht gewesen sein, sonst stünden sie ja als völlig untaugliche Krieger da – und die Troer besitzen nach neun Jahren und einem Tag der Schlacht noch 50 000 Mann.[1] Da Zeus die Waage der Gefallenen – bei insgesamt genau 300 Kampfhandlungen – erst gegen Ende des Epos aus dem Gleichgewicht geraten läßt, wären 10 000 Tote pro Seite im Laufe eines neunjährigen Krieges eine für beide Parteien angemessene symbolische Größe. Die Griechen erlitten zwar auf dem Schlachtfeld weniger Verluste[2], doch ihr kriegerischer Heroismus konnte dabei wohl nur jene Toten wieder wettmachen, die der Pest Apollons zum Opfer gefallen waren.

Wie auch immer man diese Symbolik im einzelnen werten will – diese Art der numerischen Differenzierung steht jedenfalls in der sonst bekannten oralen Epik völlig allein da. Kein anderer Dichter irgendeines Heldenliedes hat sich je soviel Mühe mit solchen Zahlenspielen gemacht – was sich durchaus auf eine spezifische Art der Schulung beziehen läßt. Wobei auch das spätere Publikum Homers mathematische Fähigkeiten hervorhebt: der pseudohesiodische *Wettstreit zwischen Homer und Hesiod* läßt ihn mit einer verschlüsselten Rechenaufgabe gegen Hesiod punkten – was diesen sehr verstimmt.[3]

Daß auch Homer selbst auf seine erworbenen Rechenkünste stolz war, demonstriert er jedenfalls bereits im II. Gesang. Denn statt einfach anzugeben, um wie vieles größer das griechische Heer im Vergleich zum troianischen ist, oder noch einfacher: wieviel mehr Mann es im Feld stehen hat, präsentiert er uns eine eigentlich recht umständliche Rechnung. Hinter ihr steckt das Beispiel einer Gleichung, bei der von einem Zehnerbruch subtrahiert wird, um jene Restzahl zu bestimmen, die durch diese Verhältnisrechnung dann übrigbleibt; und sie bedient sich dabei einer Rhetorik, die man bereits aus den alten mesopota-

1 VIII 562–3. — 2 Das zeigen die geschilderten Kampfhandlungen der *Ilias*, wo sich am Schluß eine Bilanz von 281 toten troianischen Kämpfern gegenüber 61 gefallenen griechischen Kriegern ergibt. — 3 *Wettstreit zwischen Homer und Hesiod* 10–11 – darin wird die Rechenaufgabe von Homers Beispiel variiert und statt mit Wein mit Fleisch gerechnet: *Fünfzig Feuerstellen bestanden; an jeder von ihnen fünfzig Spieße, an jedem je fünfzig Fleischportionen, aber auf ein Stück Fleisch kamen dreimal dreihundert Achaier.* Daß die Bewältigung einer solchen Verhältnisrechnung damals nicht automatisch vorausgesetzt werden konnte, zeigt die dann gleich mitgegebene Lösung: *Wer nachrechnet, kommt auf eine unglaubliche Zahl: Da es fünfzig Feuerstellen sind, macht es 2500 Spieße, 125 000 Stück Fleisch und 112 500 000 Achaier insgesamt.* Text in West 2003 c.

mischen Tafelhäusern kennt, wo solche Aufgaben den Schülern zu Hunderten gestellt wurden:

> Wenn wir uns, Achaier wie Troianer, beide zählen lassen wollten,
> wobei die Troianer jeden Mann aufstellen, der in der Stadt wohnt,
> und wir Achaier uns in Zehnergruppen dividieren,
> wobei jede Zehnergruppe einen Troer nimmt, der ihr den Wein bringt:
> dann würden viele Zehntschaften ohne einen Mundschenk bleiben.[1]

Was uns an dieser Rechnung heute so simpel erscheint, daß wir keinen Augenblick mehr stutzen, bildete jedoch bei den Mesopotamiern den zweiten Schritt zur Lösung einer quadratischen Gleichung – eine Technik, mit der sie Euklid um Jahrtausende voraus waren. Denn die Einteilung des Heeres in Zehnergruppen verrät jenes geometrische Denken, mit denen die Tafelschüler Quadratzahlen visualisierten: als unterschiedlich große Flächen, die auf einheitlichen Feldern aufbauen. Statt x sagten sie ›Länge‹, statt *zum Quadrat erhoben* ›Fläche‹. Eine überlieferte Standardaufgabe bestand etwa darin, herauszufinden, wie groß eine unbekannte ›Länge‹ war, wenn sie – mit sich selbst multipliziert und zweifach dazu dann addiert – eine gegebene ›Fläche‹ ergab.[2]

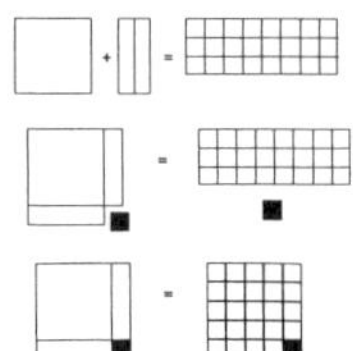

Nehmen wir das Beispiel $x^2 + 2x = 120$. Um die Gleichung zu lösen, addierte man je eine ›Länge‹ an eine quadratische ›Fläche‹, wobei nun ein Eck offenblieb. Füllte man es aus – gewissermaßen durch einen Troianer, der sich zu seiner griechischen Gruppe gesellte – wurde daraus ein Quadrat von 11 × 11 Feldern: so erhielt man die gesuchte Zahl 10. Die eigentliche Fragestellung – wie viele Achaier bleiben am Ende ohne Wein?[3] – entstammt damit einem Kontext, der ein weiteres Mal auf eine Schulbildung Homers schließen läßt, die dem mesopotamischem Lehrplan folgte.

1 II 123–128. — 2 Diskussion der Prinzipien babylonischer Mathematik: Stewart 2007. — 3 Die Frage läßt sich folgendermaßen beantworten: die Troianer besitzen nach dem ersten

Der obligatorische Treueid, den jeder Schreiber leisten mußte, würde dabei auch einen Teil von Homers assyrischen Sympathien erklären. Die Intensität seiner Auseinandersetzung mit der akkadischen Quellen jedoch verrät eher eine über das bloße Lippenbekenntnis hinausgehende Assimilation in dieser Kultur – wobei Homer gleichzeitig seiner griechischen Tradition noch genug verhaftet ist, um ihr den Status und das Prestige des Schriftlichen verleihen zu wollen. Beides zusammen weist dabei jene Art von in sich gespaltener Identität auf, wie sie sich auch heute noch bei den Kindern von Migrantenfamilien zeigt, die erst in der zweiten oder dritten Generation eingebürgert werden.

Vielleicht – doch dies ist nunmehr reine Spekulation – war ja nur seine Mutter Griechin. Sein Vater war dann wohl ein Mesopotamier, der im Zuge der assyrischen Umsiedlungspolitik nach Kilikien kam, ein Aramäer[1] oder ein Phönizier – weit eher jedenfalls als ein Luwer: dagegen spricht das manchmal im Epos spürbare Ressentiment gegen die späthethitischen ›Troer‹. Und um dieses Spiel weiterzutreiben: der Ambition der *Ilias* nach war Homer wohl noch etwas grün hinter den Ohren – denn die *Odyssee* erscheint in erzählerischer Hinsicht weit geschlossener und ausgewogener. Die auf allen Seiten ausufernde, stellenweise unüberblickbare Vielfalt der *Ilias* wirkt da wie das typische Erstlingswerk eines ehrgeizigen Schriftstellers, der in seinem jugendlichen Idealismus auch allen Reichtum grundsätzlich abschätzig darstellt (je mehr Gold jemand in der *Ilias* hat, mit desto größerem sarkastischen Vergnügen schildert Homer seinen Tod).

Seltsam wirkt aber auch seine Prüderie. Wer in dem freizügigen orientalischen Umfeld, ja fast wie im Protest dagegen, auf die Idee kommt, Sexualität als ›normal zwischen Mann und Frau‹ definieren zu müssen[2], wer Achilleus' und Patroklos' Männerphantasien mit je einer Beutefrau in

iliadischen Schlachttag – zu dessen Beginn Agamemnon seine Rechnung aufstellt – noch 50 000 Mann (VIII 562–3). Da sie zusätzlich zu ihren eigenen Truppen noch über 15 weitere Verbündete verfügen, ergibt sich für ihr Kontingent plus/minus 3125 Mann. Da Zeus die Waage der Schlacht da noch im Gleichgewicht hält, die Griechen aber durch die Seuche dezimiert worden sind, können sie höchstens über ebensoviel Mann verfügen. Das ergäbe somit plus/minus 18 750 Achaier, die ohne Mundschenk blieben. — 1 Siehe Y zu einer möglichen Namensdeutung Homers. — 2 IX 134.

einer Hütte ausleben[1] und eine Mutter ihrem Sohn den Ratschlag geben läßt, daß er doch einmal mit einer Frau ins Bett gehen sollte, weil ihm das guttäte[2], der wirkt eher wie der Inbegriff eines hochbegabten Stubenhockers – oder wie der eines Priesters und eines Eunuchs. Letzteres ist weniger abwegig, als man denken mag. Die Assyrer setzten neben Priester stets Eunuchen als Gouverneure in Kilikien ein: auch die privilegierte Rolle der Schreibers mochte durch Kastration erkauft worden sein. Darauf lassen die Darstellungen der assyrischen Schreiber schließen: werden die Schreiber des Königs mit Bart und Tontafeln präsentiert, weisen die in ihrem Rang darunterstehenden aramäischen Schreiber mit ihrem Pergament nicht einmal einen Flaum auf – was man mit einer Kastration in Verbindung gebracht hat.[3] Dazu paßt jedenfalls auch der Hunger der iliadischen Helden: die vielen Schilderungen von Essenzubereitungen sind letztlich ebenso ungewöhnlich wie die Tatsache, daß sich die zu Achilleus gesandten Boten binnen weniger Stunden zweimal hintereinander bis zum Platzen vollfressen[4] – ohne daß dies auch nur eines Kommentars wert wäre. Hunger und Wissensdurst als Ersatzbefriedigung und Sublimationsform eines Eunuchen? Das männliche Genital wird bei Homer nur im Zusammenhang mit beschämender Entblößung, Schmerz und Verstümmelung erwähnt[5] und von der menschlichen Anatomie ist nur im Zusammenhang mit detailliert geschilderten Verletzungen die Rede, bei denen sich alles Phallische auf Waffen verlagert.

Psychologisch kann man damit jedenfalls wieder eine Pirouette zurück zur Schule drehen. Homers Faszination am Schlachtgeschehen, bei dem alles Zwischenmenschliche außerhalb des Kampfes weit in den Hintergrund rückt und höchstens klagenden Frauen und Müttern das Wort erteilt wird, mag man durch die von assyrischen Militärkampagnen geprägte Zeit verstehen – doch nicht nur. Sein Zeitgenosse Archilochos verkörpert da einen Sänger-Krieger völlig anderen (in seiner Pornographie auch lebenshungrigeren) Zuschnitts. Die Fixierung auf das Historische all die Waffen und Rüstungen, das anatomisch Konkrete von Verwundungen, aber auch die detaillierenden Schilderungen von Arbeitsvorgängen und Landschaften, bei denen der Mensch an

1 IX 663–7. — 2 XXIV 130. — 3 Diskussion: Pirngruber 2006. — 4 IX 90 und 205ff. — 5 II 262, XIII 568–9 und XXII 74–6.

sich kaum präsent ist, stehen in einem eigentümlichen Spannungsverhältnis zum psychologischen Fingerspitzengefühl, das Homer bei der Charakterisierung seiner Figuren beweist – ohne daß er dabei je richtig in ihre Rollen schlüpft. In dieser Distanz aber geraten die Dinge gleichsam zu Fetischen; sie werden zu Objekten, deren Leblosigkeit einen gleichsam verletzungsfreien Umgang mit ihnen erlaubt: auf sie wird all das projiziert, was sonst durch menschliche Nähe bedrohlich wirkt. So mag auch dies letztlich für jene prekäre Situation des Ungeborgenen sprechen, wie sie für Migrantenexistenzen typisch ist – und für die gerade eine elitäre Schule und Schreibstube einen Schutzraum darstellen kann.

S – DIE POLITISCHEN MODELLE DES EPOS

Die Auseinandersetzung mit den akkadischen Epen verrät noch einen anderen, ideengeschichtlichen Hintergrund. Es ist nicht nur an den Schreibstuben, dem Verwaltungsapparat und den Gesetzeskodizes, daß in dieser Zeit am Beispiel des assyrischen Weltreiches eine neue Dimension von Staatlichkeit erkennbar wird. Diese Konzeption stellt sich in einer spezifizierten Terminologie als eine supranationale dar, die das politische Element eines einheitlichen Reiches ebenso umfaßt wie die Mitgliedschaft des Volkes darin. Den Nachbarregionen bot sich dies als neues, nachahmenswertes Gesellschaftsmodell an, ein Stimulus, den sie rasch aufgriffen. So zeigt sich an der westlichen wie der östlichen Peripherie des assyrischen Reiches ein schneller Wandel in den politischen Strukturen, der Demographie, den Siedlungsmustern und den Handelsformen – befördert zum einen durch die seit Sargon einsetzende Umsiedlungspolitik, in der ganze Bevölkerungsschichten deportiert wurden; zum anderen durch das internationale Handelsnetz.[1]

Der Übergang zwischen traditionellen Hierarchien und neuen Gesellschaftsformen zeigt sich daran, wie Homer die Troer und Griechen

1 Diskussion: Rollinger 2001 b.

präsentiert. Darin ist jedoch kein oral tradiertes Bild der bronzezeitlichen Hethiter vorgestellt. Daß die Namen mancher Troianer auf luwische Wurzeln zurückgehen[1] und sich dadurch die für das alte Hethitherreich typischen Machtstrukturen zeigen, hat vielmehr mit den Sekundogenituren zu tun. Nach dem Zusammenbruch dieses Reiches, der wesentlich auch durch innerdynastische Auseinandersetzungen herbeigeführt wurde, traten nämlich zwei luwische Reichsteile – die späthethitischen Stadtstaaten im nordsyrischen Karkemish und jene in Kilikien – sein Erbe an. Sie konnten die historische Kontinuität so lange fortsetzen, bis sie von den Assyrern okkupiert wurden.

Die politische Struktur dieser Stadtstaaten blieb dabei in ihrem Wesen gleich. Sie waren kein Volksstaaten, sondern politische Körperschaften, deren Haupt der König war und dessen Glieder seine Sippe bildete – inbegriffen darin alle jene Söhne, die den diversen Nebenlinien des polygamen Herrschers entsprangen.[2] Der König vereinigte zwar in sich die legislative, exekutive und juridische Gewalt, konnte diese aber nur mit Unterstützung des inneren Kreises seiner Sippe verwirklichen – deren Loyalität er sich durch Darlegung seiner Motive und rationale Argumentationen versichern mußte. Daß man in der Versammlung der Troer freimütig und kritisch diskutiert, zeigt sich, wenn Alexandros und Antenor ihre unterschiedlichen Standpunkte zur Auslieferung Helenas' darlegen[3] – genauso wie die vielen Male, wo Hektor sich von Poulydamas über den Mund fahren lassen muß.[4]

Dementsprechend sind auch in Homers Troia die Führungspositionen besetzt: nicht nur die Söhne Priamos' verkörpern diese Rollen, auch Aineias, ihr Cousin dritten Grades, dessen Schwager Alkathoos, sowie Antenors Söhne Agenor, Archelochos und Akamas (die durch die Heirat ihres Bruders Helikaon mit Laodike mit ihnen verschwägert sind); den Oberbefehl über die Streitkräfte besitzt jedoch der älteste Sohn der Hauptlinie: Hektor. Die Spannungen zwischen diesen Haupt- und Nebensöhnen registriert Homer wieder und wieder: so wenn er hervorhebt, daß ein Haupt- und ein Nebensohn zusammmen auf einem Streitwagen fahren[5]; so wenn er Hektor darüber sinnieren läßt, daß er den Ältestenrat auf sich vereidigen könnte (und damit implizit Treue-

---

1 Watkins 1994; ausführlich dazu siehe weiter unten U. 77. — 2 Diskussion: Starke 1997. — 3 VII 345ff. — 4 Etwa in XIII 724ff. — 5 XI 101f.

bruch zu Priamos begehen)[1]; so wenn er Priamos zwischen Haupt- und Nebensöhnen differenzieren und ihn jammern läßt, daß seine besten Söhne tot sind[2]; so aber auch wenn er in einer Prophezeiung Aineias' Nebenlinie nach dem Fall Troias weiterherrschen läßt.[3]

Der Ältestenrat der Griechen dagegen bindet die verschiedensten Heerführer ein, die wenn, dann nur entfernt miteinander verwandt sind. Die *Ilias* kennt darüber hinaus auch noch die Heeresversammlung als Entscheidungsinstanz – selbst wenn sie sich kaum je durchsetzen kann, wie sich gleich zu Anfang bei der Herausgabe der Chryseis zeigt. Das sind bereits erste Hinweise auf protodemokratische Strukturen, wie sie sich in den griechischen Emporien des 7. Jahrhunderts nachweisen lassen und später dann auch in Griechenland selbst, wo diese soziale Revolution – wie bereits skizziert – zur Herausbildung der Polis und ihrer Bürgergemeinschaft als politische Zentrale führte.

In der *Ilias* kann davon jedoch noch nicht die Rede sein. Denn wo die Machtstrukturen bei den Troern klar herausgebildet und differenziert sind, ergibt sich der ›demokratische‹ Aspekt der Griechen allein durch die beständig ausgetragenen Konflikte zwischen den Heerführern. Während Hektor seine Pläne trotz aller Kritik überwiegend durchzusetzen vermag, ist das Verhältnis zwischen den griechischen Kriegern durch Rivalität und Eifersüchteleien geprägt – ohne daß dahinter so etwas wie ein nationales Ethos spürbar wäre. Die Kriterien der Autorität sind noch nicht entschieden: Agamemnon führt seinen älteren Stammbaum und seine Rolle als Feldherr an, Achilleus setzt dagegen seine direkte Abstammung von einer Göttin und seine Qualitäten als der bessere Krieger. Wie diese Machtansprüche nun zu gewichten sind, ist das politische Thema der *Ilias* – wobei bezeichnend ist, daß es keine übergeordnete Instanz gibt, die dies von vornherein entscheiden könnte. Selbst die Aussöhnung zwischen beiden ist nicht in der Lage, eine eindeutige hierarchische Struktur zu entwerfen: wäre da nicht der vermittelnde Odysseus, hätte Achilleus im XIX. Gesang Agamemnon trotz des beigelegten Streites gleich wieder den Oberbefehl abgenommen – de facto übernimmt er ihn dann ja am nächsten Kampftag.

1 XXII 119. — 2 XXIV 493f. — 3 XX 302f.

Die Griechen agieren also ohne jede interne fixierte politische Struktur und ganz wie ihre Götter – nach Lust und Laune. Das betrifft auch das Heer, das je nach Stimmung dableiben oder heimsegeln, kämpfen oder davonlaufen will – und immer erst durch Zwang und Überredung bei der Stange gehalten werden kann. Dasselbe gilt für den Rat: die längerfristige Perspektiven, die meist Nestor ins Spiel bringt, stehen Diomedes' impulsivem Verhalten gegenüber; Odysseus' taktisches Verständnis der Raffgier Agamemnons sowie Achilleus' Verlangen nach Glanz und Glorie. Was sich davon jeweils durchsetzt, ist einzig vom Opportunismus der jeweiligen Situation abgängig und von der rhetorischen Kunst. Dahinter ein bereits breitetabliertes Gesellschaftsmodell zu erkennen, ist schwer möglich. Nicht einmal bei den Wettkämpfen zu Ehren Patroklos' gilt ja irgendeine Form von Fairneß: jeder stellt dem anderen ein Bein und wird untergriffig, wo er nur kann – selbst die Götter kennen da keine Sportlichkeit, sondern bloß Parteilichkeit. Was dominiert, ist reiner Egoismus: im rituellen Rahmen dieser Totenfeier befriedet wird er erst durch Trostpreise – oder eine Pattsituation. Einigkeit und Gemeinschaftlichkeit stellt sich aber selbst dabei erst durch Druck und Bestechung her: wobei ausgerechnet Achilleus als Schiedsrichter fungiert. Und das ist bezeichnend: denn darin zeigt sich jene Entwicklung, mit der Homer eine neue politische Perspektive aufzeigen will. Einen längst etablierten Status quo gibt er gerade dadurch jedoch nicht wieder – denn dann wäre das Fair play von vornherein klar.

Daß Homer Kritik an den herrschenden Verhältnissen übt, wird nur zwischen den Zeilen merkbar; an eine konkret definierbare Moral appelliert er noch nicht. Er kann bloß den frommen Wunsch formulieren, daß der Streit zwischen den Menschen und Göttern endlich aufhören möge[1] – doch auf welche spezifische Weise das geschehen soll, bleibt letztlich offen: es gibt in der *Ilias* keine eindeutige politische Zukunftsvorstellung, bestenfalls die Einsicht, daß die traditionellen Gesellschaftsmodelle nicht mehr adäquat sind. Klar ist allein, daß irgendeine Ordnung herrschen muß – doch da kann Homer nur den gegenseitigen Zusammenhalt beschwören, ohne letztlich eine andere Identifikationsfigur anbieten zu können als Agamemnon, dem man sich nun einmal unterzuordnen hat, sowenig tauglich er als Oberbefehlshaber auch ist.

1 XVIII 107.

Erklärbar wird dieser Mangel an eigenem gesellschaftlichem Ethos durch die Kontakte, die die Griechen mit den funktionierenden Staatssystemen der Späthethiter in Kilikien, der Phryger, Phönizier, der Judäer in Jerusalem und vor allem mit den Assyern in diesem 7. Jahrhundert machten. Nur hier kam ihre provinzielle Stammeskultur erstmals in direkte Konfrontation mit modernen Gesellschaften, die ihre ethnische Zersplitterung zu überwinden und neue Perspektiven in zwischenstaatlichen Verhältnissen aufzuzeigen vermochten.

So gesehen ist die *Ilias* eine erste direkte Reaktion auf eine ganz spezifische kulturpolitische Umbruchzeit, die geradezu danach verlangte, eine enzyklopädische Bilanz der eigenen Traditionen zu ziehen. Als Minorität von Siedlern am Rand der Großreiche, als Händler ohne wirklichen Status, als Kaperfahrer, die seßhaft zu werden versuchten, als Arbeiter, Schreiber oder Sklaven in den großen Städten und oft genug auch als Flüchtlinge, die eines Mordes wegen anderswo Exil suchten, hatten diese Migranten ihr gewohntes dörfliches Umfeld verloren und mußten sich nun neuen Gegebenheiten anpassen – wobei dies im Fall Kilikiens sogar von Revolten begleitet wurde. Daß die innere Unsicherheit über die eigene Identität zu einem Epos führte, das durch Neuerungen in Inhalt und Form diese Krisenzeit zu bewältigen versuchte, überrascht da kaum. Und daß zur Zeit der Niederschrift der *Ilias* Assurbanipal eine umfassende Bibliothek seiner Nationalliteratur anlegen ließ, mochte dabei ein zusätzliches Stimulus gewesen sein, dasselbe auch für das breitgestreute griechische Erbe zu tun. Der Rückgriff auf den troianischen Sagenkreis lieferte dabei jene Patina, mit der eine griechische Identität historische Legitimität behaupten konnte.[1]

Wo in der *Ilias* die Rivalität zwischen späthetitischen ›Troern‹ Kilikiens und den Griechen bestehenbleibt, weil keines der beiden Systeme als

---

1 So argumentiert auch Ulf 2003: *Wenn wir also nach den für die Entstehung des Epos zu erwartenden Impulsen ›von außen‹ suchen, dann fällt der Blick sofort auf die immer deutlicher werdenden Kontakte zwischen dem von Griechen besiedelten Mittelmeerraum und dem Vorderen Orient und Ägypten. In diesem Umfeld finden die homerischen Epen ihren Sinn als die Produkte realer politischer Interessen in einer sich rasch wandelnden politisch-sozialen Welt. Diese Interessen führten dazu, daß aus den existierenden mündlichen Traditionen in Verbindung mit den bekannt gewordenen literarischen Möglichkeiten der Kulturen des Alten Orients eine neue literarische Form, eben die homerischen Epen geschaffen wurden – mit dem Zweck, eine neue Ordnung des Zusammenhalts in der problematisch gewordenen Gegenwart zu propagieren.*

besser gezeichnet ist, kommt es dabei aber auch zu einer Identifikation mit der assyrischen Staatsmacht. An den gescheiterten kilikischen Revolten beteiligt, konnten die Griechen im Epos so in die Rolle der Herrscher schlüpfen. Doch dabei läßt er auch hier implizite Kritik erkennen: wo er einerseits ein breites Spektrum an mesopotamischem Kulturgut einarbeitet und anhand von Sanheribs Ingenieurkunst das wundersame Porträt Hephaistos' skizziert, läßt er andererseits erst Hektor und dann vor allem Achilleus die Grausamkeiten der assyrischen Großkönige verkörpern – um beide letztlich an sich selbst scheitern zu lassen.

Auf erzählerische Art und Weise spielt er damit die verschiedensten Gesellschaftsmodelle durch und zeigt ihre positiven wie negativen Seiten, um am Ende die Frage nach einem spezifisch griechischen Weg offenzulassen. Gerade diese Spiegelungen machen den dialektischen Reiz des Epos aus. Denn indem Homer die späthethitischen Kiliker wie die Assyrer mit griechischen Namen und Zügen zeigt, bietet er ja seinem Publikum die Möglichkeit, sich mit ihnen zu identifizieren und die jeweiligen Rollen durchzuspielen. Zu einer Synthese kam es dann erst nach einem langen Prozeß, als sich im 6. Jahrhundert das Konstrukt eines ›Griechentums‹ herausbildete. Nicht von ungefähr war die *Ilias* dabei instrumental für den Entwurf einer panhellenistischen Dimension, die dem Subjekt eine neue Identitätsbildung erlaubte. Denn sie führt die diversesten Rollenspiele der Macht vor, stellt dabei immer wieder die Notwendigkeit von Autorität in den Raum, unterläßt es aber, diese genauer zu profilieren. Wo Homer die Kritik daran höchstens indirekt vorbringt, bot diese Leerstelle jedoch genug Projektionsfläche, damit sich nicht nur die späteren Tyrannen Athens darin wiederzuerkennen glaubten – bis in die jüngste Zeit bediente man sich dieses Epos, um die unterschiedlichsten Diktaturen mit Zitaten zu legitimieren.

T – GILGAMESH

Die Reaktion der Griechen auf die durch die Assyrer vorgeführte Idee von Staatlichkeit zeigt sich im Verlangen, über die eigene Vergangenheit verfügen und die eigene Geschichte besitzen zu wollen. Die *Ilias* als Text abzufassen, demonstriert dabei zum einen das Bestreben, es dem Vorbild der Schriftkulturen gleichtun zu wollen. Zum anderen propagiert die epische Distanz des Epos aber auch den Versuch, den jahrtausendealten Traditionen des mesopotamischen Raumes die eigenen überlieferten Mythen entgegenzusetzen. Die *Ilias* steht in diesem doppelten Bemühen nicht allein. Denn etwa zur selben Zeit greifen auch die Schreiber des *Deuteronomium* ihnen visuell vorliegende assyrische Quellen auf, um sie für ihre Zwecke zu ›Jahwisieren‹: die Flutgeschichte wandert aus dem *Gilgamesh* in die Bibel; die Sargonlegende wird im Mosesbild übernommen und Assarhaddons Vassallenverträge werden zum zentralen Motiv der Bundestheologie, um den assyrischen Herrschern ihre Macht zu entreißen und sie Jahwe zu unterstellen.[1]

Homer unterscheidet sich von diesen kulturellen Anstrengungen unter dem judäischen König Josiah durch zwei Dinge. Einerseits versucht er die mesopotamische Kultur noch deutlicher zu übertrumpfen: die *Ilias* hat ja genau doppelt soviel Gesänge wie *Gilgamesh,* der als Nationalepos des Zweistromlandes gelten kann. Andererseits assimiliert Homer die assyrische Kultur noch in einem ungleich größeren Maß als die Judäer. Daß er sich dieses uralten Heldenepos als Modell bediente, um seinen kilikisch-griechischen Stoffen eine einheitliche Form zu verleihen, ist jedoch noch unter einem weiteren Aspekt bezeichnend: denn was *Gilgamesh* schildert, ist der Läuterungsprozeß eines aggressiven, manisch-depressiven Despoten zu einem auf- und schließlich abgeklärten König. Womit sich letztlich auch die ursprüngliche politische Haltung Homers verrät, abseits aller späteren hellenistischen Projektionen.

Die Hybris dieses Helden, der auf seine Göttlichkeit pocht, obwohl ihm seine Sterblichkeit wieder und wieder vor Augen steht; die quasi existentialistische Auflehnung gegen sein Schicksal; die dominante Mutter und der abwesende Vater; sein unberechenbarer und jähzorniger

1 Diskussion: Lang 2008 und 2006, van der Toorn 2007, Otto 2000 und Lewis 1980.

Charakter; die Verrohung und Verbitterung, die sich an ihm nach dem
dem Tod seines Gefährten Enkidu zeigt; dann aber auch die Selbst-
überwindung, die erst der alte, der Flut entgangene Herrscher Utnapishti begütigend in ihm bewirkt; das Einsehen, das er schließlich anhand der Unausweichlichkeit seines Todes bezeugt; und die Rückkehr
zu seinen eigentlichen politischen Pflichten und die Unterordnung ins
geltende System: all dies wird in der *Ilias* zur Geschichte von Achilleus'
Groll, der so blutrünstige Ausmaße annimmt, wie er für die assyrischen
Herrscher bezeugt ist, und dessen Leiden an sich selbst, das nach Patroklos' Tod virulent wird, erst die Begegnung mit dem alten Priamos zu
stillen vermag.

Folgt Homer einerseits diesem roten Faden, so bleibt sein Umgang
mit den im Gilgameshstoff angelegten Konflikten jedoch eklektisch,
eigenwillig – und wird in immer wieder andere Figurenkonstellationen
übertragen. Das beginnt bereits im I. Gesang. In der Vorlage kommt es
zu einem ersten Konflikt zwischen Gilgamesh und Enkidu um die
Schenkelgewalt, von der der Herrscher meint, daß sie ihm bei den
Bräuten seiner Stadt als königliches Privileg zusteht; der ›wilde Mann‹
setzt sich ihm mit seinem natürlichen Rechtsempfinden entgegen,
worauf es zu einem beinahe tödlichen Kampf kommt, der mit einer
Pattsituation endet – die beiden werden Freunde und bestehen dann zusammen ihre Abenteuer. In der *Ilias* wird daraus der Streit um die Beu-
tefrauen, wobei Agamemnon Gilgameshs Rolle und Achilleus jene des
Enkidu übernimmt; der Konflikt spitzt sich auch hier zu – seine Lösung
nimmt dann jedoch fast das ganze Epos in Anspruch. Im Zuge dieser
Ausgestaltung – die ein Schlachtgemälde entwirft, wie es die Vorlage
nicht kennt – wechseln dann die Rollen erneut: Achilleus wird nun zu
Gilgamesh und Patroklos übernimmt die auch mit leichten homoeroti-
schen Tönen gefärbte Rolle seines Freundes Enkidu.

Patroklos' Tod ist wieder nach dem besonders im hethitischen Umfeld beliebten Motiv der Tötung des Humbaba gestaltet: Gilgamesh und
Enkidu schleichen sich an, um ihn zu zweit zu überwältigen; der Sonnengott Shamash hilft ihnen dabei, ihn ohne seine sieben schützenden
Schreckens-Auren zu erwischen; und Gilgamesh – von Enkidu ange-
feuert – bringt ihn daraufhin trotz seiner Skrupel um, worauf ihn der
sterbende Humbaba mit seiner Prophezeiung verflucht. Diese Motivkette wird bei Homer zum Thema des XVI. Gesanges: in ihm wird

176

Patroklos in seiner glänzenden Rüstung zu Humbaba; der Lichtgott Apollon löst ihm diesen Panzer vom Leib wie eine Schale; Hektor schlüpft in Gilgameshs Rolle; Euphorbos übernimmt die des Helfershelfers Enkidu – und auch hier endet alles in einer vom sterbenden Patroklos ausgesprochenen unheilvollen Prophezeiung für den Sieger.

Zu dem Zeitpunkt hat Hektor – in Abwesenheit Achilleus' vom Schlachtfeld – längst Gilgameshs arrogant draufgängerische Charakterrolle ausgefüllt. Zuvor hat Homer sie aber auch schon Diomedes in seiner Aristie spielen lassen. Parallel zur verletzenden Zurückweisung der Liebesgöttin Ishtar durch Gilgamesh (die sich dann in den Götterhimmel zurückzieht und dem Göttervater Anu ihr Leid klagt, um von ihm für ihre hysterische Wehleidigkeit zurechtgewiesen zu werden) hat Diomedes sich hier gegenüber Aphrodite vergangen, welche daraufhin Dione ihre Klagen vorträgt. Dione taucht dabei nur an dieser Stelle des Epos auf: ihr Name ist die feminine Entsprechung zu Zeus – genauso wie in der Vorlage Ishtars Mutter Antu die weibliche Abwandlung von Anu darstellt. Es ist dies nur eine von vielen Stellen, wo die Folie nicht nur motivisch, sondern auch in ihrem Wortlaut durchscheint.[1]

Bezeichnend für den Bezug des Stoffes auf die kilikische Heimat Homers sind noch drei weitere Stellen. In der im *Gilgamesh* eingebauten Flutgeschichte[2] ist es Ea – der Schelm unter den Göttern, der stets etwas für die Menschen übrig hat –, welcher Utnapishti mitteilt, daß eine Katastrophe bevorsteht, er deshalb eine Arche bauen und sich retten soll. Um nicht die Verantwortung für den Verrat dieses streng geheimen göttlichen Plans übernehmen zu müssen, schiebt Ea – als durchsichtige List – eine zu Traumdeuterzwecken benützte Schilfhütte vor, in der Utnapishti dieser Beschluß offenbart wird[3]: dennoch wird Ea später von den anderen Göttern dafür streng zur Rechenschaft gezogen.[4]

Im XXIV. Gesang der *Ilias* schlüpft Hermes in Eas menschenfreundliche Rolle, wobei er von Zeus etwas abschätzig als Gott charakterisiert wird, der ja jedem Sterblichen nur allzugerne sein Ohr leiht[5] – eine unvermittelte Anspielung, die erstmals vermuten läßt, daß Homers ursprünglichem Publikum diese Travestie vertraut gewesen sein muß. Die

---

1 Burkert 2005. — 2 Die wörtlich nur wenig modifizierte Vorlage dafür findet sich im Epos von *Atrahasis*. — 3 G XI 20f. — 4 G XI 176f. — 5 XXIV 335.

Rolle Utnapishtis übernimmt dabei der alte Priamos: er wird von Hermes zu Achilleus' Hütte geführt – die wohl nur deshalb als mit Schilf gedeckt beschrieben wird[1], um die Verweisebene auf die Vorlage aufrechtzuerhalten. Dann aber verabschiedet Hermes sich von ihm mit den Worten, ›daß es im Himmel Ärger geben würde, wenn ein unsterblicher Gott auf diese Weise von Angesicht zu Angesicht einem Menschen seine Zuneigung bezeugt‹[2]. Dieser Satz ergibt in der *Ilias* keinen Sinn – da treten die Götter ja nach Lust und Laune auf ihre menschlichen Günstlinge zu, auch von Angesicht zu Angesicht – und das um so mehr als Hermes seine Geleitschaft explizit auf Zeus' Geheiß hin antritt. Für ein Publikum, das jedoch den Rüffel für Ea im *Gilgamesh* kennt, stellt diese Aussage gleichsam einen anspielungsreichen Treppenwitz dar.

Daß Homer diese Kenntnis vorauszusetzen scheint, läßt sich aber auch daraus schließen, daß in der *Ilias* Thetis' Prophezeiung über Achilleus' frühen Tod als gegeben gilt. Sie wird – was ungewöhnlich ist – nirgends explizit ausgesprochen; es wird bloß stets auf sie verwiesen. Auch die *Kypria* spielen darauf immer nur an – in den verschiedensten Varianten, ohne daß dabei das zentrale Motiv auszumachen wäre: gemeinsam haben sie nur, daß die Prophezeiung selbst dort schon jedesmal von der Göttin des Meeres ausgesprochen wird, ohne daß der eigentliche Grund dafür genannt würde.[3] Das legt den Schluß nahe, daß auch dieser Stoff eine Vorlage aufnimmt. Und die läßt sich durch die hethitische Version des *Gilgamesh* aufhellen, die eine eigenständige Fassung mit vielen Abweichungen vom ninivitischen Stoff darstellt. Erst darin findet sich – leider nur bruchstückhaft erhalten – eine Passage, wo das personifizierte Meer ihn im Laufe seiner Wanderungen verflucht:

Aber als Gilgamesh beim Meer ankam, verbeugte er sich vor dem Meer und sagte zu ihm: ›Lang mögest du leben, Großes Meer, und lang mögen auch deine Günstlinge leben!‹ Doch das Meer verfluchte Gilgamesh […] und die Schicksalsgöttinnen.[4]

1 XXIV 450. — 2 XXIV 462–3; vgl. zu dieser Stelle Ilias-Kommentar 2000. — 3 Laut Proklos' Inhaltsangabe der *Kypria* warnt Thetis Achilleus davor, den Herrscher von Tenedos umzubringen, weil ihn sonst Apollon töten würde – was Achilleus nicht befolgt; laut Apollodorus warnt ihn Thetis jedoch, als erster vor Troia an Land zu gehen – was Achilleus dann befolgt; laut dem *Ilias*-Scholiasten steht in den *Kypria* aber auch, daß Peleus verhießen wurde, Achilleus müsse in Troia sterben; Textstellen in West 2003 b. — 4 Beckmann 2003.

Die Gilgameshdarstellungen in Karatepe und im südostanatolischen Raum[1] lassen auf die allgemeine Beliebtheit spezifisch der hethitischen Fassung schließen; so liegt es wohl nahe, darin den Grund für jene Leerstelle in der *Ilias* zu sehen, die den Kommentatoren stets Rätsel aufgegeben hat.

Auch eine dritte Szene verrät lokale Bezüge: gemeint ist die XII. Tafel des ninivitischen Epos, in der Gilgamesh der Geist Enkidus erscheint. Nachdem er ihn zuvor zu den Toten geschickt hat, damit er ihm sein in die Unterwelt gefallenes ›Sportgerät‹[2] zurückbringt, kehrt Enkidu zurück, um ihm von den grauenhaften Bedingungen dort zu erzählen.[3] Die Motive sind anspielungsreich übernommen: das Spielzeug (Ball und Schläger) mutiert in der *Ilias* zu einem Würfelspiel mit Tierknöcheln; aus dem Geist, der in der Vorlage ›wie ein Wind‹ aus einem Erdloch kommt, wird Rauch, der sich darin wieder verzieht. Die Topographie des von Patroklos geschilderten Hades entspricht jedoch genau den erbarmungslosen mesopotamischen Unterweltsvorstellungen: dazu kommt die Klage, daß Patroklos – solange er nicht mit allen Riten bestattet wurde – vor den Toren der Totenstadt herumirren muß und ihn deren Phantome nicht hereinlassen.

Das ist nun insofern von Bedeutung, als es einen konkreten historischen Bezug für dieses Motiv gibt. Angehängt wurde diese XII. Tafel im Jahre 705 von einem der wichtigsten Schreiber-Gelehrten Assyriens, als Sargon II. das schlimmste denkbare Schicksal ereilt hatte. Sein Heer war an der Grenze zu Tabal – der damals zu Kilikien gehörenden Nachbarregion – nach einem Feldzug gegen einen abtrünnigen Vasallen von den Kimmeriern vernichtend geschlagen und er selbst getötet worden. Sargons Leichnam fiel dem Feind in die Hände; er konnte also nicht bestattet werden – womit ihn genau jenes Los ereilte, das auch in der *Ilias* als das Grauenhafteste bezeichnet wird: fern von zu Hause zu fallen, ohne von Verwandten beklagt und nach den entsprechenden Riten in einem Grabmal bestattet zu werden. Um sich über die Bedeutung eines sol-

---

1 Sowohl in Karatepe als auch in Karkemish finden sich Orthostaten mit dem Motiv der Tötung des Humbaba; sie passen sich dieser Gegend an, als damit diese in den Zedernwäldern des Libanon spielende Szene ins Amanusgebirge verlegt wurde, von wo sich die assyrischen Herrscher zu dieser Zeit Zedernholz holten. — 2 Diskussion: Rollinger 2006 d. — 3 XXIII 65f.

chen Schicksals Klarheit zu verschaffen, hatte man deshalb auf eine alte sumerische Unterweltsschilderung zurückgegriffen und sie dem Epos hinzugefügt.[1]

Zum einen bot sie durch die Wiederkunft Enkidus ähnlichen Trost wie Homer ihn im XXIII. Gesang[2] thematisiert – wobei er hier auch die mesopotamische Überlieferung aufgreift, der zufolge Gilgamesh und Enkidu gemeinsam bestattet wurden: denn das ist es, was Patroklos sich wünscht. Für alle anderen aber verhieß diese Sammlung von Unter-welts-Omina auch, daß der ›Totengeist eines in die Steppe geworfenen Leichnams in der Unterwelt keinen Schlaf findet, er niemanden hat, der ihn versorgt, er Reste aus dem Topf und auf die Straße geworfene Brot-brocken essen muß‹. Mithin wird er zu einem ewig umherirrenden Wiedergänger, der auch für die Lebenden zur Gefahr wird: nicht nur für seine Mörder und die Aufständischen in Tabal und Umgebung, sondern auch für seinen Sohn Sanherib. Denn der verzögerte aus Angst davor bewußt die Thronbesteigung, schloß die Bauarbeiten an seinem von Sargon begonnenen Ashurtempel möglichst schnell ab, ließ diesen Pa-last für dessen umherwandelnden Totengeist leerstehen, verlegte seine Residenz nach Ninive – und unterließ es dann fast zehn Jahre lang, den schmachvollen Tod seines Vaters zu rächen.

Sanherib versuchte damit nicht nur das Unheil zu bannen, das ihm aus den Todesumständen Sargons erwachsen könnte, und die für dessen Schicksal zuständigen Gottheiten versöhnlich zu stimmen – er distan-zierte sich auch in den Annalen von ihm als einem fluchbeladenen Un-heilsherrscher, dessen kontaminierender Aura man unbedingt entkom-men mußte. Wie als Echo darauf, verlangt auch Achilleus lieblos, man möge Patroklos endlich dem Feuer übergeben, ›um ihn schnell weg von unseren Augen zu verbrennen‹[3] – was um so ungewöhnlicher ist, als er doch sonst vom Anblick seiner Leiche nur unter Zwang wegzubringen ist.[4]

Als dann auch Sanherib ermordet und mit seinem Leichnam ähnlich pietätlos umgegangen wurde, führte dies bei seinem Sohn Asarhaddon zu einem berühmten Text über die ›Sünde Sargons‹, in dem er sich mit diesen Schicksalsschlägen auseinandersetzte: darin kehrt sein Vater San-

---

1 Ausführliche Diskussion: Frahm 1999. — 2 XXIII 103–7. — 3 XXIII 52–3. — 4 XXIII 35–7.

herib ebenfalls noch einmal aus dem Jenseits zurück, um ihm kundzu-
tun, daß Sargon sterben mußte, weil er die assyrischen Götter vernach-
lässigt habe, während er selbst – Sanherib – aufgrund der Nichtachtung
der babylonischen Götter mit dem Tode bestraft worden sei. Dieser Text
war nicht nur Teil eines persönlichen Sühnerituals, er war auch als Tem-
pelinschrift eingemeißelt und wurde damit Teil eines öffentlichen und
monumentalen Diskurses der Vergangenheitsbewältigung.[1]

Daß Homer diesen Text im Assurtempel der Hauptstadt sah, ist fraglich,
aber – denkt man an eine Ausbildung als Schreiber – nicht unwahrscheinlich. Höchstwahrscheinlich jedoch ist, daß eine Kopie davon an
alle Schreibstuben des Reiches ging – im Rahmen jener Veröffentli-
chungspolitik, die sich anhand der Annalen zeigt, wo die maßgeblichen
Kreise außerhalb der Hauptstadt von den Großtaten der Könige unter-
richtet werden.[2] Belegbar ist, wie gesagt, daß diese Annalen auch öffentlich verlesen wurden.[3]

Daß Homer die jetzt um die XII. Tafel erweiterte Standardversion
des Gilgameshepos in die Hand bekam, ist angesichts all dieser Parallelen nicht mehr von der Hand zu weisen. Wobei auch der Text der
›Sünde Sargons‹ uns nicht nur diejenigen assyrischen Großkönige vor-
stellten, die den unmittelbaren Zeithorizont zur *Ilias* bilden und deren
Taten in sie einfließen, um Hektor und Achilleus Kontur zu verleihen –
es ist mit dem Sanheribs Rachefeldzug nach Sargons Tod in den kilikischen Raum sowie den vorausgehenden Kampagnen, daß der I. Gesang
der *Ilias* eigentlich anhebt.

1 Diskussion: Frahm 1999. — 2 Frahm 1997, 36. — 3 Mayer 1983.

5 HOMERS HEIMAT

U – KILIKIEN

Topographie

Das kilikische Tiefland[1] wird im Westen von der Ebene zwischen Tarsos und Adanija, im Osten von der bei Homer und Herodot erwähnten alesischen Ebene zwischen Pahri und Karatepe gebildet. Dieses Schwemmland weitet sich aus vom Golf von Issos[2] und wird von zwei großen schiffbaren Strömen durchzogen: dem Saros und dem Pyramos.[3] Jeweils 90 bzw. 180 m breit[4], waren diese Flüsse an ihrer – heute etwa ein Dutzend Kilometer weiter südlich liegenden – Mündung so gelb vor Schlamm, daß es in der Antike von den ›Fluten des Pyramos‹ hieß, sie würden das Meer bald bis an die ›heiligen Ufer von Zypern‹ zuschütten.[5]

Im Westen wird dieses Flachland vom Gebirgsbogen des Taurus begrenzt, dem ›Rauhen Kilikien‹[6], das bis an die lykische Grenze am Kalykadnos reicht. Im Osten trennt der Bogen des Amanusgebirges Kilikien von den syrischen Kleinstaaten. Dank dieser Topographie war es seit jeher eine verhältnismäßig autonome Region, deren Pässe es jedoch zum Durchgangsland prädestinierten: im Norden gingen Routen hinauf ins anatolische Hochland, im Westen führte die kilikische Pforte nach Lykien, im Osten öffnete die amanische und die syrische Pforte Wege, die über den Euphrat auch Assyrien erreichten.[7]

1 Heute: Cukurova. — 2 Heute: Golf von Iskenderun. — 3 Heute: Seyhan und Ceyhan. — 4 Xenophon, Anabasis I 4.1. — 5 Strabon XII 2.3–4. — 6 Der Name Kilikien leitet sich von ›Hilakku‹ ab; so wurde in der assyrischen Zeit die Gebirgsgegend des Taurus bezeichnet. — 7 Bereits im 7. Jahrtausend wurde Obsidian von Westen nach Osten gehandelt; Ehling/Pohl/Sayar 2004.

Das kilikische Tiefland war in der Antike für seine Landwirtschaft bekannt[1]: ›es ist weit, großartig, gut bewässert, mit den verschiedensten Bäumen bestanden und voller Weingärten; es wächst dort Sesam, Sorghum, Hirse, Weizen und Gerste im Überfluß‹[2] und ›so schön wie kein anderes in Kleinasien‹[3]. Diese legendäre Fruchtbarkeit aber war nur mit harter Arbeit zu erzielen: durch die großen Ströme liegt der Grundwasserspiegel nur einen halben Meter unter der Oberfläche. Mit den Winterregen treten nicht nur die Flüsse über – es bleibt dort auch das Wasser stehen, weil der Boden es nicht mehr aufnehmen kann. Die Äcker müssen deshalb zum einen entwässert, zum anderen durch Irrigationskanäle vor dem Versalzen bewahrt werden. Diese Bedingungen beförderten darum seit alters her besonders den Anbau von Gerste: sie ist weniger empfindlich als Weizen, hält Salz besser aus, braucht mehr Wasser und ist ertragreicher.[4] Dabei ist aber auch überall der Anbau von Reben belegt: nicht in der Ebene, sondern auf den Karsthügeln, die sich von den Bergen hinunterstufen; Weintrauben zählen auf kilikischen Münzen zu den beliebtesten Motiven.

Während im Schilf des sumpfigen Marschlands wilde Büffel weideten, hielt man auf den Graswiesen Zeburinder. Der östliche Teil Kilikiens hingegen war für seine Pferde und Maultiere berühmt, wobei die Roßzucht wie das Zureiten von Wildpferden auf eine alte hurritische Tradition zurückblicken konnte[5] – nicht zuletzt deshalb wurde aus einem ihrer Götter ja das geflügelte Pferd Pegasos. Schon der biblische König Salomon (um 950) wog die Vollblüter dort mit Silber auf[6]; Sargon II. ließ sie sich von Adanija als Tribut in seine Hauptstadt bringen[7]; die Perser holten sich von dort jährlich ein Kontingent von Schimmeln[8]; und Alexander verlangte später dann dieselbe Steuer[9] – eine für diese Zeit durchaus unübliche Zahlung, die für die Qualität der Tiere spricht. Die Wichtigkeit der Pferdezucht spiegelt sich dabei auch im Namen der

1 Diskussion: Casabonne 2004. — 2 Xenophon, Anabasis I 2.22. — 3 Diodor XIV 20.2. — 4 Theophrast (H.P.VIII 8.2) berichtet, daß in Soloi die Gerste eineinhalbmal mehr Mehl ergibt als Weizen. — 5 So ist ein Traktat zu Pferdezucht und -training erhalten, das von einem Hurriter geschrieben wurde; Diskussion: Wilhelm 1982. — 6 I Könige 10.28; II Chroniken 1.16. — 7 Fuchs 2.3 (70–71)/ARAB II 7. — 8 *Von den Kilikern dreihundertsechzig weiße Pferde, also täglich eins, und fünfhundert Talente Silber. Davon gingen hundertvierzig ab für die Reiterei, die in Kilikien in Besatzung stand.* Herodot III 90. — 9 Arrian, Anab. I.26.3.

Stadt Sizzu (das mittelalterliche ›Sision‹) wider, die westlich von Karatepe liegt: sie leitet sich von ›Roß‹ ab[1] – wobei die Assyrer die alesische Ebene ringsum mit einem Ideogramm schrieben, das ›Land der Pferde‹ bedeutet.[2] Pferdezucht gab es aber auch südlich davon, bei Issos am Golf[3] und rund um Pedasos[4] am Fuß des Amanusgebirges. In Hommage hierfür nennt Homer einen der Söhne Priamos' ›Isos‹[5] und tauft das einzige sterbliche Pferd, das neben Peleus' göttlichen Rössern mitlaufen darf, ›Pedasos‹.

Aber auch die Schiffahrt besitzt in Kilikien eine uralte Tradition. Wie aus der Bibel hervorgeht, griff Salomon auf die Schiffe der phönizischen Stadtherrn von Sidon und Tyros zurück, die darin als ›Tarshish-Flotte‹[6] bezeichnet werden. Erwähnt wird Tarshish dabei stets im Zusammenhang mit Lud (Lydien), den Ioniern sowie den Zyprioten aus Kition, den Rhodern und dem Land Arpad um Aleppo[7]: gemeint damit ist Tarsos, das die Assyrer ›Tarshishi‹ schrieben.[8] Die Handelsbeziehungen zu dieser Stadt waren dabei eng genug, daß die Bibel das phönizische Tyros als ›Tochter Tarshishs‹ bezeichnen konnte[9]: ›Schiffe aus Tarsos dienten dir, Tyros, als Karawanen für deine Waren.‹[10] Was dabei aus Kilikien kam, waren Silber, Eisen, Zinn und Blei[11], aber auch Gold und Affen.[12] Und wie wir noch sehen werden, verlegten die Phönizier dann auch – des assyrischen Monopols auf die Wälder des Libanon wegen – den Schiffsbau nach Kilikien[13]: was in der *Ilias* den Hintergrund für die zahllosen Vergleiche mit der Tätigkeit der Schiffszimmerleute abgibt.

Die gehandelten Metalle stammten dabei aus dem Taurusgebirge, das die Assyrer ›Silberberg‹ nannten[14]: dort lagen Minen, wo seit dem

1 Akkadisch ›sisu‹, aramäisch ›susya‹, ugaritisch ›ssw‹; Diskussion: Ivanov 1998; das Sigma geht im Griechischen oft verloren und weicht einem aspirierten ›H‹, das besonders im Ionischen und Aiolischen oft ausfällt. — 2 *KUR anshe-kur-ra-aia*, Casabonne 2004. — 3 Diese Stadt hieß um 1500 *Izziya* (KUB LVI 15 II 15); heute Cinet Hüyük. Der Ortsname scheint sich ebenfalls vom Wort für ›Pferd‹ abzuleiten; Diskussion: Bing 1985. — 4 Die Verortung von Pedasos geht auf Cicero (Att V. 20.3) zurück, der dort noch ein *Pedenissos* kennt, und auf Plinius (Nat. Hist. V 92), der dort ein *Pedalie* erwähnt – siehe X. — 5 XI 101–8. — 6 1 Könige 10.22. — 7 Jesaija 66.19, Ezechiel 27. — 8 Vgl. Fußnote 8, S. 94. — 9 Jesaija 23.20 Ezechiel 27.12 und 27.25. — 10 Ezechiel 27.25. — 11 Ezechiel 27.12. — 12 2 Chronik 9.21; wie die Reliefs von Karatepe zeigen, gab es in Kilikien auch Affen am Hof; das in dieser Passage ebenfalls erwähnte Elfenbein mag mit der Fahrt der ›Schiffe von Tarshish‹ nach Ophir (Indien) zu tun haben. — 13 Siehe W. — 14 ARAB I 682; abgebaut wurde in Bolkarmaden bei der alten Stadt Tu(n)na, die mit ihrem Namen möglicherweise

2. Jahrtausend neben Silber auch Gold und sehr reines Zinn[1] sowie Eisen und Blei abgebaut wurden. Bereits der assyrische Eroberer der Provinz, Salmanasser III., kassierte in Kilikien vor allem Silber, Gold und das Eisen[2], das ob seiner Reinheit weitum begehrt war[3]; und noch das neubabylonische Reich zahlte dafür weit mehr als für ionisches oder syrisches Eisen[4] – mit ein Grund, diese Provinz auf Dauer besetzt zu halten. Verschifft wurden diese Metalle von zwei Häfen: Tarsos und Soloi. Von Tarsos übernahmen die Phönizier nicht nur den Namen für ihre Flotte, sondern auch ihren Begriff für ›Schmelzhütte, Verhüttungsanlage‹: ›tareshish‹[5]. Und Soloi[6] erhielt seinen Namen vom hethitischen Wort für ›Blei‹ – *sulai*[7]; bei Homer wird sie dann jedoch zum Begriff für ›Eisenbarren‹[8].

Das Amanusgebirge hingegen war für seinen Holzreichtum berühmt: Salmanasser III. ließ dort, wie alle Könige nach ihm, Zedern fällen und nach Assyrien schaffen[9], um seinen Palast damit zu errichten. Und Sanherib legte in Ninive einen ›großen Park an, dem Berg Amanus gleich‹, wo er auch die übrigen dort wachsenden Pflanzen und Bäume setzen ließ[10]: Eichen, Zypressen und Buchsbaum. Daß Priamos in Troia eine mit duftendem Zedernholz getäfelte Schatzkammer besitzt[11], ist nicht nur als assyrisches Statussymbol zu verstehen[12], sondern auch als Verweis auf diese Landschaft: für Troia gibt es ja keinen Beleg, daß so weit westlich je Zedern gewachsen wären.

Obwohl die Erzählung des Epos in ihrer Anlehnung an den troianischen Stoff an historischer Tiefe zu gewinnen versucht, rückt sie dabei doch eine Landschaft vor Augen, die in ihrer Spezifik die kilikische Geographie widerspiegelt: wobei dieses Bild durch die eingestreuten Gleichnisse noch deutlichere Konturen gewinnt. In groben Zügen läßt

ebenfalls auf Danaer hinweist – so nennt Xenophon sie ›Dana‹ (Anab. I. 2.20). Bei den Türken heißt diese Region immer noch ›Silber‹ (›Gümüs‹); Casabonne 2004. — 1 In Göltepe und Kestel; Yener 1995. — 2 ARAB I 583. — 3 53 Prozent in den Eisenminen von Jünük Tepessi; Casabonne 2004. — 4 Joannes 1991. — 5 Rienecker-Maier 1994. — 6 Ezechiel 27.12, Jeremia 10.9; auf den Metallreichtum weist aber auch der 1889 in Soloi gefundene Schatz hin, eine Amphore voller Bronzeobjekte, die auf das Ende des 3. Jahrtausends datiert wurden – vgl. Schaeffer 1948. — 7 Casabonne 2004. — 8 XXII 82. — 9 ARAB I 583, 600. — 10 ARAB II 368, 395. — 11 XXIV 191–2. — 12 Bereits im *Gilgamesh* verspricht Ishtar dem König einen nach Zedern duftenden Palast.

sich die iliadische Topographie zwar mit der Ebene vor Troia in Dekkung bringen: anders als beim Karamendres- und dem Dümrekbach fließen in Kilikien jedoch wirklich zwei große Ströme – Pyramos und Saros – hinaus ins Meer; vor dem Marschland an der Küste ragen überall zahllose bronzezeitliche Hügel auf, die Homer als Grabmäler deuten konnte[1]; das kilikische Tiefland erscheint nicht nur als ideales Schlachtfeld, sondern war es auch mehrmals; und an den ›breiten und weiten Ufern‹[2] der Strände dort lassen sich nicht nur Schiffe problemlos an Land ziehen, es war im Hafen von Tarsos – ebenfalls anders als vor Troia – auch genügend Raum für die ganze biblische Flotte von Tarshish.

Die einzelnen Landschaftsbeschreibungen wirken dann jedoch nicht nur weiter und größer als die Ebene vor Troia, sie weisen auch andere Charakteristika auf, die zumeist gar nicht auf diese übertragbar sind. Das beginnt damit, daß in der *Ilias* stets von Bergen und Gipfeln im Plural, von Schluchten, Tälern, Flanken und Hügeln am Bergfuß die Rede ist, was weniger auf den gemütlich runden und relieflosen Ida hinter Troia, denn auf die Bergketten des Taurus- und Amanusgebirges zutrifft.

Auch gibt es in der Troas keine acht Ströme, die die Götter in eine Mündung umleiten könnten.[3] Vier davon – Rhesos, Heptaporos, Karesos und Rhodios – konnte man dabei schon im Altertum nicht mehr identifizieren.[4] Für sie lassen sich jedoch kilikische Namen ins Spiel bringen: Strabon kennt eine Stadt namens Rhosos[5] an der kilikischen Südostgrenze, die an der Mündung eines schiffbaren Flusses lag[6]; Xenophon erwähnt etwas weiter nördlich davon einen 30 m breiten Fluß namens Karsos, dem entlang man durch die syrische Pforte in den Osten gelangte[7]; der Rhodios könnte der griechische Name für den Sounias gewesen sein, der bei den Rhodern von Soloi ins Meer floß[8]; und für den Heptaporos (›Acht Furten‹) kommen mehrere große kilikische Ströme in Frage – jedoch kein einziger Wasserlauf in der Troas.

Dasselbe gilt für irgendeine markante Furt – die jedoch bei Karatepe

---

1 Bei Magarsa am Pyramos zeigte man schon in der Antike die Grabhügel von Mopsos und Amphilochos (Strabon XIV 16); auch heute sind dort unzählige Hügel zu erkennen, Reste von Siedlungsplätzen, die aufs Neolithikum zurückgehen; Yakar 2001. — 2 VII 462 und XII 31. — 3 XII 19–22. — 4 Plinius, Nat. Hist. V 124. — 5 Strabon XIV 5.19–20. — 6 Heute Ulucinar; Hild-Hellenkemper 1986. — 7 Xenophon, Anab. I 4.4; seine Mündung liegt beim heutigen Sariseki, nördlich von Iskenderun (Hild-Hellenkemper 1986). — 8 Zum Sounias siehe Casabonne 2004 und Tezkin 2001.

das Wegkreuz von nordsüdlichen und ostwestlichen Handelsrouten markiert; noch in den 1940er Jahren hatten die Entdecker Karatepes Mühe, über den Pyramos zu gelangen, und fanden erst unweit des Festungshügels eine Furt, die bis in jüngste Zeit noch von Karawanen benützt wurde. Der Pyramos (wie auch der durch Adanija fließende Saros) rechtfertigt dabei schon durch seine in der Antike berühmten Schlammfluten – anders als die Bäche vor Troia – den Beinamen Xanthos: ›gelbbraun‹.

Es ist offensichtlich, daß der Karamenderes eher als Rinnsal denn als großer Fluß mit einer markanten Furt bezeichnet werden muß – und deshalb ganz und gar nicht mit den Charakteristiken des Skamandros/Xanthos übereinstimmt. Dessen Strömung kann nämlich einerseits ›jemanden nach einem Wolkenbruch fortreißen‹[1]: dann wird er zu einem ›steilen und wirbelnden‹ Gebirgsfluß von ›großer Tiefe‹[2], in dessen Fluten die Griechen ein halbes Heer ersäufen können.[3] Andererseits besitzt dieser Skamandros/Xanthos aber auch eine ›sandige Böschung‹[4] und wälzt sich breit durch eine ›weite Ebene‹, so daß man vor ihm plötzlich nicht mehr weiß, wie man ihn überqueren soll.[5] Einmal reißend aus dem Gebirge kommend, dann wieder breit durchs Tiefland fließend, spiegelt sich diese Doppelnatur nicht nur in seinen zwei Namen, sondern auch in seinen zweifachen – kalten wie heißen – Quellen, die sich auch für Normalsterbliche durch einen Wettlauf erreichen lassen.[6]

Von beidem kann in der Troas keine Rede sein – nachweisen läßt sich dies jedoch für den durch Tarsos fließenden Kydnos. Einer seiner Flußarme heißt heute noch ›Höllenfluß‹; er war bereits in der Antike für seine ungewöhnliche Kälte bekannt.[7] Etwa 15 km nördlich von Tarsos,

1 XXI 282–3. — 2 XXI 1ff. und XXI 239. — 3 XXIff. — 4 V 36. — 5 V 597–9. — 6 XXII 146–56. — 7 Heute Tarsus Cayi (vgl. Hild-Hellenkemper 1990). Auf die legendäre Kälte des Kydnos – Alexandros wurde dort nach einem Bad krank – verweist Strabons Beschreibung, in der gleich wie bei Homer von nahe liegenden Quellen im Plural und zwei Eigenarten des Wassers die Rede ist: *Tarsos wurde in der Ebene erbaut. Man schreibt ihre Gründung den Ageiern zu, die Triptolemos auf seinen Wanderungen folgten oder den Irrfahrten auf der Suche der Io. Der Kydnos verläuft [nachdem ihn die Assyrer umgeleitet hatten] mitten durch die Stadt und badet dabei die Umfriedungsmauer des Gymnasiums ›der Jugend‹. Die Kälte und die Schärfe seines Wassers erklärt man sich dadurch, daß die Quellen dieses Stromes wenig weit entfernt sind und er – bevor er in die Stadt kommt – durch den Grund einer engen Schlucht fließt; beide Eigenschaften verwendet man erfolgreich, um jede Art von Entzündungen bei Tieren wie bei Menschen zu bekämpfen;* Strabon V 12.

beim Dorf Ulas – das Homer ›Alus‹ nennt[1] – trifft der kalt aus einer Schlucht fließende Kydnos auf einen Granitrücken, an dem auch heute noch, wenige Meter voneinander entfernt, Schwefelquellen zutage treten; noch im 19. Jahrhundert gab es da für Kurbäder benützte artesische Quellen samt einem in die Felsen gehauenen Wasserbecken.[2] Dort den Wendepunkt des Wettrennens zwischen Hektor und Achilleus zu sehen, macht auch insofern Sinn, als sich hier die Reste einer uralten, nach Illubru – Homers ›Alope‹ – führenden Straße finden und man vor der Brücke umdrehen kann, um durch ein Paralleltal wieder zurück nach Tarsos zu gelangen. Homers Beschreibung läßt sich jedenfalls bestens mit all diesen aufgezählten Gegebenheiten in Deckung bringen:

… und sie hielten sich an den Karrenweg
und kamen zu zwei Brunnen voll lieblichen Wassers: dort,
wo die zwei Quellen des wirbelnden Skamandros aus dem Boden
                                                    schießen.
In der einen Quelle fließt warmes Wasser, und heißer Dampf steigt | 14
ringsum empor als würde dort ein Feuer brennen, | 15
aus der anderen jedoch fließt es selbst im Sommer so kalt wie Hagel | 16
oder kalter Schnee oder aus Wasser gefrorenes Eis. | 17
Ganz in der Nähe dieser Quellen sind die schönen breiten
                                                    Waschbecken,
die steinernen, wo die troianischen Frauen und ihre schönen Töchter
ihre schimmernden Gewänder wuschen,
damals, als noch Frieden herrschte, bevor die Achaier kamen.

---

1 Siehe X. — 2 Ein Bauer zeigte mir ein Quelloch unweit der alten mit Stein ausgelegten Straße kurz vor der Brücke bei Kesbükü und meinte, das Wasser wäre gut gegen Würmer; nur heiß ist es heute nicht mehr (zu Homers Zeit ist auch nur von ›warm‹ die Rede). Zu den Schwefelbädern und dem Steinbecken siehe Hild-Hellenkemper 1990 (Ulas)./Beschrieben wird Ulas auch von Langlois 1861, S. 357/58: *Ce dernier village a été enlevé sur l'emplacement d'une localité antique dont les ruines ne sont pas encore entièrement effacées; on y voit les restes d'une construction en briques et un grand réservoir taillé dans le roc. En quittant Oulach, on débouche bientôt dans la vallée du Cydnus, désignée aujourd'hui sous le nom de Kechbukur; elle es dominée au nord par une montagne boisée et coupée de distance en distance par des failles formant comme autant de portes naturelles, encadrant des sites détachés d'une admirable contrée alpestre.*

In einem sonst sehr wasserreichen Gebiet ist es wohl gerade diesen arte-
sischen Brunnen zuzuschreiben, daß die ein paar Kilometer weiter
nordöstlich liegende Stadt Mopsoukrene – ›Quelle des Mospos‹ – ihren
Namen erhielt. Schwefelquellen finden sich aber auch ein paar Kilometer westlich von Ulas.[1]

Durch diese Schnittmenge von vielen Einzelbeobachtungen drängt
sich Kilikien als Homers Heimat auf. Dazu kommt überdies, daß im
Zuge der kilikischen Revolten all diese Flüsse – samt ihren Handels-
wegen und ihre Furten – heiß umkämpft waren. Vor solch einer Furt
und dem zu ihr führenden Weg wogt folglich auch die homerische
Schlacht hin und her[2] – überquert wird der Strom erst durch Achilleus, nach heftigen Gefechten. Daß er in ihrer Folge gegen einen
Krieger antritt, der von einem Flußgott abstammt[3], ist dabei stimmig
mit der in Kilikien seit jeher üblichen Herrscherbezeichnung ›Flußherr‹[4].

Bezeichnender jedoch ist, daß sein Kampf mit dem Flußgott – dessen
Wasser durch Hephaistos' Flammen zum Kochen gebracht werden[5] –
Züge aufweist, die einem am Pyramos bezeugten Mythos entnommen
sind. Die Bezwingung des Wassers durch Feuer ist ja – anders als das
Umgekehrte – keine Selbstverständlichkeit. Nachweisbar ist diese Vor-
stellung allgemein im altorientalischen Weltbild, wo einerseits Flußgöt-
ter mit einer feurigen Aura ausgestattet sind, andererseits bestimmte
Gottheiten die Flut eines Stromes zum Brodeln bringen können.[6] Der

---

1 *Dans une gorge de la montagne qui se lie au Taurus, se trouve un endroit très-pittoresque appelé
Ichmé, nom qui lui vient d' une source sulfureuse jaillisant du rocher. L'eau de cette source est á 41°
centigrades; elle dégage constamment et en grande quantité des bulles de gaz assez volumineuses qui
paraissent consister en acide carbonqiue libre et en acide sulfhydrique. []. Les Romains avaient con-
struit à Ichmé des thermes dont on reconnait facilement les restes sur la rive gauche du Deli-sou
[Deli Cay zwischen Mersin und Tarsos]. []. Ichmé, dont le nom antique ne nous est pas parvenu,
a dû être une residence d'été, un séjour plein d'agréments pour les anciens habitants de Tarse; et, en
effet, on y voit des traces d'habitations sur divers points, et plus particulièrement prés d'une cascade,
formant un réservoir naturel, que borde un rocher que les Romains avaient taillé et aplani.* Langlois
1861, S. 257/58. — 2 Vgl. etwa XI 498–9, wo deutlich wird, daß sich die Schlacht am Flußufer, nicht aber auch auf der anderen Seite abspielt. Das Motiv der Schlacht an einer Furt
ist dabei zentral für das Epos: es kehrt nicht nur am Schild des Achilleus XVIII 520ff. wieder, sondern auch in Nestors Erzählung vom Kampf gegen die Epeier XI 721f. — 3 XXI
140f. — 4 CHLI I. — 5 XXI 361–6. — 6 Diskussion: Rollinger 1996.

spezifische Bezug auf den Pyramos ergibt sich jedoch bereits aus dem Flußnamen: *Pyr-amos* bedeutet ›Der Feurige‹[1].

Daß Homer dabei nicht nur wortspielerisch auf den Namen dieses Flusses verweist, sondern dahinter auch ein realer Hintergrund sichtbar wird, zeigt sich am Kult des Flußgottes Pyramos in Kastabala.[2] In dieser bei Karatepe liegenden ›heiligen Stadt‹ wurden Münzen geprägt, die den Flußgott schwimmend und eine Fackel in der Hand haltend darstellen.[3] In der dort gleichfalls verehrten Perasia (deren Name wohl die weibliche Entsprechung zu Pyramos darstellt) sah man noch in der Römerzeit die Fackelträgerin Hekate.[4] Der Kult der Feuerträgerin Perasia und des Feuergottes Pyretos ist auch ein Stückchen weiter südlich des Flusses belegt, in einer Nachbarstadt Kastabalas[5]: in Pahri/Mopsouhestia fand man einen Grabaltar, dessen Inschrift darauf hinweist, daß er für eine Priesterin der Perasia aufgestellt wurde, die bei ihrem Ritual über glühende Kohlen lief.[6]

All dies bietet genügend Material, um hinter der Kampfepisode mit dem Skamandros einen auf den Pyramos bezogenen Mythos auszumachen – um so mehr als Homer an der Stelle, wo er die Schlacht ans Ufer dieses Flusses verlegt, einen Krieger namens Pyrasos vor eins der ersten großen Flußgleichnisse stellt.[7]

Man mag zwar einige Landschaftsmerkmale punktuell auch in der Troas wiederfinden – typisch werden sie jedoch erst hier. Das betrifft etwa die schilfbestandenen Ebenen, wo man Röhricht schneiden geht.[8] Was sich bestenfalls auf ein einzelnes Uferstück des Dümrek beziehen läßt, ist jedoch für die Troas ebensowenig charakteristisch wie die mehrmals ge-

---

1 Er stellt eine gräzisierende Deutung des luwischen Flußnamens ›Purana‹ dar; Freu 2001. Diese Volksetymologie mochte den Griechen einen mythologisierenden Spielraum eröffnet haben. Dasselbe gilt für den Saros, der luwisch eigentlich ›Samri‹ hieß, von den Phönizier aber ›Sharru‹ (›Herrscher‹) genannt wurde: letzterer Bedeutung ist es zuzuschreiben, daß die Griechen diesen Fluß auch ›Koiranos‹ nannten; Goetze 1939. — 2 Ehling/Pohl/Sayar 2004; Kastabala (heute Bodrum Kalesi) war die alte Hauptstadt Kizzuwatnas; Diskussion: Casabonne 2004. — 3 Tekin 2001. — 4 Die griechische Weiheinschrift für die Göttin von Kastabala um 150 n. Chr lautet: *Das Volk von Thebe ehrt dich mit Opfern als Selene oder Artemis oder – Göttin – als Fackelträgerin Hekate, die wir an den Dreiwegen verehren, oder als Kypris, oder als Persephones Mutter Deo*; Text in Pilhofer 2006. — 5 Ehling/Pohl/Sayar 2004. — 6 Der Ritus wird in Strabon XII.2.7 beschrieben. — 7 XI 491–9. — 8 XXIV 451; XVIII 575–6 als Weide für Büffel.

schilderten Pappeln, die in der Niederung eines ›großen Sumpflandes‹ wachsen[1]; dasselbe gilt für den Plural von ›grasigen Flußauen‹[2]. Auch von der im Epos omnipräsenten Gerste hat man bei den Grabungen in Troia kaum etwas gefunden[3], während der dort reichlich belegte Weizen in Kilikien nur in geringerem Maße angebaut wurde, da er nicht so ertragreich war – in der *Ilias* wird er deshalb selten erwähnt und dient dann hauptsächlich als Pferdefutter.[4] Dazu kommt, daß Homer von drei Getreideernten im Jahr spricht[5], was ebenfalls nur im kilikischen Klima möglich ist.

Man hat zwar in Troia Pferdeknochen ausgegraben – doch die gehörten wohl eher zu den Ställen der troianischen Wagenkämpfer, als daß von einer überregional bekannten Pferdezucht samt Roßbändigern mit einem Hinterland von Wildpferden die Rede sein könnte. Die Troas ist zu trocken für die dafür notwendigen großen, saftigen, irischgrünen Grasweiden – während in Kilikien die Tradition dafür so alt wie berühmt war. Auch daß im Epos zweimal Maultiere als Trophäen bei Wettkämpfen ausgesetzt werden[6], läßt sich weit glaubwürdiger mit den attestierten Qualitäten der kilikischen Zucht in Verbindung bringen. Das gleiche gilt für die ›breitstirnig‹[7] und ›dreh- bzw. krummhörnig‹[8] beschriebenen Rinder: damit können nur Zebus gemeint sein, nicht die kurzhörnigen, kleinen Rinder, die weiter im Nordosten dominant waren.[9] Und wenn von weitabgelegenen Gehöften die Rede ist, von denen der Gutsherr seine Arbeiter in die Stadt schickt, damit sie sich dort mit Eisen versorgten[10], so paßt dies ebenfalls wieder für die große und weite kilikische Ebene – um so mehr als in diesem Kontext direkt auf Soloi angespielt wird, in dem es nachweislich gehandelt wurde.

Geben die Landschaftsbeschreibungen einen ersten Eindruck Kilikiens wieder, so weiten die homerischen Gleichnisse dieses Panorama noch aus – indem sie einerseits Generisches ins Bild rücken, das für Kilikien typisch ist, und andererseits den generellen Lokalbezug des Epos vor Augen führen. Von dem in der *Ilias* mehrmals auftretenden Nebel[11] kann jedenfalls nur hier gesprochen werden: wie in der Poebene sind hier

1 Etwa in IV 483. — 2 XX 9. — 3 Richter 1990. — 4 VIII 188, X 569. — 5 XVIII 542. — 6 XXIII 265–6; 654f. — 7 X 292, XX 495. — 8 XII 293, XV 633, XVIII 524, XXI 448, XXIII 166. — 9 Richter 1990, 44f. — 10 XXIII 832–5. — 11 Erstmals in III 381; dann beispielsweise in XVII 645 und zuletzt in XXI 7.

Tiefland und Gebirge groß genug, um die dafür notwendigen Temperaturunterschiede aufkommen zu lassen. Das gleiche gilt für die ›unablässigen Winterregen‹[1]: anders als in der Troas gibt es in Kilikien zwei richtige Regenperioden, und die durchschnittliche Niederschlagsmenge beträgt hier dank der Gebirge ringsum 80 cm.[2] Dabei sind für diese Gegend auch die von Regen und Überschwemmungen hinterlassenen Wasserflächen typisch, die erst der Nordwind auftrocknet.[3]

Die wenigen vor Troia entdeckten Entwässerungsgräben sind so uneindeutig, daß sie sich auch als Verteidigungsanlage interpretieren lassen[4] – wenn sie je zur Drainage benützt wurden, dann höchstens an der unmittelbaren Mündung des Karamendres. Die Gleichnisse schildern jedoch generell die Feldarbeit mit Ent-[5] und Bewässerungskanälen[6] wie sie für die gesamte kilikische Tiefebene bezeichnend sind – samt großflächig terrassierten Hügeln[7] und Obstbaumsetzlingen[8]. Und wo es umgekehrt in der Troas nicht an Olivenhainen mangelt, wachsen die Ölbaumschößlinge in Kilikien auch heute noch bloß in gutgehegten und geschützten Beeten – ganz wie Homer es beschreibt.[9]

Auch kann in der Troas kaum die Rede von jenen großen Muren oder Geröll- und Schlammlawinen sein[10], die der Saros und der Pyramos aus dem anatolischen Bergland mit sich führen, und auch nicht von Eichen- und Kieferstämmen, die ins Meer hinausgeschwemmt werden könnten[11] – die würden bereits im Oberlauf des Karamendres hängenbleiben. Es gibt dort auch keinen Grund, Deiche gegen jährliche Überschwemmungen zu errichten, die die Schutzdämme vor den Weingärten fortspülen[12], die Hügelstufen untergraben und die gesamte Feldarbeit zunichte machen.[13]

Und nirgendwo sonst, in keinem einzigen Flußtal an der kleinasiatischen Küste, gibt es eine Kette von Felskämmen, die eine Ebene entzweiteilen und die homerischen Überschwemmungsfluten mehrerer Flüsse zurückwerfen könnten.[14] Bei Pahri/Mopsouhestia jedoch ragen jene steilen und hohen Grate auf, die seit alters her die Grenze zwischen dem adanischen Tiefland und der alesischen Ebene bildeten: ein Punkt,

---

1 III 4. — 2 Casabonne 2004. — 3 XXI 346–7; für die Auflösung dieser schwierigen Stelle voller *hapax legomena* siehe auch Fagles' Übersetzung der *Ilias* 1990. — 4 Diskussion: Kolb 2003. — 5 XVIII 564. — 6 Ausführlich in XXI 257–62. — 7 XVI 390. — 8 XVIII 56–7/ 437–8. — 9 XVII 53–6; der Olivenbaum ist auch heute noch rar, anders als in der Troas. — 10 XXI 318–20. — 11 XI 492–5. — 12 V 87–92. — 13 XVI 389–92. — 14 XVII 747–51.

Von Regen und Überschwemmungen hinterlassene Wasserflächen

Die Ebene war voll vom Flußwasser, das sie geflutet hatte.
Wie wenn der herbstliche Nordwind ein nun unter Wasser stehendes Feld
schnell auftrocknet, daß es der Bauer erleichtert zu beackern beginnt,
so wurde die ganze Ebene aufgetrocknet.

XXI 300/346–8

Ent- und Bewässerungskanäle

Und auf ihm machte er einen Weingarten schwer mit Trauben,
einen schönen, aus Gold: aber die Trauben auf den Reben waren dunkel
und die Reihen von Stützpfählen waren silbern –
und rund um das Feld zog er einen Graben aus blauem Email
und einen Zaun aus Zinn.

XVIII 561–5

Wie wenn ein Mann Gräben zieht von einer dunkel aufwallenden Quelle
und das Wasser zu seinen Pflanzen und Gartenbeeten strömen läßt
indem er die Dämme in seinem Kanal mit der Hacke in seiner Hand durchbricht,
daß das Wasser zu fließen beginnt, sich all die Kiesel aus dem Weg räumt,
dabei immer schneller wird und gurgelnd das Gefälle
hinunterrinnt, bis es den Mann überholt, der es lenkt.

XXI 257–62

Olivenhaine

Wie wenn ein Mann einen kräftig sprießenden Olivenbaumschößling hegt,
an einem geschützten Ort, wo ihn viel Wasser feucht halten kann –
einen schönen, gesunden Setzling, geschüttelt vom Hauch
all der wehenden Winde, vor weißen Blüten nur so strotzend –
bis ihn der Windstoß eines großen Sturmes packt,
ihn aus seiner Furche entwurzelt und ihn der Länge nach auf die Erde streckt.

XVII 53–8

Überschwemmungen

So wie die dunkle Erde unter der Last eines Gewitters liegt,
an einem Herbsttag, wenn Zeus seinen heftigsten Regenfall niedergehen läßt,
verärgert über die Männer, die seinen Zorn erregten,
weil sie in einer Versammlung durch Zwang korrupte Richtersprüche herbeigeführt
und das Recht gebeugt haben, ohne an die Vergeltung der Götter zu denken:
und der Lauf all ihrer Flüsse anschwillt, sie übers Ufer treten
und viele Hänge unterspült und fortgetragen werden von der Strömung
die sich mit lautem Tosen jäh von den Bergen in das wogende Meer ergießt,
daß all die Arbeit zerstört wird, mit der die Menschen das Land bebaut haben.

XVI 384–92

                                   Füll deinen Strom
mit Wasser aus deinen Quellen, laß all deine Bergbäche anschwellen
und türm eine große Woge auf, die mit großem Getöse
Baumstämme und Felsen mit sich fortreißt []
daß seine schöne Rüstung irgendwo unterm Grund meiner Flut liegt,
tief von Schlamm überzogen – und ich werde seinen Körper
mit Sand bedecken und Silt über ihn häufen,
zehntausendfach, damit die Achaier nicht mehr wissen,
wo sie seine Knochen zusammentragen sollen: solch eine Mure laß ich auf ihn
   niedergehen.

XXI 311–21

Wie wenn ein im Winter angeschwollener Fluß
von den Bergen hinunter in die Ebene strömt, reißend von Zeus' Regen,
und seine Strömung viele tote Bäume, Eichen und Fichten,
mit sich fortreißt und eine Menge Treibholz ins Meer hinausschwemmt.

XI 492–5

der markant genug war, daß der hethitische Großkönig Muwatalli in einem der beiden vorgelagerten Karstfelsen sein Porträt einmeißeln ließ.[1] Vor diesen beiden Felskegeln bündeln sich die Zuflüsse des Pyramos, der dann in einer Schleife zwischen ihnen hindurch und am Bergkamm entlang zum Meer hinaus fließt.[2] Das Gleichnis, in dem Homer uns dieses topographische Detail vor Augen führt, zeigt dabei auch seine große Kunst als Dichter, der daraus eine Symbolik zu entwerfen versteht: denn so wie die beiden Aianten hier isoliert vor den griechischen Schlachtreihen kämpfen, um die anrennenden Troer zurückzuschlagen, so stehen auch diese beiden Felskegel vor dem langgestreckten Grat des pahrischen Bergkamms, um die Fluten des Pyramos zurückzustauen.

An den Sandküsten Kilikiens ist es dann auch, daß die großen Ströme auf die brandenden Gezeiten treffen; das Strömungsgefälle ist dabei flach genug, daß sie sich – ganz wie bei Homer beschrieben – weit flußaufwärts arbeiten können.[3] Anders als an den Kiessträuden und Felsufern der Troas, gibt es da auch lange Dünenstrände, wo Kinder ihre Sandburgen bauen können.[4] Und im Golf von Issos ist das Meer auch flach genug, die Strömung nicht so reißend wie bei den Dardanellen oder so tief wie bei den ionischen Inseln, daß die Fischer nach Seescheiden tauchen können.[5]

Weiter westlich, vor der Küste des Rauhen Kilikien, liegen wiederum jene bewohnten Inseln und Inselchen, von denen eine in der *Ilias* belagert wird[6] – ob von Piraten, Ioniern oder Assyrern, ist nicht gesagt. Die ionischen Städte Nagidos, Aphrodisias und Kelenderis lagen alle einmal auf vorgelagerten Inseln[7]; auf die Insel Pity (›Pityoussa‹) flüchtete sich ein luwischer Herrscher vor dem neubabylonischen Heer[8]; auf der danebenliegenden Insel Güvercin Adasi sind heute die Ruinen eines römischen Kastells sichtbar[9]; auf der Insel Elai (›Elaioussa‹)[10] ließ ein kappadokischer König sich einmal einen Palast bauen: ihr Name brachte einen Gelehrten sogar dazu, darin das alte Wi-

1 Das Felsrelief von Sirkeli; siehe Wagner 1988. — 2 Die Hügel des Cebelinur beim heutigen Sirkeli vor dem Parion Oros (Misis Daglari) beim heutigen Yakapinar (das frühere Mopsouhestia/Misis). — 3 XVII 263–5. — 4 XV 362–4. — 5 XVI 746–8. — 6 XVIII 207–13. — 7 Diskussion der Inseln: Casabonne 2004. — 8 Heute Dana Adasi; erwähnt im Periplos des Skylax aus dem 4. Jahrhundert und bei Strabon XIV 5.5–6. — 9 Hild-Hellenkemper 1986. — 10 Beim heutigen Ayas; das spätere Sebaste; Hild-Hellenkemper 1986; von Strabon XIV 5.6 erwähnt.

lusija zu erkennen.[1] Und Kram (›Kramboussa‹ — die ›trockene‹ Insel[2]) könnte durchaus jene Insel Kranae gewesen sein, auf der Homer seinen Paris die erste Nacht mit Helena verbringen läßt.[3] Überall dort ist die Küste auch steil genug, damit Seeleute ›hoch oben in den Bergen‹ den Feuerschein eines einsamen Gehöftes sehen können[4] — am Plateau der Troas ist der Berg Ida dafür etwas weit weg.

Kulturgeographie

Die zeitgenössische Forschung ist in bezug auf den Grundcharakter der politisch-sozialen Ordnung der homerischen Griechen tief gespalten. Während sich die troianischen — sprich: späthethitischen — Gesellschaftsstrukturen relativ gut nachzeichnen lassen, haben die Fragen, welchen Rang Ethnos und Polis einnehmen, wie die Machtverteilung zwischen Herrschern, Rat und Volksversammlung zu gewichten ist, welchen Rang der Adel besaß, wie groß die Kluft zum Fußvolk oder den Bauern war und weshalb die freie Bevölkerung im Epos weitgehend ausgeklammert bleibt, zu sehr divergierenden Standpunkten geführt.[5]

Die herkömmlichen Erklärungsmodelle führen diese Unklarheiten entweder auf eine jahrhundertealte mündliche Überlieferung zurück oder leiten sie von der noch in Entwicklung begriffenen Gesellschaft auf dem griechischen Festland im 8. Jahrhundert ab, die gerade erst dabei war, orientalische Vorbilder mit der eigenen Kultur zu verbinden. Eine leichte historische Patina mag zwar in der homerischen Schilderung der Heroen nachweisbar sein und auch die Umbrüche in Griechenland selbst eine nicht unbedeutende Rolle spielen — weit plausibler für diese Problematik ist jedoch unser kilikischer Kontext, wo es zu Homers Zeit noch nicht viel an spezifisch Griechischem auszudifferenzieren gab. Denn Volk — *laos* — ist etwas, das Homer hauptsächlich mit einer Heerschar in Verbindung bringt. Und für diese war das Mutterland weit weg. Überdies hatten die ionischen Söldner, die Homer schildert, in ihren

1 E. Forrer, Vorhomerische Griechen in den Keilschrifttexten aus Boghazköi, in: Mitteilungen der Deutschen Orientgesellschaft 63, 1924. — 2 Strabon XIV 5.5; Kramboussa lag vor dem Kap Kraunoi (heute Ada Burnu); Identifikation Hild-Hellenkemper 1990. — 3 III 445. — 4 XIX 375–80. — 5 Diskussion: Gschnitzer 1991 und Raaflaub 1991.

Schiffen außer der seemännischen Besatzung wohl kaum viel Fußvolk. Die seßhaft gewordenen Bauern, griechischen Händler und das Stadtvolk konnten zu dieser Zeit in Kilikien kaum viel eigenen Freiraum beanspruchen: sie befanden sich ja auf luwischem Territorium und unter assyrischer Oberherrschaft – daher auch die mehrmaligen Vergleiche der Griechen mit Umsiedlern, Ausgewanderten und Fremden.[1] Was dabei die Rollenverteilung zwischen Herrschern, Rat und Heeresversammlung betrifft, führt uns die *Ilias* gerade die für Freibeuter typischen Machtkämpfe der einzelnen Fraktionen vor. Falls darin bereits ›Gesellschaftliches‹ erkennbar wird, so handelt es sich eher um Projektionen auf die kilikische Gesellschaft, die nirgendwo deutlicher werden als in der Schilderung der Stadt auf dem Schild des Achilleus.

Eine realhistorische Tiefe des Epos ist dann jedoch in der späthethitischen Kultur auszumachen, wenn Homer ein althergebrachtes Gesellschaftsgepräge schildert, das in Kilikien deutlich hurritische Züge aufweist.[2] So waren dort Erwerb und Unterhalt von Pferden seit jeher teuer und deshalb auf eine Oberschicht beschränkt, die sich durch diesen Besitz definierte – ganz wie es uns beispielsweise an der Figur Pandaros' vorgeführt wird.[3] Dabei verwandelte sich die Elitetruppe der hurritischen ›Streitwagenfahrer‹ schließlich in einen Geburtsadel, der sich seinen Anteil an der Agrarproduktion sicherte und ganze Dörfer besaß – auf einen solchen Herrn arbeiten denn auch die Bauern im Schild des Achilleus zu.[4] Während der Palast jene Viehherden besaß, die die homerischen Helden hüten gehen[5], und den Handel mit Erzen kontrollierte, waren die Frauen und Dienerinnen im Haus für die Textilherstellung verantwortlich[6]: aus der mit Pflanzenessenzen oder phönizischem Purpur gefärbten Wolle wurde kostbare Stoffe und Gewänder gewebt und exportiert. Die Wichtigkeit der kilikischen Wollproduktion belegt dabei nicht nur Azatiwadas Inschrift[7], in der von großen Schafherden und ›Frauen mit Wollspindeln‹ die Rede ist, sondern auch, daß das griechische Wort für ›aufgewickeltes Wollgarn‹ aus dem Luwischen stammt (*tolype* – von *talupa*).[8] Was Priamos aus seiner Schatzkammer hervorholt, um Hektors Leiche auszulösen, sind deshalb neben Gold und Dreifüßen

1 *Metanastes* – so etwa in XVI 59. — 2 Diskussion: Wilhelm 1982. — 3 V 193–203. — 4 XVIII 550–7. — 5 So etwa Aineias in XX 90–1. — 6 So etwa Helena III 125–8 und ihre Dienerinnen III 422. — 7 Siehe W. — 8 Diskussion: Bleeke 2007.

vor allem die unterschiedlichsten Kleider und Mäntel[1] – gut gekleidet zu sein, bezeugte bei den Hurritern wie bei Homer gesellschaftlichen Status.

Damit langen wir in einer Gegenwart an, bei der die Reminiszenzen an eine legendäre Vergangenheit von einer Fülle an zeitgenössischen Anspielungen überlagert werden. Was so essentielle Dinge wie Glaubensvorstellungen, Kriegs- und Seewesen, Totenkult, Medizin, Handel, Handwerk, Hausbau oder Mobiliar angeht, hat die Forschung längst die Kontemporaneität der Beschreibungen feststellen können.[2] Wie anders hätte es Homer auch gelingen sollen, sein Publikum ins imaginäre Troia zu versetzen, wenn er dabei nicht vom vertrauten Ambiente ihrer Lebenswirklichkeit ausging?

Vor diesem realen Horizont zeigen sich denn viele wiederkehrende Epitheta nicht als historisch tradierte Formeln, sondern erhalten einen spezifisch kilikischen Gegenwartsbezug. An der Kunst dieser Region läßt sich etwa belegen[3], daß Homer in der *Ilias* die neuesten Moden vorführt. Wenn er beispielsweise die Langhaarigkeit der Griechen betont, dann weil damals in Kilikien bei Männern eine kurze Haartracht üblich war – und bei Frauen eine Frisur[4], die sich in Andromaches komplizierter Haartracht mit Knoten und Bündellocken zeigt.[5] Sie stammte aus Assyrien, ebenso wie die Sandalen, die Agamemnon und Hermes anlegen[6] – sie lösen erst zu Homers Zeit die herkömmlichen Schnabelschuhe ab.[7] Von dort neu eingeführt[8] waren auch die Umhänge, wie sie oft und gern in der *Ilias* getragen werden, sowie jene mit Fransen besetzten Ziergürtel, mit denen sich die Frauen schmücken (wozu von ›schöngegürtet‹ sprechen, wenn es nicht etwas Besonderes ist?). Und wenn Hera sich hübsch macht[9], dann plättet sie ihr Haar zu assyrischen Spirallocken[10], steckt sich einen Spange an, die den gerade modisch gewordenen phrygischen Fibeln entspricht[11], und behängt sich mit kostbaren Ohrringen aramäisierenden Stils.

1 XXIV 228f. — 2 Diskussion: Sinn 2003. — 3 Diskussion der folgenden Modedetails: Akurgal 1961. — 4 Im ›assyrisierenden Stil‹ (850–745); Akurgal 1961. — 5 XXII 469–70. — 6 II 44 und XXIV 340. — 7 Auf den Reliefs von Karatepe tragen die Figuren noch Schnabelschuhe. — 8 In der zweiten Phase des assyrisierenden Stils (745–700); Akurgal 1961. — 9 XIV 176–85. — 10 Die typisch für die Zeit nach 745 sind; Akurgal 1961. — 11 Wie sie auch Aphrodite trägt V 425.

Auch was die Kriegführung angeht, läßt sich für fast alles in der *Ilias* ein direkter Bezug zu Kilikien herstellen. So findet sich das homerische Epitheton ›Günstling eines Gottes X‹ in den Herrschernamen seiner Zeit: Azatiwada bedeutet ›Günstling des Lichtgottes‹; Sanduarri ›Günstling des Sanda‹.[1] Lokalisiert Homer die Kraft seiner Götterlieblinge in den Knien – die man ihnen am Schlachtfeld durchhaut – und nennt er sie ›schnellfüßig‹, so spiegelt sich darin die typisch späthethitische Reliefdarstellung von Helden im ›Knielauf‹ wider.[2]

Die Krieger tragen dabei entweder Schwerter, deren ›Länge‹ betont wird, weil dieser assyrische Typus das kurze, am Ende gebogene traditionelle hethitische Schwert abgelöst hatte[3] – oder sie besitzen mit silbernen Nieten[4] verzierte Schwerter, die eine typisch kilikisch-syrische Spezialität darstellen.[5] Im Museum von Adana kann man auch jene Beinschienen betrachten, die sich Griechen wie Trojaner in der Ilias anlegen – sie wurden wohl von den Reitervölkern übernommen, die man unter dem Begriff ›Amazonen‹ subsummierte. Die Helme mit ihren herabfallenden Büschen sind in Karatepe zu sehen und verraten dort bereits griechischen Einfluß.[6] Auch der ›rundverschlossene‹ Köcher, den Apollon trägt[7], gehört in diese Zeit und an diesen Ort – er taucht in den assyrischen Reliefs nur zur Zeit Sanheribs auf und wird dann mit den Kilikern assoziiert.[8] Und wenn Homers Krieger neben den Rundschilden auch Turmschilde tragen, so ist darin ebenfalls kein Verweis auf mykenische Schildformen gegeben: die assyrischen Reliefs dieser Zeit zeigen zahllose übermannshohe Schilde, die bei der Belagerung von Städten gegen Pfeilbeschuß schützen sollten. Das gleiche gilt für die Dominanz von Speer und Streitwagen in der *Ilias* – sie stößt bei den Assyrern ebenfalls auf einen zeitgenössischen Hintergrund.

1 Auskunft Lanfranchi. — 2 Diskussion: Orthmann 1971; das Epitheton ›schnellfüßig‹ findet sich dabei in den assyrischen Annalen im Zusammenhang mit Sanduarri, einer der Vorbilder für die Figur Hektors, vgl. W und Borger 27.18 – wörtlich bedeutet es ›mit offenen Knien‹. — 3 Typisch für die Zeit nach 745. — 4 So etwa Agamemnon in XI 29–30. — 5 Taracha 2003. — 6 Akurgal 1961. — 7 I 45. — 8 Russell 1991, S 159/160 – sie tauchen nur zu Sanheribs Zeit auf, und zwar bei den Reliefs, die die assyrischen Truppen bei der Belagerung von Lachish darstellen, und dann auf der gegnerischen Seite, wo sie als Bergbewohner gezeichnet sind. Daß es Kiliker waren, darauf läßt auch die Bezeichnung *dunnun* für Hiskias Hilfstruppen schließen (vgl. Luckenbill 1924) – siehe W.

Dort hatte sich der Kampfwagen Ende des 8. Jahrhunderts insofern verändert, als nun die Räder größer wurden und der Wagenkasten höher zu liegen kam: weshalb die homerischen Helden nicht absteigen, sondern dauernd herunterspringen müssen.[1] Einem Deichselbaum vorgespannt[2] war dabei ein Zweiergespann, das dort bei Bedarf um ein drittes[3] und ein viertes Beipferd[4] erweitert werden konnte – wobei der Wagen in der Regel drei bis vier Krieger aufnahm. Die späthethitische Kriegskunst hinkte dem jedoch hinterher: auf ihren zweispännigen Wagen standen meist bloß zwei Krieger[5] – ganz so, wie Homer es schildert. Dasselbe gilt für die ›rossebändigenden‹ Troer und die in allen Details geschilderten Pferde: weshalb eine über 500 Jahre während Überlieferung oraler Poesie postulieren, wo hier doch alles gleichsam eine zeitgenössische Relevanz besitzt?

Auch das gern zitierte Beispiel, daß Homer keine Waffen aus Eisen, sondern stets nur aus Bronze erwähnt, um sein Epos bewußt zu archaisieren, ist relativierungsbedürftig. Eine historisierende Absicht mag ihm nicht abzusprechen sein; die Realien erlauben es jedoch, auch für einen durchaus zeitgenössischen Aspekt zu argumentieren. Denn die damaligen Heere waren üblicherweise mit Bronze gerüstet: Schmiedeeisen mußte nicht nur aufwendig individuell zurechtgehämmert werden; es rostete und war zudem weit schwerer und teurer als Edelmetall. Bronze hingegen war leichter zu tragen, heizte sich in der Sonne weniger auf und konnte vor allem billig in Massen gegossen werden[6]: ein nicht unwesentlicher Umstand angesichts der Heeresgrößen der damaligen Zeit.

Daß die Armee der Troianer und Griechen ursprünglich je 60 000 Mann umfaßte[7], scheint dabei gar nicht einmal übertrieben: die Ägypter warfen 40 000 Mann in die Schlacht um Qadesh; bevor der assyrische König Sanherib gegen Kilikien ins Feld zog, rekrutierte er zusätzlich zu seinem regulären Heer noch 20 000 Bogenschützen und 15 000 Schildträger[8] aus den eroberten Ländern und nahm allein auf

---

1 Diskussion: RLA, Stichwort ›Kampfwagen‹; Darstellung Fig. 6. — 2 Nicht an zweien, wie zu dieser Zeit in Zypern. — 3 Vgl. Patroklos' Dreiergespann XVI 152. — 4 Nur Nestors Vater Neleus besaß ein solches Viergergespann XI 698. — 5 Orthmann 1971. — 6 Diskussion: Moorey 1994, S. 290–2; nur assyrische Elitetruppen trugen Waffen aus Eisen; das normale Heer – wie auch die Heere anderer Reiche, darunter wohl auch die Kiliker – besaßen zu dieser Zeit nur Waffen aus Bronze. — 7 Siehe R. — 8 Frahm 1997, 80.

einer Kampagne 200 000 Gefangene[1]; und Xenophons später durch Kilikien marschierende Hopliten waren Teil einer 100 000 Mann umfassenden Armee.[2]

Wo Eisen einer der Gründe für das Interesse der Griechen an Kilikien war und gerade zu dieser Zeit in Griechenland sogar als Währung diente[3], war es jedenfalls zu wertvoll für Waffen. Will Homer ihnen dennoch etwas Besonderes verleihen, dann greift er statt dessen auf zwei andere Novitäten zurück: die durch Sanherib neu eingeführte Kunst des monumentalen Bronzegusses[4], mit der Hephaistos Achilleus' Rüstung herstellt, und auf die ebenfalls zu seiner Zeit moderne Einlegetechnik, mit er dann dessen Schild mit Zinn und Niello schmückt. Eisen mochte zwar kostbar sein, doch als Prunkmaterial war es zu unansehnlich und rostig: deshalb geht Homer nicht nur mit Gold, sondern auch mit Silber verschwenderisch um − und ziert damit Apollons Silberbogen ebenso wie Achilleus' Phorminx[5]. Wobei all diese angeführten Erze den Metallreichtum Kilikiens widerspiegeln.

Namen

Zuletzt erlauben in Tarsos zusammen mit einer korinthischen Schale ausgegrabene Tontäfelchen[6] − hauptsächlich buchhalterische Aufzeichnungen aus der Zeit um 650 − Rückschlüsse darauf, wie zeitgenössisch die Namen von Homers Protagonisten einmal waren. Ein gewisser *Ipparu-nate* scheint unter dem bei Seleukia liegenden Berg Imbaros[7] geboren: neben einem Eetion von Imbros (der auf den kilikischen Herrscher dieses Namens verweist) nennt das Epos auch einen Schwiegersohn des Priamos Imbrios und einen thrakischen Führer Imbrasos. Von dem in diesen Täfelchen aufscheinenden Fürsten *Ida-hakab* lassen sich einerseits die Namenswurzel des Berges Ida, von Priamos' Herold Idaios und jenem Ides ableiten, der sich mit Apollon maß. *(H)aka(b)* dagegen

1 ARAB II 240. — 2 Anabasis I.7; das Heer seines Gegners Artaxerxes gibt Xenophon mit über einer Million Mann an − real wird die Stärke von Historikern auf etwa 50 000 geschätzt. — 3 Cook 1958. — 4 Siehe W; Diskussion von Sanheribs Gußtechnik: Moorey 1994, S. 272–3. — 5 XVIII 474, XXIII 562. — 6 Diskussion der Namen auf den Tontafeln von Tarsos: Goetze 1939. — 7 Plinius, Nat. Hist. V 93; vgl. auch den griechischen Namen *Imbryogon*, der ebenfalls in Kilikien belegt ist.

ist ein häufiges Suffix hurritischer Herkunft: daraus lassen sich Priamos’ Gattin Hekabe, Nestors Beutesklavin Hekamede, der dardanische Führer Akamas und der gleichnamige thrakische Herrscher ableiten. Dieselbe Silbe steckt auch in dem in Karatepe belegten Fürsten *Uka-tala* – der sich im Epos als der troianische Ratsherr Ukalegon und als Priamos’ Bruder Hiketaon gräzisiert findet.[1] Die Namenswurzel der in diesen Täfelchen aufgelisteten Personen *Kaazi* und *Kazu-uh-he* scheint wiederum in Priamos’ Tochter Kassandra und Priamos’ Geliebter Kastianeira stecken. Der dort ebenfalls verzeichnete syrische Name *Bienteshina-an* mag zum Troianer Bienor geführt haben. Homer erwähnt ihn zusammen mit einem gewissen Oileius[2]: ein *Huliyas* war zu dieser Zeit Herrscher über Tabal.[3]

Andere Sippennamen erweitern diese Lokalbezüge – und zwar durch ihre spezifisch kilikischen Schreibweisen. Dardanos’ Vater Bias sowie zwei gleichnamige griechische Führer sind – genau so geschrieben – in Korykos belegt.[4] Dort ist auch ein *Maras* bezeugt[5]: im Epos heißt ein Lykier Maris. Koon, der Sohn des troianischen Ratgebers Antenor, entspricht dem Sippennamen *Koas / Kououn*[6]. Arsinoos, der Vater von Nestors Beutesklavin, verweist auf den anatolischen Namensstamm *arsa*[7] und die griechische Kolonie Arsinoe. Und was Briseis’ Vater Euenos in Lyrnessos und den ebenfalls dort erstmals auftretenden Aineias angeht[8], so lassen sich beide von *winaya*, dem luwischen Namen für ›Wein‹ ableiten: eine Stadt namens Oinoanda – ›Weingarten‹ – findet sich unweit von Issos.[9] Dieser Lokalbezug ist um so zwingender, als Homer auch einen Eioneius erwähnt, dessen Sohn Rhosos heißt: eine Stadt namens Rhosos kennt Strabon an der kilikischen Grenze südlich von Issos.[10] Aineias’ Stammbaum weist ebenfalls luwisch-hethitische Wurzeln auf: sein Vater Anchises läßt sich mit dem Personennamen *Ankuwa* verglei-

---

1 CHLI I.1, Karatepe 3–4: Das *-legon* entspräche dann einer Umformung, wie sie sich auch beim anatolischen Sippennamen *Arza* findet, der in Lykien zu *Arsa-lagos* gräzisiert wurde; Zgusta 1964. Beim Endsuffix *-taon* ist die Umformung hingegen weit einfacher. — 2 XI 93. — 3 In den Annalen Sargons wird er *Hu-ul-li-9* ARAB II 240.i geschrieben und von Hawkins AnSt 37 zu *Huliyas* rekonstruiert – siehe W. — 4 Sie leiten sich von *piya* – ›geben‹ – ab; das sonst von Karien bis Kilikien gebräuchliche Endsuffix *-pias* wird in Korykos *-bias*, *-bies* oder *-bios* geschrieben (*Tarkum-bias; Tarkum-bios; Rond-bies*), Zgusta 1964, § 16 und 17. — 5 *Maras*; Zgusta 1964, § 20. — 6 Stammform *kuwa* – wobei *Kououn* im kilikischen Kanytelide als Frauenname belegt ist; Zgusta 1964, § 4. — 7 Zgusta 1964, § 14. — 8 Vgl. X. — 9 Zur näheren Diskussion siehe X. — 10 Siehe supra.

chen[1], der Name seines Großvaters Kapys beruht auf einer häufig vorkommenden Wurzel[2]; und hinter seinem Großvater Assarakos steckt, wie gesagt, der kilikische König Awarikas.

Die zahllosen auf *Erma-* gebildeten Namen verraten die Herkunft von zwei Troern namens Erymas – sie tragen den luwischen Mondgott in sich.[3] Vom akkadischen Gott des Grundwassers und der Unterwelt – Ea – wiederum rührt der weitverbreitete Sippenname *Iya* her: von ihm leiten sich die überall in Anatolien belegten Frauen- und Männernamen auf *Ia* und *Eia* ab. Den Bezug dieses Gottes zum Wasser und zur Unterwelt zeigen bei Homer folglich auch die Nereiden Ia-ira, Ia-nassa und Ia-neira, der Nymphensohn Ai-sepos, der Fluß dieses Namens sowie der Iar-danos (der wahrscheinlich den Jordan wiedergibt), der Argonautenführer Ia-son sowie der in die dunkelsten Tiefen verbannte Ia-petos, Ai-doneus als Herr der Unterwelt sowie Ai-syetes und Ai-pytos mit ihren Grabmälern.[4] Nicht genug damit, lassen sich auch Achilleus' Großvater Ai-akos sowie zwei der größten Helden des Epos davon ableiten: die Ai-anten. Ihre Etymologie hat ebenfalls – wie bei der überwiegenden Zahl der hier aufgezählten Namen – bislang keine plausible Auslegung gefunden. Gilt Aias immer noch als ›undurchsichtig und ohne sichere Deutung‹[5], so ist er in der Schreibweise *Eias* hingegen in einer adanischen Inschrift belegt.[6]

Bezeichnend ist dabei, daß Homer mit all diesen Namen – von wenigen Ausnahmen abgesehen – überwiegend Troianer und ihre Verbündete kennzeichnet. Die Umbildungen selbst verraten dabei weniger gewachsene Formen denn rezente Gräzisierungen nach dem Muster Milano–Mailand, die auf die neuen griechischen Siedler in Kilikien oder direkt auf Homer zurückzuführen sein mögen.

Eine ähnliche Praxis läßt sich an einem Flußnamen nachweisen. So hieß der zweitgrößte Fluß der Region bei den Phöniziern *sarru*; die Griechen sprachen ihn ›Saros‹ aus, wobei sie ihn – der Bedeutung des

---

1 Laroche führt einen *Ankuwa-ziti* (›An-kuwa-MANN‹) an; Laroche 1966; *kuwa* ist ein eigener Sippenname; Zgusta 1964, § 4. — 2 Laroche führt die Namen *Kapi-uwa*, *Kappazuwa*, *Kapas-sanni* und *Kappar-aya* an; Laroche 1966. — 3 Zgusta 1964, § 19. — 4 In weniger spezifischer Form zählen dazu auch Eioneus, Iasos, Iamenos, Ainios. — 5 Vgl. Kamptz 1982. — 6 Diskussion des Sippennamens: Zgusta 1964, § 21; es gibt auch heute noch mehrere Orte namens ›Ayas‹ in Kilikien.

semitischen Namens gemäß – auch ›Koiranos‹ nannten[1]: ›Herrscher‹.
Als Exempel für diese Art der Umdeutung lassen sich aber auch Priamos
und Paris anführen. Priamos wird als Gräzisierung von *Parija-muwas*
aufgefaßt: ›Hervorragende Stärke Habend‹[2]; der Name seines Sohnes
Paris ist passenderweise aus demselben Stamm gebildet: *Pari(ja)-zitis* –
›Hervorragender Mann‹[3]. Gerät bei der Kontraktion zu ›Paris‹ die ursprüngliche Namensbedeutung in den Hintergrund, ist sie jedoch bei
Parija-muwas (dessen Endsuffix nur in Kilikien zu *-moas/-mos* zusam-
mengezogen wurde[4]) noch klar erkennbar: Priamos bleibt auch hier
noch ›Der Erste‹.

Wo die luwische Wurzel des Namens Priamos' stets als Beispiel angeführt wird, um damit eine uralte Überlieferung des troianischen Sagen-
stoffes plausibel zu machen, hat man dabei jedoch gerne übersehen, daß
der Beleg dafür aus Kilikien stammt. Ein *Parija-muwas* ist dort seit alters
her bezeugt; er taucht um 1350 als Bewohner der kizzuwatnischen Stadt
Zazlippa auf.[5] Darüber hinaus ist in Tarsos auch ein Stadtherr namens
Parija-watra nachweisbar.[6] Das gleiche gilt für Paris: ein *Sanda-Paris* ist in
Korykos belegt[7] und ein *Am-baris* war zur Zeit der ersten kilikischen
Revolte Herrscher über Teile des Rauhen Kilikien und Tabals.[8]

Nachbarn

Zur historischen Verortung der *Ilias* in Kilikien läßt sich aber auch eine
Gegenprobe anstellen. Zu den üblichsten literarischen Strategien zählt
es wohl, seine unmittelbaren Nachbarn zu verunglimpfen. Sieht man
sich nun an, welche von Homer eingeführten troianischen Protagonisten in ein schiefes Licht gerückt werden, so ergibt sich auch dadurch
eine geographische Zuordnung. Während bei manchen Randfiguren –
wie etwa dem geldgierigen und verräterischen Antimachos[9] – keine

---

1 Stephanus Byzantius s.v. *Adana*. — 2 Starke 1997. — 3 Paradigma Watkins 1994; *Pari-zi-
tis* war der Name eines aus Südanatolien stammenden Schreibers; Laroche 1970. — 4 Diskussion des Sippennamens *muwa* und seiner unterschiedlich belegten Formen: Zgusta
1964, § 23. — 5 KUB RS 22–4; Vertrag Arnuwandas II. mit der Stadt Ismerika. — 6 Watkins 1994, Laroche 1970 und Zgusta 1964; *Pariya-watra* war der Vater der kizzuwatnischen
Prinzessin Isputahsu; eine *Para-moas* ist auch im späteren Kaisareia in Kappadokien belegt.
— 7 Zgusta 1964, § 20. — 8 Laroche 1970; siehe auch W. — 9 XI 123–5.

Herkunft genannt wird, wird der hinterhältige, aufschneiderische und feige Pandaros als ›leuchtender Sohn Lykaons‹[1] bezeichnet: Lykaonien war die unmittelbar westlich von Tyna liegende Nachbarregion Kilikiens – und noch zu Xenophons Zeit mit ihr verfeindet. Lykaon heißt dabei auch jener Sohn des Priamos', der erst in die Sklaverei verkauft wird und dann, auf gänzlich unheroische Art, unter Aufbietung all seiner Überredungskünste vor Achilleus um sein Leben bettelt – um dann einem schmählichen Tod überantwortet zu werden.[2]

Ein wenig besser als Pandaros und Lykaon – mit denen er zusammen auftritt – wird Aineias geschildert; wenn es darauf ankommt, ziert sich dieser Sproß des Dardanos aber[3] und redet lieber als zu kämpfen.[4] Obwohl als Hasenfuß dargestellt, wird er jedoch letztlich einmal Herrscher von Troia werden[5] – was in dieser Zwiespältigkeit wohl die Rivalität der kilikischen Städte mit Adanija widerspiegeln mag. Dazu paßt auch, daß es der Dardaner Euphorbos ist, der Patroklos von hinten seinen Speer in den Rücken jagt[6]; als arroganter Angeber[7] und modisches Weichei gezeichnet (›Haar schön wie das der Chariten, Locken in Gold- und Silberspiralen gezwängt‹[8]), ist er durch seinen Namen (›Schönes Weideland‹) und die mit ihm assoziierten Vergleiche (›wie ein Olivensetzling‹[9]; ›die beste Färse in einer grasenden Rinderherde‹, die von feigen Hirten bewacht wird[10]) treffend mit dem durch Landwirtschaft reich gewordenen Adanija verbunden. Die Abneigung gegen diese Stadt mochte daher rühren, daß sie zur Zeit der kilikischen Revolten auf seiten der Assyrer gestanden hatte – dort residierten ja die assyrischen Gouverneure.

Asios, Sohn des Hyrtakos, macht ebenfalls keine besonders gute Figur: von Homer als ›armer Narr‹ bezeichnet, der als einziger mit seinem Streitwagen gegen die griechische Mauer und damit blind in seinen Untergang rennt, sind seine herrlichen Pferde das Beste an ihm. Seine Herkunft wie sein Vor- und Vatersname verraten einen inneranatolischen Ursprung: *aza* bedeutet ›Liebling‹, *hartakas* ist hethitisch für ›Bär‹[11].

Die am schiefsten gezeichnete Gestalt jedoch bleibt Paris. Das histo-

1 II 826. — 2 XXI 34–127. — 3 XIII 459f. — 4 XX 160ff. — 5 XX 306–8. — 6 XVI 806f. — 7 XVII 19. — 8 XVIII 51–2. — 9 XVII 53–9. — 10 XVII 60–9. — 11 Watkins 1994; in hethitischen Dokumenten ist auch eine Stadt namens *Hartaqqas* überliefert, deren Lage jedoch unbekannt ist.

rische Vorbild für ihn stammt – wie wir noch sehen werden – aus dem nördlichen Tabal, das einmal zu Kilikien gehörte, bevor die Assyrer dort andere Grenzen zogen. Daß er nur dank der Assyrer an die Macht kam, de facto aber seine assyrische Frau regierte, bot wohl genügend Angriffsfläche für kilikischen Chauvinismus.

V – KARATEPE: AZATIWADAS ›TROIA‹

Die Reliefs

Was den realen Hintergrund unseres Epos betrifft, können wir dank der Grabungen in der Nähe von Karatepe noch weit spezifischer werden.[1] Die Ruinen der Festungsstadt Azatiwadaija werden auf den Anfang des 7. Jahrhunderts datiert; sie stellen ein imposantes Monument für die Blütezeit der Danaer in Kilikien und dann des Scheiterns ihrer letzten Revolte dar. Auf dem Hügel dort hat man nicht nur ein Standbild des Wettergottes Tarhunta gefunden, der lokalen Zeusgestalt, in dessen imposante Statue eine phönizisch-luwische Bilingue eingemeißelt wurde. Man konnte auch zwei große Torportale mit Orthostaten freilegen, deren Reliefs im gesamten Corpus der späthethitischen Kunst eigen dastehen. Wie wir sehen werden, bezeugen sie nicht nur ein der *Ilias* engverwandtes Umfeld, sondern scheinen auch die Vorlagen für einzelne Passagen dieses Epos abgegeben zu haben – das Zeus ja ebenfalls wie auf den Leib geschrieben scheint.

Passend zur Bilingue – die erneut die multikulturelle Situation dieses späthethitischen Stadtstaates vor Augen führt – waren hier nicht nur zwei Schreiber, sondern auch zwei Bildhauergruppen am Werk, wobei die eine eher hethitische, die andere phönizisch-griechische Stilelemente bevorzugte. Was diese Bildfolgen und der Text[2] jedem vor Augen führten, der in den Vorhöfen der Tore auf Audienz bei Azatiwada war-

1 Diskussion, auch in den folgenden Fußnoten, wo nicht weiter ausgewiesen: Cambel/ Özyar 2003. — 2 Auf die Inschrift gehen wir im nächsten Kapitel ein.

tete, waren für das Herrscherhaus repräsentative Szenen, die Politisches, Kulturelles, Historisches und Mythologisches darstellten. In Empfang genommen wurde der Besucher darin von einer Götterwelt, die der Welt der Sterblichen diametral gegenübersteht – in eben jener zweiteiligen Gesamtkonzeption, wie sie auch für das Epos mit seinem von der menschlichen Kulisse abgehobenen Götterapparat prägend ist. Was davon noch erhalten ist, läßt sich dabei zum überwiegenden Teil mit Szenen der *Ilias* in Verbindung bringen: vom Allgemeinen bis ins Spezifische. Wobei uns nicht zuletzt der Text der Bilingue zeigen wird, daß wir es bei Azatiwada selbst mit einer Inspirationsquelle für Priamos zu tun haben.[1]

Das beginnt zunächst damit, daß in diesen Orthostaten Abbildungen zu finden sind, die die lokale Verbreitung des literarischen Modells der *Ilias* attestieren: das Gilgameshepos. Zwei Reliefs stellen die Tötung Humbabas durch Gilgamesh und Enkidu im Zedernwald dar[2] – ein beliebtes Motiv in dieser Region. Neben den üblichen Chimären und Sphinxen findet sich hier auch der ursprüngliche ägyptische Gott Bes. Er wurde besonders in Zypern verehrt und wies jene gorgonenartigen Züge[3] auf, die Homer auf Agamemnons zypriotischem Panzer und Schild beschreibt[4]: einen seiner Darstellung entsprechenden Schild fand man in Karkemish.[5]

Typisch iliadisch ist dann der fünfmal dargestellte Bogengott. Auch angesichts der Bilingue, in der sich Azatiwada (›Liebling des Tiwad‹) als ›Günstling‹ dieses luwischen Sonnengottes bezeichnet[6], führte dies wohl dazu, daß Homer Apollon mit seinem Bogen zum troianischen Stadtgott erhob.[7] Die spezifische Konstellation eines anderen Reliefs (der Bogengott vor einem Bären, der ihn mißtrauisch beäugt) wirkt dagegen wie eine Vorlage für das Orion-Ornament auf Achilleus' Schild.[8]

Auf einem weiteren Orthostat ist eine nicht näher identifizierbare

---

1 Siehe W – Friedenszeit. — 2 SKR 11 sowie SVL 5 oben (als Humbaba-Darstellung identifiziert von Orthmann 1971). — 3 Mylonas 1998. — 4 XI 19ff. — 5 Barnett 1977. — 6 Inschrift, CHLI I.1, Hawkins 2000. — 7 Tiwad besitzt aber auch eine Verbindung zu Jarri, dem ›Herrn des Bogens‹ – der ebenfalls auf diesen Aspekt des kleinasiatischen Apollon verweist. — 8 Vgl. NVr 4 und Orion und der Bär in XVIII 486–8; da sonst nirgendwo im hethitischen Kulturkreis Bärenjagden belegbar sind, handelt es sich hier wohl um ein mythologisches Motiv.

Göttin mit einem Krug abgebildet, wie ihn auch Hebe in der Hand hält[1]; der griechische Einfluß ist dadurch auszumachen, daß ihr der für eine anatolische Göttin übliche Schleier fehlt und sie einen faltenreichen griechischen Chiton trägt.

Dasselbe griechische Gewand kleidet auch die Muttergöttin Hebat, die zusammen mit ihrem Sohn Sharumma (›König‹) abgebildet wird; sie gibt ihm die Brust mit exakt jener Geste, die Homer in der Szene zwischen Hekabe und Hektor emphatisch zur Sprache bringt.[2] Gleich daneben ist in diesem Portal ein mit seinen Schwingen den Bildbereich völlig ausfüllender Vogelgenius unter einer Flügelsonne dargestellt, der an jenen von Zeus gesandten, ominösen Adler erinnert, dessen Fittiche das Tor einer ganzen Schatzkammer ausfüllen.[3] Anschließend daran steht ein Ziegenträger als Schutzgott der Viehherden mit einem Schwert westlichen Typus – entsprechend Hermes' Funktion als Hirtengott.[4] Und diese Dreierreihe endet dann vor einem Sphinx, die ein menschliches Gesicht auf einem Löwenkörper trägt.

Diese am Eingang des Nordtors sichtbare Motivkette entspricht ganz dem Erzählstrang der *Ilias,* wo auf die Szene zwischen Hekabe und dem todgeweihten Hektor das Zeus-Omen des Adlers folgt und Hermes daraufhin Priamos erscheint, um ihn zu Achilleus zu geleiten, der in seiner Emotionalität dann ebenso sphinxenhaft gezeichnet wird, wie er sich zugleich als bestialischer als ein Löwe beschrieben findet.

An anderer Stelle werden als Hommage an den Begründer der lokalen Herrscherdynastie, den legendären Seher Mopsos, eine ganze Reihe von Vögeln präsentiert[5] – stimmig dazu, daß auch für die *Ilias* diese Art der Divination gebräuchlich ist und nicht etwa auch die in Zypern, Syrien und Assyrien praktizierte Leberschau.

1 NKl 8 und IV 2–3. — 2 NKr 8 und XXII 80–3; zur Ableitung Hekabes von Hebat, Kubaba und Hekate siehe P; die am Relief dargestellte Palme fehlt natürlich bei Homer; sie taucht aber in der vergleichbaren Szene auf Delos auf, die im Zusammenhang mit Leto und Apollon steht (vgl. Le Roy 1973). — 3 NVr 9 und XXIV 315–9. — 4 NVr 11 und 12; als Hirtengott wird Hermes in der *Ilias* in XIV 490–1 präsentiert. Dargestellt ist hier der luwische Runtiya in einer Form, wie sie zum zum typischen Bildrepertoire Südostanatoliens gehört – in dieser Funktion ist Hermes aber auch um 620 in Kreta als Hermes Kriophoros belegt; und in Boiotien feierte man ein Fest in Erinnerung an Hermes, der einen Widder um die Mauer Tanagras trug, um die Stadt vor einer Seuche zu bewahren. — 5 NKr 3 oben, NKl 10, SKL 13, 14.

Spezifisch iliadisch wirken dann auch die Kult- und Festmahldarstellungen. Es gibt mehrere Reliefs von Männerfiguren mit griechisch geraden Nasen, in denen unten ein Stier und eine Ziege vorgeführt werden, während oben die dazugehörige Speiseszene folgt – eine Situation, wie sie das Epos mehrmals typisiert.[1] Den kultischen Kontext legt eine Bankettszene anläßlich einer Trauerfeier nahe, wie sie Nestor in seinem Palast am Ende der *Ilias* veranstaltet.[2]

Eine andere Stieropferszene[3] zeigt ebenfalls dezidiert griechische Einflüsse[4]; während es sonst im anatolischen Raum üblich ist, den Rindern die Kehle durchzuschneiden[5], wird hier der Stier mit einer Doppelaxt getötet – so wie es Homer ein einziges Mal in einem Gleichnis beschreibt.[6] Daß diese Szene ortstypischen Charakter hat, beweist die dazugehörige Inschrift, in der von einem alljährlichen Stier- und Schafopfer die Rede ist, das die kilikischen Flußländer darbringen – und die auch Homer mehrmals erwähnt.[7] Das obere Band dieses Reliefs hingegen stellt dabei einen Speerträger dar, der als Opfertier eine Ziege heranführt – wie sie auch für die zahllosen Mahlzeiten in der *Ilias* rituell geschlachtet wird. Den offiziösen Charakter solcher Kapridenopfer führen noch drei weitere Reliefs vor, bei denen ein Gott oder Herrscher einem Opferzug voranschreiten, wie Homer ihn beispielsweise beim Waffenstillstand der Griechen beschreibt.[8]

Die Accessoires der jeweiligen Festmahlszenen finden sich ebenfalls in der *Ilias* wieder: so sind kostbare Krüge phönizischen Ursprungs dargestellt[9], wie sie Achilleus beim Wettrennen als Trophäe aussetzt.[10] Der lokal hergestellte Thronsessel samt Fußbank weist phrygische wie levantinische Elemente auf – und mag Achilleus' dekoriertem Stuhl entsprechen.[11] Beim höfischen Treiben fehlen auch Musikanten nicht, die als Aulos-, Tamburin- und Leierspieler dargestellt sind.[12] Sie halten nicht nur eine assyrische Flachbodenleier, sondern auch eine griechische Rundbodenleier sowie einen anderen Typ der Phorminx, deren Steg ebenso ungewöhnlich prominent ist wie bei Achilleus' Instrument.[13]

Auf ebendiesen Reliefs finden sich verblüffend genaue Entsprechun-

---

1 SVl 3; SKl 11; SKr 15–6. — 2 XXIV 802–3; Orthmann 1971. — 3 NKr 17. — 4 Beim sogenannten ›Ochsenmord‹ in Attika (*boupohnia*) wird das Rind mit einer Axt erschlagen. — 5 I 459 als nur ein Textbeleg für viele folgende, nach orientalischer Tradition vorgenommene Schächtungen. — 6 XVII 520–3. — 7 XXI 131. — 8 SKl 7, 8, 9 und III 264ff. — 9 SVl 3. — 10 XXIII 740–5. — 11 XXIV 597. — 12 NVL 7 und SVl 2. — 13 IX 186–7.

gen zu den Hochzeits-, Musik- und Tanzszenen, die auf dem Schild des Achilleus beschrieben werden.[1] Dazu zählen Details wie die schöngekleideten Musikanten; der Zug von Speiseträgern samt Schnabelkannen und Trinkbechern; die Mädchen mit Haarhauben und wadenlangen Wickelröcken, die – ein weiteres bezeichnendes Detail – gemeinsam einen Kranz hochhalten. Dazu gehören aber auch die Springtänzer mit ihren dicken Steißen (die sonst erst auf korinthischen Vasenmalereien um 625 auftauchen). Bei diesem Sprungtanz scheint es sich um jenen typisch anatolischen Ritus gehandelt zu haben, der später zu den ›wirbelnden Derwischen‹ führte.[2] Homer jedoch nennt diese Tänzer Akrobaten und bringt sie mit einer troianischen Tradition in Verbindung[3]: daß Karatepes Nachbarstadt Kastabala bis in die Spätantike für seine Akrobaten berühmt war, erscheint in diesem Kontext ebenfalls bezeichnend.[4]

Auch an Jagdszenen mangelt es nicht. Die Hirschhatz mit Hundemeute, Pfeil und Bogen ist da nicht nur Ausdruck eines beliebten lokalen Darstellungsrepertoires, sondern zählt auch bei Homer zu den Klischees seiner Gleichnisse.[5] Dazu kommen die vielen Portallöwen und jene Reliefs, in denen Götter und Helden mit Löwen kämpfen[6] – was Homer in unzähligen bildhaften Vergleichen aufnimmt. Dabei kann hier in Karatepe (auf dem Burgfelsen, der Aslantas – ›Löwenstein‹ – heißt) weit eher von einem realen Bezug ausgegangen werden als in Troia, wo das Vorkommen dieser Raubkatzen mehr als fraglich ist. Die Genauigkeit, mit der Homer sein Angriffs-[7], Rückzugs-[8] und Schutzverhalten vor seinen Jungen[9] beschreibt, läßt jedenfalls an mehr als nur generische Emblematik denken. Überdies werden sie meist als marodierende Löwen beschrieben, die nicht auf ihre natürliche Beute aus sind, sondern abgele-

│31

---

1 XVIII 494–6 für Aulos- und Leierspieler bei einer Hochzeit; 526 Aulosspieler; 593–7 für die schöngekleideten tanzenden Jungen und bekränzten Mädchen, die sich am Handgelenk halten; 604–5 für die akrobatischen Sprungtänzer. — 2 Diskussion: Watkins 1994; in den überlieferten Texten ist dabei von einem ›Bärenmann‹ (vgl. Asios der ›Hyrtakide‹), einer weiblichen Bogenschützin, einem Sänger und einem ›Priester von Dauniya‹ die Rede. — 3 XVI 750. — 4 Hild-Hellenkemper 1990. — 5 NVL 10 oben (Jäger mit Bogen und ein Rothirsch, ein Zwölfender), SKr 10 (Hirschjagd mit Hunden) und III 24–6 (wo die Jäger mit ihrer Hundemeute den Hirsch erlegt haben) oder XV 580–1. — 6 NVr 5, NVr 7. — 7 XXI 165–73. — 8 XII 41–9. — 9 XVII 133–6.

gene Gehöfte und Viehherden[1] überfallen – was dafür spricht, daß sie aus ihrem südlichen Habitat über das Amanusgebirge kamen.

Zu Homers Lebenszeit ist dort jedenfalls von einer regelrechten Löwenplage die Rede – die auch dazu führte, daß unter Assurbanipal die Darstellung der Löwenjagd zu *dem* königlichen Motiv wird:

> Die Löwenjungen vermehrten sich so [dank der Regenfälle], sie wurden so zahllos, daß … Sie wurden wild und grausam durch ihr Verschlingen von Rinder- und Schafherden und Menschen. Die Hügel hallten von ihrem Gebrüll wider, das andere Wild auf der Ebene fürchtete sich vor ihnen. Sie hörten nicht auf, die Herden auf der Ebene niederzureißen, sie hörten nicht auf, menschliches Blut zu vergießen. Als wäre die Pest ausgebrochen, häuften sich überall die Kadaver von Menschen, Vieh und Schafen an. Die Schäfer und Hirten weinten vor der … der Löwen. Die Dörfer trauerten Tag und Nacht um ihre Toten. Von diesen Taten der Löwen berichtete man mir. Im Lauf meines Feldzugs nach … zerstörte ich ihre Nester.[2]

Damit nicht genug: gerade die martialischen Motive der Reliefs scheinen Vorbildcharakter für die *Ilias* zu besitzen. Ein verstorbener König wird als Held nicht nur mit Lanze und Schwert, sondern auch mit einer Keule abgebildet[3]; er wirkt wie das Porträt Areithoos', der als einziger im Epos mit einer Keule bewaffnet ist.[4] Darüber hinaus zeigen die Orthostate Kampfwagen mit der nicht für die Assyrer, sondern für die Späthethiter und das Epos üblichen zwei Mann Besatzung.[5] Und dann findet sich auf den Reliefs auch die gängige Bewaffnung der homerischen Helden wieder: Langspeer, Rundschild und Helme mit Büschen, Kämmen und Wangenklappen, aus denen das homerisch lange Haar herausfällt.[6]

Was all dies über das rein Generische heraushebt, sind jedoch die Darstellungen von antithetischen Kriegern[7], die so nur in Karatepe belegt sind. Üblich sind in diesem Raum sonst – wie auch bei den Assyrern – Kriegerzüge und Massenkampfdarstellungen: unnötig zu sagen,

1 XI 547–54 und XXIV 41–2 als nur eines von vielen Beispielen. — 2 Annalen Assurbanipals, ARAB II 935. — 3 Darin spiegelt sich wohl der im Osten Lykiens und in Pamphylien verehrte Reitergott Kaskabos wider. — 4 VII 138f. — 5 SKr 6. — 6 NKr 9. — 7 NVl 0; NVl 11; NKr 9.

daß auch in der *Ilias* das Gegenüber zweier Krieger zum erzählerischen Prinzip gehört. Noch bezeichnender ist, daß auf den Reliefs die Darstellung von Zweikämpfen durch eine Vergleichsebene erweitert wird – was im späthethitischen Raum ebenso eine Ausnahmeerscheinung ist, wie dies im Gegenzug jedoch den Grundtypus homerischer Kampfbeschreibung bildet. Auf die gleiche Weise, mit der Homer die Schilderung seiner Kämpfe durch Gleichnisse erweitert, bauen auch diese Reliefs die Kampfdarstellungen durch den Vergleichscharakter einer zweiten Ebene aus.

Einfachstes Beispiel sind zwei antithetische Krieger im Knielauf, zwischen denen ein Hase dargestellt wird[1], um den Gegner als genau den Feigling darzustellen, als der sich Dolon vor Diomedes erweist: als flüchtenden Hasen nämlich.[2] Ein komplexeres Beispiel zeigt einen göttlichen Helden mit Lanze im Kampf mit einem Löwen, während oben zugleich ein Greifvogel einen Hasen in den Krallen hat.[3] Genau diese beiden Vergleichsebenen arbeitet dann auch Homer für Menelaos heraus: im XVII. Gesang kämpft er sich erst durch die Troianer und wird dabei von ihnen in einem ausführlichen Simile ›wie ein Löwe‹ mit Speeren bedrängt – um Antilochos in der Menge der achaischen Krieger zu suchen ›wie ein Adler, der sich auf einen Hasen stürzt, der sich im Gebüsch zusammengekauert hat‹[4].

Daß die motivische Übereinstimmung mit den Reliefs nicht bloß Zufall ist, zeigt ein drittes, ebenso komplex übernommenes Beispiel. Auf dem Relief daneben steht unten ein Held zwischen zwei Löwen, die ihm die Krallen in die Schulter schlagen, während sich oben zwei Geier auf den Kadaver einer Ziege stürzen.[5] Bei Homer verschmelzen diese Allegorien zu einer: um sich die Rüstung von Imbrios – Priamos' Schwiegersohn, der einen typisch kilikischen Namen trägt[6] – zu holen, schleppen Aias und Teukros ihn fort ›wie zwei Löwen, die sich eine Ziege holen‹[7]; sie hacken ihm dann den Kopf ab, um seinen Leichnam zur Beute der Geier werden zu lassen.

Ebenso beweiskräftig sind auch zwei Schiffsreliefs[8], die Kriegsgaleeren in spezifisch griechischer Bauweise samt Besatzung und Toten zeigen;

| 36

| 37

| 38

---

1 NVl o unten und NVl 11 unten. — 2 X 361. — 3 NVr 7. — 4 XVII 656–64 und XVII 673–80. — 5 NVr 5. — 6 Siehe U. — 7 XIII 197f. — 8 NKr 19; SKr 5.

sie treiben in einem Meer, das hier – wie stets bei Homer – als ›fischreich‹ dargestellt wird. Anders als bei den sonst bekannten Schiffsdarstellungen[1] finden sich *alle* ihre Eigenheiten auch in Homers Beschreibungen wieder: vom ›schnabelförmigen‹ Rammsporn am Heck, dem ›bauchigen‹ Rumpf und dem ›einem Horn gleich‹ aufgekrümmten Bug über Dollen, Bänke, fünf Ruder und Takelage bis hin zum erhöhten Kampfverdeck, von dem Teukros aus seine Pfeile schießt[2], und dem schmalen, sich über die gesamte Länge hinziehenden Deckstreifen, von dem Aias aus mit den Troianern kämpft.[3] Auch die Besatzung darauf stellt jene Offizierskategorien dar, die man von Homer kennt: Steuermann (der hier zum Zeichen des Sieges einen Becher hochhält), Bugoffizier, Ruderoffizier und Kapitän, der das implizite Kampfgeschehen überschaut.

Der historische Kontext ist dabei weit. Er bezieht sich nicht nur auf die lokale kilikische Schiffsbautradition, die Homer in seinen Gleichnissen immer wieder vor Augen führt; er verweist auch auf die Schlachten zwischen ionischen Kaperfahrern und Assyrern, die – wie wir noch sehen werden – einen der Hintergründe der *Ilias* bilden; und er spielt überdies auf Mopsos, den Stammvater der lokalen Herrscherdynastie, an, dessen Migration von der kleinasiatischen Westküste her ja wohl mit Schiffen erfolgte.

Anlage und Topographie der Umgebung

All dies führt uns ein weiteres Mal zur historischen Tiefe des Epos und der Frage, weshalb Homer manches schildert, das man auch in Troia wiederzufinden glaubte. Eine Antwort darauf ist, wie gesagt, daß das kilikische Tiefland der Ebene vor Troia nicht völlig unähnlich ist. Die andere, daß die lokale späthethitische Kultur genügend alte Züge bewahrt hat, um auf den ersten Blick eine traditionelle troianische Überlieferung über Jahrhunderte hinweg nahelegen zu können. Auf den zweiten Blick jedoch offenbaren sich bei Karatepe die Unterschiede zu den Gegebenheiten in Troia – und die Deckungsgleichheit der architektonischen

1 Vgl. Gray 1990; ›alle‹ bezieht sich jedoch nicht auf die farblichen Merkmale, die wohl am Relief aufgemalt waren, aber nicht mehr erhalten sind. — 2 XV 435f. — 3 XV 676f.

214

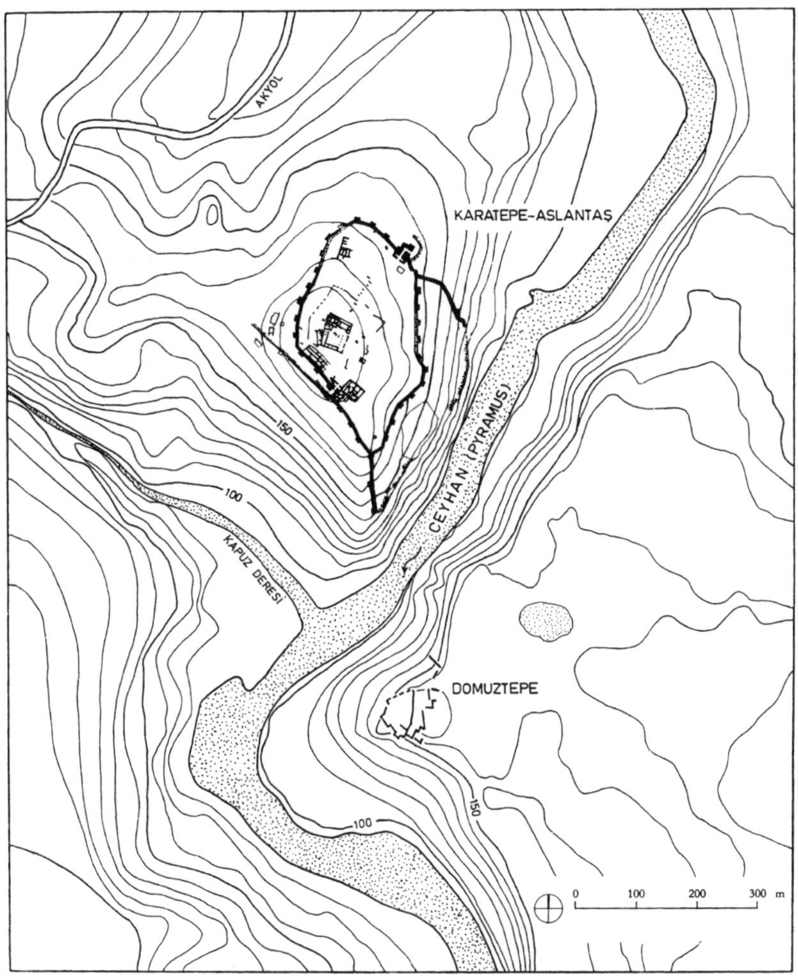

Lageplan der Burganlagen von Karatepe-Aslantas.

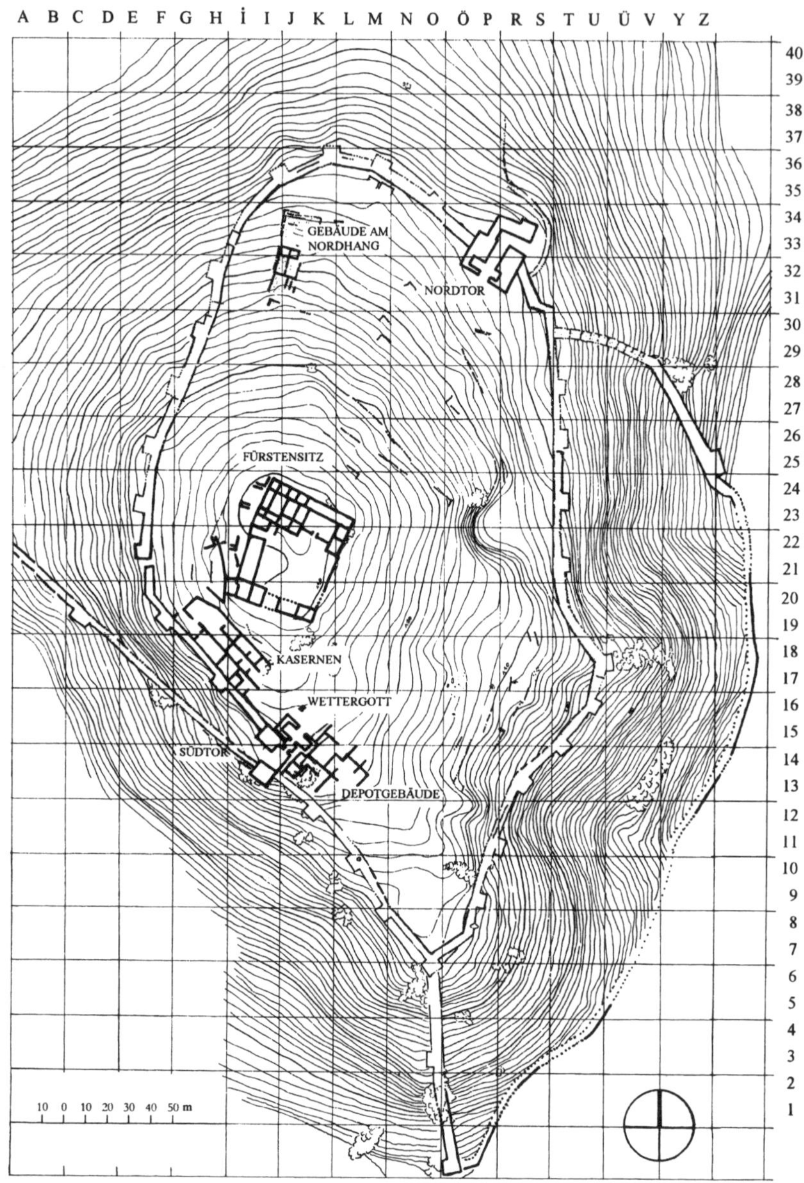

Karatepe-Aslantas: Topographischer Plan

Details mit den Beschreibungen des Epos: im ›Löwenstein‹ des Aslantas hatte Homer die von den Assyrern zerstörte Burg Azatiwadas vor Augen, die genauso niedergebrannt wurde[1], wie es das Epos für Ilios beschwört.

Das gilt für die Architektur der Festungsanlage mit ihren dicken Mauern und vielen Wehrtürmen, die in Karatepe wirklich auf einem ›felsigen‹ und ›windigen‹ Hügel liegt, der 225 m hoch ist – und nicht nur gute 20 wie bei Troia; ihr Wall zieht sich dabei rund um den Hügel wie jene ›Krone von Türmen‹[2], die Homer beschreibt. Im Unterschied zu Troia – das stets mehrere Tore besaß – besitzt Azatiwadas Burg auch nur jene zwei von Homer erwähnten Portale[3]: ein Tor im Süden, das zur Straße nach Adanija hinunterging, was dem Namen nach dem Dardanischen Tor entspräche; und eines im Norden, das wie das Skaiische Tor zum Fluß führte. |40

Ebenfalls anders als in Troia, wo man bloß zwei kleine Megara als Tempel und Empfangsgebäude fand, geht hier eine Rampe in eine Straße über, die hinauf zu einem 55 × 45 m großen Palast leitet. Ganz wie Homer es darstellt[4], waren dessen Gemächer rund um einen zentralen Innenhof gruppiert. In den Magazinen dieser dem lokalen Zeus geweihten Zitadelle fand man dabei auch jene Vorratsamphoren[5], auf die er im XXIV. Gesang anspielt.[6] Der Palast befand sich dabei beim südlichen Tor auf einer Pergamon, die über die Festungsmauer hinausragte. Wenn Homer beschreibt, daß Hektor und Paris durch die Stadt hinunterlaufen zum Skaiischen Tor und Priamos ebenfalls mit seinem Maultierkarren hinunterfährt in die Ebene bis zum großen Hügel des Ilos[7], um dort den Fluß |41 |42

1 In II 414–5 ist die Rede davon, daß Priamos' Palast rußig vor Rauch niedergerissen werden wird und die Burgtore durch Feuer zerstört werden. Vom Palast Azatiwadas ist nicht genug erhalten, um Brandspuren feststellen zu können; in den Toranlagen fanden sich solche aber zur Genüge, zusammen mit Resten von Asche, verbranntem Holz und verbranntem Lehm (jedoch nicht auf den Reliefs, deren Basalt feuerresistent ist). Anzeichen eines Kampfes sind jedoch nicht zu finden, weshalb die Ausgräber sich die Frage stellten, ob die Burg erst verlassen und dann niedergebrannt wurde – was angesichts von Sanduarris Rückzugsgefechten plausibel erscheint; Cambel-Özyar 2003, S. 20. — 2 XVI 100. — 3 Rekonstruktion Schirmer 2002. — 4 VI 242–50; wenngleich hier auch nicht von 60 Zimmern die Rede sein kann – eine offensichtliche Übertreibung seitens Homers, um all seine troianischen Protagonisten ein Dach über dem Kopf zu verschaffen. — 5 XXIV 527. — 6 Diskussion der Burganlage: Mellink 1950. — 7 VI 504–13; XXIV 322–9 und 349–51 (daß dort eine Furt ist, zeigt 692–3).

zu überqueren, so entspricht also auch dies den Gegebenheiten: von der Pergamon geht es abwärts zum Nordtor, hinab in die Ebene, wo sich beim Seymen Tepe eine der wenigen Furten über den Pyramos befand.[1]

Die Ufer des Pyramos wiesen bis vor kurzem auch noch jene hohen sandigen Böschungen auf[2], in die Achilleus' mächtiger Speer sich bei der Schlacht am Fluß tief einbohrt. Einer Furt und eines bis in die Neuzeit bestehenden Karawanenwegs wegen wurde die Festungsstadt von Karatepe ja erbaut[3]: am Kreuz der Routen nach Norden, Westen und Osten kontrollierte sie dort den Transit und hob Wegzölle ein. Daß die Kiliker diese weiter nach Adanija und Tarsos verlaufende Straße sperrten, führte dann zu den Schlachten mit den Assyrern, die die *Ilias* aufgreift. Sie spielt mehrmals auf eine Handelsstraße an, die ›von der Ebene zu großen Städten führt‹[4], unterbrochen von einem großen Strom, vor dem Reisende plötzlich innehalten müssen.[5] Diesen Karrenweg nimmt auch Priamos, um Hektors Leiche zu holen: wobei ihm Hermes begegnet, der Gott der Händler, der ihn an der Furt abholt und auch dort wieder abliefert.[6] Vor dem historischen Troia macht eine solch prominente – und in ihrer Bedeutung wie selbstverständlich gesetzte – Furt jedenfalls keinen Sinn.

Weiters ragte am gegenüberliegenden Ufer des Pyramos ein 180 m hoher Hügel auf[7], auf dem eine zweite, bereits im 9. Jahrhundert durch Salmanasser V. zerstörte Zitadelle liegt. Die Ruinen auf diesem Domuztepe mochten dabei das Modell für die alte, von Athene erbaute Festung abgegeben haben, in die Herakles sich aus der Ebene retten konnte[8]: auf ihm positionieren sich die den Troern feindlichen Götter, von Hera angeführt. Diese iliadische Rivalität von Göttern untereinander findet dabei auf dem Domuztepe ebenfalls eine reale Entsprechung: die dort gefundenen Statuen und Stelen gehören einer anderen Götterwelt an als jene in Azatiwadas Burg, wobei Kubaba – als östliche Verkörperung der Hera – prominent figuriert.[9]

1 Siehe die Karte von Bossert-Alkim 1947. — 2 Heute erstreckt sich hier ein Stausee; auf den Fotos in Cambel-Özyar 2003 sind diese Böschungen noch gut zu erkennen. — 3 Der Akyol genannte Karawanenweg; Diskussion: Winter 1979 und Cambel-Özyar 2003. — 4 XV 681–2. — 5 V 597–9. — 6 XXIV 692–3. — 7 Auch von solch einem *Gegenüber* dreier Hügel kann bei Troia keine Rede sein; dort liegen sie wenn, dann entlang der Plateaukante. — 8 XX 145–8; das Bächlein hieß bis zur Errichtung des Staudamms Kapuz Deresi. — 9 Cambel-Özyar 2003, S. 153–6.

218

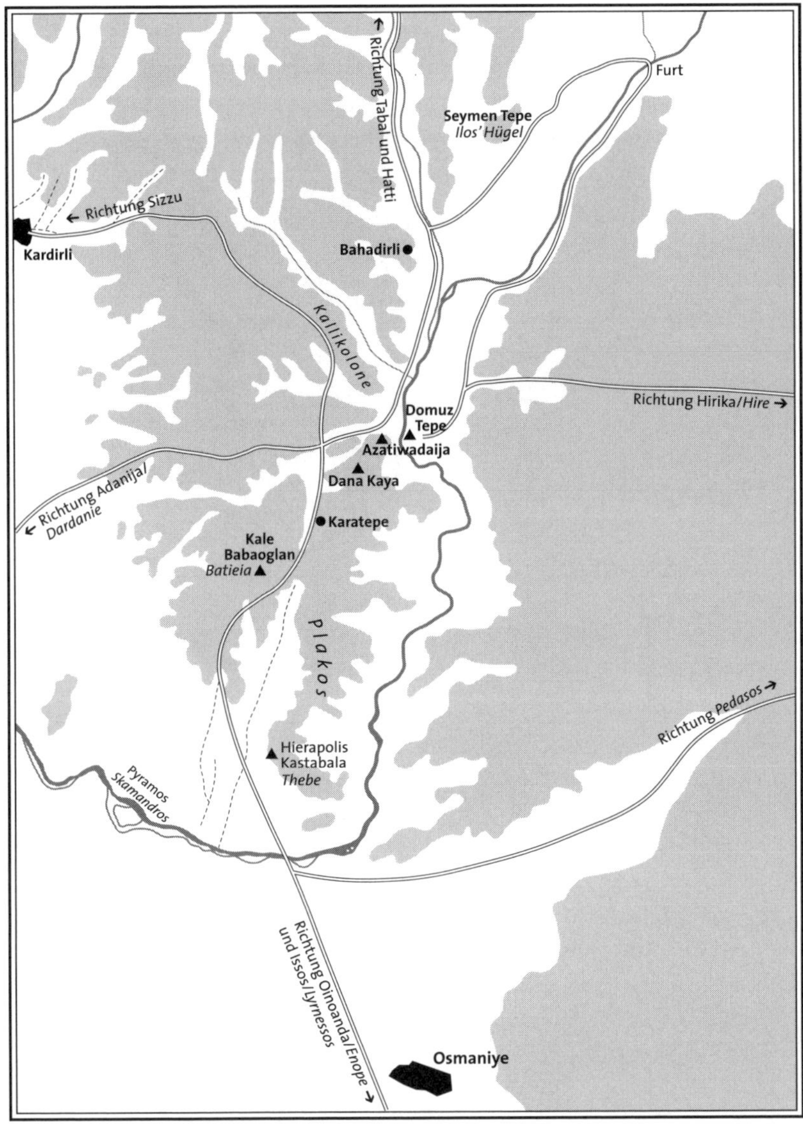

Karte der Umgebung von Azatiwadas ›Troia‹ mit der Furt, dem ›kilikischen Thebe am Plakos‹ (Kastabala) und dem ›Myrinenhügel‹ (Kala Babaoglan), an dem die alesische Ebene endet.

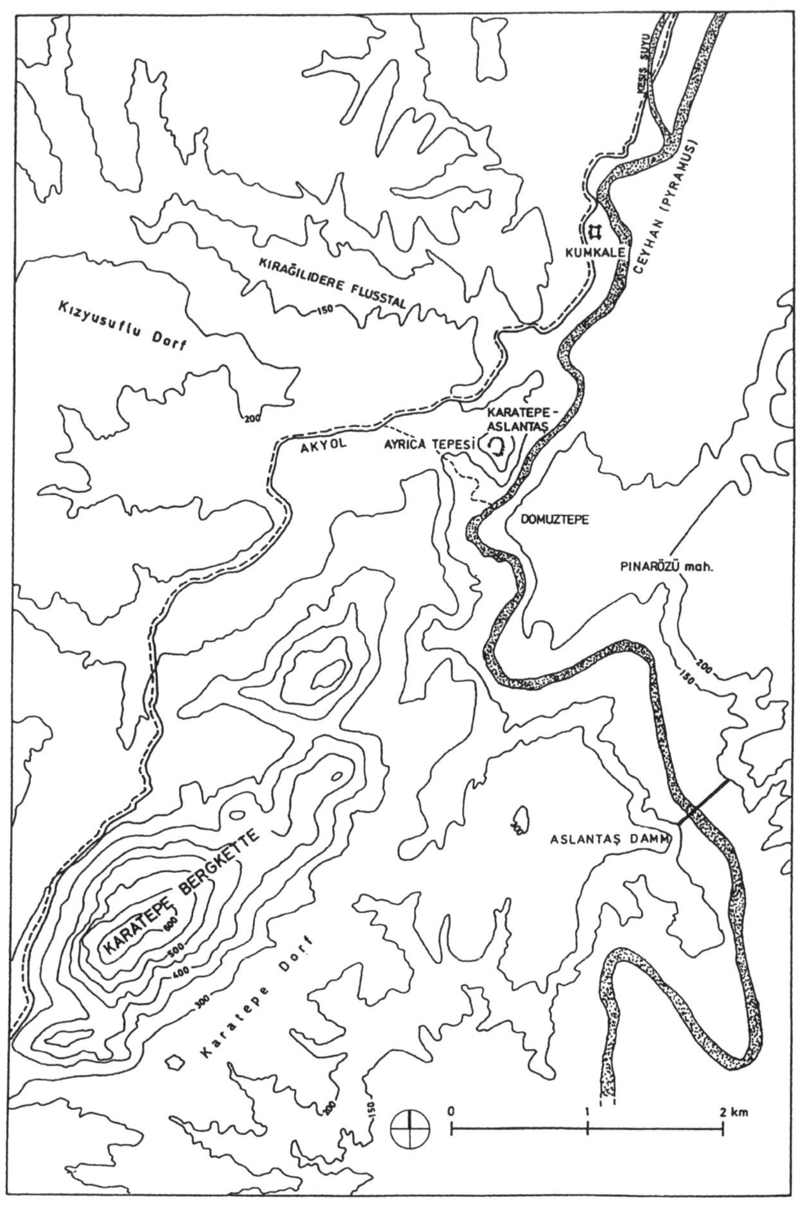

Karte der Umgebung des Karatepe-Aslantas.

Eine zum Areshügel passende Erhebung samt Burgruine findet sich bei Troia ebensowenig wie jener dritte Hügel, den Homer ›Kallikolone‹ nennt; zwischen ihm und der Stadt wechselt der auf seiten Ilios’ stehende Ares hin und her. Homer beschreibt ihn mit einem langgestreckten Kamm und am Simoeis liegend[1] – was ebenfalls ganz den örtlichen Gegebenheiten entspricht. Unmittelbar westlich der Festung erhebt sich ein sonniger Hügelkamm, auf dem heute eine Reihe von Häusern steht; und an seinem Fuß schneidet sich der Kiragilidere ein, der vor dem Dammbau in den Ceyhan floß.[2]

Der Blick nach Süden wird bei Karatepe durch eine Hügelkette verstellt, so daß es dort – anders als bei Troia, wo die Stadt selbst den besten Überblick über die Ebene bildet – durchaus Sinn macht, Ausguckposten besetzt zu halten: während der kilikischen Revolten kamen die Assyrer jedesmal vom Amanus und der alesischen Ebene herauf. Priamos’ Sohn Polites bezieht deshalb Posten ›hoch auf der Spitze des Grabs des alten Aisyetes‹[3]. Ihn als künstlich aufgeschütteten Tumulus zu deuten, ist letztlich nur eine Interpretation – um so mehr als hier noch seine Höhe betont wird: in Magarsa wurden etwa uralte Siedlungsplätze als Grabmäler von Amphilochos und Mopsos aufgefaßt[4], und Felshügel und Berge galten ganz allgemein in Kilikien als heilig. Jedenfalls ragt auf der Südseite der Festung mit dem Dana Kaya eine derart hohe Kuppe auf, die sich bestens für einen solchen Späher eignet.

Was Aisyetes betrifft, so läßt sich auch hier eine plausible Deutung anfügen. Homer erwähnt diese Figur nur hier und gibt ihr, anders als sonst, nicht den geringsten genealogischen Kontext mit. Erklären ließe sich dies durch eine zeitgenössische Anspielung, die für seine Zuhörer evident gewesen sein muß: dann nämlich, wenn sie Azatiwadas Namen daraus hörten. Luwisch wurde er *Á-za-ti-i-oua/i-tà-sá* geschrieben[5]; wie der Name hingegen ausgesprochen wurde, weiß man nicht. Mit einem zu *Ai* vokalisierten *A*, einem weich gesprochenen *z*, einem ausgefallenen *t* und dem zu *ye* verschliffenen *oua* mag er jedoch für griechische Ohren wie Ai-sy-etes geklungen haben.

1 XX 53 und 151. Bei Troia gibt es keinen Hügel, der einer solchen Topographie entspricht, weshalb der Kallikolone von den Kommentaren als ›Erfindung Homers‹ ausgewiesen wird; vgl. den Ilias-Kommentar zu dieser Stelle. — 2 Siehe die Karten von Cambel-Özyar 2003 und Bossert-Alkim 1947. — 3 II 791–4. — 4 Strabon XIV 16. — 5 CHLI I.1.

Eindeutiger zuweisbar ist der ›schroff aufragende Hügel mit dem *sema* – dem Zeichen – der springenden Myrine‹, der auch Batieia – ›Brombeerhügel‹ – genannt wird; vor der Stadt gelegen, auf allen Seiten frei zugänglich und die Ebene dominierend, nimmt das troianische Heer dort Aufstellung.[1] Dieser Beschreibung und dem Doppelnamen gerecht wird der heutige Babaoglan, ein weiter südlich von Karatepe gelegener Hügel mit viel Freiraum und dichter Macchie rundum. Er weist einen Felssporn auf, auf dessen Spitze heute die Reste einer kleinarmenischen Burg zu sehen sind[2], die die strategische Bedeutung dieses Hügels unterstreicht. Von dort aus geht es hinunter in die alesische Ebene; ein gegen Karatepe anrückendes Heer mußte erst einmal diese Höhenstellung einnehmen, bevor sie Azatiwadas Festungsstadt belagern konnte.

Was ihn als den ›Hügel der springenden Myrine‹ ausweist, ist das Felsrelief auf der Steilwand gegenüber der Burgruine[3]: es zeigt einen mit Speer und Schwert bewaffneten Krieger mit der für die späthethitischen Könige typischen Spitzkappe, aber überraschend griechischen Gesichtszügen. Er streckt seinen rechten Arm vor einem springenden Pferd samt Reiter aus; dessen Geschlecht läßt sich sich jedoch leider nicht mehr bestimmen: an seinem Oberkörper hat der Zahn der Zeit inzwischen zu stark genagt. Da wir von dieser Gegend wissen, daß hier noch zur Römerzeit Reitergöttinnen stark verehrt wurden (und die Hethiter keine Reitergötter kannten), legt nicht nur die Sprunghaltung des Pferdes einen Bezug zu einer Amazonin nahe; auch der griechische Stil des Reliefs scheint seine Entsprechung in der mythischen Konfrontation des Mopsos mit der Myrine zu finden, von der Diodor berichtet.[4]

Was das weitere Umfeld um Karatepe betrifft, so wird man auch dabei fündig. Bezeichnet Homer etwa gleich zu Beginn seines Epos Apollon als Schutzherrn von Chryse, dem heiligen Killa und Tenedos, so liefert Tenedos zwar den nötigen fiktiven Bezug zu Troia – Chryse und Killa

47 |

48 |

1 II 811–15. — 2 Simanaklay; Hild-Hellenkemper 1990. — 3 Diskussion: Bossert-Alkim 1947, die den griechischen Stil des Reliefs und die späthethitische Königskappe identifizieren, im Reiter jedoch eher die hethitische Göttin Pirwa sehen, die sich mit der Perasia von Kastabala gleichsetzen ließe. Sie sehen den Krieger in Adorantenstellung; die Gestik scheint jedoch eher auf Konfrontation zu deuten, bei der der Krieger mit seiner Hand das sich aufbäumende Pferd zu bändigen versucht. — 4 Diodor Sic. III 55.11.

hingegen lassen sich in der Umgegend von Karatepe verorten. Zum einen weist ein sechs Kilometer nördlich von Karatepe gefundener aramäischer Grenzstein aus dem 5. Jahrhundert die Stadt KRSY als zum Territorium von Kastabala gehörend aus.[1] Zum anderen läßt sich das heilige Killa mit der alten hethitischen Stadt Kulila identifizieren, die zwischen Mopsoukrene bei Tarsos und dem heutigen Gaziantep lag und damit ebenfalls in der Nachbarschaft Kastabalas[2]: als heilig kann Kulila bezeichnet werden, weil die hethitischen Könige dort extra haltmachten, aus ihrem Wagen stiegen und sich vor dem dortigen Götterstandbild verneigten.[3]

Auch für zwei mit Troia verbündete Stämme, die Homer rund um Troia aufmarschieren läßt, sind klare Ortsbezüge nachweisbar. Die Leleger – von denen wir am Schluß noch mehr hören werden[4] – sind mit ihrer Hauptstadt Pedasos bei der amanischen Pforte gut 30 km südöstlich von Karatepe zu verorten. Und was die Kaukonen betrifft, so weist eine Grenzinschrift nur ein paar Kilometer weiter noch Kikonen aus, die wohl mit der jenseits des Amanus liegenden Stadt Kie in Verbindung zu bringen sind: in der *Ilias* wird Keas als der Stammvater ihres Geschlechts bezeichnet.[5]

Während Homer diese Leleger und Kaukonen an der Küste Stellung beziehen läßt, positioniert er das Lager anderer Hilfstruppen rund um eine Nachbarstadt Troias namens Thymbra[6]. Identifizieren läßt sich Thymbra mit Timur/Timru, dem heutigen Tumlu.[7] Auf einer isoliert

| 49

1 Casabonne 2004, IAC 5; ein hethitischer Name ließ sich dafür nicht identifizieren. — 2 del Monte 1992; wenn von Kulila zwischen Arina III (Mopsoukrene im Hinterland von Tarsos) und Matila (Battal Hüyük bei Gaziantep) die Rede ist – zur Identifikation von Arina und Matila siehe del Monte-Tischler 1978. Wo Kulila zu situieren ist, geht nicht hervor. — 3 Zu verorten wären beide Städte vielleicht in der östlich an Karatepe schließenden Ebene von Hirika/Irenopolis, wo sich noch zwei benachbarte Dörfer namens Churar und Ellek finden (siehe Hild-Hellenkemper 1990); wie sich am Beispiel von Tarsos, Seleukia/ Silifke oder Agai/Ayas zeigt, haben nicht wenige kilikische Orte ihre uralten Namen bewahren können. — 4 Siehe X. — 5 II 846–7. Kie gehörte zum jenseits des Amanus liegenden bronzezeitlichen Reich Mushki (Marin 2001). Die Inschrift aus dem 8. nachchristlichen Jahrhundert wurde in Hasanbeyli beim Eingang der amanischen Pforte – unweit von Sarbanda – gefunden; sie nennt die *oroi Kikonon* in der Nachbarschaft eines *Kidmoeris*, das mit der Gegend von Sew Purc/Sevburc in Verbindung zu bringen ist; siehe Hild-Hellenkemper 1990 und Casabonne 2004. — 6 X 429–30. — 7 Casabonne 2004 diskutiert den Lautwechsel von Timur zu Timru und Tumlu; zur kleinarmenischen Burg dort siehe Hild-Hellenkemper 1990 (T'lsap).

herausragenden Felsnadel gelegen und die westliche Grenze der alesischen Ebene markierend, war diese Festung bis zu ihrer Eroberung
durch die Assyrer ein halbes Jahrhundert vor Karatepe die Hauptstadt
Kilikiens gewesen.

Zu Azatiwadas Zeit gehörte sich jedoch zum Territorium seines
Vasallen Sanduarri von Sizzu.[1] Dessen nördlich von Timur/Timru lie-
gender Herrschaftssitz ging wiederum wahrscheinlich auf eine uralte
zypriotische Siedlung zurück; ihr Name leitet sich von ›Roß‹ ab – wobei die Assyrer Sizzu mit einem Ideogramm schrieben, das die alesische
Ebene ›das Land der Pferde‹ nannte[2]: womit sich die Herrscher hier, anders als in der Troas, mit Fug und Recht als ›Roßbändiger‹ bezeichnen
konnten.

Das Schiffslager der Griechen

Lassen sich für Karatepe also eine Vielzahl von Entsprechungen zu Homers Troia demonstrieren, stellt sich natürlich auch die Frage, ob er
auch beim Schiffslager der Griechen ein Vorbild besaß. Wie die Schilderung der kilikischen Revolten im nächsten Kapitel zeigen wird, spielt er
damit zum einen auf die Belagerung von Tarsos an. Zum anderen aber
basiert die scheinbare heroische Arbeit der Griechen, die an einem einzigen Tag einen riesigen Wall samt Wehrtürmen und Graben um ihre
Schiffe aus dem Boden stampfen[3], auf realen Gegebenheiten: ein solcherart befestigtes Lager errichteten die Assyrer mehrmals auf ihren
Kriegszügen. Das zeigen mehrere Reliefs aus Sanheribs Palast in Ninive –
wobei ein solch großes Wehrlager auch anläßlich der Niederschlagung
der zweiten kilikischen Revolte dargestellt wurde.[4]

Darauf zu sehen ist jedesmal eine Ringmauer mit ihren Türmen, wobei dieses Lager einmal auch direkt am Meer liegt. Den von Homer beschriebenen Hütten und Zelten im Lager entsprechen die dargestellten

1 Siehe W; Sizzu hieß später Sision (heute Kozan), etwa 40 km nördlich von Tumlu. —
2 Diskussion: Casabonne 2004; siehe U. — 3 VII 433ff. — 4 Barnett-Bleibtreu-Turner
1998: 200 an einem Meeresufer; 437 bei der Belagerung von Lachish; 515; und 529 anläßlich der kilikischen Kampagne, die Sanherib im Lager zeigt, wo ihm – offenbar nach der
Belagerung von Tarsos – gefangene Heerführer vorgeführt werden, die die für die Ionier
typischen langen Gewänder anhaben.

Pavillons und Zelte, in denen die verschiedensten Tätigkeiten stattfinden, die auch in der *Ilias* thematisiert werden: Kühe, Schafe und Ziegen werden geschlachtet, ihr Blut in einem Gefäß aufgefangen, ein Opfer den Göttern dargebracht, Pferde getränkt und Essen zubereitet, während die Krieger am Tisch sitzen, ihr Schild aufgehängt an einem Zeltpfosten, oder anderswo Verwundete verarztet und Tote gesalbt werden.

Es ist dies auch noch auf andere Weise bezeichnend: denn diese von Homer genau beschriebenen assyrischen Wehrlager, in die er dann seine Griechen versetzt, verraten dabei auch das verkehrte Rollenspiel der *Ilias* – wo die Danaer samt Achilleus nicht nur mit einem assyrischen Kontext versehen werden, sondern sie auch die Rolle der Assyrer übernehmen, während die Troianer jene der späthethitischen Kiliker spielen.

Seite 226/227: Das assyrische Reich im 7. Jahrhundert

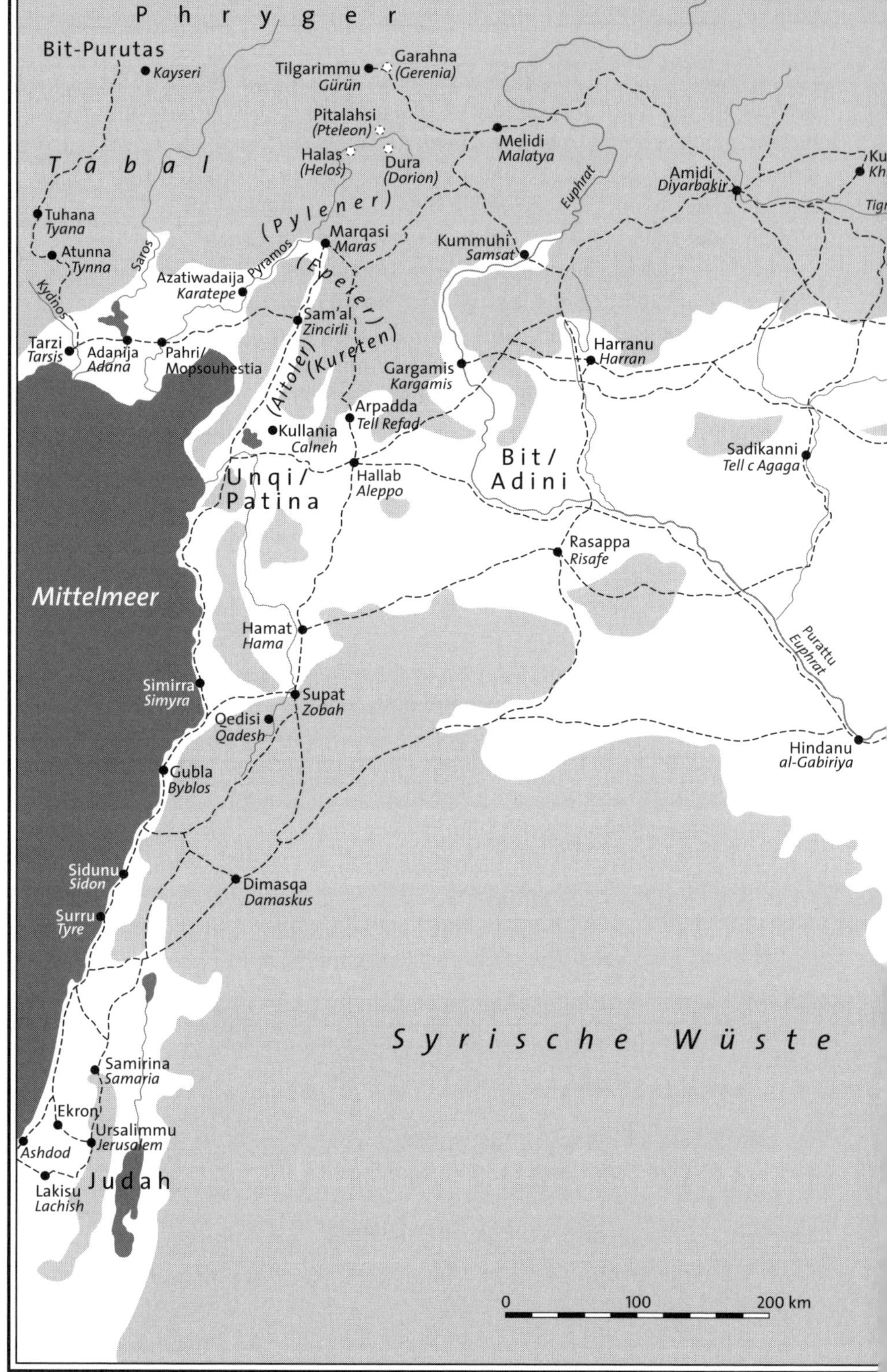

Phryger
Bit-Purutas
Kayseri
Tilgarimmu
Gürün
Garahna
(Gerenia)
Pitalahsi
(Pteleon)
Melidi
Malatya
Amidi
Diyarbakir
Kul
Khl
Tabal
Halas
(Helos)
Dura
(Dorion)
Euphrat
Tigri
Tuhana
Tyana
(Pylener)
Marqasi
Maras
Kummuhi
Samsat
Atunna
Tynna
Pyramos
(Epeter)
Saros
Azatiwadaija
Karatepe
Sam'al
Zincirli
Harranu
Harran
Kydnos
(Aitoler)
(Kureten)
Gargamis
Kargamis
Tarzi
Tarsis
Adanija
Adana
Pahri/
Mopsouhestia
Arpadda
Tell Refad
Bit/
Adini
Kullania
Calneh
Sadikanni
Tell c Agaga
Unqi/
Patina
Hallab
Aleppo
Mittelmeer
Rasappa
Risafe
Hamat
Hama
Purattu
Euphrat
Simirra
Simyra
Supat
Zobah
Qedisi
Qadesh
Gubla
Byblos
Hindanu
al-Gabiriya
Sidunu
Sidon
Dimasqa
Damaskus
Surru
Tyre
Syrische Wüste
Samirina
Samaria
Ekron
Ursalimmu
Jerusalem
Ashdod
Judah
Lakisu
Lachish
0
100
200 km

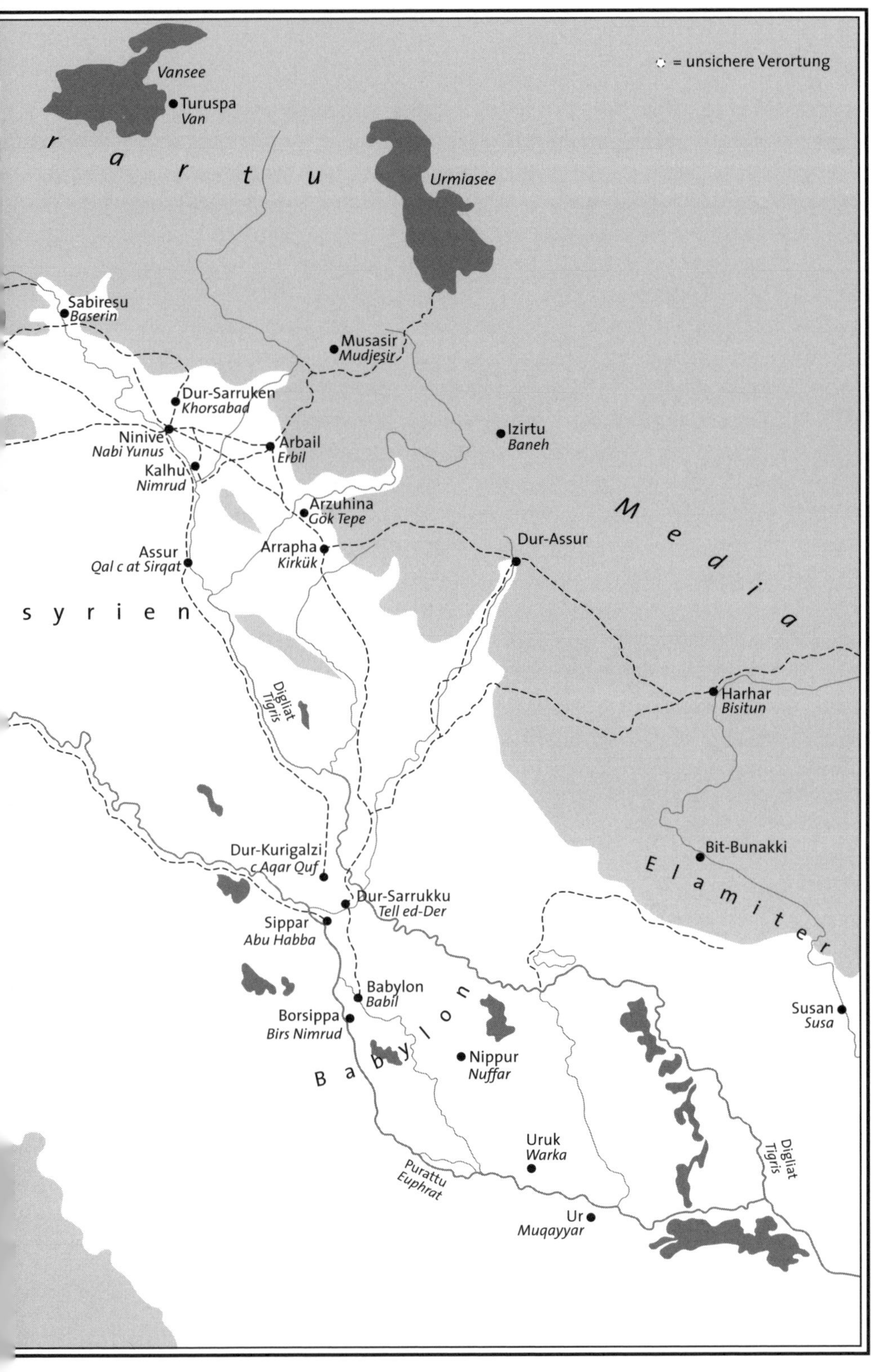
= unsichere Verortung
Vansee
Turuspa
Van
r a r t u
Urmiasee
Sabiresu
Baserin
Musasir
Mudjeşir
Dur-Sarruken
Khorsabad
Ninive
Nabi Yunus
Arbail
Erbil
Izirtu
Baneh
Kalhu
Nimrud
M e d i a
Arzuhina
Gök Tepe
Assur
Qal c at Sirqat
Arrapha
Kirkük
Dur-Assur
s y r i e n
Diglat
Tigris
Harhar
Bisitun
Dur-Kurigalzi
c Aqar Quf
Bit-Bunakki
Dur-Sarrukku
Tell ed-Der
E l a m i t e r
Sippar
Abu Habba
Babylon
Babil
Borsippa
Birs Nimrud
B a b y l o n
Susan
Susa
Nippur
Nuffar
Uruk
Warka
Purattu
Euphrat
Diglat
Tigris
Ur
Muqayyar

6 HOMERS ZEITGESCHICHTE

W – DIE *ILIAS* UND DIE KILIKISCHEN REVOLTEN

Nach dem Zusammenbruch des hethitischen Großreichs um 1200 hatten kleinere Stadtstaaten die hethitische Kultur fortgesetzt. Dazu zählte auch die Ebene um Adanija, die von den Ägyptern dieser Zeit ›Qede‹ genannt wurde; sie bezeichneten ihre Bewohner als ›Ekwes‹ oder ›Söhne Qaawes‹ und stellten sie auf ihren Reliefs mit jenen langen Haaren dar, die auch bei Homer für die Griechen typisch sind.[1] Die Assyrer übernahmen dieses Toponym nach der Eroberung der Region und gaben ihm die Lautung ›Qawe‹ [bzw. ›Qúe‹ oder ›Qode‹]. All diesen Namen ist gemeinsam, daß sie sich von der hethitischen Bezeichnung für die Achaier – ›Chi(ya)wa‹ – ableiten lassen.[2]

Diese Namensgebung spiegelt sich auch später noch in jener Herodots, der feststellt, daß ›die Kiliker in alter Zeit ,Hyp-achaier' hießen‹[3] – was sehr gut den ›ein wenig barbarischen‹ (*hypo-barbaros*) und gemischten Charakter dieser multikulturellen Gesellschaft wiedergibt, in der das Griechische sich mit Hurritisch-Hethitischem, Luwischem und Semitischem vermischte.

Herodot berichtet weiter, daß die Kiliker ›ihren jetzigen Namen von dem Phoiniker Kilix haben, dem Sohn des Agenor‹. Galt Agenor für ihn als Stadtfürst von Sidon, so ist dieser bei Homer jedoch ein Troianer: was dem Einfluß der Phönizier in Kilikien ab dem 9. Jahrhundert Rechnung zu tragen scheint. Ihre Präsenz dort belegen jedenfalls mehrere

1 Diskussion der diversen Namensableitungen: Casabonne 2004. — 2 Etymologisch lassen sich die Iaones (›Ionier‹) über Iyaunni und Chiyawanni auch von Achhiyawa/Achhiya(wa)-wanni ableiten; Casabonne 2004. — 3 Hdt. VII 91.

"

Inschriften in phönizischer Sprache: die Zincirli-Inschrift Kilamuwas im östlichen Nachbarland Sam'al; eine Grenzmarkierung in Hassan Beyli, 30 km östlich von Karatepe; Awarikas Bilinguen, die man jenseits des Amanus in Incirli (unweit von Zincirli) und südlich von Adana in Cineköy fand; sowie Azatiwadas Bilingue in Karatepe. Dazu zählen aber auch die Stempelsiegel, die man in Laertes im äußersten Westen des Rauhen Kilikien entdeckte – sie gehörten luwischen Beamten; abgefaßt jedoch wurden sie in phönizischer Schrift.[1]

Die Lokalisierung dieser Funde entspricht dabei dem Koordinatenkreuz der Handelsrouten nach Norden, Westen und Osten, die von den Phöniziern im Inland benützt wurden, nachdem sie mit ihren Schiffen an der Küste anlegten. Da weder die Späthethiter noch die Assyrer über eine Flotte verfügten, dienten ihnen die Phönizier als Mittelsmänner: so trieb Tyros einerseits Handel mit den Kilikern, Tabal und den Phrygern, andererseits mit den Assyern; sie verkauften Sklaven und Handwerker, exportierten alle Arten von Metallarbeiten, gefärbte Wollstoffe und Holz, und importierten Erze, Pferde und Maulesel.[2]

In ihrem Kielwasser folgten dann die Ionier. Als ihre ursprünglichen Ausgangsbasen nennt die Bibel historisch korrekt Zypern, Rhodos, die Kittim der Kietis und Tarsos. Eine etwas genauere Ahnung, in welchen Häfen und Städten sie neben Adanija noch präsent waren, gibt uns der auf Quellen des 7. Jahrhunderts zurückgehende Periplos des Skylax. Er erwähnt in der Kietis[3] Nagidos, Poseideion, Kelenderis, Aphrodisias; an der Grenze zum Rauhen Kilikien Holmoi und Sarpedon[4], von wo man dem Flußlauf des Kalykadnos[5] entlang nach Anatolien gelangte; und im Ebenen Kilikien das bereits von Hesiod angeführte Soloi[6] sowie Zephyrion (das heutige Mersin). Wie man aus anderen Quellen weiß[7], entstand dazwischen landeinwärts das spätere Anchiale; dann kam die (wahrscheinlich phönizische) Küstenstadt Mallos, Magarsa, Mopsouhestia weiter oben am Pyramos – und am Ende des Golfes die ärchäologisch nachweisbaren Siedlungen Issos, Myriandros und Rhosos.[8]

Von eigentlichen griechischen Kolonien kann dabei kaum gesprochen werden; die Ionier versuchten sich dort erst festzusetzen. Ihre Al-

1 Casabonne 2004. — 2 Lipinski 1985. — 3 Zur Kietis siehe Casabonne 2004. — 4 Die Nähe dieser bei Soloi gelegenen Stadt mag die prominente Rolle Sarpedons im Epos erklären. — 5 Heute Göksu. — 6 Strabon XIV 5.17, vgl. 1.27. — 7 Arrien, Anab. II 5.2 und Strabon XIV 5.9. — 8 Diskussion: Casabonne 2004 und Desideri-Jasink 1990.

lianz mit den kilikischen Achaiern im Rahmen der Kämpfe gegen die Assyrer zwischen 715 und 676 bildet dabei den eigentlichen Zeithorizont der *Ilias* – der letztlich auch für die Fülle der darin aufgelisteten Krieger verantwortlich sein mag. Ihnen ein Denkmal zu setzen, würde zumindest Homers Bemühen erklären, mehr Helden anzuführen, als der troianische Stoff überliefert und ›das Gedächtnis eines Menschen behalten kann‹[1].

Que und Tabal als assyrische Provinzen

Doch beginnen wir mit der Vorgeschichte – in der Danaer und Achaier längst die Bühne betreten haben. Salmanasser III. (854–24) sah sich 839 einer nordsyrischen Allianz gegenüber, der sich neben dem spähetitischen Stadtstaat Unqi (auf dessen Gebiet der euböische Posten in Al Mina lag) auch das Ebene und das Rauhe Kilikien angeschlossen hatten. Der Herrscher über den aramäischen Kleinstaat Sam'al auf der andere Seite des Amanusgebirges[2] – Kilamuwa – hatte sich dabei jedoch auf die Seite der Assyrer gestellt. Wie er in seiner phönizischen Verkehrssprache festhielt, war ihm Kate, der König der Danaer, zu mächtig geworden: ›Ich war in seiner Hand, so als ob ich meinen Bart und meine Hand gegessen hätte; eine Jungfrau gab man für ein Schaf, einen Mann für ein Gewand. Deshalb mietete ich mir gegen ihn einen König von Assur‹.[3]

Und der kam nun über die gegen ihn verbündeten Truppen. Salmanasser III. – wie es in seinen öffentlichen Verlautbarungen in einem Duktus heißt, dessen Homer sich ebenfalls bediente – ›kämpfte an der Spitze, setzte zur Verfolgung seiner Feinde an, jagte siegreich über Flüsse und schwierige Berge und ließ sie wie Ruinenhügel zurück, über die eine Flut hereingebrochen war‹[4]:

Das Amanusgebirge überquerte ich, zu den Städten des Kate von Que stieg ich herab. Lusanda [Lawanzatija], Abarni und Kisuatni

1 XVII 260–1. — 2 Ein Teil von Samal gehörte – wie die dort gefundenen Stelen von Incirli und Zincirli zeigen – um 700 dann zu Kilikien. — 3 Diskussion: Donner-Röllig 1962 und A. Lemaire 2001. — 4 Inschrift an der Quelle des Tigris: Kirk Grayson 24 1.5/ ARAB I 689.

[Kastabala mit ihrer damaligen Burg am Domuztepe[1]], befestigte
Städte samt den zahllosen Ortschaften ringsum eroberte ich, von
einem Ende bis zum anderen. Ich richtete ein Blutbad unter ihnen an
und plünderte sie. Zwei Statuen meiner Königsherrschaft errichtete
ich: den Ruhm meiner Machtfülle schrieb ich darauf; die erste richtete ich in der nähesten seiner Städte auf, die zweite in der fernsten
seiner Städte, auf einem Kap, das ins Meer ragt. So gewann ich Oberhand über das Land Que mit Gewalt und Macht.[2]

Befriedet aber war das Land noch lange nicht und würde es letztlich
auch nie sein. Salmanasser kam noch dreimal – so etwa in den Jahren 834
und 833:

In meinem fündundzwanzigsten Herrschaftsjahr überquerte ich den
Euphrat bei Flut. Die Geschenke des Königs von Hatti [Syrien], alle
von ihnen, nahm ich in Empfang. Ich überquerte den Amanus, um
zu den Städten Kates im Land Que herabzusteigen. Timur[3], seine
Residenzstadt, stürmte und eroberte ich. Ich erschlug ihre Krieger,
trug ihre Beute davon und zerstörte zahllose Städte, verwüstete sie
und brannte sie nieder.[4]

In meinem sechsundzwanzigsten Herrschaftsjahr überquerte ich den
Amanus das siebtemal und marschierte das viertemal gegen die Städte
Kates von Que und das Land Tabal. Ich umzingelte Tanakun, die be-
festigte Stadt des Tullu. Überwältigt von der Furcht vor dem Glanz
Assurs, meines Herrn und Gottes, kam er heraus und unterwarf sich.
Ich nahm Geiseln von ihm und erhielt von ihm Tribut in Form von
Silber, Gold, Eisen, Ochsen und Schafen.

Von Tanakun marschierte ich weiter zum Berg Lamena. Die Leute
dort bekamen Angst und verzogen sich auf den rauhen Berg. Ich belagerte den Gipfel und eroberte ihn. Ich massakrierte sie und brachte
vom Berg ihre Ochsen und Schafe als Beute herab. Ich schleifte, zerstörte und verbrannte ihre Städte.

Ich marschierte zur Stadt Tarzi [Tarsos]. Ihre Bewohner unterwarfen

1 Identifikation von Kisuatni mit dem späteren Kastabala: Casabonne 2004. — 2 Kirk
Grayson 16. 145–50/ARAB I 577 / V. Michel, *Die Welt des Orients 5, 1955.* — 3 Timur ist
das mittelalterliche Tumlu, gute 12 km südöstlich des heutigen Imamoglu – und nordwestlich von Karatepe; Identifikation: Casabonne 2004. — 4 ARAB I 582.

sich mir, und ich erhielt von ihnen Silber und Gold als Tribut. Ich schloß Kate, den perversen Feind, in seiner Residenz in Pahri [Mopsouhestia] ein. Mein herrscherlicher Glanz überwältigte ihn. Ich schleppte seine Tochter mit ihrer Mitgift nach Kalah [Salmanassers Residenz], und so unterwarf er sich mir. Kates Bruder Kirri aber ernannte ich dort zum Herrscher.

Auf meinem Rückweg erstieg ich das Amanusgebirge, fällte Zedernholz und brachte es zurück in meine Stadt, Assur. Ich baute die Mauern meiner Stadt von Grund auf neu; [] der Name des äußeren Umfassungswalls ist: ›Der die Regionen Erschüttert‹.[1]

| 52

Als kilikischer Herrschersitz wird uns Pahri – das spätere Mopsouhestia[2] – noch mehrmals begegnen, ebenso wie Tarzi/Tarsos, das während der zweiten kilikischen Revolte heiß umkämpft wurde. Davon abgesehen tauchen aber schon in dieser Annale die ersten iliadischen Motive auf: belagerte Festungen auf einem Felsen; Städteplünderungen; geforderte Tributzahlungen; Geiselnahmen; die Rivalität zwischen Brüdern um die Herrschaft sowie zwei Epitheta, die im Epos häufig genannt werden: der ›Schreckensglanz‹ der homerischen Helden[3] und das Beiwort für Poseidon, der ›die Erde umfaßt und zum Beben bringt‹[4].

Daraufhin war ein gutes Jahrhundert Ruhe. Assyrien durchlief eine Zeit der Schwäche und ließ deshalb die kilikischen Herrscher ungestört regieren. Wie eine erst vor kurzem in Incirli gefundene Inschrift Awarikas belegt[5], erstreckte sich ihr Herrschaftsbereich auch auf

---

1 Text kollationiert aus zwei Regierungsberichten: Kirk Grayson 14. 132–141a [und 40 iii 5b–11]; Diskussion der Kampagnen, mit einer etwas anderen Chronologie, auch in CHLI I.1. — 2 Pahri/Mopsouhestia liegt beim heutigen Misis/Yakapinar. — 3 Vgl. XVIII 225–7 und XXII 131–7; auf Waffen bezogen in XX 423 und XXII 317–21; auf den Kampf XVII 737–9 und XXI 334–7; Diskussion: Rollinger 1996; vgl. auch P. — 4 So etwa in XIII 43. — 5 So die 1993 gefundene Incirli-Stele, eine auf ca. 725 datierte Grenzmarkierung in luwischer und phönizischer Sprache, die später griechisch überschrieben wurde. Darauf berichtet Awarikas von seinem Vater Wasurmas und zwei Kriegen. Der erste wurde durch Suppiluliumas von Kummuh (Kommagene) angezettelt, der gegen Que und die Danaer zog, der zweite durch Urpala von Tyana, der mit der Hilfe des phrygischen Königs Midas Tabal eroberte und die Danaer auf Que zurückwarf, und dann von der Eroberung Tabals durch Urpala von Tyana, einem Verbündeten Midas, der die Danaer auf Que zurückwirft. Urpala wird dabei von Awarikas getötet – was zum Auslöser eines weiteren Krieges wird. / Im Zug

Tabal[1] im Hochland nördlich des Taurus: dort wird um 740[2] der als ›Danaer‹ bezeichnete König Wasurmas greifbar. Von den engen Beziehungen zwischen Tabal und den Griechen weiß dabei auch die Bibel: sie erklärt Tabal zu einem Bruder der Ionier.[3]

Sein Vater Tuwatis – den Homer zum aitolischen Herrscher Thoas gräzisiert[4] – entstammte einer alten anatolischen Dynastie[5], die im Süden Tabals über Bit-Purutas herrschte. Wasurmas' Zugehörigkeit zu den Danaern muß demnach auf die damals übliche Heiratspolitik zurückzuführen zu sein – das geht auch aus dem griechischen Namen seines Sohnes Awarikas hervor: hinter ihm verbirgt sich die luwische Schreibweise für jenen legendären Rhakios[6], der von Homer ›Assarakos‹ genannt wird.[7]

Eine solche Ehe scheint jedenfalls der Grund zu sein, weshalb Awarikas/Assarakos die Residenzstadt seines Vaters in Tabal verläßt, um nun im ›Haus des Mopsos‹ in Pahri[8] die Regentschaft über das Ebene Kilikien anzutreten. Es ist dies der Ort, wo ein Jahrhundert zuvor König Kate auf dem Thron saß.

Regieren kann Awarikas jedoch nur mit Duldung der Assyrer. Das zeigt seine Unterwerfungsgeste an den nunmehrigen Großkönig Tiglatpilesar III. (745–27) anläßlich seiner Thronbesteigung um 740.[9] Ihm und sich zu Ehren stellt er 30 km südlich von Adanija eine Statue des Wettergottes Tarhunta auf, der auf einem von zwei Ochsen gezogenen Wagen über das Land wacht.[10] Eingemeißelt auf dieser lebensgroßen Figur fin-

53 |

dieser Kampfhandlungen kam es auch zu einem *mulk*-Opfer, bei dem nicht nur Schafe und Pferde, sondern auch erstgeborene Söhne geopfert wurden – womit wir es mit dem ersten historischen Beleg für diese phönizische Praxis zu tun hätten. Publiziert wurde der Text noch nicht – es findet sich von ihm leider nur eine sehr dürftige Zusammenfassung im Internet: E. Carter, S. Kaufmann, B. Zuckerman 1998. — 1 ›in den Städten von Bit-Purutas‹; vgl. Parpola 1987, Nr 1; wahrscheinlich das heutige Kululu in der Gegend des heutigen Kayseri (siehe Hawkins 1979). — 2 Wasurmas Tributzahlungen an die Assyrer werden 738 und 732 verzeichnet; danach stellt er sie ein. — 3 Genesis 10.2. — 4 XX 237; siehe X, wo sich zeigen wird, daß im Süden Tabals um 780 ein König namens Tuate belegt ist. — 5 Hawkins 1979. — 6 Siehe J. — 7 XX 232. — 8 Pahri/Mopsouhestia – ›Haus des Mopsos‹ – ist mit dem späteren Misis (heute: Yakapinar) zu identifizieren; der Name Pahri hat sich noch in der Bergkette dort – dem *Parion Oros* – erhalten; Casabonne 2004 und Winter 1979. — 9 Awarikas wird erstmals 738 als kilikischer König greifbar, der Tiglatpilesar Tribut entrichtet; vgl. ARAB I 769 und Hawkins Diskussion in CHLI I.2. — 10 Die sogenannte Cineköy-Stele.

234

det sich eine luwisch-phönizische Bilingue, in der sich Awarikas als Vertreter von ›Mopsos' Haus‹ seiner Allianz mit den Assyrern rühmt:

Und dann wurden der assyrische König und das ganze assyrische Herrscherhaus zu einem Vater und einer Mutter für mich; so wurden Chiyawa und Assyrien zu einem einzigen Haus.[1]

So der luwische Teil der Bilingue; die parallele phönizische Inschrift nennt jedoch anstelle des Toponyms ›Chiyawa‹ das Ethnikon ›Danunym‹. Kilikien ist dabei nicht nur das einzige bekannte Land, dessen Bewohner sich damals gleichzeitig ›Achaier‹ und ›Danaer‹ nennen – es fallen damit auch die zwei häufigsten Namen, mit denen Homer seine ›langhaarigen‹ Griechen bezeichnet: die Achaier und die Danaer.

Völlig austauschbar sind sie dabei jedoch nicht. Denn es ist bezeichnend, daß Homer für die Griechen im gesamten Epos den luwischen Namen bevorzugt: es sind wohl nicht nur metrische Gründe, daß er sie eingangs fünfmal hintereinander Achaier nennt, um erst danach zu jenem Namen zu wechseln, mit dem die Phönizier die Kiliker bezeichneten: als Danaer. Mit den weit seltener erwähnten Argeiern werden sie erst im 79. Vers gleichgesetzt – wobei diese Bezeichnung zunächst nur isoliert im Zusammenhang mit dem aus Argos stammenden Agamemnon auftaucht. Mag sein, daß Homer damit jene Griechen berücksichtigen wollte, die nun versuchten, sich in Kilikien niederzulassen: nicht bloß die Einwohner Tarsos', auch jene von Mopsouhestia hielten ja später große Stücke auf ihre Herkunft aus Argos.[2]

Die erste kilikische Revolte 715

Hat Awarikas es verstanden, sich in Kilikien mit den Assyrern zu arrangieren, so verscherzt es sich sein Vater Wasurmas in Tabal mit ihnen. Denn der glaubt nun – gleich wie die seit jeher mit Kilikien handeltreibenden Phönizier in Tyros – den Tributzoll an Tiglatpilesar III. umgehen zu können: offenbar meint er, die Zahlungen seines Sohnes müßten genügen. Der assyrische Großkönig faßt dies jedoch als Affront

1 Text und Diskussion: Lanfranchi 2005. — 2 Siehe P.

auf: ›Wasurmas zeigte sich gleichgültig gegenüber Assyriens Errungenschaften und kam nicht in meine Gegenwart.‹

Tiglatpilesar schickt daraufhin um 730 einen seiner Eunuchen nach Tyros, wo er den ihm zustehenden Tribut einkassiert, und daraufhin weiter nach Tabal. Dort setzt er Wasurmas ab und installiert statt dessen ›Hulli, den Sohn eines Niemand‹.[1] Diese Formel erinnert frappant an die Bezeichnung des Zyprioten Iamani, der wenig später als ›Gemeiner‹ in Ashdod den Thron besteigt, ohne in den Augen der Assyrer Anspruch darauf erheben zu können.[2] Da die Assyrer nur auf Zahlungen aus waren, ansonsten aber kein Interesse an innerdynastischen Spannungen in ihrer Provinz hatten, handelt es sich bei Hulli deshalb wohl um einen griechischen Vasallen Wasurmas'. Dessen Name ›Hu-ul-li-i‹ wurde zu ›Huliyas‹ rekonstruiert[3] – womit er wohl jener Mann ist, den Homer uns als den Vater Medons und des kleinen Aias präsentiert: Oileus.[4]

Nach Tiglatpilessar kommt mit Salmanasser V. (726–23) ein schwacher und zögerlicher König an die Macht, der die Provinzen seines Reiches kaum im Griff hat. In Tabal geht folglich alles drunter und drüber – was Salmanasser ›gegen Hulli ergrimmt‹. Er befiehlt die Auflösung seines Landes und holt ihn samt seiner Familie nach Assyrien, um ihn dort ›wie einen aus dem niederen Volk zu behandeln‹.[5]

Doch auch unter Hullis Nachfolger bessert sich die Lage nicht; in den drei Jahren von Salmanassers Regentschaft ist dort nun ein Machtvakuum entstanden, daß auch Awarikas/Assarkos in Que zu spüren bekommt. Der kann zunächst – dank eines Menschenopfers – Suppiluliumas von Kummuh (dem späteren Kommagene) zurückschlagen[6] und bekommt daraufhin in Adanija einen assyrischen Statthalter zur Seite gestellt. Trotzdem aber werden nun auch die Fürsten im Taurusgebirge

1 ARAB I 802 und 803. — 2 ARAB II 30; siehe L. Sargon verjagte den Ionier Iamani im Jahre 711, nachdem er in Ashdod die Macht an sich gerissen hatte, ›wie einen Dieb‹. — 3 Fuchs 1993 und Hawkins AnSt 37, 158; *Huliya* läßt sich auf ›Hulaya‹ beziehen, den alten hethitischen Namen für eine Region im Rauhen Kilikien, wo sich die Ionier bevorzugt niederließen. — 4 XIII 694–7; der Name Aias ist in Adanija bezeugt. Oileus' illegitimer Sohn Medon lebt, nachdem er seinen Onkel getötet hat, ›fern vom Land seines Vaters‹ in Phylake, einer Region, die sich mit dem assyrischen Bezeichnung für das Rauhe Kilikien – Hilakku – identifizieren läßt. Tabal wie Hilakku bilden zu dieser Zeit die Hauptunruheherde der Region. — 5 So Sargon II. über die Taten seines Vorgängers Salmanasser; Fuchs 1998, VI c. — 6 Incirli-Stele; siehe Fußnote 5, S. 233.

übergriffig: Urpana von Tyana erobert zusammen mit den Atunnäern und Istundäern Tabal[1] und wirft die Danaer auf Que zurück.[2]

In seiner Zwangslage versucht Awarikas zu taktieren und schickt eine Gesandtschaft zu dem mächtigen Phrygerkönig Midas und zu Ursa von Urartu, die sich nun im Norden zusammengeschlossen haben. Midas aber hält es für klüger, sich noch nicht auf eine offene Konfrontation gegen die Assyrer einzulassen; als Zeichen seines guten Willens liefert er Awarikas' Unterhändler an den assyrischen Statthalter in Adanija aus. Daraufhin zieht Awarikas allein in den Kampf gegen Urpala von Tyana, tötet ihn – und verschwindet darauf völlig von der Bildfläche. Warum, wissen wir nicht; klar scheint aber, daß sich das Haus des Mopsos nach seiner verräterischen Kontaktaufnahme mit Midas nicht mehr halten kann – einem offenbar exilierten Sohn Awarikas aber werden wir später in Jerusalem noch begegen.

Da Midas nun aber gemerkt hat, daß Salmanasser nicht fähig ist, die nördlichen Provinzen seines Reiches wieder unter Kontrolle zu bringen, ergreift er die Gelegenheit und erobert drei Grenzfestungen in Que. Zugleich mit ihm nützen nun aber auch die Ionier die verworrene Lage und rücken aus ihren Basen in der Kietis und im Rauhen Kilikien an, um sich in Que und Tabal breitzumachen. Zusammen mit den griechischen und phönizischen Zyprioten, die sich gegen die assyrische Dominanz auf ihrer Insel wehrten[3], beginnen sie sich schnell in Que und Tabal breitzumachen: was sie dorthin lockte, waren nicht nur die Bo-

---

1 Zu diesem Konflikt siehe Hawkins 1979, die Inschriften Wasurmas in CHLI I.2 und die Incirli-Stele (Fußnote 5, S. 233). — 2 Incirli-Stele und Parpola 1987, Nr. 1, wo hervorgeht, daß es nach der Eroberung von Tabal (›den Städten von Bit-Purutas‹) zum Streit innerhalb von Urpalas Allianz kam. Dieser Brief wurde bislang Sargon zugeschrieben; da Awarikas jedoch von Sargon nicht mehr erwähnt wird und aus der Incirli-Stele hervorgeht, daß Awarikas den in diesem Brief erwähnten Urpala töten konnte, handelt es sich wohl um einen Brief Salmanassers. Darauf läßt auch das für Sargon gänzlich untypische Zögern schließen: denn in diesem Brief hält der namentlich nicht genannte Großkönig seinen Statthalter nur hin. ›Schneid das Lange ab und streck das Kurze bis ich komme‹, schreibt er ihm, ohne ihm Anweisungen zu geben, was mit Awarikas verräterischen Gesandten geschehen soll; statt dessen verläßt er sich auf die friedlichen Absichten der Phryger und unternimmt auch nichts gegen Urpala, dessen Abtrünnigkeit ihm gemeldet wurde. Diese Unfähigkeit war wohl der Grund, weshalb Sargon II. seinen Halbbruder so schnell als möglich absetzte. — 3 Unter Tiglatpilesar hatte sich das phönizische Tyros den Assyrern unterworfen – und damit auch der tyrische Vasallenherrscher im zypriotischen Kition.

denschätze und die Fruchtbarkeit Kilikiens, sondern auch der florierende Handel. Dazu zählte auch der immer wichtiger werdende Holzexport. Und da die phönizische Seeroute von Tarsos nach Tyros seit langem von den Assyrern kontrolliert wurde, hielten nun auch die Phönizier den Zeitpunkt für günstig, sich selbständig zu machen.

Dem sollte Sargon II. (722–05) jedoch bald einen Riegel vorschieben. Nachdem unter Salmanasser überall im Reich Unruhen ausgebrochen waren, riß Sargon die Herrschaft an sich, um die alten Machtverhältnisse wiederherzustellen. Er schritt in Babylon ein, deportierte die Israeliten, besiegte die aufständischen Syrer und zog dann gegen die mit Urartu verbündeten Mannäer und gegen die mit Midas alliierten Späthethiter in Karkemish ins Feld. Daraufhin marschierte er 715 zuerst nach Tyros[1] und dann weiter nach Que und Tabal, um die von den Phrygern besetzten Zitadellen zurückzuerobern und die Ionier wieder zu vertreiben.

Daraus entstand nun ein Konflikt, der die erste historische Vorlage für Homers Schilderung der Schlacht um Troia bildet. Vorauszuschicken ist hier jedoch ein Caveat: wenn das Epos auf diese wie auch auf die späteren Revolten Bezug nimmt, dann indem es seine Danaer und Achaier in die Rolle der Assyrer schlüpfen läßt. Homer geht dabei zwar nicht so weit, sie auch als Siegesmacht darzustellen: gleich wie es in Kilikien erst zu drei Aufständen und später zu einer freiwilligen Unterwerfung kam, schildert auch die *Ilias* vier Schlachttage, bei der beide Seiten empfindliche Verluste hinnehmen müssen; und so wie das Ende des 24. Gesanges andeutet, daß die Kämpfe weitergehen werden, war auch zur Zeit der Niederschrift des Epos noch nicht klar, ob in Kilikien nun ein für allemal Frieden herrschen würde.

Daß die Griechen am Ende Troia erobern werden, darauf weist bloß eine Prophezeiung hin, die damit zwei Funktionen erfüllt. Zum einen verleiht sie dem unentschiedenen Hin und Her dieses Krieges – bei dem die Griechen Patroklos und die Troer Hektor verlieren – das erzählerisch notwendige, bezeichenderweise aber weit hinausgeschobene Happy-End. Zum anderen stellt diese Weissagung die erforderliche Verbindung zum Troiastoff her: denn bereits in den *Kypria* werden die

---

1 Fuchs 1.1 (21)/ARAB II 118.

238

Griechen ja als Gewinner vorgestellt, obwohl die Geschichtsschreibung
ebenfalls nur berichten kann, daß sie jedesmal wieder von den Hethitern vertrieben wurden. Um kilikische Zeitgeschichte im Troiastoff ein-
flechten zu können, blieb Homer deshalb gar nichts anderes übrig, als
die darin vorgegebenen Streitparteien zu übernehmen: seine Griechen
mit assyrischen und die Troer mit späthethitischen Zügen zu versehen,
stellt da wohl die einfachste literarische Strategie dar. Wobei Homer
auch auf der realen Situation Rechnung trägt, bei der Ionier, Phönizier
und Kiliker auf einer Seite standen: trotz seiner durch seine Assimilia-
tion bedingten assyrischen Sympathien ist Homer ja bemüht, keine der
beiden gegnerischen Parteien offen in ein schlechtes Licht zu rücken –
das hätte wohl auch sein damals gemischtes Publikum brüskiert. Um
dem durch die Tradition fixierten Erzählparadigma jedoch zeitgenössische Relevanz zu geben, greift er dabei auf eine ganze Reihe von Motiven zurück, die auf die kilikischen wie assyrischen Protagonisten der im
folgenden geschilderten Ereignisse verweisen.

Denn wie Sargon II. nun gegen die Kiliker vorging, beschreibt
seine Kriegspropaganda generell in einem Stil, der sich dann auch im
XXI. Gesang wiederfindet: einem ›Heuschreckenschwarm‹[1] oder einer
›über alle Felder hereinbrechenden Flut‹ gleich[2] brannte er als Repres-
sionsmaßnahme für den unerlaubten Holzhandel ›überall Häuser und
Wälder nieder‹[3]. Weit spezifischer geben die Annalen von Sargons
Kampagne bereits Hektors mehrmals ausgesprochene Drohung wieder,
die Danaer bei ihren Schiffen abschlachten zu wollen: die *Ilias* betont ja
immer wieder aufs neue die Angst der Griechen um ihre Schiffe[4] und
läßt dort, wo sie von Zelten und Hütten spricht, selbst noch nach all den
Jahren der Belagerung das Temporäre des Aufmarsches der Ionier
durchblicken.

Der Kampf gegen die Griechen mußte dabei vor Tarsos stattgefunden
haben, wo der Zielhafen der tyrischen Seeroute lag; von dort ging Sargon dann weiter gegen Midas vor:

1 Mayer 256/ARAB II 163, vgl. XXI 12. — 2 Mayer 253/ARAB II 158, vgl. XXI 324f. —
3 Mayer 261–8/ARAB II 164–7, vgl. XXI 350f. — 4 Etwa XI 556.

54 | Um die Ionier zu unterwerfen, deren Wohnsitze mitten im Meer liegen, die seit fernster Vergangenheit die Einwohner der Stadt Tyros und des Landes Que töteten und den Handelsverkehr unterbrachen,

55 | fuhr ich mit hethitischen Schiffen gegen sie aufs Meer hinaus und streckte sie allesamt, ob groß oder klein, mit meiner Waffe nieder.

Die Festungen Harrua, Ushnanis und Qumasi[1] im Land Que, die

56 | Midas, König im Land der Phryger, vor langer Zeit eingenommen hatte, eroberte ich; ich gab ihnen ihren alten Status wieder zurück und trug reiche Beute von ihnen davon.[2]

Die Ionier, die mitten im Meer des Sonnenuntergangs leben, fing ich wie Fische. Ich deportierte das Volk der Länder Kasku [nördlich von Tabal], Tabal und des Rauhen Kilikien. Ich verjagte Midas, König im Land der Phryger. [] Ich unterwarf sieben Könige vom Land der Ia [Zypern], einem Distrikt des Landes von Adanija, deren ferne Domizile sieben Tagesreisen weit in der Mitte des Meeres der untergehenden Sonne liegen.[3]

Während Sargon einen Eunuchen mit einer Kerntruppe nach Zypern schickte – um sich dort für die Absetzung eines assyrertreuen Vasallen zu rächen und den ausstehenden Tribut von den sieben, auch griechischen Königen einzutreiben[4] –, eroberte er selbst nicht nur Kilikien und Tabal zurück, sondern fügte dabei auch Midas auf seinem Gebiet in Kaska eine empfindliche Niederlage zu. Die Folgen waren umfassend und weitreichend: um die Provinz ruhigzustellen, deportierte Sargon eine große Zahl von Einheimischen ins assyrische Gebiet[5], während er in Kilikien Bevölkerungen aus anderen Reichsteilen ansiedelte. Administrationszentrum war dabei Adanija – von da aus wurde Zypern nunmehr verwaltet.

In Tabal hingegen hob Sargon den Sohn des von Salmanasser abgesetzten Hulli auf den Thron: Ambaris. Er läßt ihn aus der assyrischen Hauptstadt Khorsabad holen und gibt ihm, um sich seiner Loyalität zu versichern, seine Tochter Ahat-Abisha zur Frau. Als Mitgift erhält er das

1 *Kumma* ist luwisch für ›heilig‹ – damit könnte das spätere Kastabala bei Karatepe gemeint sein, wo die alte kizzuwatnische Hauptstadt Kummana lag; Diskussion Casabonne 2004. — 2 Fuchs 2.3 (117–20 und 125–6)/ARAB II 16 und 18; Diskussion auch CAH III.3. — 3 Fuchs 2.2 (15–18)/ARAB II 80. — 4 Fuchs 2.3 (394–8)/ARAB II 44. — 5 Kiliker bauen dann Sanherib seinen neuen Palast in Ninive, ARAB II 364.

Rauhe Kilikien[1] – ein wahres Danaergeschenk im zweifachen Sinn des Wortes. Denn zum einen erwartet Sargon sich damit anscheinend von Ambaris, daß der diese nicht zu Que gehörende Region voller Ionier unter seine Kontrolle bringt – was nur Sinn macht, wenn dieser sich dabei auf Wasurmas' und Awarikas'/Assarakos' danaischen Anspruch berufen konnte. Zum anderen aber führt Ambaris nun wider alle politische Klugheit die erste ionische Revolte fort; er glaubt Kilikien zurückerobern zu können, indem er ein Bündnis mit Midas' Phrygern und Urartu herzustellen versucht:

> Was Ambaris von Tabal, den König des Landes Bit-Purutas, anlangt, so hatte mein fürstlicher Vorgänger die Familie des Hulli [...] und die Beute aus dessen Land nach Assyrien geholt. Als dann ... die großen Götter mir eine feste Regierung bestimmten, da waren sie mir noch im Gedächtnis. Hulli setzte ich wieder auf seinen königlichen Thron. Die Einwohner des Landes Bit-Purutas versammelte ich und unterstellte sie ihm. Als Hulli, sein Vater, starb, schenkte ich ihm [...] und gab ihm meine Tochter samt dem Rauhen Kilikien und erweiterte damit sein Land.
>
> Doch dieser Trottel[2], der das Recht nicht achtete, sandte einen Boten zu Ursa, dem König des Landes Urartu, zu Mida, dem König des Landes Musku [Phrygien], und zu den anderen Königen des Landes Tabal, mit der Absicht, mir mein Gebiet wegzunehmen.[3] Er schickte einen Wesir, um sich mein Land Que zu holen und es auszuplündern.[4]

Daraufhin bringt Sargon im Jahre 713 alle ihm loyalen Statthalter und Heerführer im Umkreis auf, von Hama in Amurru über Arpad bis Da-

1 *Ambaris von Tabal, den ich auf den Thron des Hulli, seines Vaters, setzte, gab ich meine Tochter mitsamt dem Land Hilakku, welches nicht zum Gebiet seiner Vorfahren gehört hatte, und erweiterte so sein Land. Und eben jener, der das Recht nicht achtete, sandte einen Boten zu Ursa von Urartu und zu Midas, dem König der Phryger, um mir meine Gebiete wegzunehmen. Ambaris nahm ich mit seiner Familie, seiner Sippe, seinem ganzen Geschlecht, den Vornehmsten seines Landes und 100 seiner Streitwagen mit nach Assyrien. Assyrer, die vor meiner Herrschaft Ehrfurcht haben, siedelte ich dort [in Que] an, einen meiner Eunuchen setzte ich als Provinzherrn über sie ein und erlegte ihnen Tribut und Abgabe auf.* Fuchs 2.4 (29–30)/ARAB II 55; vgl. auch Fuchs 1.1 (23–24)/ARAB II 118; zu Ambaris und Ahat-Abisha siehe auch CHLI I.2 427/8. — 2 So die Übersetzung in ARAB II 25. — 3 Fuchs 2.2 (194–195)/ARAB II 25. — 4 Fuchs 1998 VI d.

maskus[1] – und es beginnt eine große Schlacht um Ambaris' tabalisches
›Troia‹ in der Gegend des heutigen Kayseri:

> Ich bot das Heer Assurs auf und bedeckte das Land Tabal in seiner ge-
> samten Ausdehnung wie ein Netz. Ambaris, den König des Landes
> Bit-Purutas, schlug ich in Fesseln und nahm ihn mit seinem ganzen
> Geschlecht und den Vornehmsten seines Landes, nebst 100 Streitwa-
> gen, mit nach Assyrien. Bit-Purutas und das Rauhe Kilikien weidete
> ich auf grüner Aue, und was seine Stadt anlangt, so ließ ich Wälle um
> sie errichten und siedelte Einwohner aus den von Assur, meinem
> Herrn, eroberten Ländern dort an. Einen meiner Eunuchen setzte
> ich als Provinzherrn über sie ein und legte ihnen den Frondienst der
> Assyrer auf.[2]

Was diese zweite vernichtende Niederlage im ehemals danaischen Tabal
für die Griechen in Kilikien bedeutete, kann man sich vorstellen. Die
Demütigung mußte für sie um so größer gewesen sein, als Ambaris dabei von Anfang an unter der Kuratel seiner assyrischen Frau gestanden
war. Und die regierte nun nach Ambaris' gewaltsamer Entfernung weiter – wobei ein Eunuch an ihrer Seite die Verwaltungsaufgaben übernahm. Ahat-Abisha selbst (›Schwester des Vaters‹) hatte die Fiktion einer
ungebrochenen assyrertreuen Dynastie aufrechtzuerhalten[3]; sie verblieb
deshalb notgedrungen bis zum definitiven Ende der nächsten Revolte
695 in Tabal.[4]

Beide Personen scheinen Homer als Vorbild gedient zu haben, um
zwei Figuren des alten Troiastoffes in der *Ilias* ein neues Profil zu verleihen: Helena und Alexandros. Letzteren versieht er nun mit dem Beinamen ›Paris‹ – die *Kypria* kennen ihnen jedenfalls noch nicht darunter.
Der Zweitname scheint zum einen eine Anspielung auf Awarikas' Herrscherdynastie in Pahri/Mopsouhestia gewesen zu sein: ihr ehemaliger
Vasall Azatiwada, der die kilikische Friedenszeit dann wesentlich prägte,
war ja noch 20 Jahre später bemüht, sich aus ihrem Schatten zu lösen.
Weit pikanter jedoch muß für Homers kilikisches Publikum der Wink
auf Ambaris gewesen sein. Höchstwahrscheinlich griechischer Abstam-

1 Fuchs 1998 VI e. — 2 Fuchs 2.2 (200–4)/ARAB II 25. — 3 Postgate 1973. — 4 Sanherib
nimmt Til-garimmu, ›eine Stadt an der Grenze von Tabal‹, genau 20 Jahre später ein;
ARAB II 290.

mung wie der alte Aleksandu/Alexandros (der ja ebenfalls auf zwei Seiten gestanden war), als Höfling frisch aus der assyrischen Hauptstadt gekommen (deren Sitten für die Griechen seit jeher als dekadent gegolten hatten), mit einer fremden Frau im Schlepptau und dazu noch der Sohn eines ›Niemand‹ (der wie der iliadische Paris nicht als eigentlicher Thronfolger in Frage kam), mußte er den Danaern als reiner Prätendent erschienen sein.

Von Sargon als ›Trottel‹ bezeichnet, mochte er zwar – wie Alexandros auch – versucht haben, sich am Schlachtfeld als tapfer zu erweisen: da er sich aber nicht einmal zwei Jahre hielt, konnte er durchaus als jenes Weichei gegolten haben, als den Homer uns seinen Helden präsentiert. Wie dieser – den Homer meist abschätzig als ›Mann der Helena‹[1] bezeichnet – war Ambaris dabei nicht nur ein Vasall, sondern stand zusätzlich noch unter der Fuchtel seiner assyrischen Gattin. Auch Helena hat für Paris ja nur abschätzige Vorwürfe bereit und wünscht sich, er wäre lieber auf dem Schlachtfeld gefallen, als unehrenhaft vom Kampfgelände zu verschwinden.[2]

Daß Helena einige Züge von Ahat-Abisha erhalten hat, zeigt sich auch darin, daß sie nach Ambaris' Absetzung weiterhin die Autorität im Land behielt – eine für die damalige Zeit wahrlich ungewöhnliche Situation. Als Assyrerin mußte sie in Tabal wie ein Fremdkörper gewirkt haben, mehr gelitten denn geliebt: ganz so, wie die *Ilias* uns die Griechin Helena bei den Troianern beschreibt. Wie diese konnte Ahat-Abisha wohl ebenfalls klagen, daß sie ›das Land ihrer Väter im Stich gelassen hatte und ständig scharfen Worten seitens der Herrscherfamilie ausgesetzt war‹[3] – um so wie Helena in Troia ebenfalls genau ›zwanzig Jahre‹ in der Fremde verbringen zu müssen (was in der Jahreszählung des troianischen Kriegs kaum einen Sinn ergibt).

Allgemein betrachtet sind diese Ereignisse jedoch paradigmatisch für die Konflikte peripherer Eliten am Rande eines Großreiches, die zwischen Loyalität und Bestrebungen um Autonomie hin und her gerissen sind. Ihre inneren Machtkämpfe führt Homer uns an Troern und Griechen immer wieder vor – ebenso wie das Unstete der äußerlichen Bündnispolitik. Denn so wie troianischen Verbündeten für ihre Dienste bezahlt

1 Etwa in XI 505. — 2 III 427–32. — 3 XXIV 762–9.

werden wollen (und dabei Troias einst so reiche Schatzkammern leeren[1]), werden sich auch die bekannt beutegierigen Ionier nicht für umsonst an den jeweiligen kilikischen Allianzen beteiligt haben: zumindest werden sie sich davon ein Stück Land in diesem Reich der Danaer und Achaier versprochen haben.

All das hielt die Situation in Kilikien noch in der Schwebe: zwei verlorene Schlachten entmutigten die Griechen nicht. Zum einen konnten sie in Midas immer noch auf einen Verbündeten zählen: die assyrischen Kämpfe gegen ihn und Urartu gehen ja noch weiter. Die politische Lage verändert sich erst durch die Kimmerier[2], die jetzt vermehrt im Norden auftauchen – und die die *Ilias* Amazonen nennt. Sie zwingen Midas zu einem überraschenden Bündnis mit Sargon – doch auch das kommt den Griechen letztlich zugute.

Denn als Sargon im Jahre 705 Midas mit seinem Heer zu Hilfe eilt, fällt er den Kimmeriern in Tabal zum Opfer. Sargon stirbt ›im Feindesland, ohne zu Hause begraben werden zu können‹, seine Leiche geschändet[3]: der damals schlimmste denkbare Tod. Er geht nicht nur in die jüdische Überlieferung ein, wo vom Tod des ›Weltenherrschers‹ die Rede ist, der ›fern von seinem Grab hingeworfen ist wie ein verachteter Zweig, bedeckt von Erschlagenen‹[4] – er wird auch von Homer aufgegriffen, wenn er Achilleus sich weigern läßt, Hektors Leiche die letzte Ehre zu erweisen und ihn auch Patroklos' Begräbnis hinauszögern läßt. Das Motiv der geisterhaften Erscheinung Patroklos' geht dabei – wie wir sahen[5] – auf die XII. Tafel des *Gilgamesh* zurück, die diesem Epos kurz darauf angehängt wurde, um etwas über die Bedingungen in der Unterwelt zu erfahren, denen der unbestattete Sargon nunmehr ausgeliefert war.

Die zweite kilikische Revolte 705–696

Der Schock über Sargons Tod ist in Assyrien ebenso groß wie die offene Revolte, die daraufhin überall im Reich ausbricht: sowohl in Babylon – das die Herrschaft der Assyrer nur unter Zwang akzeptiert hatte – wie in

1 XVII 220–6. — 2 Diskussion und Identifizierung der Kulummäer mit den Kimmeriern: CHLI I.1I 428. — 3 Diskussion: Frahm 1999. — 5 Jesaja 14.16–9. — 5 Siehe T.

den Städten der Levante und im Ebenen und Rauhen Kilikien. Nachdem Awarikas' Dynastie nichts mehr zu melden hatte, reißt nun Kirua, der Stadtfürst von Illubru[1] im Taurusgebirge, die Macht an sich und ruft zusammen mit der Unabhängigkeit seines Hilakku auch jene von Que aus. Er stellt sich damit vor allem gegen das assyrische Machtmonopol und bringt die Handelswege erneut unter seine Kontrolle[2] – was zum zweiten Kulissenbild für die *Ilias* wird.

Statt dort sofort einzuschreiten und dabei auch den Tod seines Vaters zu rächen, meidet der Thronfolger Sanherib (704–681) jedoch diese Region. Er hat offensichtlich nicht nur Angst vor dem dort als Dämon herumirrenden Totengeist seines unbestatteten Vaters – er hat auch zu Hause genug zu tun, um seinen Herrschaftsanspruch durchzusetzen. Sanherib zerstört so zuerst das aufständische Babylon[3]; dann macht er sich gegen Jerusalem auf, wo der Judäer Hiskia von langer Hand einen Aufstandsversuch vorbereitet hat, der zur Wiedergewinnung des ehemaligen Nordreiches von Israel führen und dabei die religiöse Reform der Ein-Gott-Bewegung einleiten sollte.[4] Ihm angeschlossen haben sich auch die Philisterstädte Ekron, Ashdod, Ashkelon und Lachish, die mit den gleichfalls rebellierenden phönizischen Küstenstädten in enger Verbindung stehen – und diese wiederum mit Kilikien, das Hilfstruppen schickte.[5] Diese Koalition von Kilikern und ›biblischen‹ Völkern konnte bereits auf einen Präzedenzfall zurückblicken: eine solche Allianz ist bereits für die Zeit um 800 attestierbar.[6]

Hatte der Ionier Iamani in Ashdod kurz zuvor einen Aufstand mit Hilfe ägyptischer Truppen anzetteln wollen, so baut Hiskia diesmal auf den Beistand der nubischen Aithiopier, die inzwischen in Ägypten an die Macht gekommen sind. Doch auch Achaier sind daran beteiligt. So wird einerseits in Jerusalem ein ›Achijahu‹, der ›Sohn des HSRQ‹[7], greifbar. Hinter ihm scheint der Sohn des Assarakos/Awarikas aus der achai-

---

1 Illubru lag am Oberlauf des Kydnos, nordwestlich von Tarsos; das spätere Lampron – heute Camliyayla – Identifikation: Casabonne 2004. — 2 ARAB II 286. — 3 ARAB II 341. — 4 Finkelstein-Silberman 2001. — 5 Das geht aus Sanheribs Inschrift auf dem Rassam-Zylinder (Frahm 1997, S. 59) und dem Heidel-Zylinder hervor, wo von in Gefangenschaft geratenen Kilikern die Rede ist. — 6 Vgl. aramäische Inschrift von Afis, wo ›der König von Que und sein Heer‹ mit anderen Herrschern aus der Gegend des Amanusgebirges sowie der Aramäerstaat in Damaskus sich gegen die Assyrer zusammenschlossen; Donner-Röllig 1964. — 7 Vgl. das zeitgenössische hebräische Ofel-Ostrakon; Donner-Röllig 1964.

schen Mopsos-Dynastie zu stecken: hält man sich an Homers Genealogie, hieß er eigentlich Kapys. Jedenfalls befehligte dieser nun die danaischen (*dun-nun*)[1] Hilfstruppen aus Kilikien, die Hiskia zur Seite standen – das zeigt sich daran, daß sich Gegenstände aus dessen Besitz unter dem später an Sanherib geschickten Tributzoll befanden.[2]

Gleichzeitig stehen Achaier jedoch auch auf der gegnerischen Seite: der Stadtherr von Ekron ist Pandion, der Vater des Achaiers ›Achish/Ikausu‹.[3] Da er den Assyrern die Treue halten wollte, hat Hiskia ihn vom Thron gestürzt, nach Jerusalem verbracht und die Stadt seinen Adeligen überlassen. Passend dazu zeigen die assyrischen Reliefs in diesem Konflikt auf seiten Sanheribs auch danaische Truppen, die den von Homer beschriebenen ›rundverschlossenen‹ Pfeilköcher tragen[4]: wo sie vorher als Feinde im kilikischen Bergland abgebildet wurden, stehen sie jetzt Sanherib zur Seite. Sie bezeugen damit jene Konfliktsituation in der *Ilias*, in der sich Griechen beider Lager befinden: was für die Judäer gilt, mußte auch für die Kiliker gegolten haben.

Um die Handelswege nach Ägypten und Arabien zu sichern, marschiert Sanherib 701 mit seinem Heer zunächst gegen die Phönizier in Sidon und weiter gegen Tyros, dessen Herrscher sich nach Zypern flüchtet.[5] Dann läßt seine Strafexpedition jedoch Jerusalem und die Philisterstädte links liegen und marschiert gegen die zweitgrößte Stadt der Judäer ganz im Süden: Lachish. Die Belagerung zieht sich hin – ihre Darstellung

58 |
59 |

60 |
61 |

1 Luckenbill 1924, S. 33; das ergibt sich auch daraus, daß die Assyrer Truppen sonst nie mit diesem Adjektiv bezeichneten. — 2 XX 239. / Dieser ›Achijahu‹ muß ident sein mit jenem ›Achija‹, dessen Name sich auf einem kostbaren Gefäß eingeritzt findet, das Teil jener Tributgeschenke war, die Hiskia Sanherib nachsandte; man grub diese Freikaufsumme in Nimrud aus. Diskussion und Abbildung: Barnett 1977. — 3 Siehe J. — 4 Die Reliefs von Sanheribs Palast (Barnett-Bleibtreu-Turner 1998, Abb. 428) zeigen solche fremde Truppen – die in einem anderen Saal zuvor als feindliche Bergbewohner dargestellt werden – mit jenem rundverschlossenen Köcher, den Homer in I 45 erwähnt. Da sie hier bei der Belagerung von Lachish abgebildet werden, liegt die Annahme nahe, daß damit assyrertreue Kiliker gemeint sind, die Sargon bei seiner Kampagne zuvor zwangsrekrutiert hatte; solche Kämpfer mit einem rundverschlossenen Köcher werden jedenfalls in Barnett-Bleibtreu-Turner 1998, Abb. 103 und 104, als Gegner der Assyrer in einem Gebirgsland dargestellt, in einem Stil, der an Sargons Relief gemahnt. Die Besonderheit eines oben mit einem Decke verschlossenen Köchers läßt sich durch die alte hurritische Tradition des Bogenbaus in Kilikien erklären; Diskussion zu diesen Aspekten der Reliefs: Russell 1991. — 5 ARAB II 309.

246

wird dann zu einem prominenten Motiv in den Reliefs von Sanheribs | 62
Palast. Nachdem Lachish gefallen ist, schickt Hiskia einen Gesandten | 63
samt einer riesigen Freikaufsumme zu Sanherib und bietet ihm seine
Unterwerfung an. Der jedoch denkt nicht daran; er schickt eine Abord-
nung seiner Truppen nach Jerusalem, um die Belagerung vorzubereiten,
und läßt Hiskia verhöhnen.[1]

Dann zieht er gegen das abtrünnige Ekron und die anderen Philisterstädte. Bevor er die Stadt erreichen kann, marschieren jedoch die Truppen des aithiopischen Herrschers Shebitku auf – jene über Ägypten nun
herrschenden Nubier aus Kush, die Hiskias Revolte benützen, um selbst
an der Levante Fuß zu fassen. Wie Paris malerisch in Leopardenfelle gekleidet[2], stellen sie sich mit ihren Streitwagen und Bogenschützen vor
Eltekeh auf. ›Sie boten mir den Kampf an; auf Assurs Hilfe vertrauend,
focht ich mit ihnen und zwang ihre Niederlage herbei‹[3], schreibt Sanherib – de facto geht die Schlacht jedoch unentschieden aus, worauf sich
die Aithiopier wieder zurückziehen.

Daraufhin belagert Sanherib Ekron. Es geht dabei nicht um wenig –
auch deshalb, weil Ekron das damals größte Produktionszentrum von
Olivenöl war; es wurde auch nach Kilikien exportiert und gilt deshalb in
der *Ilias* als Luxusgut.[4] Sanherib erobert Ekron, plündert es aus und
›bringt die Beamten und Adeligen, die die Sünde der Rebellion begangen hatten, um‹; dabei ›spießt er ihre Leichen auf Pfählen rings um die
Stadt auf‹[5] – ganz so, wie es auch Hektor mit Patroklos' Leiche zu tun
gedenkt.[6] Dann hebt er den inzwischen freigelassenen Achaier Pandion
wieder auf seinen Thron: ihm scheint Homer ein Denkmal zu setzen,
wenn er ihn neben dem Vertreter eines weiteren in Palästina assimilierten griechischen Stammes – den Tjeker Teukros – in der *Ilias* auftreten
läßt.[7]

1 2 Könige 18.14f.; die Rede ist dabei von einem General, einem Großkämmerer und
einem königlichen Mundschenk – was gut zur iliadischen Gesandtschaft paßt, wo Agamemnon Aias, Odysseus und Phoinix zu Achilleus schickt. — 2 Vgl. Herodot VII 69 und
Ilias III 17; die Kommentare legen Paris' Bekleidung als extravagant aus – als Anspielung
auf die aithiopischen Verbündeten verliert das Leopardenfell jedoch seine Exzentrik. —
3 ARAB II 240. — 4 Wie bereits in U erwähnt, gedeihen Olivenbäume in Kilikien nicht
besonders gut; Olivenöl wird deshalb in der *Ilias* nicht zum Essen, sondern zur Körper-
pflege, zum Einfetten von Kleidern und zum Salben der Leichen verwendet: X 577, XVIII
596 und XVIII 350. —5 Heidel-Zylinder III 38–43. — 6 XVIII 177. — 7 XII 372.

ASSYRISCHE ANNALEN

Den Statthaltern, Fürsten und Einwohnern von Ekron, die Padi – ihren König, der Assyrien durch Vertrag und Eid verbunden war – in eiserne Fesseln gelegt und in feindseliger Absicht an Hiskia von Juda übergeben hatten, war wegen des Frevels, den sie begangen hatten, in ihrem Herzen bang. Sie holten sich die Könige von Ägypten und Bogenschützen, Streitwagen und Pferde des *aithiopischen* Königs Meluhha, eine Streitmacht ohne Zahl, zu Hilfe, und diese kamen, um ihnen Unterstützung zu leisten.

Bald standen sie mir, ihre Waffen schärfend, im Umland von Eltheke in einer Schlachtreihe gegenüber. Im Vertrauen auf meinen Herrn Assur kämpfte ich mit ihnen und brachte ihnen eine Niederlage bei. Inmitten der Schlacht nahm ich ägyptische Wagenkämpfer und Prinzen sowie Wagenkämpfer des Königs von Meluhha mit meinen Händen lebendig gefangen. Ich belagerte, eroberte und plünderte Eltheke und Thimna; dann näherte ich mich Ekron. Ich tötete die Beamten und Adeligen, die die Sünde der Rebellion begangen hatten, und *spießte ihre Leichen auf Pfählen rings um die Stadt auf*. []

Ich belagerte und eroberte 46 ummauerte Festungsstädte Hiskias von Juda und die kleinen Städte in deren Umgebung, die ohne Zahl sind, indem ich Belagerungsdämme anlegte und Sturmwidder heranbrachte, sowie durch Infanterieeinsatz, Unterminierungen, Breschen und Sturmleitern. Ich führte 200 150 Menschen, jung und alt, Mann und Weib, Pferde, *Maultiere*, Esel, Kamele, Ochsen und Schafe, die ohne Zahl waren, aus ihnen heraus und zählte sie zur Beute. Hiskia *schloß ich ein* wie einen Käfigvogel in Jerusalem, seiner königlichen Residenz, legte Befestigungsanlagen gegen ihn an und *machte es zu einem Ding der Unmöglichkeit für ihn, aus seinem Stadttor hinauszugehen*. []

Die Furchtbarkeit und der Schreckensglanz meiner Herrschaft warfen ihn, Hiskia, nieder. Die Urbi [Araber] und *seine danaischen Truppen,* die er *zur Verstärkung seiner königlichen Residenzstadt* Jerusalem hatte hineinkommen lassen, *30 Talente Gold, 800 Talente Silber,* erlesenes Antimon, Anzagulme-Stein in großen Blöcken, Betten aus Elfenbein, Lehnsessel aus Elfenbein, Elefantenhaut, Elfenbein, Ebenholz, Buchsbaumholz, Kleider aus buntem Stoff und aus Leinen, violett- und rotpurpurne Wolle, Gerät aus Bronze und Eisen sowie Kupfer, Zinn und Eisen, Streitwagen, Schilde, Lanzen, Panzer, eiserne Gürteldolche, Tilpanu-Bögen sowie Pfeile und Wehrgehänge, Kriegsgerät, das ohne Zahl war, schickte er mir zusammen mit seinen *Töchtern, seinen Palastfrauen*, Sängern und *Sängerinnen* nach Ninive, meiner herrschaftlichen Residenz, hinterher. Er sandte mir seine Boten, um Abgaben zu leisten und Untertänigkeit zu bekunden. []

Ich deportierte Einwohner des Landes Kaldu, Aramäer und Leute aus den Ländern Mannaja, *Que und dem Rauhen Kilikien,* Philistäa und aus der Stadt Tyros, die sich meinem Joch nicht unterworfen hatten, legte ihnen meinen Frondienst auf, und sie strichen Ziegel.

Sanheribs Inschrift auf dem Rassam-Zylinder (Frahm 59) und dem Heidel-Zylinder

ALTES TESTAMENT

Am nächsten Morgen versammelte König Hiskia die führenden Männer der Stadt und ging mit ihnen zum Haus des Herrn hinauf. Man führte sieben *Stiere*, sieben Widder, sieben *Lämmer* und sieben *Ziegenböcke* als Sündopfer für das Königshaus, für das Heiligtum und für Juda herbei [], denn der König hatte *das Brandopfer und das Sündopfer für ganz Israel bestimmt*. []
Dann erfuhr Sanherib, daß Tirhaka, der *König von Kush* [eigentlich sein General], zum Kampf gegen ihn heranzog. Er schickte wiederum Boten zu Hiskia mit dem Auftrag: So sollt ihr zu Hiskia, dem König von Juda, sagen: Laß dir nicht von deinem Gott, auf den du vertraust, einreden, Jerusalem werde dem König von Assur nicht in die Hände fallen. []
Hiskia nahm das Schreiben von den Boten in Empfang und las es. *Dann ging er zum Haus des Herrn* hinauf, breitete das Schreiben vor dem Herrn aus und *betete vor dem Herrn*: [] Hör alles, was Sanherib sagt, der seinen Boten hergesandt hat, um den lebendigen *Gott zu verhöhnen*. Es ist wahr, Herr, die Könige von Assur haben die Völker vernichtet, ihre Länder verwüstet und ihre Götter *ins Feuer geworfen*. Aber das waren keine Götter, sondern Werke von Menschenhand, aus Holz und Stein, darum konnte man sie vernichten. *Nun aber, Herr, unser Gott, rette uns aus seiner Hand*, damit die Reiche der Erde erkennen, daß du, Jahwe, Gott bist, du allein. []
Sanherib schrieb auch einen Brief, indem er *den Herrn verhöhnte*, den Gott Israels. []
Doch König Hiskia *und der Prophet Jesaja*, der Sohn des Amoz, *beteten in dieser Angelegenheit zum Herrn und riefen zum Himmel. Da sandte der Herr einen Engel, der alle Kriegshelden, Fürsten und Hauptleute im Lager des Königs von Assur vernichtete*. []
In jener Nacht zog der Engel des Herrn aus und erschlug im Lager der Assyrer hundertfünfundachtzigtausend Mann. Als man am nächsten Morgen aufstand, fand man sie *alle als Leichen*. Da brach Sanherib, der König von Assur, auf und *kehrte in sein Land zurück*.

2 Könige 19.9–36 sowie 2 Chronik 29.20–4 und 32.17/20–1

HERODOT

Nach ihm wurde der Hephaistospriester Sethon *König. Der behandelte die* ägypti-schen *Krieger mit Geringschätzung*, als hätte er sie nicht nötig. *Er kränkte sie und scheute sich nicht, ihnen ihr Land* – zwölf auserlesene Ackerlose – *zu nehmen*, die jedem von den vorigen Königen verliehen waren. Darauf aber überzog Sanacharibos, der König der Araber und der Assyrer, Ägypten mit Heeresmacht, und nun *weigerten sich die ägyptischen Krieger, in den Kampf zu ziehen*. Da *ging der Priester in seiner Not in den Tempel und jammerte vor dem Bilde des Gottes, in welch furchtbarer Lage er sei. Bei dem Klagen aber überkam ihn der Schlaf und im Traum trat der Gott zu ihm und machte ihm Mut: er brauche nichts zu fürchten und solle dem arabischen Heere nur dreist entgegengehen; denn er selbst werde ihm Hilfe schicken. Im Vertrauen auf den Traum* lagerte er sich mit allem, was ihm aus Ägypten folgen wollte, bei Pelusion, wo das Tor Ägyptens liegt. Krieger aber befanden sich darunter überhaupt nicht, nur Krämer, Handwerker und Marktleute. Während er *dort im Lager* stand, *wurden die Feinde bei Nacht von unzähligen Feldmäusen überfallen, welche ihnen Köcher und Bo*gen und die Griffe ihrer Schilde zerfraßen, so daß sie *am anderen Morgen*, wehrlos wie sie waren, *die Flucht ergriffen und viele von ihnen ums Leben kamen*. Noch jetzt steht *im Tempel* des Hephaistos das steinerne Standbild dieses Königs *mit einer Maus* in der Hand und der Inschrift daran: ›Schau auf mich und sei gottesfürchtig‹. Soweit haben die Ägypter und ihre Priester mir die Geschichte erzählt.

Herodot II 141

ILIAS

Verägert über den Herrscher ließ der Sohn des Zeus und der Leto
im Heer eine üble Pest ausbrechen und die Völker starben,
weil der Sohn des Atreus *seinen Priester* Chryses *entehrt* hatte.
Chryses war zu den schnellen Schiffen der Achaier gekommen,
um *seine Tochter* freizukaufen; er brachte eine *unermeßliche Freikaufsumme* mit
und hielt in seinen Händen die heiligen Wollbänder Apollons, des Ferntreffers,
im Kranz um einen goldenen Stab. Er begann die versammelten Achaier anzuflehen.
All die anderen Achaier brüllten ihre Zustimmung,
daß man die Forderung des Priesters respektieren und sein wunderbares Lösegeld
annehmen solle –
nur dem Herzen Agamemnons, Sohn des Atreus, gefiel das nicht:
er schickte ihn in Schanden wieder fort, mit harten Befehlsworten.
So sprach er und der alte Mann fürchtete sich und tat, wie ihm befohlen worden war.

Er schritt schweigend dem Ufer des tosenden Meeres entlang
und als er ein Stück weit gegangen war, *betete der Greis lange
zum Herrn* Apollo, dem Sohn der schönhaarigen Leto:
Hör mich, Herr des Silberbogens, Schirmherr von Chryse
und des heiligen Killa, und Gebieter über Tenedos,
Gott der Mäuse. Wenn ich dir je *einen Tempel* überdacht habe, der dir gefällt,
wenn ich dir je mit Fett umwickelte Schenkelknochen
von *Stieren und Ziegen verbrannt* habe, *dann erfüll mir dieses Gebet:*
mögen die Danaer für meine Tränen mit deinen Pfeilen bezahlen.
So sprach er betend und Phoibos Apollon hörte ihn.

Er kam herab von den Gipfeln des Olympos, *Zorn in seinem Herzen,
den Bogen um seine Schultern und den rundverschlossenen Köcher.
In seinem Zorn* klirrten die Pfeile auf den Schultern Apollons,
während der Gott höchstselbst herniederstieß: *und sein Kommen war wie die Nacht.*
Er setzte sich ein Stück weit von den Schiffen hin und schoß einen Pfeil ab –
und von dem silbernen Bogen kam ein schreckenerregendes Sirren.
Zuerst griff er die *Maultiere* und flinken Hunde an,
dann aber *sandte er seine scharfen Pfeile gegen die Männer selbst
und schoß sie nacheinander nieder.* Und dichtgepackt und ohne Unterlaß
                    brannten die Scheiterhaufen der *Toten.*
Neun Tage lang gingen die Pfeile des Gottes auf das Heer nieder;
am zehnten Tag aber rief Achilleus das Volk zu einer Versammlung:
Sohn des Atreus, *ich denke, wir werden jetzt zurückgeschlagen werden
und wieder nach Hause zurückkehren müssen* – falls wir dem Tod entgehen können –,
wenn Krieg und Pest nun gemeinsam die Achaier verheeren.
Nein, laßt uns irgendeinen *Propheten oder Priester* fragen,
oder einen *Traumdeuter* – auch die Träume kommen von Zeus –,
damit der uns sagen kann, *was Phoibos Apollon so gegen uns aufgebracht hat,*
ob er an unserem Gebet oder unserem Opfer etwas auszusetzen hat,
ob er auf irgendeine Art gewillt sein mag, *den Rauch von Lämmern
und makellosen Ziegen* anzunehmen und die Pest von uns zu vertreiben.

I 9–15 / 22–5 / 33–54 / 59–67

Zeus ging gestern zum Okeanos, zu *den untadeligen Aithiopiern*,
um mit ihnen zu feiern – und alle Götter gingen mit ihm.

I 423–4

			Und der göttliche Traum sprach zu ihm:
Du schläfst, Sohn des weisen Roßbändigers Atreus.
Jetzt hör mir schnell zu. Ich bringe dir *eine Botschaft von Zeus*,
der – obwohl er weit weg ist – sich sehr um dich sorgt und dich bemitleidet.
Er sagt dir, daß du die langhaarigen Achaier schnell bewaffnen sollst
für die Schlacht, denn jetzt kannst du die Stadt mit ihren breiten Gassen einnehmen.

II 22–9

Zuerst aber will ich sie, wie es üblich ist, mit einer Rede *auf die Probe stellen*
und ihnen sagen, daß sie mit ihren vielruderigen Schiffen *nach Hause fahren* sollen –
und ihr versucht dann, jeder von seiner Seite, sie mit euren Befehlen zurückzuhalten.

II 73–5

Erst nachdem Sanherib ›46 Städte rund um Jerusalem erobert, 200 150 Menschen [darunter auch Kiliker] gefangen und ihre Pferde, Maultiere und Viehherden davongeschafft hat‹, belagert er Hiskia. Er schließt ihn ›wie einen Käfigvogel in Jerusalem ein, legt Befestigungsanlagen gegen ihn an und macht es für ihn zu einem Ding der Unmöglichkeit, aus seinem Stadttor hinauszugehen‹. Es ist dies genau jene Situation, in die dann auch Priamos in Troia gerät.

Obwohl Sanherib die Stadt eingekreist hat und Hiskias danaische Truppen desertieren, ist in seinen Annalen jedoch nicht die Rede davon, daß er Jerusalem einnehmen kann; auch die Reliefs zeigen keine triumphale Eroberung wie vorher bei Lachish. Dieses Schweigen hat einen Grund: wie die Historiker übereinstimmend feststellen, muß in Sanheribs Heer eine Seuche ausgebrochen sein, die ihn dazu gezwungen hat, wieder nach Ninive zurückzukehren. Sanherib gibt deshalb nur zu Protokoll, daß ›Hiskia von der Furchtbarkeit und dem Schreckensglanz seiner Herrschaft niedergeworfen wurde‹ und ihm später als Tributzoll ›30 Talente Gold, 800 Talente Silber [es folgt eine Aufzählung von vielen weiteren kostbaren Geschenken] zusammen mit seinen Töchtern, den Palastfrauen, Sängern und Sängerinnen nach Ninive hinterherschickte‹.[1]

All diese Motive – vom verhöhnten Boten, der Freikaufsumme, versklavten Töchtern, einer belagerten Stadt und einer ausbrechenden Seuche bis hin zum Verweis auf die Aithiopier – setzt Homer zur Anfangsszene seiner *Ilias* zusammen. Wobei sich eine ganze Reihe von weiteren Details aus den jüdischen, ägyptischen und griechischen Quellen ergeben, die eindrucksvoll vor Augen führen, inwieweit historische Ereignisse im I. Gesang verarbeitet wurden.

Anders als in den assyrischen Kriegsberichten ist in den jüdischen Quellen die Belagerung Jerusalems samt zu Hilfe eilender Truppen aus dem sudanesischen Kush historisch zuverlässig und mit vielen plausiblen Details dargestellt.[2] Wie Achilleus auch, nimmt Sanherib dabei in der Folge immer gottlosere Züge an und gilt deshalb bis in die Gegenwart noch als Inbegriff eines von Gott wegen seiner Sünden gestraften Herrschers.[2]

1 Text Frahm 1997, 59; vgl. Heidel-Zylinder III 70–5 und auch ARAB II 312. — 2 2 Könige 18.13–19.37; Jesaja 36.1–37.38; 2 Chronik 32.1–23. — 3 Diskussion: Frahm 1997.

In der Bibel kommt hinzu, daß der Prophet Jesaja mit einem Orakel einen guten Ausgang der Belagerung verheißt und Hiskia seinem Gott – wie Chryses in der *Ilias* – ein Brandopfer von Stieren, Lämmern und Ziegen darbringt.[1] Er bittet ihn um Rettung, worauf ›in jener Nacht der Engel des Herrn auszog und im Lager der Assyrer 185 000 Mann niederstreckte; als man am nächsten Morgen aufstand, fand man sie alle als Leichen‹[2].

Aber auch Herodot kommen diese Ereignisse später zu Ohren. Dabei ist der Konnex Hiskias mit den aithiopischen Hilfstruppen für ihn noch präsent genug, um die Frage nach der historischen Wahrheit des troianischen Krieges zu stellen – und sie am Nil zu finden.[3] Seine ägyptischen Quellen kommen dabei zwar nicht direkt auf den judäischen Aufstand zu sprechen, aber sie berichten dennoch vom Kampf um Jerusalem, wobei sie Hiskias Rolle mit jener seines verbündeten aithiopischen Herrschers vermischen.

So erzählt er von dem Hephaistospriester Sethon [eigentlich Shebitku], daß dieser seine ägyptischen Krieger mit ›Geringschätzung behandelte, als hätte er sie niemals nötig‹ und sich auch nicht scheute, ›ihnen ihr Land zu nehmen‹ – worauf sie sich weigerten, gegen den heranrückenden Sanherib zu kämpfen. ›Da ging der Priester in seiner Not in den Tempel und jammerte vor dem Bild des Gottes‹ – worauf ihm träumt, daß sein Gott ihm zu Hilfe kommt: ›während er dort im Lager stand, wurden die Feinde bei Nacht von unzähligen Feldmäusen überfallen, welche ihnen Köcher und Bogen [] zerfraßen, so daß sie am anderen Morgen, wehrlos wie sie waren, die Flucht ergriffen und viele von ihnen ums Leben kamen. Noch jetzt steht im Tempel des Hephaistos das steinerne Standbild dieses Königs mit einer Maus in der Hand und der Inschrift daran: ‚Sieh mich an und sei fromm‘.‹[4]

All die hier vorgestellten Details legt Homer nun wie Mosaiksteine zum ersten Bild seines Epos aus. Darin ist Priamos samt seinen troianischen Elitetruppen und ihren Verbündeten in seiner Stadt von den Griechen eingeschlossen; ganz so wie Hiskia von seinem Gott zum Widerstand er-

---

1 2 Chronik 29.20–24. — 2 2 Könige 19.35. — 3 Hdt. II 118–120. — 4 Hdt. II 141; das Standbild scheint eine Anspielung auf die Siegesstatue, die Sanherib in Tarsos und Anchiale errichten ließ – siehe weiter unten.

muntert wird, kann auch erst die Göttin Iris Priamos dazu bewegen, seine Truppen vor dem Stadttor Aufstellung nehmen zu lassen. Währenddessen fordert der Orakelpriester Chryses, dessen Tochter Agamemnon sich als Beutefrau geholt hat, sie von ihm im Austausch für eine Freikaufsumme wieder zurück, die so unermeßlich ist wie das, was Hiskia Sanherib nach Ninive schickt. Chryses aber wird – und mit ihm auch der Wille des griechischen Heers – von Agamemnon mit Geringschätzung behandelt und verhöhnt: ähnlich wie Herodots Herrscher droht Agamemnon seinen Kriegern überdies später, sich ihre Besitztümer zu holen. Chryses jammert dann seinem Gott vor und bittet ihn um Hilfe, mit dem Hinweis, er habe ihm einen Tempel errichtet und dort für ihn Opfer verbrannt. Apollon – der hier das einzige Mal im Epos ›Mäusegott‹ genannt wird – kommt mit seinem Bogen und rundverschlossenen Köcher herab wie die Nacht und beschießt das Heer im Lager; er trifft dabei zuerst die Maultiere, und auch hier hören die Krieger nicht auf zu sterben. Daraufhin ergreift Achilleus das Wort, spricht offen aus, daß das Heer sich angesichts der Pest weigern wird weiterzukämpfen und lieber wieder in die Heimat zurückkehrt. Er fordert die Befragung eines Traumdeuters, um herauszufinden, weshalb der Gott verärgert ist – und sobald die Feueropfer dargebracht worden sind, verheißt der Prophet Kalchas dann der Belagerung einen guten Ausgang. Agamemnon aber zieht erst in die Schlacht, als Zeus ihm einen Traum schickt, der ihm den Sieg prophezeit, und nachdem er sein Heer auf den Kampfwillen hin geprüft hat.[1] Und Hiskias riesiger Tributzoll wird dann im IX. Gesang wiederaufgegriffen: wenn Agammenon eine ähnlich umfangreiche Liste Achilleus anbietet, der nicht nur hier mit jener Hybris charakterisiert wird, wie sie die assyrischen Großkönige verkörpert haben.

Weshalb Homer mit dieser Episode sein Epos beginnt, hat mehrere Gründe: Zum einen ist wohl kaum zu bezweifeln, daß die Kunde vom Verlauf dieses Aufstands – nicht zuletzt dank der danaischen Truppen auf beiden Seiten – nach Kilikien gelangte. Zum zweiten leiteten diese Ereignisse dann die Zerstörung Tarsos' ein. Und zum dritten spielte ja auch ein achaischer Sohn aus dem ›Haus des Mopsos‹ dabei eine Rolle, einer Dynastie, der Homers Vorbild für Azatiwadas – Priamos – sehr verpflichtet war.

1 I 8–67/135–7 und II 6–29/73–5/790–806.

Exemplarischer läßt sich Homers Aufgreifen unmittelbarer Zeitgeschichte jedenfalls kaum zeigen. Dabei fügt er im I. Gesang auch noch
die ›Brandgesichter‹ der Aithiopier ein, die Hiskia unterstützt haben: bei
ihnen befinden sich Zeus und seine Götter gerade auf einem Fest.[1]
Darin ist nicht nur ein weiterer Verweis auf Sanheribs Feldzug zu sehen,
sondern zugleich auch eine Anspielung auf den Sieg von Sanheribs
Nachfolger Asarhaddon, der 671 über den ›König von Aithiopien‹ siegte
und in dessen Residenz in Memphis einmarschierte. Was die griechischen Götter zu den Aithiopiern verlockt hatte, ist dabei nicht nur die
schier unglaubliche Beute, die die Assyrer machten[2], sondern auch, daß
diese für ihre überreichen Opfergaben bekannt waren.[3]

Zu diesem Zeitpunkt liegt Asarhaddon die ganze Welt – einschließ-
lich Homers Heimat – zu Füßen: ›von Aithiopien [] bis zu allen Köni-
gen, die im und am Meer wohnen, von Adanija und Zypern bis nach
Tarsos‹[4]. Die Aithiopier holen sich dann zwar Memphis kurz wieder zurück – worauf Asarhaddons Sohn Assurbanipal 663 ein zweites Mal in
Ägypten einmarschiert.[5] Er zieht diesmal in jenes Theben ein, das
Memphis an Reichtum in nichts nachstand: Homer beschreibt es im
IX. Gesang als ›hunderttorig, reich und voll mit 20 000 Kriegern samt
ihren Streitwagen‹[6]. Dies mag der Grund dafür sein, weshalb sich die
Götter im XXIII. Gesang erneut bei den Aithiopiern befinden, um mit
ihnen ein Bankett zu feiern, das sie keinesfalls versäumen wollen.[7]

Da die Assyrer nur wenige Jahre danach endgültig aus Ägypten ge-

---

1 I 423–4. — 2 *Mit Freude und Jubel zog ich ein in Memphis, der Residenz des Taharka, des Königs von Kush ... auf ... mit Gold überzogen, setzte ich mich jauchzend ... Waffen ... Gold und
Silber ... ... Darauf ... zog ich ein. ... seines Palastes, die Götter und Göttinnen des Taharka,
des Königs von Kush ... rechnete ich als Beute. [] Besitz und Habe... gute ... [oder goldne] Gegenstände, Lapislazuli, Elfenbein, ... deren Überzug aus Gold und deren ... ... dito, Geräte aus
Gold, Silber und Edelstein usw., deren man in einem Palast bedarf, ohne Zahl ... deren ... kunstvoll hergestellt war. Ich öffnete auch die Truhen ... ... seines Königtums ... ... König ... ... die
sie zurückgelassen hatten, nebst 15 Kronen ... und 30 Kronen der Palastfrauen dito; ... sehr
gut ..., ... – Steine, Ziegel ... in Mengen ... Schatzhäuser, Gold, Silber, Antimon ... Byssus
Gewänder ... wie ... Bronze, Zinn, Blei, Elfenbein ... Besitz der Sutu ... seine ..., seine
Schwiegersöhne, seine Familie ... seine ... und die Prinzen ... Ärzte, Eingeweideschauer ...
Goldschmiede, Metallbearbeiter ... der Sohn des Binzuqi ... Askhelon ... die Taharka zu ihrer
Festung ... Tyros ... 22 Könige.* Borger 67 C/ARAB II 584–5; die letzten Namen legen
nahe, daß die Nachricht von der Eroberung Thebens über die Phönizier nach Kilikien ge-
langte. — 3 Herodot III 17–8. — 4 Borger 57/ARAB II 710. — 5 ARAB II 906–7. — 6 IX
381–5; Diskussion: Burkert 1976. — 7 XXIII 205–7.

worfen werden, läßt die durch nichts erläuterte Selbstverständlichkeit dieser Anspielungen vermuten, daß sich die Niederschrift des Epos in ebendiesem Zeitraum zwischen 671 und 663 bewegt haben könnte: wäre es später verfaßt worden, dann wären die Verweise auf die Aithiopier und Theben anders ausgefallen und hätten mit irgendeiner historisierenden Markierung versehen werden müssen.[1]

Doch zurück zur eigentlichen Chronologie der Ereignisse. Die Assyrer gehen erst fünf Jahre nach dem Fall Jerusalems gegen den immer noch andauernden Aufstand in Kilikien vor. Dieser lange Zeitraum ist ebenso ungewöhnlich wie der Umstand, daß Sanherib diesen Feldzug nicht selbst leitet. Es ist das erste und einzige Mal in der Geschichte der assyrischen Großkönige dieser Zeit, daß eine Kampagne nur von zwei Generälen durchgeführt wird, während der Herrscher ihren Ausgang abwartet – und mit seiner Leibgarde im Wehrlager bleibt.[2] Erklärbar wird Sanheribs Zurückhaltung wohl erst durch seine Angst vor dem Wiedergänger seines unbestattet an der kilikischen Grenze gefallenen Vaters.

Sein Zögern mag Homer die Idee für die lange Abwesenheit Achilleus' vom Schlachtfeld geliefert haben, wo er in seinem Lager den Ausgang des Kampfes abwartet, während Agamemnon und Menelaos das griechische Heer kommandieren; Homer hat nur das Motiv dafür verändert und es durch Achilleus' Groll ersetzt. Die Abfolge der Ereignisse läuft jedenfalls parallel zu den Geschehnissen im Epos: so wie Priamos und Hektor in Achilleus' für die Kriegsverhältnisse äußerst komfortablen Pavillon gelangen, schaffte man dann auch die gefangenen kilikischen Anführer vor Sanheribs Augen bzw. hielt man ihm ihre abgeschlagenen Köpfe vor. Und so wie Achilleus erst in den letzten Gesängen wieder selbst in die Schlacht eingreift, würde dann erst Sanheribs Sohn

1 Darüber hinaus gibt es auch noch einen weiteren Hinweis, der das Motiv der Aithiopier zu einem unmittelbar zeitgenössischen macht: denn im XVIII. Gesang scheint Homer direkt auf Motive der *Aithiopis* Bezug zu nehmen – auf jenes zyklische Epos, das vom aithiopischen Memnon erzählt, der Troia zu Hilfe eilt und von Achilleus getötet wird, bevor dieser von Paris und Apollon den tödlichen Pfeil in seine Ferse kriegt; vgl. Heitsch 2006 und West 2003 a. — 2 Frahm 1999 meint, daß Sanherib in Ninive bleibt, weil die Annalen nur von den Taten seiner Generäle sprechen. Sanheribs Reliefs zeigen ihn jedoch – offenbar nach der Eroberung von Tarsos – in einem Wehrlager: vgl. Barnett-Bleibtreu-Turner 1998, Raum XLVII (Abbildung 515) sowie deren Fußnote 1 für die Identifizierung der Kampagne.

Asarhaddon 20 Jahre später persönlich den dritten Feldzug gegen die Kiliker leiten.

Noch aber schreiben wir das Jahr 696. Sanherib schickt also zwei seiner Feldherrn in den Kampf gegen die Kiliker und Griechen, die dort – wie die archäologischen Befunde zeigen – vermehrt präsent werden. Dabei ist da auch nun ein neuer Herrscher an der Macht:

64 |
65 | Kirua[1], der Stadtherr über Illubru [Homers ›Alope‹[2]], ein Sklave, mein Untergebener, den seine Götter verlassen haben, brachte die Männer von Kilikien dazu, gegen mich zu revoltieren, und bereitete sich auf die Schlacht vor. Die Leute von Ingirra [das spätere Anchiale] und Tarzi [Tarsos] standen ihm dabei zur Seite – sie hielten die Straße von Que in der Hand und blockierten jede Passage. Bogenschützen, Schild- und Speerträger, Streitwagen, Pferde, mein königliches Heer schickte ich gegen sie.[3]

Die Revolte dauerte zu diesem Zeitpunkt schon neun Jahre – genau jene neun Jahre, die die Troer schon von den Griechen belagert werden. Diese Zahl fällt dabei in einem Gleichnis[4], das man für diese Konfrontation emblematisch sehen kann: die Schlange verschlingt neun Vögel

---

1 Er scheint nicht Awarikas'/Assarakos' achaischer Dynastie des Mopsos zu entstammen – sein Name scheint eher einen mit Kyros vergleichbaren, iranischen Ursprung zu haben: *karya-pati* läßt sich als ›Anführer einer Heerestruppe deuten‹ (Zgusta 1970, § 587) – was ein weiterer Hinweis dafür sein könnte, daß Awarikas Linie ausgestorben war. — 2 Das hethitische Aluprata/Ellipra, später Lampron (heute Camliyayla), kontrollierte die westlich der kilikischen Pforte verlaufenden Route von Tarsos nach Kappadokien; Identifikation Casabonne 2004. — 3 ARAB II 286–7. — 4 II 308–21; das Motiv des Vogel/Schlangen-Orakels findet sich zwar bereits in den *Kypria* – deren erhaltene Inhaltsangabe berichtet jedoch nichts von einem spezifischen Zeitraum. Denkbar ist, daß dies später in die kyprischen Geschichten eingeflochten wurde, um sie an die *Ilias* anzugleichen. Darauf deutet auch die Erwähnung der Briseis und der Chryseis sowie Zeus' Plan, Achilleus vom Kampf fernzuhalten, und der darauf erwähnte Katalog der troianischen Verbündeten, mit denen diese Inhaltsangabe aufhört. Bezeichend dabei ist, daß die Kypria dadurch keinen markanten Schlußpunkt finden, im Gegenteil: dieses Epos setzt damit – unüblich zu allen anderen zyklischen Epen – zu einem anders gestalteten Neuansatz an, der völlig in der Luft hängenbleibt. Die Troianer aufmarschieren zu lassen und mit dem Hinweis auf eine nun beginnende neunjährige Belagerung aufzuhören, wäre für eine derart eigenständige Fabel – wie sie die beständigen Rückverweise der *Ilias* auf die *Kypria* demonstrieren –, welche zudem auf die Geschichte des historischen Atarsias' zurückgeht, wohl absurd.

und wird dann von Zeus versteinert und als ›fürchterliches Monster‹[1]
bezeichnet.

Damit wird wohl das Herrschaftssymbol der Assyrer symbolisiert: der
Schlangendrachen des Staatsgottes Assur, mit dem sich die Großkönige
oft statuarisch abbilden ließen.[2] Die Sperlinge hingegen sind ein typisch
griechisches Symbol – die Ikonographie der Assyrer kennt da nur Raub-
vögel.[3] Die assyrischen Reliefs zu Sanheribs kilikischer Kampagne zeigen dabei interessanterweise ein solches Vogelnest bei Tarsos …[4] Daß
dieses Omen sich in Aulis bei der Ausfahrt der Schiffsflotte zeigt, ist dabei ebenfalls als eher zeitgenössisches Zeichen zu werten. Zum einen
wird Euböa erst im Jahrhundert vor Homer groß[5]; zum anderen belegt
die Archäologie, daß die euböische Kolonie im späthethitischen Stadtstaat Unqi – Al Mina – zu dieser Zeit niedergebrannt wird.[6] Ob durch
die Assyrer oder Kiliker, geht aus den Quellen nicht hervor; jedenfalls
aber verlieren die Euböer daraufhin endgültig das Interesse an ihrem
Stützpunkt, und es siedeln sich dort nun Rhoder an.[7]

Grund für Sanheribs Feldzug war wie gesagt, daß die Kiliker nun die
›Straße von Que blockierten‹: der Weg und seine Furt wird auch in der
Schlacht um Troia eine wesentliche Rolle spielen. Zum ersten historischen Kampf in Kilikien kommt es dabei ›in der Mitte eines schwierigen
Berges‹[8], womit ein Paß der amanischen Pforte gemeint sein könnte,
von dem die Koalition von Kilikern und Griechen dann über die Ebene
von Adanija zurückgeschlagen wurde: dort spielten sich die Kampfhandlungen ab, bis Kirua schließlich in seine Festung in Illubru zurückgedrängt wurde.

1 II 321. — 2 Sanheribs Nachfolger Asarhaddon läßt sich etwa auf einer Stele abbilden, wo
Assur auf diesem Schlangendrachen namens Mushushu steht. Diese Pose ist vergleichbar
mit jener des mythischen Gründers von Tarsos – Sandan/Bellerophontes (vgl. P); auch
Sandan steht dort auf einem solchen Schlangendrachen, dem Symbol des babylonischen
Stadtgottes Marduk – den die Assyrer zu ihrem Hoheitssymbol erhoben hatten, nachdem
Sanherib Babylon unterjocht hatte. Eine Abbildung dieses Mushushu findet sich auf Re-
liefs in Sargons Palast (Albenda 1986, Abb. 15 und 17), wo der König eine Schlange in der
rechten, einen Löwen in der linken hält. — 3 Diskussion der assyrischen Tiersymboliken:
Seidl 1989./Auf die kilikischen ›Troer‹ jedoch bezogen gilt – wie man an den Reliefs von
Karatepe und der alten Divinationsform der Vogelschau in Kilikien sehen kann – der Adler
als Symboltier. Wenn Hektor deshalb ein Zeichen ignoriert, das ihm den für ihn unglück-
lichen Ausgang der Schlacht verheißt, ist es deshalb ein von einer Schlange gebissener Adler (XII 200ff.). — 4 Barnett-Bleibtreu-Turner 1998, 523–5. — 5 Siehe H. — 6 CAH III.3;
daraufhin sind später dann die Rhoder dort. — 7 CAH III.3. — 8 ARAB II 287.

Was bei Tarsos jedoch geschah – und worin wir eine Hauptfolie für
die *Ilias* sehen können –, ist aus drei späteren Nachrichten erschließbar,
die alle auf eine Quelle zurückgehen: den Babylonier Berossos.[1]

Als Sanherib das Gerücht zu Ohren kam, daß die Griechen in das
Land der Kiliker angerückt waren, um Krieg zu führen, eilte er gegen
sie: Front gegen Front stellte er sich auf, und nachdem viele von
seinen eigenen Truppen niedergehauen waren, siegte er in der
Schlacht.[2]

Eine zweite Quelle präzisiert: ›Er rückte schnell gegen die Griechen
vor und hieb viele von ihnen nieder.‹[3] Womit, wohl auch zeitlich, jenes vier Kampftage dauernde Geschehen in der *Ilias* beschrieben ist,
bei dem die Schlacht hin und her wogt und auf beiden Seiten zahllose
Krieger fallen. Die dritte Quelle belegt dann einen Kampf um die
Schiffe:

und an der Meeresküste des kilikischen Landes besiegte er das Ge-
schwader der seekämpfenden Schiffe der Ionier und schlug sie in die
Flucht.[4]

Was Hektor (bzw. der Rebell Kirua) nur allzugerne gemacht hätte, gelingt also den Assyrern – deren Annalen über den weiteren Verlauf der
Kampagne berichten:

Nachdem sie die kilikischen Truppen, die mit Kirua verbündet waren, in der Mitte eines schwierigen Berges geschlagen hatten, nahmen sie Ingirra und Tarsos ein und plünderten sie aus. Ihn selbst aber
belagerten sie in Illubru, seiner Burg, und verhinderten seine Flucht.

---

1 Eusebius, Abydenos und Michael Syrus, die jedoch alle auf Berossos zurückgehen, einen
Mardukpriester aus Babylon, der für Antiochus Soter I. um 280 v. u. Z. die Geschichte seines Landes in griechischer Sprache verfaßte; über Polyhistor und Abydenus im 2. Jahrhundert u. Z. gelangte diese Quelle in die *Chronika* des Eusebius – von dem nur mehr eine ar-
menische Fassung erhalten ist. Die Übereinstimmung der Quellen ist jedoch so genau, daß
sie allgemein als verläßlich gilt. Diskussion Forsberg 1996; Burstein 1978. — 2 Eusebius,
Chron. — 3 Michael Syrus, Chron. — 4 Abydenos; exzerpiert in Eusebius' Chronik.

Durch Belagerungsmaschinen[1], ›große Mauerfliegen‹ [ein weiteres Belagerungsgerät[2]] und Breschen, mit dem Angriff und dem Überrennen des Fußvolks gewannen sie die Oberhand und nahmen die Stadt ein.

Sie brachten Kirua, den Stadtschirmer, zusammen mit der Beute aus seinen Städten und dem kilikischen Volk, das auf seiner Seite gestanden hatte, samt all ihren Eseln, Rindern und Schafen nach Ninive in meine Gegenwart.

Ich ließ Kirua die Haut abziehen. Ich reorganisierte Illubru; Völker der Länder, die meine Hand erobert hatte, siedelte ich dort an. Die Waffe des Assur, meines Herrn, richtete ich in ihrer Mitte auf und ließ eine Alabaster-Stele hauen, die ich davor aufstellte.[3]

| 71

Auch diese Szenen sind zentral in der *Ilias*: der Kampf Hektors um die griechische Mauer, die schließlich überrannt wird; die Griechen, die am Ende des Epos sich rund um Troia zusammenziehen; und Hektor, der Achilleus vor sich auftauchen sieht, um dann nicht nur getötet, sondern auf die gleiche Weise geschändet zu werden wie Kirua. Malt Homer dies dramatisch aus – indem er Achilleus Hektors Leiche täglich um Patroklos’ Grab schleifen läßt –, schließt er damit jedoch gleichzeitig die geschlagenen kilikischen Wunden wieder: er betont mehrmals, daß Apollon Hektors Haut davor bewahrt, auch nur einen Kratzer abzubekommen[4], läßt all seine Verletzungen magisch verheilen und seinen Leichnam nicht verwesen.[5] Was von Homer dabei auch angedeutet wird, ist nicht nur, daß die Griechen sich Helena zurückholen – wie die Assyrer Sargons Tochter Ahat-Abisha[6] –, sondern auch die Brandschatzung Troias.

1 Damit könnten die Vorbilder für das ›troianische Pferd‹ gemeint sein. Die assyrischen Reliefs zeigen zwei Arten solcher Maschinen: einen Turm mit einem drehbaren Hals, über den man zur Brustwehr gelangte, und einen wahrscheinlich mit Leder überdachten Karren, der vorn eine Art Kopf besaß, damit die Männer darin stehen konnten – wobei dieser dazu diente, einen spitzen Rammspeer zu bewegen. Letzteres erinnert an ein Roß – passend dazu sind die ersten Abbildungen des Troianischen Pferdes auch mit Rädern versehen; Anderson 1970. — 2 Damit ist wahrscheinlich eine Ramme gemeint, die zum Schutz vor Geschossen flügelartig überdacht war und hohe Stelzen besaß, damit sie die Krieger darunter vors Tor schieben konnten – ebenfalls eine mögliche Inspiration für die homerische Pferdegestalt. — 3 ARAB II 287–9. — 4 XXIV 19–22. — 5 XXIV 416–24. — 6 Geschehen wohl anläßlich der Kampagne 695; ARAB II 290.

261

72 | Tarsos – die als einzige dieser Städte ausgegraben wurde – zeigt, daß die
73 | Mauern dort auch wirklich so niedergebrannt und geplündert wurden[1],
74 | wie es die Annalen behaupten und Sanheribs Reliefs zeigen.[2] Der Stadt-
75 | wall wies jene Charakteristiken auf, die Homer auch bei der griechi-
schen Mauer beschreibt: ein Steinfundament, aus dem eine Palisade
ragte, deren hölzerner Wehrgang durch grobe Lehmziegel verstärkt
war – im Vergleich zum ordentlich befestigten Illubru also eher eine Be-
helfskonstruktion.[3]

Und so wie Poseidon und Apollon diese Mauer dann schleifen, ›als
im zehnten Jahr Priamos' Stadt erobert und die Argeier [in diesem Kontext also die auf eine Herkunft aus Argos sich berufenden Griechen von
Tarsos] auf ihren Schiffen wieder zurück in ihr geliebtes Heimatland ge-
segelt waren‹[4], genauso ließ auch Sanherib Tarsos' Mauern niederreißen
und die Stadt neu aufbauen.[5] Die griechischen Quellen berichten dabei
übereinstimmend:

Er baute Tarsos auf nach dem Plan und Muster Babylons, so daß
durch Tarsos der Fluß Kydnos hindurchflösse, wie der Euphrat durch
Babylon.[6]

1 Auch Anchiale (Mersin) zeigt auf L III Spuren der Zerstörung, die jedoch im Grabungs-
bericht nicht klar datiert sind; Garstang 1953. — 2 Barnett-Bleibtreu-Turner 1998, Raum
XLVIII, 517–530. Daß es sich bei der Darstellung um Tarsos handelt, verraten drei Indizien:
die Architektur der Stadt zeigt phönizischen Einfluß in den Balustraden der Fenster, die
auch an ionische Voluten erinnern; einer der gefangenen Heerführer wird in einem knö-
chellangen Gewand vorgeführt, wie es für die Ionier typisch war; der Kampf findet im gebirgigen Terrain statt (wobei zuvor ein Gebirge wie der Amanus überquert zu werden
scheint); und die Stadt liegt nicht nur wie Tarsos auf beiden Seiten eines Flusses, der Fluß
kommt auch aus einer Schlucht, die unweit der Mündung liegt. — 3 Goldman III 1963. —
4 XII 15–6. — 5 Diskussion: Desideri-Jasink 1990. Ein Relief in Raum XLVII (Barnett-
Bleibtreu-Turner 1998, 509–10) – zeigt eine mit Relief 523 (offensichtlich Tarsos) im
Raum XLVIII – der Sanheribs kilikischer Kampagne gewidmet war – sehr ähnliche Stadt,
die offenbar Illubru darstellt. — 6 Abydenus, exzerpiert in Eusebius' Chronik.

ASSYRISCHE ANNALEN

Sanherib zerstörte 682 Babylon:

In der Mitte dieser Stadt ließ ich Kanäle graben und ebnete ihre Erde mit diesen Wassern. Ich zerstörte die Umrisse ihrer Fundamente und machte sie flacher, als es die Große Flut tat. Damit in späterer Zeit die Stätte dieser Stadt und die Häuser ihrer Götter nicht mehr erkennbar sein würden, löste ich sie in den Wassern auf und verwandelte sie in eine Überschwemmungsebene. [] Ich riß ihren Boden auf, ließ ihn den Euphrat ins Meer hinausspülen, und die Erde wurde bis nach Dilmun geschwemmt.

ARAB II 341 und 438

Sein Sohn Asarhaddon schilderte die Gründe für die Zerstörung der Stadt etwas anders:

Marduk, der Höchste der Götter, wurde wütend und ersann Böses, um das Land einzuebnen und die Menschen darauf zu vernichten. Der Arahtu, ein alles überschwemmender Strom, eine wütende Flut, ein wilder Schwall, ein mächtiges Hochwasser, das Ebenbild der Großen Flut, trat über; er überschwemmte die Stadt, ihre Häuser und Tempel und machte sie zur Wildnis. Die Götter und Göttinnen, die in ihr lebten, flogen fort wie Vögel und stiegen in den Himmel auf; die Menschen, die dort lebten, retteten sich zu einem anderen Ort und suchten in einem unbekannten Land Zuflucht.

Borger 13/14 und ARAB II 649

678 begann Asarhaddon dann mit der Restauration und ließ dazu erst die überwachsenen alten Kanäle wieder ausräumen:

Ich entbot all meine Arbeiter und das ganze babylonische Land. Bäume und Röhricht fällten sie mit Äxten und rotteten sie mit den Wurzeln aus. Das Wasser des Euphrat, das Verwüstung angerichtet hatte, entfernte ich daraus und ließ es wieder in seinem alten Bett fließen.

Borger 19 und ARAB II 682

Später aber, wo er schildert, wie er die Tempel und Götterbilder renovierte, überließ er diesen Arbeitsgang ganz den Göttern:

Die Götter und Göttinnen, die darin [in den Tempeln] wohnten, deren Überschwem-
mungen und Gewitterregen alles fortgespült hatten und deren Aussehen traurig ge-
worden war – sie hob ich auf aus ihrem schlimmen Verfall und ließ ihre verdüsterten
Züge erglänzen.

Borger 23

ILIAS

Schau – wenn die langhaarigen Achaier wieder
in ihren Schiffen zu ihrem eigenen geliebten Land zurückgekehrt sind,
reißt du den Wall nieder und schwemmst alles ins Meer
und begräbst das ganze weite Ufer wieder mit Sand,
damit du die große Mauer der Achaier verwüstet sehen kannst.

VII 459–63

Dann planten Poseidon und Apollon
die Mauer zu zerstören, indem sie die Kraft der Ströme dagegen richteten,
all die Flüsse, die von den Bergen des Ida hinaus ins Meer fließen:
Rhesos und Heptaporos und Karesos und Rhodios,
Grenikos und Aisepos, den göttlichen Skamandros
und den Simoeis, wo viele ochsenlederne Schilde und Helme
und ein Geschlecht halbgöttlicher Menschen in den Staub gefallen waren.
Phoibos Apollon lenkte all diese Ströme um, daß sie in eine Mündung flossen,
und ließ ihre Wasser neun Tage lang gegen den Wall branden
und Zeus regnete ohne Unterlaß, um die Mauer schneller ins Meer zu schwemmen.
Der Erderschütterer stand an vorderster Linie, seinen Dreizack in Händen,
und *spülte mit seinen Wellen die ganzen Fundamente*
aus Baumstämmen und Steinen fort, die die Achaier mühsam gelegt hatten;
er machte neben der starken Strömung des Hellespont *alles wieder flach*
und bedeckte den breiten Strand wieder mit Sand
nachdem er den Wall eingeebnet hatte; dann lenkte er die Flüsse wieder
in die Betten zurück, in denen ihre lieblichen Wasser zuvor geflossen waren.

XII 17–33

Was damit gemeint war, hatte Sanherib bereits demonstriert. Er hatte Babylon als Rache für seinen Aufstand fluten und bis auf die Grundmauern zerstören lassen; neu aufgebaut wurde die Stadt erst durch seinen Nachfolger Asarhaddon. Die Schilderung dieser Überflutung in den Annalen beider Herrscher gibt dabei stilistisch wie motivisch jene Passage vor, in der die Götter all die Flüsse in einen münden lassen, um die griechische Palisade ins Meer zu schwemmen[1]: die Zerstörung, die durch den Unmut der Götter erklärt wird; die Wasser, die alle in einen Ort fließen; die rasende Flut, die alles mit sich reißt; das Fundament, das aufgelöst und zu Wasser wird; die Trümmer, die ins Meer geschwemmt werden; die Stätte, die eben zurückbleibt, damit die Nachwelt nichts mehr davon sehen kann; und der Fluß, der danach wieder in sein altes Bett zurückkehrt.[2] Die zeitlich ein paar Jahre auseinanderliegenden Quellen zeigen dabei ein weiteres Mal, daß Homer Zugang zu diesen Vorlagen gehabt hat – erst in der Zusammenschau wird die Kompilation der Motive vollständig.

Sanherib läßt auf der Stätte[3] ein Denkmal seines Sieges zurück, auf dem er in Keilschrift ›seine Tapferkeit und Heldentat einzuschreiben befiehlt, zum Gedächtnis für künftige Zeiten‹[4]. Das ist nicht nur die Formulierung, mit der Agamemnon die Bedingungen des Sieges samt Tributzahlungen und Rückgabe Helenas bekräftigt[5] (womit realiter der assyrische Sieg, die Ausplünderung der Städte, die zukünftigen Abgaben und die vermutliche Heimholung von Sargons Tochter gemeint sind). Die Steleninskription auf ›Assurs Waffe‹ stellt wahrscheinlich auch eine der Quellen dar, die Homer später zur Schilderung der Ereignisse gedient haben könnten. Ein Symbol assyrischer Arroganz und imperialistischer Dominanz, leicht erhöht über dem Meer errichtet[6], scheint Homer seinen Agamemnon die Botschaft darauf zitieren zu lassen[7] – während Hektor sich, zum Gegenstück, ein ebensolches Seezeichen als Grab wünscht.[8]

Als ständige Erinnerung an die Niederschlagung der zweiten kiliki-

---

1 VII 442–64; XII 17–33. — 2 Diskussion: West 1995 und 1997. — 3 Vgl. ARAB II 289 supra; die Statue stand höchstwahrscheinlich in Ingirra (Anchiale); dort sah sie jedenfalls auch Alexander der Große. — 4 Eusebius, Chronik. — 5 III 284–7/458–60. — 6 Strabon XIV 5, 9. — 7 IV 176–82. — 8 So also wie Hektor sich sein Grab wünscht, als Gegenstück zu Agamemnons Worten vorher; VII 86–91.

schen Revolte muß es jedenfalls der einheimischen Bevölkerung ein Dorn im Auge geblieben sein. Das zeigt auch noch die Reaktion von Alexanders Heer, das Sanheribs Statue als Provokation empfand: diese stellte ihn mit majestätisch deutendem Arm dar, Zeigefinger und Daumen ausgestreckt – eine Geste, die die Griechen folgendermaßen interpretierten: ›Iß, trink und fick, denn alles andere ist nicht einmal ein Fingerschnippen wert.‹[1] Dem ein heroisches Ideal entgegenzusetzen, in aller Prüderie, entspricht auch Homers Anliegen im Epos.

Die gleiche Inskription ließ Sanherib in Tarsos anbringen: ›er baute dort den Tempel der Athener, errichtete eherne Säulen und ließ inschriftlich seine Großtaten einhauen‹[2]. Der ›Tempel der Athener‹ stellt augenscheinlich eine Korruption des ursprünglichen Berossos-Berichts dar; gemeint sein kann damit dreierlei: ein Tempel der Kriegsgöttin Ishtar[3], die die Griechen als Athene auffaßten und die Homer zur Schutzherrin Troias macht; ein Sandan-Tempel, den Homer mit Bellerophontes und der griechische Mythos auch mit Herakles identifiziert[4]; oder die spezifische Form der Bronzesäulen des Tempels, die vieles mit der ionischen Tempelarchitektur gemein haben und so zu dieser Bezeichnung geführt haben könnten.[5]

Letzteres bringt uns wieder auf etwas sichereren historischen Boden. Denn Sanherib sah sich nicht nur als Eroberer und ambitionierter Stadtplaner, sondern auch als erfinderischer Ingenieur. Er ließ einen Park anlegen, der ihm das Amanusgebirge vor Augen rücken sollte[6]; baute nach späthethitischem, an Karkemish angelehntem Vorbild einen ›königlichen Erholungsraum‹[7] mit Bronzesäulen in seinem Palast; ließ für seine Repräsentationsarchitektur Reliefs meißeln, die mit einer neuen Perspektivform eine naturalistischere Wiedergabe erlaubte; und übersah fünf wasserbautechnische Großvorhaben. Dabei hielt er sich die Entwicklung eines neuen Wasserhebewerkes – einer Art ›archimedischer Schraube‹ – ebenso zugute wie die Einführung einer neuen Bronzegußtechnik[8], die erstmals Gußformen aus Ton benützte. Das schildert er in

1 FgrHist 124 Kallisthenes F 34/FgrHist 139 Aristobolus F 9/Arrian Anab. II 5.2–4; Diskussion: Forsberg 1995. — 2 Eusebius, Chronik. — 3 Die Sanheribs Nachfolger Asarhaddon gerne anruft; vgl. ARAB II 618. — 4 Siehe P; Diskussion: Burstein 1978. — 5 King JHS XXX 1910. — 6 ARAB II 368. — 7 ARAB II 366 – *bit hilani;* Diskussion: RLA. — 8 Diskussion: Moorey 1999 und Frahm 1997.

seinen Annalen anläßlich der Erbauung seines Aufenthaltsraumes und seines Palastes in Ninive folgendermaßen:

In vergangener Zeit, wo die Könige, meine Väter, eine Bronzefigur anfertigten, die ihren Gliedmaßen ähneln sollte, um sie dann in ihren Tempeln aufstellen zu können, erschöpfte die Arbeit daran jeden Handwerker; dank ihres Unwissens und ihrer mangelnden Fähigkeiten kam es immer wieder zu Engpässen bei der Versorgung mit Arbeitsmaterialien: Öl, Wachs und der ›Bedeckung der Herden‹ [Felle, Talg oder Lanolin?], die sie brauchten, um ihrem Handwerk mitten im Gebirge nachgehen zu können [wo sich die Metalle, die Schmelzöfen und das Holz dafür fanden].

Ich jedoch, Sanherib, der erste unter den Prinzen, weise in allen Künsten – ich stellte große Säulen aus Bronze her, kolossale Löwen, offen an den Knien, die kein König vor meiner Zeit so angefertigt hatte, dank der schlauen Einsichten, die der edle Ninagal [der ›Herr der Weisheit‹, Ea] mir eingegeben hatte, und auf meine eigene geschickte Art sinnierte ich tief darüber nach, wie dieses Vorhaben auszuführen wäre.

Den Rat in meinem Kopf und der Stimme meines Herzens folgend, fertigte ich ein Werk aus Bronze und stellte es ausgeklügelt her: vier riesige Bäume und Palmen, den Baum der Fülle, zwölf mächtige Löwenkolosse zusammen mit zwölf mächtigen Stierkolossen in vollkommenem Guß, von überschwenglicher Stärke und Fülle und Glanz ausstrahlend – auf Befehl des Gottes stellte ich eine Gußform aus Ton her und goß Bronze in sie, wieder und wieder; ich perfektionierte ihre Formen so einfach, als wären sie Objekte, die nur je einen halben Shekel wögen.[1]

Ich überzog zehn Löwenfiguren, geformt aus leuchtendem Kupfer, mit reinem Silber, und ich stellte auf zehn Löwenfiguren aus Alabaster und auf zwölf aus Guanna-Metall geformte Löwenfiguren zwei mächtige Säulen aus Ebenholz, deren Einlegearbeiten aus Gold bestanden, sowie Säulen aus Zedern-, Zypressen- und Wacholderholz mit Einlegearbeiten aus Silber und Bronze. Darauf legte ich die Türstürze meines herrschaftlichen Palastes. [...]

1 ARAB II 391 und Dalley 1988 zitiert in Moorey 1999.

Ich ritzte in Steinplatten aus Breccia und Alabaster und in große Kalksteinplatten die Wohnstätten der Feinde ein, welche ich mit meinen Händen erobert hatte, umgab mit ihnen die Grundmauern meines Palastes und machte ihn so zu einer Sehenswürdigkeit.[1]

Darin das Porträt des Kunstschmieds Hephaistos zu erkennen, das Homer weiter ausmalt, ist nicht schwer; auch er steht ja ›in seinem unvergänglichen Palast aus sternenheller Bronze‹[2] vor einer Esse futuristischen Zuschnitts, um Achilleus seine Version von Assurs Waffen in allem feurigen Glanz zu bauen: voller Einlegearbeiten aus Gold, Silber, Zinn und geschmückt mit einer Vielzahl von plastischen Darstellungen, vor denen den Griechen der Mund offenstand.[3]

Dabei finden auch die Robotermädchen Hephaistos’ ein Vorbild in den Arbeiten Sanheribs:

Weibliche Kolosse aus Marmor und Elfenbein, die gehörnte Haartrachten (?) tragen, auf Händen kniend, mit Stärke und Lebendigkeit ausgestattet, voller Glanz, stellte ich vor den Toren auf und machte sie zu einem Anblick des Wunders.[4]

Von einem solchen ›Tor‹ holen in der *Ilias* ›glänzende und lebendige Dienerinnen aus Gold‹ Hephaistos ab und stützen ihren Meister ›voller Stärke‹ – ein Anblick des Wunders also auch bei Homer:

> Hinkend ging er zum Tor,
> wo seine Dienerinnen herbeiliefen, um ihrem Meister zu helfen –
> aus Gold sind sie und sie sehen wie lebendige Mädchen aus,
> sie haben Verstand im Kopf und auch Sprache und Kraft
> und sie haben von den unsterblichen Göttern ihr Handwerk gelernt –
> eifrig bemühten sie sich um ihn und stützten ihren Meister.[5]

1 Frahm 1997, S. 82. — 2 XVIII 370. — 3 XVIII 372–80/410–20/468ff.; XIX 12–5. — 4 ARAB II 389 und 410. — 5 XVIII 416–21; die *Odyssee* 7.81–102 greift mit der Beschreibung von Alkinoos’ Palast noch weit detaillierter auf die assyrische Palastarchitektur zurück; auch dort gibt es ›goldene Jungen‹; Diskussion der Einflüsse der orientalischen Architektur auf Homer auch in: E. Cook 2004.

Für den Aufbau und die Darstellung seiner Schlachten greift Homer jedoch auch auf Sanheribs sonstige Kriegsberichterstattung zurück, wobei er hier vorrangig die Schilderung der Schlacht von Halule 691 gegen die Elamiter aufarbeitet. Wo die Annalen zu den kilikischen Revolten kurz gehalten sind, findet sich hier die von allen assyrischen Quellen bei weitem ausführlichste Beschreibung eines Kampfgeschehens – ein weiterer Beleg für den Schreiber Homer, der nur durch seine Tätigkeit auf sie Zugriff gehabt haben kann.

Die erzählerische Folie, die ihm ebendiese Vorlage bietet, greift er in allen Einzelheiten auf – das beginnt bereits mit der Musterung des Heers und der Auflistung der einzelnen Kontingente, die zum Thema des II. Gesangs werden. Homer baut diese Elemente dort nur ein, um dieses Motiv unterbringen zu können – die Erprobung des Heers durch Agamemnon ist ja im Grunde überflüssig, da Zeus ihm in einem Traum längst den Sieg verheißen hat. Die Liste der elamitischen Verbündeten umfaßt dabei in etwa ebensoviele Verbündete, wie Homer sie auch bei den Griechen aufzählt:

[Der König von Elam] versammelte sein Heer und Lager, musterte die Streitwagen und Lastkarren und spannte seine Pferde und Maultiere davor. Die Länder von Parsuash [Persien], Anzan, Pashiru, Ellipi, die Stämme Jasilu, Lakabra, Harzunu, die Städte Dummuku, Sulai, Samuna, der Sohn von Merodach-baladan, die Länder von Bit-Adini, Bit-Amukkanu, Bit-Sillana, Bit-Salatutu-akki, die Stadt Lahiru, die Stämme von Pukudu, Gambulum, Halatum, Ru'ua, Ubulum, Malahu, Rapiku, Hindaru, Damunu – eine riesige Armee hat er an seine Seite gerufen.[1]

Das Motiv der am Anfang des XX. und am Ende des XXI. Gesanges ausbrechenden Götterschlacht, die Zeus sehen will, gewinnt Homer dann der nächsten Passage von Sanheribs Bericht ab, wo beide Seiten ihre Götter zu Hilfe holen:

[…] vertrauten sie auf die Stärke des Gottes […] setzten sie, und sie jauchzten und waren voll des Frohsinns […].[2]

1 ARAB II 252, vgl. Frahm 1997, S. 208. — 2 Vgl. III 2.

[Was mich betrifft, so verließ ich mich nicht] auf meine gewaltigen Kräfte, die Assur, der König der Götter, mir verliehen hatte, auf […] verließ ich mich nicht, ich vertraute vielmehr ausschließlich auf Assur, meinem persönlichen Gott.[1]
Ich flehte Assur, Sin, Shamash, Bel, Nabu, Nergal, Ishtar von Ninive, Ishtar von Arbela – meine Schutzgötter – um den Sieg über diesen mächtigen Feind an. Sie erhörten meine Gebete sofort und kamen mir zu Hilfe.[2]

Die eigentlichen Kampfhandlungen lieferten Homer eine Vielzahl von motivischen wie stilistischen Vorgaben für die Gefechte zwischen seinen Griechen und seinen Troianern – er schlachtet sie in allen Details aus:

Wie der Ansturm eines Heuschreckenschwarms im Frühling[3] rückten sie stetig gegen mich an, um eine Schlacht zu schlagen. Der von ihren Füßen aufgewirbelte Staub den weiten Himmel bedeckend[4], einem mächtigen Sturm gleich mit seiner Masse von dichten Wolken[5], reihten sie sich vor mir auf, in Schlachtordnung vor der Stadt von Halule[6], am Ufer des Tigris. Sie stellten sich mir in den Weg und boten mir die Schlacht an.[7] []
Wie ein Löwe wütete ich.[8] Ich legte den Panzer an und setzte mir den Helm, der zur Schlacht gehört, aufs Haupt. Eilends bestieg ich, Zorn im Herzen, meinen Streitwagen[9], der die Feinde niederwalzt.[10] Ich nahm den starken Bogen, den Assur mir hatte zukommen lassen[11], in meine Hand und ergriff den Pfeil, der das Leben abschneidet.[12] Gegen die ganze Armee der bösen Feinde erhob ich meine Stimme[13], donnernd wie ein Sturm. Wie Adad brüllte ich.[14]

1 Frahm 1997, S. 208. — 2 ARAB II 253. — 3 Das Heer der Griechen als Bienenschwarm im Frühling II 87–92; als Fliegenschwarm im Frühling II 469–73; als Heuschreckenschwarm XXI 12. — 4 III 10–4. — 5 Athene kommt als Sturmwolke XVII 549–50. — 6 Troianer vor ihrer Stadt in Schlachtordnung II 809–814. — 7 ARAB II 252. — 8 z.B. V 136–43. — 9 Jede einzelne dieser Formeln gehört zum Standardrepertoire der *Ilias,* so etwa eine Bewaffnungsszene in III 332–6; der ›wütende Löwe‹ wird dabei zum Ausgangspunkt vielfältigster Gleichnisse. — 10 XI 534 und XX 394. — 11 Pandaros' mächtiger Bogen im Kontext mit Apollon als Bogengott IV 100–26. — 12 Daß Waffen ›todbringend‹ sind, nach ›Fleisch dürsten‹ oder ›bitteren‹ und ›schwarzen Schmerz‹ bringen, ist ein Standardtopos im Epos. — 13 ›Stimmgewaltig‹ ist ein Epitheton, das häufig eingesetzt wird, bei Menelaos, Diomedes und anderen. — 14 Vgl. die Szene, wo Pallas Athene und Achilleus losbrüllen, XVIII 217–21.

Auf das Wort Assurs hin, dem großen Herrscher, meinem Herrn, bedrängte ich den Feind von der Seite und der Flanke[1] wie der Einbruch eines großen Sturms.[2] Mit den Waffen Assurs[3], meines Herrn, und dem fürchterlichen Angriff eines Sturms[4] brachte ich ihr Vorrücken zum Stehen; mir gelang es, sie zu umzingeln [oder sie zurückzudrängen]; ich dezimierte das feindliche Heer mit Pfeil und Speer. Alle ihre Körper durchbohrte ich wie ein Sieb.[5] Humbanundasha, den Feldmarschall des Königs von Elam, einen vertrauenswürdigen Mann, Kriegsherr seiner Armeen, seine Hauptstütze, zusammen mit seinen Edelsten, die goldene Gürteldolche[6] und um ihre Handgelenke schwere Ringe aus glänzendem Gold tragen – wie fette Ochsen, denen man Beinfesseln angelegt hat[7] –, sie hieb ich schnell nieder und besiegelte ihren Untergang. Ich schnitt ihre Kehlen durch wie Lämmer.[8] Ich schnitt ihre kostbaren Leben ab wie man einen Faden kappt.[9] Wie die vielen Wasser eines Sturms ließ ich den Inhalt ihrer Gurgeln und Eingeweide auf die weite Erde herabrinnen.[10] Meine stolzen, an den Wagen geschirrten Rösser preschten in die Ströme ihres Blutes wie in einen Fluß.[11] Die Räder meines Streitwagens, der die Bösewichter und Missetäter niederwalzt, wurden mit Blut und Kot bespritzt.[12] Mit den Leichen ihrer Krieger füllte ich die Ebene, wie Gras. Ich schnitt ihnen die Eier ab, riß ihre Schwänze aus wie Gurkenschößlinge[13] und hackte ihre Hände ab.[14] Die schweren Ringe aus hellstem Gold und Silber, die sie am Handgelenk tru-

---

1 Athene und Ares sind auf allen Seiten zugleich XX 49–53. — 2 Hektor greift an wie ein Sturm XI 304–9; Nestor greift an wie ein Wirbelwind XI 746. — 3 Vgl. Achilleus' von Hephaistos geschmiedete Waffen, z.B. XIX 368ff. — 4 Schlacht wie ein von Zeus entfesselter Sturm XVI 364–6. — 5 Griechen durchbohren Hektors Körper wie ein Sieb XXII 371. — 6 Solche Dolche tragen die jungen Männer auf dem Schild des Achilleus XVIII 598. — 7 Hippodamas wird von Achilleus getötet wie ein gefesselter Bulle XX 403–6. — 8 XXIII 22–3. — 9 Topos des Lebensfadens XXIV 210. — 10 Polydoros' Eingeweide in XX 418–20; Asteropaios' Eingeweide XXI 181; auch sonst schwimmt die Erde oft genug in Blut. — 11 Achilleus prescht mit seinem Gespann in die Schlacht am Fluß XIX 824 und XXff. — 12 Streitwagen mit Blut bespritzt XI 534–7/XX 498–502. — 13 Ein schönes Beispiel für ein Argument *ex silencio* – Homer würde solche Obszönitäten nie direkt formulieren, höchstens umschreiben – deswegen durchbohrt bei ihm der Speer den Hinterbacken und die Blase unterm Schambein (V 66–7), die untere Nabelgegend (XI 424) und die Lenden zwischen Nabel und Genitalien (XIII 567–9), ›wo der Tod in der Schlacht am schmerzhaftesten für die Menschen ist‹. — 14 Agamemnon hackt Peisandros die Hände ab XI 146.

gen[1], nahm ich ihnen weg. Mit scharfen Schwertern durchbohrte ich ihre Gürtel[2] und nahm ihnen die Gürteldolche aus Gold und Silber, die sie um die Hüfte trugen.[3] Den Rest seiner Edlen samt Nabushum-ishkun, Sohn des Merodach-baladan, die sich vor meinem Kampfgeist fürchteten und sich ergaben, ergriff ich lebendig während der Schlacht mit meinen Händen.[4] Die Streitwagen und ihre Pferde, deren Lenker zu Beginn des schrecklichen Angriffs niedergestreckt worden waren und die sich dann selbst überlassen geblieben waren[5], liefen hin und her, eine Strecke von zwei Doppelstunden weit[6] – deren Kampf beendete ich.[7]

Dieser Bericht ist ungewöhnlich, nicht nur, weil ihn Homer als Motivsammlung für seine Schlachtengemälde benützt, sondern auch, weil er in der gesamten bekannten Literatur der damaligen Zeit einzig dasteht. Weit davon entfernt, nur generische Schilderung zu sein, stellen seine naturalistischen Details eine Ausnahme dar; nicht einmal das *Erra*-Epos aus dem 8. Jahrhundert – das den Krieg aus der Ich-Perspektive des Schlachtengottes beschreibt – wartet mit soviel blutrünstigen Einzelheiten auf.

Sanheribs Generäle hatten also 696 die zweite kilikische Revolte niedergeschlagen; sie kamen im nächsten Jahr noch einmal zurück und räucherten auch die letzten Widerstandsnester an der Grenze zu Tabal aus:

Das Volk von Kilikien, das in den Bergen lebt, schlachtete ich mit dem Schwert ab; ihre Städte zerstörte ich, ich machte sie dem Erdboden gleich und brannte sie mit Feuer nieder. Til-garimmu[8], das an der Grenze zu Tabal liegt, eroberte ich und legte es in Schutt und Asche.[9]

1 Ein solcher Schmuck wird mehrmals erwähnt: so wenn Achilleus Nastes und Amphimachos tötet, die ›wie eine Jungfrau Gold tragend in den Krieg gingen‹, II 872, oder wenn Menelaos Euporbos tötet, dessen ›Locken mit Gold und Silber eingeschnürt waren‹, XVII 52. — 2 Achilleus durchbohrt Polydoros' goldene Gürtelschnalle XX 414–5. — 3 Achilleus nimmt einem troianischen Krieger sein Gold weg II 872–5. — 4 Achilleus nimmt in der Schlacht Gefangene und fesselt sie mit ihren eigenen Gürteln XXI 27–31. — 5 Z. B. VI 40–1. — 6 Mehrmals vorkommende Szene; z.B. in XVIII 222–31. — 7 ARAB II 252–4, vgl. auch Frahm 1997, S. 205; Diskussion des Textes: West 1997. — 8 Bei Meliddu/Malatya; heute Gürün. — 9 ARAB II 349.

Dabei holte er sich Kriegsgefangene, ›hethitische Leute, Beute meines Bogens‹, und ließ sie nach Ninive schaffen: ›Tyrische, sidonische, zypriotische und ionische Seeleute, Gefangene meiner Hand, bauten mir eifrig gewaltige Schiffe in der Machart ihres Landes.‹[1] Diese Flotte läßt er vom Tigris über Land zum Euphrat ziehen und bemannt sie mit griechischen und phönizischen Seeleuten, um dann gegen Elam in die nächste Schlacht zu ziehen. Dort werden später auch 15 Deserteure greifbar, unter denen ein wahrscheinlich aus Zypern stammender Ionier namens Antikritos namhaft wird.[2]

Friedenszeit 695–676

In Adanija setzt Sanherib inzwischen einen Provinzgouverneur namens Kulapiya ein, der die assyrischen Interessen vertritt. Da die Dynastie Awarikas'/Assarakos' dank ihrer Beteiligung an der vorherigen Revolte längst in Ungnade gefallen war – und dessen Sohn wahrscheinlich in Jerusalem getötet worden war, zumindest aber keinen Anspruch auf den Thron erheben konnte –, überträgt Sanherib die eigentliche Regentschaft über Kilikien nun einem Mann fortgeschrittenen Alters: Azatiwada[3]. Der kam wahrscheinlich aus Kastabala[4], wo später noch ein ›thebanisches Volk‹ greifbar war, und entstammte damit wohl einer Nebenlinie des ›Haus des Mopsos‹, das in Pahri residierte. Das geht aus der unten zitierten Inschrift hervor, in der er sich seiner Verpflichtungen gegenüber diesem altetablierten Herrscherhaus bewußt zeigt und Awarikas Familie im Rahmen des Möglichen wieder zur Macht zu verhelfen versucht – nicht zuletzt, um damit seine eigene Rolle zu legitimieren.

Gleichzeitig läßt sich Azatiwada zum Zeichen seiner Herrschaft unweit von Kastabala, am Nordende der alesischen Ebene, eine eigene Stadtfestung erbauen, die seine Unabhängigkeit vom unterjochten Pahri/Mopsouhestia und dem assyrischen Gouverneur in Adanija de-

1 ARAB II 319. — 2 Rollinger-Korenjak 2001. — 3 Die Chronologie ist nicht ganz klar: ein solcher Gouverneur scheint in den assyrischen Quellen um 685 attestiert. Aus dem Kontext der Azatiwada-Inskription geht jedoch hervor, daß Azatiwadas Herrschaft *nach* der 2. kilikischen Revolte anzusetzen ist; Diskussion: CHLI I.1 und auch Hawkins 1979. — 4 Sie lag unmittelbar südlich von Karatepe (heute: Bodrum Kalesi) und wurde – wie Homers kilikisches Thebe – als Hierapolis bezeichnet; Identifikation: Casabonne 2004.

monstrieren soll. Den Auftrag dafür erteilt er einem seiner eigenen Vasallen, dem Flußherrn Sanduarri von Sizzu und Kundi, zwei Städten im Westen Karatepes.[1] Er errichtet ihm auf dem Felsen von Karatepe eine Burg: ›in der Wildnis bauten wir diese Stadt namens Azatiwadaija‹[2].

Diese Zitadelle am steilen ›Löwenstein‹ über dem Pyramos stellt mit den Reliefs ihrer Torportale einen in dieser Zeit einzigartigen Monumentalbau dar, der Kilikiens Prosperieren zelebrierte. Als zentrales Symbol wurde in der Burg dabei eine Statue Tarhuntas/Baals – des lokalen Zeus – aufgestellt. Eingemeißelt auf ihr findet sich eine zweisprachige Inschrift auf luwisch und phönizisch, in der Azatiwada in der Zeit um 678[3] sich und seine Taten verewigt hat:

Ich bin Azatiwada, der *Günstling des Sonnengottes*, der *Diener Tarhuntas/Baals*, den *Awarikas zum König der Danaer gemacht hat. Tarhunta/ Baal machte mich zum Vater und zur Mutter der Danaer*; unter mir blühten die Danaer auf, ich vergrößerte die Ebene von Adanija sowohl nach Westen wie nach Osten, und in meinen Tagen hatten die Danaer alles Gute, Fülle und Reichtum; ich füllte die Kornspeicher von Pahri, ich züchtete Pferd um Pferd, stellte Armee um Armee und Schild um Schild auf, dank Tarhuntas/Baals und der Götter. Ich zwang die stolzen Aufsässigen nieder und rottete alles Böse im Land aus und errichtete das Haus meiner Herrschaft *auf Freundlichkeit und Güte*, tat der Familie meines Herrn nur Gutes und *ließ sie wieder auf dem Thron ihres Vaters sitzen.*
Ich stellte mit jedem König Frieden her, und jeder König machte mich *zu seinem Vater wegen meiner Gerechtigkeit und meiner Weisheit*

1 Sizzu wird mit dem römischen Sision identifiziert (das zur Hethiterzeit Zisis hieß und wahrscheinlich als zypriotische Ansiedlung galt) und Kundi mit Kindya, dem späteren Anazarbos; Diskussion: Casabonne 2004. — 2 Die Inskription ist leider nur mehr sehr fragmentarisch erhalten – vgl. CHLI II, Separate Inscriptions. Aus der rein luwischen Bauinschrift geht der Name des Gouverneurs hervor; ein Herold wird erwähnt sowie der Erbauer der Tore und anderer Teile der Stadt – von dessen Name nur SSŠ entzifferbar ist. Der Vergleich mit einer anderen, leider ebenso bruchstückhaften Inschrift (CHLI I.1; Karatepe 2–4) legt hier jedoch den ›Flußherrn Sa[nduarri] von Sizzu‹ nahe. — 3 Das ergibt sich durch die Übernahme einer Passage von Asarhaddons Annale aus dem Jahr 679, wo er von seinem Kampf gegen die Kimmerier berichtet; und aus dem Umstand, daß 676 die nächste kilikische Revolte einsetzt, nach der sein Vasall Sanduarri an der Macht sitzt; siehe weiter unten.

274

Erichthonios zeugte Tros, der Herrscher über die Troer wurde;
und Tros wurden dann drei untadelige Söhne geboren,
Ilos, Assarakos und der gottgleiche Ganymedes.
Ilos zeugte den untadeligen Laomedon:
und Laomedons Söhne waren Tithonos und Priamos.
Assarakos aber zeugte Kapys, der Anchises zum Sohn hatte:
Anchises aber war Aineias' Vater – und Priamos zeugte den göttlichen Hektor.

XX 230–2 / 236–7 / 239–40

Wenn jemand für mich [Helena] in diesem Haus harte Worte hatte –
Hektors Brüder, Schwestern, meine schöngekleideten Schwägerinnen
oder meine Schwiegermutter –, dann nie *Priamos, der zu mir stets so gütig*
wie ein richtiger Vater war.

XXIV 768–70

Und Priamos' Gattin Hekabe schrie schrill auf und erwiderte:
Ah – was ist bloß mit deinem Verstand los? *Der Weisheit,*
für die du bei den Menschen anderer Länder genauso berühmt warst
wie bei deinen Untertanen?

XXIV 200–2

Auch von dir, alter Mann, heißt es, daß dir *einmal ein glückliches Leben*
beschieden war -
in all dem Land, das Lesbos im Meer draußen umfaßt, wo Makar regierte,
und Phrygien weit im Inland und den grenzenlosen Hellespont,
sagt man, daß du, alter Mann, alle an Reichtum und Söhnen übertroffen hast.

XXIV 543–6

Wie ein Mann, der eine große Ebene überquert, innehält
und ratlos vor dem Ufer eines Flusses steht, der schnell ins Meer hinausströmt.

V 597–8

Wie die Waage, die eine sorgfältige *Spinnerin* hochhält,
auf der einen Seite des Balkens das Gewicht, auf der anderen *die Wolle*
damit sie für ihre Kinder einen mageren Lohn erhält.

XII 433–5

Und mittags erreichten wir den heiligen Strom des Alpheios:
dort *opferten wir dem allmächtigen Zeus schöne Tiere,*
einen Bullen dem Alpheios, einem Bullen dem Poseidon
und der helläugigen Athene eine Kuh aus der Herde.

XI 726–9

Und euer lieblicher, silberwirbelnder Strom
wird euch nicht retten, *trotz der vielen Stiere, die ihr ihm seit langem opfert,*
und der starkhufigen Pferde, die ihr lebend in seine Stromschnellen geworfen habt.

XXI 130–2

Denk an deinen Vater, gottgleicher Achilleus,
der wie ich ein alter Mann ist, an der grausamen Schwelle zum Greisenalter.
Er aber kann zumindest hören, daß du am Leben bist,
und Freude im Herzen fühlen und jeden Tag darauf hoffen,
daß er seinen geliebten Sohn aus Troia zurückkehren werden sieht.
Mein Schicksal dagegen ist völliges Elend.

XXIV 486–93

und der Güte meines Herzens. Ich baute starke Befestigungen überall entlang meiner Grenzen, wo böse Menschen waren, Räuber und Bandenführer, von denen nicht einer dem Haus des Mopsos untertan gewesen war – mir jedoch, Azatiwada, warfen sie sich vor die Füße. Ihnen baute ich die Burgen dort, damit die Danaer dort leben konnten, *Frieden im Herzen.*

Ich zerschlug starke Festungen im Westen, die keiner der Könige vor mir hatte zerschlagen können. Ich jedoch, Azatiwada, unterwarf sie, brachte sie von dort herab und ließ sie im Grenzland im Osten leben, während ich an ihrer Stelle Danaer ansiedelte. In meinen Tagen erweiterte ich die Grenzen der Danaer *sowohl nach Westen wie nach Osten,* sie lebten überall auf der Ebene von Adanija, selbst an den Orten, die vorher gefürchtet waren, wo ein Mann Angst haben mußte, *die Wege zu beschreiten;* in meinen Tagen dann *konnten selbst Frauen allein mit ihren Spindeln gehen,* dank der Gnade Tarhuntas/Baals und der Götter. In meinen Tagen gab es Fülle und Reichtum und ein gutes Leben und die Danaer und die ganze Ebene von Adanija hatten Frieden im Herzen.

Ich baute diese befestigte Stadt und gab ihr den Namen Azatiwadaja, denn Tarhunta/Baal und Runtiya/Reshep-der-Ziegen [die lokale Hermesfigur/der lokale Apollon] drängten mich dazu, sie zu bauen. Ich baute sie dank der Gnade Tarhuntas/Baals und dank Runtiyas/Resheps-der-Ziegen, in Fülle und Reichtum, für ein gutes Leben und den Frieden im Herzen, damit sie der Ebene von Adanija und dem Haus des Mopsos Schutz biete, denn *in meinen Tagen gab es Fülle und Reichtum* im Land der Ebene der Danaer.

Ich baute diese Stadt und gab ihr den Namen Azatiwadaja. Ich ließ Tarhunta/Baal Kurunteris[1] in ihr wohnen und *hielt jedes Flußland an, ihn zu ehren: jedes Jahr wird man ihm einen Ochsen opfern, zur Zeit des Pflügens ein Schaf und zur Zeit der Schnitternte ein Schaf.*

Es segne der Tarhunta/Baal Kurunteris den Azatiwadaija mit *Gesundheit und Leben* und mache ihn zum *Höchsten und Stärksten aller Könige.* Und mögen Tarhunta/Baal Kurunteris, der höchst Gesegnete, und die Götter dieser Stadtfestung Azatiwada *lange Tage und viele*

---

1 Darunter ist wohl der lokale Korngott Kuruni – der luwische Kronos – zu verstehen; vgl. P.

Jahre und guten Überfluß schenken und ihn zum *Ersten unter all den anderen Königen* machen.

Und so soll diese Festung eine des Korngottes und des Weingottes werden und die Nationen/Völker, die in ihr wohnen, *Besitzer von Ochsen und Besitzer von Korn und Wein* werden. Viel sollen sie uns zuteil, vieles groß werden und viele Menschen Azatiwada und Mopsos' Haus zu Diensten sein lassen dank Tarhunta/Baal und den Göttern. [] Macht einer diese Tore zu den seinen und schreibt seinen Namen darin ein oder reißt aus Haß und Bosheit diese Tore nieder – dann mögen Tarhunta/Baal, die himmlische und ewige Sonne, Ea und die ganze Versammlung der Götter dessen Königreich und diesen König und Mann auslöschen! Der Name Azatiwadas jedoch soll bis in alle Ewigkeit bestehenbleiben wie der Name des Mondes und der Sonne.[1]

Diese Inschrift ist nicht nur insofern bedeutsam, als sie einen expliziten Bezug zwischen dem aus dem troianischen Mythos stammenden Mopsos und den kilikischen Danaern knüpft. So wie der alte Herrscher Azatiwada sich hier präsentiert – in einer Spezifik, die sich so in keiner anderen luwischen Inschrift wiederfindet –, scheint er aber auch das Vorbild für Homers Priamos abgegeben zu haben.

Das beginnt damit, daß Priamos durch seinen Namen bereits als der Erste gilt, gleich wie Azatiwada sich hier als ›Höchsten und Stärksten aller Könige‹ sieht. Verdankt Azatiwada seine Macht dabei dem etwa zwei Generationen älteren Awarikas (jenem kilikischen König, dem wir um 730 begegnet sind), hat Priamos seine Herrschaft ebenfalls letztlich seinem Großvater Ilos zu verdanken.[2]

Zu Ilos' Bruder erhebt Homer Assarakos, dessen Name mit Awarikas identisch scheint – beide verweisen auf den legendären Vater der Dynastie des ›Haus des Mopsos‹: Rhakios[3]. Was er dadurch thematisiert, sind jene innerdynastischen Abhängigkeiten und Rivalitäten, die sich zwischen Aineias und Hektor wie zwischen Azatiwada und der ›Familie seines Herrn‹ zeigen, ›die er wieder auf dem Thron ihres Vaters sitzen läßt‹. Denn die *Ilias* prophezeit ja, daß nach Hektors Tod kein Nach-

---

1 Kollationiert aus der luwischen und phönizischen Fassung CHLI I.1; vgl. auch Donner-Röllig 1962. — 2 XX 232. — 3 Siehe J.

278

Priamos [der ›Erste‹], der von Gott bestellte Herrscher.

XXIV 803

Und er machte ein lockeres Brachfeld, *fruchtbares Pflugland*,
breit, dreimal umbrochen und viele Pflüger darauf.
Und er machte das Gut eines Herrschers, bestes Land,
wo Arbeiter das Korn mit den scharfen Sicheln in ihren Händen mähten.
        Und der Herrscher stand schweigend unter ihnen,
bei den Schwaden, das Zepter in seinen Händen, *Freude in seinem Herzen*,
und auf einer Seite richteten seine Herolde ein Fest unter einer Eiche aus,
beschäftigt mit dem *großen Ochsen, den sie gerade geschlachtet hatten*,
                                                    und die Frauen
schütteten eine Fülle von weißer Gerste aus, den Arbeitern zum Mahl.
Und er machte einen *Weingarten*, schwer mit Trauben.
Unschuldigen Herzens trugen Mädchen und junge Männer
die honigsüße Ernte in geflochtenen Körben.
Und er machte eine *Herde von Rindern*, gerade gehörnte.
Und er machte *ein großes Weideland*
in einem schönen Tal für weißwollige *Schafe*
und Ställe und überdachte Hütten und Pferche.

XVIII 541–2/550–1/556–61/567–8/573/587–9

                        Denn Aineias ist es bestimmt, zu überleben –
damit nicht das Geschlecht des Dardanos ohne Sproß spurlos ausgelöscht werde,
denn der Sohn des Kronos liebte Dardanos mehr als alle anderen Kinder,
die ihm von sterblichen Frauen geboren wurden.
Doch der Sohn des Kronos hat begonnen, Priamos' Geschlecht zu hassen:
deshalb wird jetzt der mächtige Aineias Herrscher über die Troianer
und nach ihm die Söhne seiner Söhne, die in Zukunft geboren werden.

XX 302–8

komme des Priamos über die Troas herrschen wird, sondern Assarakos'
Enkel, der Dardaner Aineias.[1] Diese Vorhersage entsprach dabei durchaus der historischen Realität: bei der nächsten kilikischen Revolte
wurde Azatiwadas Festung niedergebrannt; die Macht in Kilikien ging
darauf an dessen Vasallen Sanduarri über.[2]

Auch die Rivalität zwischen Ilios und dem lang zuvor in der Ebene
erbauten Dardanie ist dabei ein Spiegelbild der realen Verhältnisse.
Adanija konnte nicht nur auf eine lange Vorgeschichte blicken: dort
residierte zu dieser Zeit ja auch der assyrische Gouverneur – während
Azatiwadaija gerade erst errichtet worden war. Dabei betont Homer
jedoch die Abhängigkeit beider Städte voneinander: dann nämlich,
wenn er am Ende des Epos Priamos als ›Sohn des Dardanos‹[3] bezeichnet.

Persönliche Details verstärken noch den Bezug zwischen Azatiwada und
Priamos. Die Herzensgüte und Väterlichkeit, die sich Azatiwada – anders als in jeder Herrscherinschrift dieser Zeit – zugute hält, wird Priamos durch Helena wortwörtlich attestiert: ›er war immer sanft, ein richtiger Vater‹[4]. Hekabe beschreibt ihn wie in direkter Anlehnung an diese
Inschrift als ›für seine Weisheit unter seinem Volk und den Menschen
anderer Nationen berühmt‹.[5] Und auch Achilleus charakterisiert Priamos – ganz wie Azatiwada sich selbst – als Mann, der einmal ›prospe-
rierte‹, dessen Land sich bis an ›die Grenze Phrygiens‹ erstreckte und der
›in seinem Reichtum Herrscher war‹[6]. So wie es zwischen den Zeilen
der Inschrift hier durchscheint, wünscht sich Priamos beim Zusammen-
treffen mit ihm gleichfalls noch viele hoffnungsvolle Jahre.[7] Und so wie
Priamos mit Hektors Tod den auserwählten Prinzen beklagen muß, hat
dann auch Azatiwada mit Sanduarri seinen engsten Vasallen und Thron-

---

1 XX 306–8. — 2 Sanduarri war der Sohn Ukatalas; ob es sich dabei um eine Nebenlinie
von Azatiwadas Familie gehandelt hat, ist nicht eindeutig zu sagen. Eine enge Bindung
zwischen den beiden geht aber sowohl aus dem Umstand hervor, daß Sanduarri Azatiwada
seine Stadt baut und nach seinem Tod dort dann auch mit einer Inschrift verewigt wird,
wie auch aus seinem Namen: Sanduarri (›Santa-tiwara‹) bezieht sich auf denselben Schutzgott wie Azatiwada: Tiwada, den luwischen Apollon. Beides würde ein zu Priamos-
Aineias vergleichbares Naheverhältnis suggerieren. — 3 Wie Ea/Hermes in XXIV 354
Priamos nennt. — 4 XXIV 770. — 5 XXIV 201–2. — 6 XXIV 543–6. — 7 Priamos läßt
dies in Anspielung auf Achilleus' Vater anklingen, XXIV 486–92.

folger verloren – das zeigt die Inschrift, die in Erinnerung an ihn nachträglich in Azatiwadaija angefügt wurde.[1]

Daß sich in dieser Festungsstadt über dem Pyramos ein Vorbild für Troia erkennen läßt, haben nicht nur die Reliefs der Stadttore und eine Reihe von topographischen Details bereits nahegelegt.[2] Diese Identifikation wird weiters durch die Schutzgötter dieser Burg erhärtet. So wie Azatiwada sich am Anfang seiner Inschrift als ›Diener Tarhuntas/Baals‹ legitimiert, wird Priamos ganz am Ende der *Ilias* auch als ›von Zeus bestellter Herrscher‹ bezeichnet.[3] Neben dem luwischen Runtiya und dem akkadischen Ea als Hermesfiguren, ist es aber besonders eine Macht, die über die Stadt wacht: ›die himmlische und ewige Sonne‹ und der Lichtgott, die auf den Reliefs durch den phönizischen Reshep-der-Ziegen und den luwischen Tiwada verkörpert werden. Ihn trägt Azatiwada bereits in seinem Namen; er sieht sich ausdrücklich als seinen ›Günstling‹. So wie Apollon in der *Ilias* als Schirmherr Troias gilt, wird also auch in Azatiwadas Inschrift der Gott des Lichts zum Wächter über alle Unbill.

Die Art und Weise, wie Azatiwada dabei mit seinen Göttern verkehrte, zeigt sich an den Reliefs der Torportale. Zu Ehren des legendären Sehers Mopsos bilden sie mehrmals divinatorische Vögel ab – Zeus’ Blitze ausgenommen stellt auch in der *Ilias* die Vogelschau die weitaus wichtigste Divinationsform dar. Wenn Priamos auszieht, um Hektors Leiche zu holen, bittet er seine Frau – als wollte Homer damit auch auf Azatiwadaija Bezug nehmen –, sie möge ihm nicht ›in seinem eigenen Palast zu einem Vogel schlechten Omens werden‹[5]. Dank des Himmelsgottes Zeus erscheint ihm daraufhin bei seinem Auszug über die Ebene ein Adler, der gleichfalls in Karatepe prominent figuriert.[5] Direkt an dieses Bild anschließend, zeigt das nächste Relief dann die lokale Hermesfigur Runtiya – in der *Ilias* folgt darauf unmittelbar die Erscheinung Hermes’, der Priamos Schutzgeleit gibt.

Auch was wir in dieser Inschrift über Kilikien, die Ebene von Adanija und die Danaer erfahren, trifft in vielen Details auf die Troas zu, wie sie von Homer beschrieben wird: die Roßzüchter und Heere; den von den Griechen so bewunderten Reichtum; die Alleinreisenden über die

1 CHLI I.1, Karatepe 2–4; siehe weiter unten. — 2 Siehe V. — 3 XXIV 803. — 4 XXIV 218-9. — 5 Siehe V.

weite Ebene[1]; die Wollspinnerinnen, die hier noch beim Gehen ihre Arbeit verrichten – wohl um den gleichen mageren Lohn wie in der *Ilias*.[2] Wie auf dem Schild des Achilleus wird hier die Schnitternte des Getreides und die Weinlese zelebriert[3], bezeugen große Rinder- und Schafherden das Prosperieren der Menschen[4], wird das ›gute Leben‹ und ›die Fülle‹ in allem ›Frieden des Herzens‹ vor Augen geführt[5], werden Ochsen als Erntedankopfer dem Korngott dargebracht[6] – während umgekehrt mit den homerischen Flußopfern[7] auf die Opfer der kilikischen ›Flußländer‹ angespielt wird.

So wie es zu Priamos' heroischer Biographie gehört, daß er – wie vor ihm Bellerophontes – eine Schlacht gegen die Amazonen schlug, zählte es auch Azatiwada zu seinen Großtaten, daß er als assyrischer Vasall zusammen mit Asarhaddon gegen die Übergriffe der Kimmerier und die mit ihnen verbündeten Rauhen Kiliker vorging. Dieser Sieg geht dann in den Mythos ein – wenn Diodor davon berichtet, daß die Amazonenkönigin Myrine jenen Kilikern, die sich ihr anschlossen, den Status als *Freie Kiliker* gewährte, sie dann aber in einer Schlacht gegen Mopsos getötet wird.[8] Und das scheint dann auch der Grund gewesen zu sein, weshalb Homer jenen ›Hügel mit dem Zeichen der Myrine‹ vor Priamos' Stadt erwähnt: ein solcher findet sich südlich von Azatiwadaija.

Azatiwadas Inschrift spricht davon, daß er ›überall starke Befestigungen entlang meiner Grenzen baute, wo böse Menschen waren, Räuber und Bandenführer, von denen nicht einer dem Haus des Mopsos untertan gewesen war – mir jedoch, Azatiwada, warfen sie sich vor die Füße‹. Der Bezug dieser Passage auf die Kimmerier ergibt sich dadurch, daß Azatiwadas Schreiber darin den Schluß jener assyrischen Verlautbarung aufgreift, die Asarhaddons Kampagne 679 gegen die Kimmerier und ihre Verbündeten in Tabal und im Rauhen Kilikien schildert:

> Teushpa, den Kimmerier, einen Barbar, dessen Heimat weit weg war, hieb ich mit dem Schwert im Land Hubushna [Kybistra] nieder, zusammen mit all seinen Truppen.

---

1 V 597. — 2 XII 433–5. — 3 XVIII 541–72. — 4 XVIII 573–8/587–9. — 5 XVIII 490–6/ 590–605. — 6 XVIII 559–60. — 7 Dem Alpheios wird ein Stier geopfert (XI 727), dem Skamandros Stiere und Pferde (XXI 131–2). — 8 Diodor III 55.4–5.

Dabei trat ich auch den Nacken des Volkes des Rauhen Kilikien, einem Gebirgsvolk, das an der Grenze Tabals lebt, boshafte Hethiter, die sich auf ihre Schlupfwinkel im Gebirge verließen und sich seit Menschengedenken keinem Joch unterworfen hatten – 21 ihrer starken Befestigungen zusammen mit den Dörfern der Umgegend belagerte ich, eroberte ich, plünderte ich, zerstörte ich, verwüstete ich, brannte ich mit Feuer nieder. Den übrigen, die sich nicht der Rebellion und der Insubordination schuldig gemacht hatten, legte ich das schwere Joch meiner Herrschaft auf.[1]

In der *Ilias* werden diese Kimmerier als Amazonen bezeichnet[2]: Priamos tritt dort als ›Helfer im Krieg‹ gegen sie auf, indem er sich ›den Phrygern des gottgleichen Mygdon und dem Volk von Otreus‹ am Sangarios anschließt – worin sich unschwer ein Verweis auf Urartu und Midas erkennen läßt.[3] Vom Sangarios in Phrygien stammen dabei auch Priamos' Gattin Hekabe und ihre Familie ab.[4]

Woher Azatiwadas Gattin kam, wissen wir nicht – doch dieser phrygische Bezug ist auch für ihn denkbar. Die an diesem Fluß liegende Hauptstadt Gordion wird nämlich 676 von den Kimmeriern zerstört, Midas dabei getötet[5] – und auch von Azatiwada ist dann nicht mehr die Rede. Mag sein, daß er dort gefallen ist – denn im selben Jahr sitzt nun sein ehemaliger Vasall Sanduarri am Thron und zettelt zusammen mit

1 Borger 27.9/ARAB II 516 und 530/31. — 2 Zur Identifikation von den Kimmeriern mit den Amazonen siehe Casabonne 2004, Ivantchik 1993, Sonneville-David 1983 – und P. Laut Herodot sollen die Kimmerier durch die Skythen verdrängt worden, die Homer (XIII 5) wie Strabon (VII 3.7) ›Hippemolgoi‹ nennt. — 3 III 184–9; Otreus und Mygdon gelten den Kommentaren zufolge als fiktiv. Daß Homer mit ihnen auf Urartu und Midas anspielt, scheint insofern möglich, als Strabon in I 3.21 einen weiteren kilikischen Bezug liefert. Er berichtet, daß unter Assurbanipal – zu Homers Lebenszeit also – der kimmerische König Lygdamis (assyrisch ›Dugdammis‹ geschrieben) in Kilikien fiel./Was Otreus betrifft, so bezeichnet ein Papyrus der *Aithiopis* die Amazonenkönigin Penthesilea als ›Tochter des Otrera‹ (West 2003 b) – worin sich ebenfalls ein Bezug auf die Eroberung Urartus durch die Kimmerier in ebendieser Zeit erkennen läßt. — 4 Der Bruder von Priamos' Gattin Hekabe – Asios – kam aus Phrygien: XVI 718f. — 5 *Es ist möglich, ja sehr wahrscheinlich, daß der letzte Kampf gegen die Kimmerier an der langen, sich windenden Barriere des großen phrygischen Stromes, dem Sangarios, stattfand. Hier hatten sich wohl all die Heere des westlichen Kleinasien gesammelt, um die schrecklichen Bogenschützen auf ihren Pferderücken aufzuhalten, die sie trotzdem überwältigten, um dann ans Meer im Westen weiterzureiten. Auf den Seiten des griechischen Historikers Diodor, Jahrhunderte später, werden diese Reiter Amazonen genannt.* Carpenter 1946.

den Phöniziern den dritten kilikischen Aufstand an. Anlaß dafür scheinen die Ressentiments gegen Asarhaddons letzte Kampagne im Rauhen Kilikien gewesen zu sein. Wie aus den folgenden Ereignissen hervorgeht, muß er nun auf den Beistand der *Freien Kiliker* und der Griechen dort gezählt haben.[1]

Im Versuch, dem Unruhepotential dieser *Freien Kiliker* außerhalb seines unmittelbaren Einflußgebietes Herr zu werden, hatte Azatiwada sich zuvor – wie die Inschrift zeigt – an die für die Assyrer typische Deportationspolitik gehalten und im äußersten Westen seines Reiches Danaer angesiedelt. Daß das Land dabei aufblühte – wie er behauptet –, läßt sich durch die Archäologie belegen. Die Evidenz der Keramik verrät zu Beginn dieses 7. Jahrhunderts ein sprunghaftes Ansteigen griechischer Präsenz[2] – vor allem im Westen Kilikiens, wohin man die Griechen drängte. Das unterband jedoch nicht die Handelskontakte, im Gegenteil. Unter Azatiwadas Herrschaft werden von Al Mina über Issos bis nach Tarsos überall im Ebenen Kilikien Waren aus Rhodos greifbar. Das spiegelt sich auch im Schiffskatalog wider: als einziges Kontingent werden die Rhoder dort als ungewöhnlich reich bezeichnet und mit einer Historie versehen, die anders als sonst erstaunlich gegenwärtig klingt.

Die nun überall sich ansiedelnden Griechen werden in dieser Zeit aber auch an der unwirtlichen Küste des Rauhen Kilikien und in Pamphylien vermehrt nachweisbar. In der Kietis gründet Azatiwada Aspendos und zu Ehren Awarikas auch eine Stadt dieses Namens[3]; Rhoder aus Lindos lassen sich in Phaselis nieder, Kolonisten aus Kyme kommen von der kleinasiatischen Westküste nach Side, Samier wandern nach Nagidos und Kelenderis. Was sie trotz der angespannten Lage dorthin lockte, waren die Eisen- und Silbervorkommen im Taurus. Zum Umschlaghafen für diese Metalle wurde dabei eine weitere rhodische Gründung: die Hafenstadt Soloi bei Ingirra/Anchiale, die an der assyrischen Grenze lag.

Während im benachbarten Pamphylien ein Dialekt geredet wurde, der ursprünglich aus Südthessalien stammte – genau dort also, wo man üblicherweise Achilleus' mythisches Stammland verortet[4] –, bezeugen

1 Siehe infra, wo Sanduarri von den Assyrern ins Rauhe Kilikien zurückgeschlagen wird. — 2 Diskussion: Haider 1996 und Bing 1971. — 3 Auf den aus dem 5. Jahrhundert stammenden Münzen wird Aspendos ESTFEDIIYS genannt, was sich mit Azatiwada linguistisch in Verbindung bringen läßt; Diskussion: Casabonne 2004. — 4 Finkelberg 2006.

die Inschriften in Soloi den dorischen Dialekt der Rhoder. Auf diesen Ort geht der Ausdruck *soloikismos* zurück: er bezieht sich auf das für die festlandgriechischen Ohren barbarisch klingende Griechisch, das hier gesprochen wurde – ein weiterer Verweis auf sprachliche Assimiliationsformen und alte Dialektschichten.

Wesentlichen Anteil an der ›Fülle und dem Reichtum der Ebene‹ hatten die Phönizier, die ab dem 8. Jahrhundert in Osten Kilikiens vermehrt greifbar werden. Es ist dies jenes Volk, das in Sidon, Tyros, Byblos und in Nordwestsyrien lebte und eine Koine aus aramäischen und phönizischen Dialekten sprach: welchen Einfluß sie in den späthethitischen Stadtstaaten hatten, zeigt sich nicht zuletzt an den Bilinguen. Die Phönizier waren dabei nicht nur als Gewerbetreibende und für ihre | 78
Elfenbeinschnitzereien und Metallarbeiten bekannt, sondern auch als Holzhändler: ›keiner konnte so gut Bäume fällen wie die Leute von Sidon‹, heißt es im *Alten Testament*.[1] Neben Erz war Holz der wichtigste Rohstoff im Mittelmeerraum der damaligen Zeit, mit dem Libanongebirge als seit alters her wichtigster Region. Um den Handel damit zu kontrollieren, belegten die Assyrer jedoch die Phönizier dort Ende des 8. Jahrhunderts mit einem Embargo: sie erhoben Steuern auf das Holzfällen und den Handel, unterbanden die Ausfuhr zu den Philistern und nach Ägypten und überwachten streng ihr Monopol.[2]

Daraufhin wichen die Phönizier ins Amanusgebirge aus[3], das für seine Zedern-, Zypressen-, Wacholder-, Buchsbaum-, Kiefern- und Föhrenbestände berühmt war: von den Wäldern dieses ›Schwarzen Bergs‹ kamen nicht nur die Balken für die Herrscherpaläste, sondern auch das Holz für den Schiffbau. Um die Ressourcen dort auszubeuten, ließen sich die Phönizier überall an der kilikischen Ostküste in den Häfen nieder, zu denen das Holz transportiert und dann weiter verschifft werden konnte. Dazu zählten Al Mina mit seinen griechischen Händlern an der Mündung des Orontes im späthethitischen Stadtstaat Unqi – sowie zwei weitere kilikische Küstenstädte. Von Issos[4] aus, wo schon in

1 I Könige 5.20–23. — 2 Nimrud-Brief 12 in: Saggs 1955. — 3 Diskussion des phönizischen Holzhandels in Kilikien Watson-Treumann, 2000/2001. — 4 Identifiziert von Bing, Watson-Treutmann und M.-H.Gates mit Kinet Höyük; die Archäologie belegt die über Schichten mit zyprisch-kilikischer Keramik auch phönizische Präsenz durch verschiedenste Keramiken, Transportamphoren, Purpurschnecken und Scherben mit phönizischen Buchstaben.

der Bronzezeit griechische Keramik nachweisbar ist, bot sich ein idealer Zugang zum Amanusgebirge sowie zu den Handelsrouten, die in Adanija zusammenliefen. Und von Myriandros berichtet Xenophon, daß es ›eine von den Phöniziern bewohnte Stadt an der Seeküste war, ein Umschlagplatz, vor dem die Handelsschiffe ankerten‹[1]; sie lag in der Gegend des heutigen Iskenderun[2].

Wie präsent diese phönizische Forstwirtschaft gerade zu Homers Zeit war, zeigt eine ganze Reihe von Gleichnissen in der *Ilias*, bei denen es immer wieder um den Schiffbau und das Holz dafür geht[3]: überall sind Fäller bei der Arbeit, schleifen Maultiergespanne die Stämme über steile Pfade von den Bergen herunter, wo sie Zimmermänner dann für den Schiffbau zurechthauen. Wie großflächig die Abholzungen vor sich gingen, läßt sich daran erkennen, daß die Griechen bereits ›lange auf und ab, im Zickzack über die Hügel ins Gebirge marschieren müssen‹[4], bloß um genügend Holz für einen Scheiterhaufen zu holen; Priamos braucht dafür sogar neun Tage.[5] Auch daß die ›hart arbeitenden‹ Maulesel beim Boxkampf als Siegespreis ausgesetzt werden[6], hat nichts damit zu tun, daß sie etwa im Kampf eingesetzt würden – sie waren als Zugtiere für die Holzarbeit begehrt.

Die dritte kilikische Revolte 676

Der unter Azatiwada einsetzende wirtschaftliche Aufschwung erlitt jedoch durch die Ermordung Sanheribs 681 einen Knick. Sein Sohn Asarhaddon (681–69) bevorzugte – im Vergleich zu seinem relativ toleranten Vater, der sich damit begnügte, lokale Herrscher und Gouverneure in den Randprovinzen einzusetzen – eine weit aggressivere Gangart, um die ökonomischen und politischen Interessen Assyriens durchzusetzen. Nachdem er 679 in Tabal gegen gegen die Kimmerier gesiegt und dabei auch ihren Verbündeten, ›dem Volk des Rauhen Kilikien auf den Nakken getreten hatte‹[7], wurde die Situation im Ebenen Kilikien jedoch erneut angespannt.

1 Xenophon, Anabasis I 4.3–5. — 2 Noch durch keine Grabungen identifiziert. — 3 III 60–2; IV 485–8; V 560; XI 86–9; XIII 178–80 und 389–91; XV 410–12; XVI 633–4 und 482–4; XVII 742–5. — 4 XXXIII 111–123. — 5 XXIV 783–4. — 6 XXIII 654–6/62/66. — 7 Chronologie CHLI I.1.

SCHIFFSBAUGLEICHNISSE

Er fiel um wie eine Eiche oder eine Silberpappel
oder eine hohe Kiefer, die die Zimmerleute in den Bergen
mit ihren frisch geschliffenen Äxten fällen, um Schiffsholz zu machen.

XVI 482–4

Wie das Krachen, das aus den Schluchten eines Berges dringt,
wenn die Holzfäller bei der Arbeit sind und man den Lärm noch von weitem hört.

XVI 633–4

Wie eine Richtschnur einem geschickten Schiffsbaumeister hilft
den Schnitt eines Schiffsbalkens gerade zu halten,
einem Mann, der sich dank Athenes Inspiration bestens in seinem Handwerk
                                                              auskennt.
XV 410–2

Dein Herz ist stets so unermüdlich wie eine Axt,
die sich in der Hand eines Mannes durchs Holz hackt und seine Kraft verdoppelt,
während er mit der Geschicklichkeit seines Handwerks
                                              einen Schiffsbalken zurechthaut.
III 60–2

Azatiwadas Thron war zu der Zeit bereits an seinen Vasallen Sanduarri übergegangen[1], der über Sizzu und Kundi herrschte, zwei Städte im
Nordwesten Karatepes.[2] Wenn der jedoch geglaubt hatte, daß ihm Azatiwadas Beteiligung an den Kämpfen gegen die Kimmerier besondere
Privilegien verschaffen und die Assyrer eine Umgehung des Zedern-
Embargos tolerieren würden, so täuschte er sich. Die Freihandelszone,
die Sanduarri mit der Partnerstadt Sidon etabliert hatte, war Asarhaddon
ein Dorn im Auge. Also marschierte er im Juli 676 zuerst gegen Sidon[3],
um das Übel an der Wurzel zu packen:

Was Abdi-Milkutti, den Stadtherrscher von Sidon, anlangt, der
meine Herrschaft nicht fürchtete, dem Geheiß meiner Lippen nicht
gehorchte, sich auf das wogende Meer verließ und das Joch Assurs
abschüttelte – ich habe Sidon, seine am Meer gelegene Stadtfeste wie
eine Flut überwältigt, seine Mauer und seine Häuser niedergerissen
und ins Meer geworfen; die Stätte, wo es gelegen war, verwüstete
ich. Seinen Stadtherrscher Abdi-Milkutti, der sich vor meinen Waffen aufs hohe Meer geflüchtet hatte, holte ich auf Geheiß meines
Herrn Assur wie einen Fisch aus dem Meer und schlug ihm den Kopf
ab.
Seine Frau, seine Söhne und Töchter, seine Hofleute, Gold und
Silber, Besitz und Habe, Edelsteine, bunte und leinene Gewänder,
Elefantenfell, Elfenbein, Weiden- und Buchsbaumholz usw., seine
Palastschätze, schleppte ich haufenweise fort, seine zahllosen Unter-
tanen von weit und breit, Rinder, Kleinvieh und Esel führte ich in
Mengen nach Assyrien. Dann versammelte ich die Könige vom
Hethiter-Land und von der Meeresküste insgesamt und ließ sie an

1 Hawkins 1979 setzt Sanduarri durch komplexe Lautverschiebungen mit Azatiwada gleich,
der somit noch in fortgeschrittenem Alter eine völlige Kehrtwendung gegenüber den Assyrern vollzogen hätte. Da Sanduarris Herrschaftsbereich jedoch anders gelagert ist – statt
Adanija oder Pahri und Azatiwada ist es nun ja Kundi und Sizzu – und sich zudem das
Bruchstück einer zweiten Inschrift an Azitawadas Inskription angefügt findet, die einen
anderen Herrscher apostrophiert (siehe weiter unten), ist dies wenig glaubhaft. — 2 Kundi
wird mit Kyinda und dem späteren Anazarbos identifiziert (heute Anavarza), Sizzu mit dem
römischen Sision (heute Kozan); Diskussion: Casabonne 2004. — 3 Bereits G. Scheibner
(Klassische Dichtung im Alten Orient und in der Antike; Gilgamesch-Epos und Homer,
in: Das Problem der Klassik im Alten Orient und in der Antike, Diss. Berolinensis 3, Berlin 1967) hat die *Odyssee* mit der Zerstörung Sidons in Verbindung gebracht.

einem anderen Ort eine Stadt bauen, die ich ›Asarhaddonshafen‹
nannte. []
Dieses Gebiet reorganisierte ich, setzte einen meiner Eunuchen als
Vorsteher ein und forderte von ihm höhere Abgaben und Geschenke
als je zuvor.[1]

Die Zerstörung Sidons war eine extreme Maßnahme; keine phönizische Hafenstadt war je zuvor völlig dem Erdboden gleichgemacht worden – was zeigt, daß es Asarhaddon darum ging, die Phönizier als Mittelsmänner des assyrischen Handels auszuschalten.[2] Darum gründete er
nun eine eigene Hafenstadt, die er sich von zwölf lokalen Herrschern
bauen ließ: unter denen sich auch der Sohn Pandions von Ekron befand,
der Achaier Achish/Ikausu. Was die *Ilias* betrifft, ist es wohl diesem
Bündnis mit dem Phöniziern zu verdanken, daß der ›weitum gerühmte‹
Phoinix[3] und Agenor – der phönizische Stammvater der Kiliker[4] – eine
prominente Rolle im Epos erhalten haben.

Doch zurück zu den Ereignissen: denn nachdem Sidon erobert
wurde, geht es nun den Danaern in Kilikien an den Kragen:

Sanduarri, der Herrscher über Kundi und Sizzu, ein frecher Feind,
der weder Respekt noch Angst vor meiner Herrschaft hatte und den
die Götter verlassen hatten, vertraute auf sein unzugängliches Gebirge. Er und Abdi-Milkutti, der Stadtherr von Sidon, taten sich zu
gegenseitiger Hilfeleistung zusammen und schwuren einander bei
ihren Göttern Treue. Sie vertrauten auf ihre eigene Kraft; ich aber
vertraute auf Assur, Sin, Shamash, Bel und Nabu, die großen Götter,
meine Herrn – ich schloß ihn ein und holte ihn wie einen Vogel aus
dem Gebirge.[5]

Damit kommt es zur dritten jener großen Schlachten der Danaer gegen
die Assyrer, die Homer in die *Ilias* einarbeitet. Wie bereits bei Kirua von
Illubru, dient ihm nun auch der ›von Gott verlassene‹ Sanduarri als Inspiration für die Charakterisierung Hektors, der am Ende ja von Zeus

---

1 Borger 27.5/ARAB II 511–2/527. — 2 Diskussion: Tadmor 1963. — 3 XIV 321; IXff.
und XVII 555–66. — 4 *Ihren jetzigen Namen erhielten die Kiliker nach dem Phönizier Kilix,
dem Sohn des Agenor*; Herodot VII 91. — 5 Borger 27.6/ARAB II 513/528.

und seinen Göttern im Stich gelassen wird.[1] Schon aus seinem Namen lassen sich einige Bezüge zu Hektor ableiten: ›Santa-tiwara‹ bedeutet ›Günstling des Sanda und des Tiwada‹. Ersterer verleiht ihm jene an Herakles erinnernden Kräfte, die Hektor bei der Zertrümmerung des Tores zum griechischen Schiffslager beweist; letzterer entspricht dem Apollon, der im Epos der Schutzgott Hektors ist. Und als ›Rossebändiger‹ kann sich Sanduarri ebenfalls bezeichnen: seine Herrschaftsstadt Sizzu leitet sich vom semitischen Wort für ›Pferd‹ ab.[2]

Aber auch die Jahreszeit, in der sich die *Ilias* abspielt – der Winter, wo alle dicke Chitons anhaben und mit Fellen zugedeckt schlafen –, hat Homer von diesem Krieg übernommen. Denn der Kampf zieht sich ungewöhnlich lange hin, verzögert auch durch die Belagerung von Azatiwadas steiler Burgfeste. Es ist jedenfalls erst im Dezember 676, daß Sanduarri Asarhaddon in die Hände fällt. Doch so weit sind wir noch nicht – halten wir uns zuerst noch an eindrücklichen Schlachtschilderungen in den Annalen, aus denen sich weitere Bezüge auf die *Ilias* gewinnen lassen:

> Durch die Kraft des Assur, Sin, des Shamash [des Sonnengottes], des Nabu, des Marduk, der Ishtar von Ninive und der Ishtar von Narbela besiegte ich alle überheblichen Feinde. Auf ihr göttliches Geheiß schwankten die mir feindlichen Fürsten wie Schilfrohr im Sturm. Könige, die im Meer wohnen, deren Mauern das Meer und der Außenwall die Flut ist, die ein Schiff wie einen Wagen befahren und anstelle von Pferden Ruderer anschirren, ängstigten sich sehr. Ihr Herz pochte und sie spieen Galle. [] Ihre unzugänglichen Steinmauern zerschmiß ich wie einen Töpferkrug. [] Wer sich, um sich zu retten, aufs hohe Meer geflüchtet hatte, entging meinem Netz nicht, ich ließ ihn nicht entrinnen. Den Schnellfüßigen, der sich auf die Stufen weit entfernter Berge begeben hatte, holte ich wie einen Vogel vom Berge herunter und fesselte seine Hände. Ihr Blut ließ ich wie einen Sturzbach durch die Felstäler fließen.[3]

Wie im Epos ist es also auch diesmal eine Flotte von griechischen Ruderseglern, die offenbar – da ja von einem Landkrieg die Rede ist – von Asarhaddon am Strand zerstört wird. Die in den letzten Zeilen beschrie-

---

1 XXII 208ff. — 2 Siehe U. — 3 Borger 27.18.

bene Flucht Sanduarris in die Berge liefert Homer dann jedoch die Idee
der Verfolgungsjagd hinauf zu den Quellen des Skamandros.[1]

Zu Beginn dieser Kampagne wurde auch Azatiwadas Zitadelle in Karatepe in Schutt und Asche gelegt[2]: ihre Ruinen dienten Homer dann als
Modell für sein Ilios. Die Festungsstadt war als Talsperre für die Furt des | 79
Pyramos angelegt. Um sie einzunehmen, mußte das über den Amanus
kommende Heer zunächst auch das unweit südlich liegende Kastabala
(Homers ›Thebe‹) einnehmen, dort also, wo jener Fluß- und Feuerkult
lokalisierbar ist, der sich im iliadischen Kampf zwischen dem Flußgott
und dem Feuer widerspiegelt. Der eigentliche Belagerungskampf um
Azatiwadas Burg aber mußte dann auf der nördlich liegenden Ebene
stattgefunden haben, wo die Furt über den Pyramos lag. Das entspricht | 80
auch der Dramaturgie des Epos, wo die Schlacht zwischen Griechen
und Troern am Skamandros hin und her wogt, bis dieser erst am letzten
Tag an seiner Furt überquert wird und das Kampfgeschehen dann vor
die Stadt verlagert.

Wie aus dem Zusammenhang der weiter unten angeführten Inschrift
mit Asarhaddons zitierter Annale hervorgeht, kam es nach der Zerstörung Karatepes zu Gefechten, die sich bis ins Rauhe Kilikien erstreck-
ten. Sanduarri zog sich zunächst zu jenen Danaern zurück, die Azatiwada im Westen seines Reiches angesiedelt hatte; von dort schlug er
sich dann zu den Phöniziern der Kietis am Kalykadnos durch. Dazu
passt, daß Homer – bevor er Hektor sein Schicksal ereilen läßt – zuerst
den als Stammvater der Phönizier und Stadtfürsten von Sidon geltenden
Agenor überlegen läßt, ob er sich in die troianischen Vorhügel flüchten
und dort verstecken soll.[3]

So wie der ›schnellfüßige‹ Achilleus daraufhin auch Hektor einer
›scheuen Taube‹[4] gleich ›über Berg und Tal‹[5] vor sich herjagt – in weiterer Entsprechung der zitierten Annale zur *Ilias* –, war Sanduarris Ab-
wehrkampf damit ebenfalls noch nicht zu Ende. Er wird von Asarhaddon
den Kalykadnos[6] hinauf verfolgt, bis in die ›Stufen weit entfernter Berge‹:
jene markanten Höhenstufen aus Löß beim heutigen Mut. Von dort

---

1 XXII 136ff. — 2 Genau datieren läßt sich dies nicht; die Ausgräber von Azatiwadaija be-
vorzugen jedoch dieses Szenario – vgl. Cambel-Özyar 2003. — 3 XXI 557–60. — 4 XXII
140. — 5 XXII 188–93. — 6 Heute der Göksu- oder Silifke-Fluß; dort ertrank übrigens
Barbarossa 1190.

schlug Sanduarri sich dann – an der Felsnadel der Niobe vorbei – die
Schlucht bei Sipylos/Sibyla hinauf in die Hochebene von Koropissos.
Darauf verweist nicht nur Asarhaddons Annale, wo die Rede davon ist,
daß er ihn ›wie einen Vogel vom Berg herunterholt‹ und ›Blut wie einen
Sturzbach durch die Felstäler fließen läßt‹ – eine stimmige Beschreibung
für den Weg dort hinauf. Auch die nach Sanduarris Tod angefügte Inschrift belegt dies, in der offenbar vom ›Wegbringen‹ der Truppen und
von der Stadt Kurupijara der Rede ist, dem späteren Koropissos.[1]

Wie Achilleus im Epos hatte Asarhaddon also wirklich nicht lockergel-
assen; er hetzte Sanduarri, diesen kilikischen Hektor, fast bis zu den
Quellen des Kalykadnos. Homer hat diesen Fluß – gleich wie den Skamandros – ebenfalls ›Xanthos‹ genannt.[2] Als Platzhalter gibt ihm dieser
Doppelbezug die Möglichkeit, beim Kampf um die troianische Furt
nicht nur auf den Pyramos bei Karatepe anzuspielen, sondern damit auch
auf Sanduarris letzte Gefechte am Kalykadnos zu verweisen. Denn der
XXI. Gesang schildert ja eine Schlacht an einem steilen, tiefen und ver-
wirbelten Fluß, in dessen überhängende Böschungen sich die Troer
flüchten[3], einem Strom, der überdies droht, Achilleus unter Muren und
Schutt zu begraben – was zum Kalykadnos weit besser paßt als zum breiten Pyramos in seiner Ebene. Vom Skamandros (Vers 125 und 223) und
dem Simoeis (Vers 307) ist in diesem Gesang deshalb kaum die Rede: ihre
Namen werden nur erwähnt, um den Bezug der Fiktion zu Troia nicht
ganz zu verlieren.

Daß Azatiwadas Thronfolger als Vorbild für Hektor gelten kann, das
zeigt eine kurze Inschrift, die nachträglich der Bilingue Azatiwadas angefügt wurde. Ihre Zeilen rufen uns seinen Widerstand in einem Ton in
Erinnerung, der deutlich an die Heldentaten von Priamos' Kronprinzen
gemahnt:

1 Koropissos (Dagpazari, nördlich von Mut) war die ehemalige Hauptstadt der *K(i)etis,* jener Region zwischen Sarpedon und Laertes, die die Phönizier aus dem zyprischen Kition
besiedelt hatten, bevor Zypern und Kilikien in den assyrischen Herrschaftsbereich gerieten; Identifikation: Casabonne 2004. Wo das in dieser Inschrift zugleich erwähnte Pijata
lag, ist unbekannt – belegt ist nur der Personenname Piyatar-unazi; Casabonne 2004.
Denkbar ist, daß Pij-Ata mit dem später bei Koropissos erwähnten Asseris identifiziert werden könnte; Hild-Hellenkemper 1990. — 2 Sarpedon kommt von dort (II 877) und wird
dann dort bestattet; die Identifizierung mit dem Kalykadnos ergibt sich auch durch das
Heuschreckenorakel von Sarpedons Grab (Ehling/Pohl/Sayar 2004), das den Kontext zum
Heuschreckengleichnis (XXI 12–14) bietet. — 3 XXI 26.

Der Flußherr Sa[nduarri?], der Held der Stadt Si[zzu?], Ukatalas | 82
Sohn. [Er] brachte weg und von der Stelle vor dem Stadttor der Stadt
Kurupijara ... [rette?]te er die Stadt Pijata.[1] | 83

Die Vergangenheitsform weist dies als Nachruf auf einen Toten aus. Das
wenige, was noch lesbar ist, ist jedoch auch für Hektors heroische
Selbstaufopferung charakteristisch: der galt ja gleichfalls seiner Mutter
Hekabe und den Troern als Held der Stadt[2]; er versuchte sie zu retten,
indem er als einziger vor dem Stadttor kämpft[3]; und als ›Flußherr‹ ließe
er sich durch seinen Sohn Astyanax bezeichnen, der seinen zweiten
Namen ›Skamandrios‹ zu Ehren eines Flusses trägt.[4] Auch für Uka-tala
lassen sich bezeichende Parallelen zur troianischen Dynastie aufzeigen:
zum ehemaligen Vasallenrang Sanduarris passend, erhebt Homer Hiketaon zum Bruder des Priamos und zählt zu dessen Beraterstab auch
einen Uka-legon.[5]

Zu den Repressalien Asarhaddons muß es dabei gehört haben, die Wälder niederzubrennen, deretwegen der Feldzug stattgefunden hatte.
Diese Politik der verbrannten Erde ist auch bei Sanheribs Eroberung
von Tarsos und Illubru 696 belegt: die diesbezüglichen Reliefs zeigen
die Abholzung der dortigen Wälder.[6] Wie dabei vorgegangen wurde,
wird schon anhand von Sargons Feldzug gegen Urartu 714 vorstellbar.
Er brannte nicht nur die Gärten und Häuser nieder, sondern ließ auch —
nachdem er sich Holz für seinen Palast geholt hatte — die Wälder samt
den Holzlagern der Einheimischen in Flammen aufgehen:

In ihren kunstvollen Häusern ließ ich Feuer anlegen; ich ließ ihren
Rauch aufsteigen und wie einen Nebel das Angesicht des Himmels
bedecken. [] Seine großen Wälder, deren Bäume wie undurchdring-
liches Rohrdickicht ineinandergreifen, fällte ich und machte seine
Flur zur Wüste. Alle gefällten Stämme sammelte ich wie vom Gewittersturm Zusammengewehtes und verbrannte sie mit Feuer. 146 Ortschaften in ihrem Umland zündete ich wie Holzstöße an, und ihren

---

1 CHLI I.1. — 2 XXII 432–3. — 3 XXII 35ff. — 4 VI 402. — 5 Zwei Lesarten der luwischen Hieroglyphen sind hier laut CHLI I.1 für den Namen möglich: Muka-tala bzw.
Uka-tala; Ouka-legon III 148; Hiketaon auch in XX 238. — 6 Reliefs in Barnett-Bleibtreu-Turner 1998, 520; Zuschreibung zur kilikischen Kampagne auch Forsberg 1995.

Rauch ließ ich wie einen Gewittersturm das Antlitz des Himmels bedecken. [] Alle ihre gefällten Stämme ließ ich auf Haufen tragen und setzte sie in Brand.[1]

Homers Gleichnisse schildern die gleiche großflächige Verwüstung, mit der die Assyrer die Forstwirtschaft lahmlegen wollten, um ihr Monopol am Libanon durchzusetzen. So ist in der *Ilias* nicht nur mehrmals von Waldbränden die Rede[2]; ein Gleichnis stellt dabei auch einen Stadtbrand, die Schlacht und das Holzfällen für den Schiffbau in unmittelbaren Zusammenhang.[3] Da Waldbrände bei regelmäßiger Bewirtschaftung nur selten natürlich ausbrechen – an den heutigen großen Waldbränden ist vor allem schuld, daß das Totholz nicht mehr gesammelt wird –, ihnen bei Homer das übliche göttliche Agens fehlt, das sonst ein jeder Wolkenbruch besitzt, und sie stets im Kontext von Kampfhandlungen genannt werden, scheint der direkte Bezug darauf gegeben.

Zu den Vergeltungsmaßnahmen zählte aber auch, die Aufständischen jenem Tod zu überantworten, der in der *Ilias* als beständige Bedrohung[4] ausgesprochen wird; so heißt es weiter in Asarhaddons Annale, die die Niederschlagung der dritten kilikischen Revolte beschreibt:

Die Leichen ihrer Helden beerdigte ich nicht, sondern ließ die Schakale sie auffressen. Ihren aufgehäuften Besitz schleppte ich nach Assyrien, ihre göttlichen Helfer erbeutete ich, ihre üppigen Leute führte ich hinweg wie Vieh.[5]

Diese Passage verweist deutlich auf Achilleus' Weigerung, Hektor das ihm zustehende Heldenbegräbnis zu gewähren. Als Praxis ist dies zu der Zeit jedoch erstmals in dieser Stelle aus Asarhaddons Annalen belegbar: Sanherib zumindest hatte sich nie so über die Bestattungsriten hinweggesetzt; ihm stand ja Sargons Schicksal vor Augen. Unter Assurbanipal dann würde der Fluch ›Mögen die Hunde seinen unbegrabenen Leichnam zerfleischen‹ zur Standardformel werden, mit der jeder Vertragsbruch zu ahnden war.[6]

1 Mayer 261/266–8/276 und ARAB II 164/165/166/167. — 2 II 780; XI 155–7; XIV 396–7; XV 605–6; XX 490–2. — 3 XVII 737–46. — 4 Von I 4–5 und II 393 angefangen, in XXII 74–6/348–54 besonders hervorgehoben, bis XXIV 211/409/411. — 5 Borger 27.18. — 6 Vgl. Kataja-Whiting 1995, Nr. 31–34.

BRANDGLEICHNISSE

Und er wütete wie Ares mit dem Speer in der Hand oder wie zerstörerisches Feuer,
das auf den Bergen wütet, im dichten Holz eine tiefen Waldes.

XV 605–6

                    Und rund um sie zog sich die Schlacht zusammen,
gewaltig wie ein Feuer, das plötzlich ausbricht und eine Stadt befällt
um sie zu entflammen, daß die Häuser niederbrennen,
in einem riesigen Brand, den die Kraft des Wind mit seinem Röhren anfacht –
so erhob sich rund um sie auf ihrem Rückzug
der unaufhörliche Lärm von Pferden und Speerwerfern.
Wie Maultiere, die all ihre große Kraft einsetzen
um einen Balken oder ein riesiges Schiffsholz
den felsigen Pfad vom Berg herunterzuziehen, bis ins Innerste ausgelaugt
von der Anstrengung und dem Schweiß, während sie sich vorwärtsschleppen,
so mühten sich die beiden ab, den Leichnam wegzutragen.

XVII 736–46

Was Asarhaddon mit Sanduarri anstellte, war jedoch nicht minder grauenhaft:

Ich schlug ihm den Kopf ab. Im Juli den Kopf des Abdi-Milkutti, im Dezember den Kopf des Sanduarri – in Jahresfrist schlug ich sie beide ab; die Exekution des ersteren schob ich nicht hinaus, die des letzteren ließ ich schleunigst vollstrecken. Um die Macht meines Herrn Assur den Leuten zu zeigen, hängte ich sie um den Hals ihrer Edlen und paradierte sie mit Sängern und Harfen durch die Straßen von Ninive.[1]

Wie Asarhaddon dabei mit den restlichen Gefangenen umsprang, geht aus anderen Passagen seiner Annalen hervor. Wenn Hektors Frau Andromache für sich und ihren Sohn fürchtet, daß sie als Sklaven ›viel harte Arbeit machen müssen, die ihrer unwürdig ist, und für einen harten Herrn schuften‹[2], heißt es dort anläßlich eines weiteren unbotmäßigen Vasallen: ›Fesseln legte ich ihm an, das Kennzeichen der Sklaverei, und ich ließ ihn an der Handmühle Platz nehmen, um die Müllerei zu betreiben.‹[3] Und das war noch die mildeste Form der Bestrafung – denn anderen schnitt er, wie es dort weiter heißt, ›die Hände ab; Nasen, Auge und Ohr nahm ich ihnen‹[4]. Das beschreibt Homer in ähnlichen Worten: ›er drohte ihnen die Ohren mit seiner Bronze abzuschälen‹[5].

Was Sanduarris verstümmelte Leiche dabei betrifft, so mögen sie die Kiliker von Asarhaddon für die gleiche hohe Summe wieder zurückgekauft haben, die Priamos Achilleus für Hektors Leichnam anbietet. Das Porträt, das Homer dann von Achilleus in den letzten Gesängen entwirft, zeigt jedenfalls die gleichen grausamen Züge, die auch den assyrischen Großkönig auszeichnen. In seiner Hybris zu einer gottlosen Bestie geworden, die weder Mitleid noch Scham mehr kennt[6], ist er Asarhaddon und seinem Nachfolger Assurbanipal wie aus dem Gesicht geschnitten.

1 Borger 27.6 /ARAB II 513–4/528. — 2 XXIV 732–4. — 3 Borger 68.II. — 4 Borger 68.III. — 5 XXI 455. — 6 XXIV 39–54.

Mit der Niederschlagung der dritten kilikischen Revolte waren die Bestrebungen der Griechen, sich in Kilikien unabhängig zu machen, zwar endgültig gescheitert – dennoch hatten sie sich unter dem Joch Assurs festsetzen können. Das zeigt nicht nur die Archäologie, sondern auch eine zeitgenössische Inschrift Asarhaddons, in der nun Ionier zwischen Soloi, Tarsos und Zypern genannt werden: ›alle Könige, die im und am Meer wohnen, von Zypern über Adanija bis nach Tarsos, unterwarfen sich meinen Füßen‹[1]. So daß Asarhaddon von sich sagen konnte: ›Ich bin mächtig, ich bin groß, ich bin ein Held, ich bin gigantisch, ich bin geehrt, ich bin erhaben, kein einziger König kommt mir an Rang gleich.‹[2]

Damit aber sind Homers Bezüge zur Realgeschichte noch nicht zu Ende. Denn für die letzten großen Szenen in seinem Epos greift er auf die Kriegsberichte jenes Herrschers zurück, der zu Homers Lebzeit an der Macht war: Assurbanipal (669–29). Einerseits war dies ein Herrscher, dessen Liebe ganz der Kunst, Wissenschaft und Literatur galt: er beschäftigte sich mit den unterschiedlichsten alten Texten[3], ließ in allen Metropolen seines Reiches die Tempel samt ihren Archiven restaurieren[4] und für sich in Ninive eine riesige Bibliothek von 25 000 Tontafeln zusammentragen. Andererseits stand Assurbanipal seinem Vater Asarhaddon an Brutalität in nichts nach. Denn unmittelbar nach seiner Machtübernahme rächte er sich für die Ermordung seines Großvaters Sanherib, indem er jene Meuchelmörder töten ließ, die noch am Leben waren – um damit Sargons Geist endgültig zu besänftigen und zu bannen:

Ich ließ sie für seinen Totengeist niederschlagen; ihr zerstückeltes Fleisch verfütterte ich an die Hunde, Schweine, Wölfe und Adler, die Vögel des Himmels und die Fische der Tiefe.[5]

---

1 Borger 57/ARAB II 710; vgl. auch Borger 27.21/ARAB II 690: *Pylagoraos, König von Kitros, Kisu, König von Soloi, Eteander, König von Paphos [] 10 Könige von Zypern inmitten des Meeres, ingesamt 22 Könige vom Hethiterland an der Meeresküste und aus der Mitte des Meeres.* — 2 ARAB II 577. — 3 ARAB II 986. — 4 ARAB II 970. — 5 ARAB II 795; Diskussion: Rollinger 1996 – vgl. auch die Leichen als Fischfutter in XXI 125–7 und 203–4.

Das ist nicht nur eine weitere Vorlage für die Schreckensdrohungen am homerischen Schlachtfeld; es stellt in Mesopotamien überdies das *einzige* schriftliche Zeugnis für Menschenopfer anläßlich einer Totenfeier dar. Abgesehen davon ist allein in Kilikien ein weiteres derartiges Opfer belegbar – es fand anläßlich eines Krieges unter dem Danaer Assarakos/Awarikas statt, wo der diesen phönizischen Brauch aufgriff.[1] In die *Ilias* fließt dies anläßlich von Patroklos' Bestattung ein, wo Achilleus ihm zu Ehren zwölf Troianersöhnen dem Schwert zuführt.[2] Wo Homer sonst die Brutalitäten der Schlacht mit einem beinahe voyeuristischen Blick schildert, ist dies eines der wenigen Male, bei denen selbst er deutlich auf kritische Distanz geht.

Die Selbstdarstellungen Assurbanipals vor Augen, unter die seine Ausbildung als Schreiber fiel, erhält nun auch das Ende der *Ilias* mit der Begegnung zwischen Priamos und Achilleus zeitgenössische Züge. So heißt es etwa im ›Gottesbrief‹ des Assurbanipal über die Unterwerfung eines feindlichen Herrschers:

Sein Herz war beklommen und seine Beine wurden weich. Sein königliches Gewand zog er aus und bekleidete seinen Leib mit einem Sack, dem Kleide eines Büßers; sein Äußeres verunstaltete er, er wurde zum Sklaven und gesellte sich zu seinen Knechten.[3] Mit Flehen, Bitten und Demütigung kniete er auf der Mauer seiner Stadt, indem er gepreßt Wehschreie ausstieß und mit geöffneten Händen meine Herrschaft anflehte.[4] [] Auf seine Bitten hörte ich nicht, sein Flehen nahm ich nicht an, seine Bitten gewährte ich nicht. Meinen abgewandten Kopf wandte ich ihm nicht zu, mein zorniges Gemüt besänftigte sich nicht gegen ihn. Meine erregte Seele [wörtlich: ›Leber‹[5]] kam nicht zur Ruhe[6], Mitleid faßte ich nicht zu ihm und sprach ihm keine Verzeihung zu.[7]

<hr>

1 Siehe die Stele von Incirli; Carter/Kaufmann/Zuckerman 1998. — 2 XXIII 175–6. — 3 XVIII 22–31. — 4 XXII 408–14 und XXIV 161–5. — 5 Anders als Priamos ist Hekabe weit rachsüchtiger; deshalb will sie Achilleus auch seine Leber herausreißen und roh fressen (XXIV 212–3) – sie galt bei den Assyrern als Sitz der Seele; vgl. auch ARAB II 597. — 6 XXIV 507–9 und 513–6. — 7 Borger 103/4; vgl. auch die Beschreibung der Unterwerfungsgeste Ursas von Urartu, der sich Sargon zu Füßen wirft (um sich dann selbst zu erstechen): *Er sank auf den Boden, zerriß seine Mäntel, und seine Kraft verließ ihn. Er riß sein Kopftuch herunter, riß sich sein Haar aus, schlug sich mit beiden Händen auf die Brust und wälzte sich*

Eine schwarze Wolke der Trauer umhüllte Achilleus.
Er griff mit beiden Händen in den rußigen Staub,
schüttete ihn sich über das Haupt und beschmierte sein hübsches Gesicht:
und die schwarze Asche beschmutzte sein lieblich duftendes Gewand.
Er lag da, sein ganzer Körper in den Staub gestreckt, groß und groß gefallen,
raufte sich das Haar, verunstaltete es mit beiden Händen
und die *Dienerinnen,* die Achilleus und Patroklos im Krieg *versklavt* hatten,
schrien laut im Schmerz ihres Herzens auf und rannten heraus,
um sich um den Krieger Achilleus *zu versammeln*: sie schlugen sich alle
mit den Händen auf die Brüste *und ihre Beine wurden weich.*

XVIII 22–31

Und Hektors lieber Vater *stöhnte bemitleidenswert und rings um sie*
und in der ganzen Stadt brach das Volk in Wehklagen und schrilles Geschrei aus.
Das Volk konnte den alten Mann in seinem Schmerz kaum zurückhalten,
der jetzt nur mehr zum Dardanischen *Tor* hinauswollte;
er wälzte sich dort im Kot und flehte sie alle an,
indem er jeden einzelnen Mann bei seinem Namen nannte.

XXII 408–9/412–5

Die Söhne, die um ihren Vater im Innenhof saßen,
nässten ihre Kleider mit ihren Tränen, in ihrer Mitte
saß *der alte Mann, dicht in seinen Umhang gehüllt:*
und der Kot lag auf dem Kopf und Hals des alten Mannes,
wo er sich darin gewälzt hatte und ihn mit beiden Händen auf sich gehäuft hatte.

XXIV 161–5

So flehte Priamos ihn an und weckte in Achilleus den Wunsch,
um seinen Vater zu weinen.
Er nahm die Hand des alten Mannes und *stieß ihn sanft von sich weg.*
Doch als der göttliche Achilleus *sich genug an der Klage* um seinen Vater *ergötzt*
hatte
und die Lust darauf aus seinem Herz und den Gliedern gewichen war,
stand er von seinem Stuhl auf, nahm die Hand des Greises und half ihm auf,
voller Mitleid für sein graues Haupt und seinen grauen Bart.

XXIV 507–9/513–6

Es ist dies ein weiteres schönes Beispiel für die Art, wie Homer in seinem Epos Stellen aus den assyrischen Annalen einbaut. Die ersten Sätze spiegeln nicht nur Achilleus' Schock über Patroklos' Tod wider, sondern auch Priamos' Entsetzen über Hektors Tod. Die letzten beiden Sätze hingegen charakterisieren jene unerbittliche Haltung Achilleus', mit der er anfänglich auch Priamos, der vor ihm kniet, von sich wegschiebt – nur sanfter. Denn dann beginnt in der *Ilias* die große Versöhnungsszene[1], mit der Homer versucht, die historisch geschlagenen Wunden zwischen Griechen und Assyrern zu heilen und eine friedliche Koexistenz zu postulieren.

Kilikien zur Zeit der Niederschrift der Ilias *und der* Schild des Achilleus

Ägypten war erobert; in Sidon jedoch hatten die Phönizier noch nicht die Waffen gestreckt, worauf Assurbanipal 663 die Stadt belagerte, bis sie sich ergab – und auch ihre übrigen Handelspartner von Arpad bis hinauf nach Tabal sich kampflos geschlagen gaben. Über Kilikien, seine Danaer, Achaier und Ionier, herrschte dabei – zur Zeit der Niederschrift der *Ilias* also – ein gewisser Sandashar(u)me (›göttlicher König dank Sandan‹). Der begab sich nun freiwillig unter die Kuratel des assyrischen Eunuchen, der in Adanija Gouverneur war[2]:

Sandasharme von Hilakku, der sich den Königen, meinen Vätern, nicht ergeben hatte, der ihr Joch nicht getragen hatte – er brachte seine Tochter, die Frucht seiner Lenden, mit einer großen Mitgift nach Ninive, damit sie mir als Konkubine diene, und er küßte meine Füße.[3]

<hr>

auf dem Boden; sein Herz blieb stehen, seine Leber brannte und sein Mund stieß nur mehr Schmerzensschreie aus. Mayer 411–3 / ARAB II 175./Die überraschenden Gemeinsamkeiten des Tons dieser Passage und der oben zitierten ergeben sich daraus, daß beide letztlich ein Standardrepertoire von Formeln wiedergeben, das sie aus dem *Gilgamesh* gewonnen haben – daher auch die Ähnlichkeiten dieser Klageszenen mit denen des Achilleus über Patroklos: wo der Bezug auf den *Gilgamesh* noch weit deutlicher erkennbar ist. — 1 XXIV 510ff. — 2 Um 655 ist dort ein gewisser Amijanu belegt. — 3 ARAB II 782.

Ihm folgten 22 weitere Könige der Seeküste – darunter auch die zyprischen und phönizischen Städte[1] –, die nun Assurbanipal ihre jährlichen Tributzahlungen leisteten.[2]

Die Lage in Kilikien ist dabei vorstellbar: die Zwangsehe war ja vor allem politisch zu verstehen und die Ressentiments im Land gegen die drei Militärkampagnen sicherlich mehr als groß – allein die Vernunft gebot, sich mit der assyrischen Oberhoheit abzufinden. Diese Situation ist es, auf die wohl die große Allegorie auf Achilleus' Schild anspielt. Für eine rein bukolische Utopie ist sie allzusehr in sich zerrissen und von Tod und Kampf durchbrochen – sie erscheint weit eher als Parabel mit unmittelbarem Zeitbezug. Denn was sie präsentiert, ist der Mikrokosmos Kilikiens auf einem ›Assurs Waffe‹ vergleichbaren Schild: geschmiedet von einem Gott, der ganz auf Sanherib und dessen Nachfolger zugeschnitten war, die sich als ebenso kunstfertig wie martialisch erwiesen hatten.

Die auf diesem Schild dargestellten Szenen sind symbolisch für die Folgewirkungen der Revolten. Da ist die eine Stadt, in der die Frauen fasziniert zusehen, wie die Bräute unter der Begleitung von Musikanten aus ihren Häusern zur Hochzeit geführt werden[3] – womit die Heirat von Sandasharmes Tochter symbolisch gefeiert wird, die dieser nach Ninive gebracht hat, um seine Unterwerfung zu bekunden. Die Männer jedoch beteiligen sich nicht an diesem Triumphzug: sie sind am Marktplatz versammelt, um einem Gerichtsverfahren über einen ›getöteten Mann‹ beizuwohnen – der üblicherweise vor einem Schreiber, wie Homer einer war, stattfand.[4]

Um wen es dabei geht, macht die Szene indirekt klar: es ist ein Verfahren der zweiten Instanz, wo verhandelt werden soll, ob – wie bei den Assyrern üblich – das Blutgeld für einen Ermordeten entrichtet wurde oder nicht. Wo solch ein Verfahren normalerweise vor dem Schiedsgericht des Königs stattfinden müßte, fehlt dieser jedoch – präsent sind nur seine Herolde, die das aufgebrachte und in zwei Lager gespaltene Volk zurückzudrängen versuchen. Diese Abwesenheit ist dabei ebenso bezeichnend wie die Summe, die dem Rat angeboten wird, der an Sandasharmes Stelle – der in Ninive weilt – Recht zu sprechen versucht.

1 ARAB II 783. — 2 ARAB II 771. — 3 XVIII 490–6. — 4 XVIII 497–508.

Wer in dieser Ratsversammlung am besten Recht zu sprechen vermag, erhält zwei Talente Gold. Das ist eine unerhörte Summe. Aus der assyrischen Rechtspraxis ist bekannt, daß das Blutgeld für einen Ermordeten höchstens zwei Talente Kupfer betrug.[1] Da der Blutzoll – auch realiter nach all den Schlachten – längst bezahlt wurde, gilt der ausgesetzte Preis hier jedoch nicht einmal dem Opfer, sondern dem besten Schiedsrichter: was die Summe ins Astronomische erhebt. Guter Rat ist in dieser politischen Situation also wahrlich teuer, wenn dafür 80 kg Gold ausgesetzt werden! Denn die eigentliche Frage, um die es hier geht – ob man mit den Assyrern quitt ist oder nicht (auch dies eine Standardformel in der assyrischen Rechtspraxis, die hier bezeichnenderweise fehlt) –, wird sich angesichts all der gehäuteten, enthaupteten und durch Ninive paradierten Herrscher nun auch in Kilikien gestellt haben.

Gegen einen neuerlichen Aufstand hält Homer das mahnende Bild der anderen Stadt hin, in der sich unschwer Azatiwadas ›Ilios‹ erkennen läßt, das die Furt über den Strom kontrolliert hatte. Anders als beim Kampf um Troia sind hier der für die Troer kämpfende Ares und die auf seiten der Griechen stehende Athene vereint; ist die Belagerungsarmee noch am überlegen, ob sie sich mit einem Tributzoll zufriedengeben soll; ist auch die Stadt in sich gespalten, ob sie sich ergeben soll oder nicht. Der Ausfall der Stadtbewohner und ihre Hinterhalt am Flußufer dann[2] mag dabei die realen Kampfhandlungen von Ioniern und Kilikern gegen die Assyrer schildern, die schließlich auch zur Zerstörung Karatepes geführt hatten.[3]

Auf dem Schild des Achilleus bleibt der Ausgang der Schlacht offen –

1 Diskussion der Rechtspraxis: Jas 1996, in Nr. 1 zwei Talente Kupfer; einmal 40 Minen weniger – vgl. Nr. 43. Devaluiert wird dies durch den XXIII. Gesang, wo Achilleus als vierten Preis zwei Talente Gold aussetzt, was angesichts dessen, daß der dritte Preis ein Bronzekessel ist und der fünfte bloß ein Krug, keinen Sinn macht – hier haben wir es entweder mit der unbedachten Angleichung eines Kopisten zu tun oder mit jemandem, der später Meriones – der diesen Schatz davonträgt – favorisieren wollte. — 2 XVIII 509–40. — 3 Karatepes Lage ist nicht nur Vorbild für Troia und die Kampfsituation hier; sie spiegelt sich identisch auch beim Kampf um Thryoessa wider – das Homer in II 592 Thryon nennt: ein weiterer Hinweis auf die geographische Translatio kilikischer Zeitgeschichte in den troianischen Stoff. Thryoessa liegt dabei wie Karatepe auf einem steilen Felsen; es wird belagert, nachdem die Ebene davor überrannt wurde; es kontrolliert eine Furt des heiligen Alpheios, wo erst Flußopfer dargebracht werden; und die eigentlich Schlacht findet dann – ebenfalls wie bei Karatepe – zwischen Stadt und Fluß statt; XI 710–35.

durch den am Ende zerfleischten Bullen wird jedoch eine Niederlage angedeutet. Falls die Kiliker zu seiner Zeit an eine neuerliche Revolte dachten, ist klar, wofür Homer plädiert. Wo er bereits im I. Gesang auf den Fall Jerusalems als historisches Exempel verwies, all die kilikischen Niederlagen indirekt thematisierte und zusätzlich noch die Zerstörung Troias in Aussicht stellte, entwirft er nun auf Assurs Waffe ein weiteres warnendes Beispiel für die Zukunft.

Homer tut dies sowohl durch das, was er auf diesem Schild darstellt, als auch durch das, was er dabei wegläßt. Von Handel und Schiffen, die zum Krieg geführt hatten, ist keine Rede mehr; statt dessen wird die Unschuld jener Landschaft auf dieselbe Art und Weise ausgemalt, wie sie Azatiwada in seiner Inschrift evoziert hatte: Reichtum und Fülle unter der Patronanz des Korn- und des Weingottes, eine blühende Ebene voller Gerste, Reben und Schafen, deren Fruchtbarkeit durch Ochsenopfer gewährleistet werden kann.[1] Doch auch hier wieder ist die Mahnung deutlich: die Gerechtigkeit eines Landes, wo unter Azatiwadas Danaern Frieden im Herzen herrschte und Mann wie Frau sicher ihres Weges gehen konnten, ist nur so lange gewährleistet, wie das Symboltier des obersten Gottes – Tarhuntas Stier – nicht wieder von den Löwen zerrissen wird. Denn alles, was die Kiliker gegen diese assyrischen Embleme der Macht aufzubieten hatten und haben, sind ja bloß ein paar Hirten und ihre bellenden, nicht aber auch beißenden Hunde.[2]

Weiß man, daß die luwische Herrscherkaste in Kilikien sich selbst seit ewigen Zeiten als *syennesis*[3] bezeichnete – ›Söhne des Hundes‹[4] –, erhält auch dieses Emblem einen Sinn. Hunde unterscheiden sich bei Homer zwar durch ihre Treue als Tisch-[5] und Jagdhunde und ihre Wächterrolle[6] von den naturgemäß wilden Wölfen[7]. Wird es jedoch ernst, erlegt

1 XVIII 558–60. — 2 XVIII 573–86. — 3 Als ›Hunde‹ wurden Krieger schon im ältesten hethitischen Gedicht – dem ›Lied von Nesa‹ – apostrophiert (Haas 2006); dezidiert bezeichnen sich die Herrscher der späthethitischen Stadtstaaten als ›Hundesöhne‹ (*suwanannassa* – abgeleitet von *suwani*, ›Hund‹ und von den Griechen als *syennesis* wiedergegeben) – so etwa in einer Inschrift des 8. Jahrhunderts in Karkemish (CHLI I.1); der erste kilikische Herrscher, der unter diesem Namen auftritt, ist Syennesis I. im Jahre 585; dieses Eponym ist dann auch bei bei Herodot I 74, V 118, VII 98 bezeugt. — 4 Diskussion: Casabonne 2004. — 5 So gibt Achilleus Patroklos zwei seiner Hunde als Grabbeigabe mit, womit ein weiteres Mal der Bezug zwischen Kriegern und Hunden hergestellt ist: XXIII 173–4. — 6 XXII 66. — 7 IV 471; XI 72; XVI 156 und 352; XXII 262–4.

selbst eine ganze Meute von ihnen, in keinem der homerischen Gleichnisse, irgendeine Beute – wenn, dann gelten sie als feige und fallen in ihrem Blutdurst eher über ihre eigenen Herren her.[1]

Die politische Botschaft ist versteckt; die Moral dieser Allegorie hatte Homer jedoch schon vorher formuliert: ›Ah, wie ich wünschte, daß der Streit zwischen den Menschen wie auch den Göttern verschwinden würde.‹[2] Auf diesen Punkt steuert das ganze Epos zu – obwohl er nicht mehr als ein imaginärer Fluchtpunkt bleibt: der Krieg geht ja auch nach dem letzten Gesang wieder weiter.

Dieser in sich gespaltenen Lage mag es zuzuschreiben sein, daß Homer den Protagonisten seines Konfliktes den gleichen Respekt zollt. Beide Streitparteien tragen in der *Ilias* nicht nur ähnliche Namen, sie bringt auch Troern (sprich: der späthethitischen Herrscherkaste) letztlich ebensoviel Sympathie entgegen wie den neu zugezogenen Griechen: die Troer haben nur einen Fehler, sie sind reicher und etwas verweichlichter. Tragender als jede ethnische Zugehörigkeit sind dabei die Prinzipien von Loyalität und Einigkeit, auf die er setzt. Als politischer Leitgedanke dominieren sie jede Art von Rivalität untereinander – und auf beiden Seiten auch das Verhältnis zwischen den einzelnen Volksgruppen und Stämmen: es kommt zwar im griechischen wie im troianischen Heeresverband öfter zu Zerwürfnissen, überraschenderweise aber nie zu den endgültigen Brüchen, die man sich bei einem so bunt zusammengewürfelten Haufen eigentlich erwarten würde.

Die Akzeptanz eines Machtsystems, selbst wenn es ungerecht ist und ihre Exponenten bloß zur Hälfte zurechnungsfähig (wie sich an Agamemnon, Achilleus und Hektor wieder und wieder zeigt), ist für Homer allemal vorzuziehen – solange das Land blüht. Nicht zuletzt deshalb war die *Ilias* seit jeher ein beliebtes Exempel für Diktaturen. Die Identifikation der dreimal geschlagenen Griechen mit der assyrischen Herrschaft ist dabei noch auf andere Weise interessant: die einzigen, die so oder so verlieren, bleiben die kilikischen Späthethiter, Homers ›Troer‹. Das ist exemplarisch für die insgeheime Selbstrechtfertigung, mit der sich die Assimilation in eine andere Kultur vielfach legitimiert: indem sie deren Prestige für sich usurpiert.

1 XXII 67–76. — 2 XVIII 107.

X – THEBE *ODER* DIE GESCHICHTE
IN DER GESCHICHTE

Projektionsmechanismen

Bleibt die Frage, weshalb Homer diese Abfolge von Revolten nicht in einem völlig eigenständigen Epos aufgearbeitet hat.[1] Dieselbe Frage könnte man auch bei den deutschen Heldenepen stellen: auch dort erfahren wir nur indirekt etwas über ihre eigentliche Lebenswirklichkeit. Obwohl sich der Zeitbezug in den Strukturen und Figuren zeigt – und der Lokalbezug einen der Hintergründe des Textes liefert –, bleibt das, wodurch diese Lebenswirklichkeit vermittelt wird, dennoch der überlieferte Stoff.

Bei der *Ilias* ist das nicht anders: der Zeitbezug mancher Ereignisse und historischer Persönlichkeiten liefert einige erzählerische Tiefenstrukturen, durch die der Lokalbezug durchschimmern kann; das Corpus des Textes machen jedoch die alten Stoffe aus. Erklären läßt sich dies durch die Konventionen allen damaligen Erzählens, dessen Traditionsgebundenheit die Musen emblematisch verkörpern. Das individuelle Erfinden von Geschichten war ja noch nicht ›erfunden‹; wollte man erzählen, tat man dies mittels tradierter Sagen. Greift Homer die auf Zypern und unter den Ioniern kursierenden Heldensagen für die Schilderung der kilikischen Aufstände auf, dann weil sie ihm dafür das entsprechende historische Paradigma bieten.

Sophokles wird später das gleiche machen: um die zeitgenössischen Ereignisse der spartanischen Kriege rund um den aus dem Exil geholten Perikles auf die Bühne zu bringen, hängt er ihm das Mäntelchen des legendären Philoktetes um und greift dabei ebenfalls auf den troianischen Stoff zurück.[2] Und wenn Euripides gleichzeitig den in Athen virulent werdenden Cybele-Kult[3] in seinen *Bakchen* verarbeitet, versetzt er den Schauplatz dafür ebenfalls zeitlich und örtlich weit zurück ins mythische

---

1 Es mag auch die Frage auftauchen, weshalb Homer nie direkt auf den lokalen Mopsos-Mythos zurückgreift: das dürfte darauf zurückzuführen sein, daß Hesiod in seinen *Melampodia* Mopsos bereits ein Denkmal gesetzt hatte und er im troianischen Sagenkreis nur am Rand auftaucht. — 2 Auf den die *Ilias* ihrerseits in II 716–25 zurückgreift. — 3 Borgeaud 1996.

Theben: Autorität erhält ein Sujet erst, wenn es sich mittels eine glorreichen Vergangenheit darstellen läßt und somit zur lehrreichen Parabel werden kann. Diese Art der Translatio bezeichnet auch Strabon später noch – übrigens erneut in bezug auf Kilikien – als völlig gängige poetische Lizenz.[1]

Die *Kypria* aufzunehmen, sie in der *Ilias* fortzuführen und ihr eine eigene Schriftfassung zu geben, diente dabei einer doppelten Strategie. Zum einen war damit der revolutionäre Schritt von der Oralität zur Literalität getan; die griechischen Mythen konnten dadurch erstmals mit der Textkultur des Orients konkurrieren. Zum anderen aber postulierten die alten troianischen Stoffe auch eine eigenständige Historie, mit der sich im multikulturellen Umfeld Kilikiens eine griechische Identität herauskristallisieren ließ. Das entsprach ganz der Vorgangsweise, die auch die neuentstandenen griechischen Siedlungen demonstrierten, indem sie anhand ihrer Gründerväter eine mythische Vergangenheit herbeizitierten. Daß derartiges auch zu den Legitimierungsbemühungen moderner Kolonialisationstätigkeiten gehört, zeigten noch die Faschisten in Libyen: so wie Homer von seinen Griechen als Danaer und Achaier redet, rechtfertigten die Italiener ihre Präsenz, indem sie sich auf das römische Imperium beriefen.

Die Geschichte seiner Zeit zurück und weit weg auf Troia zu projizieren, hat aber noch weitere Gründe. Unmittelbare Zeithistorie auf einer uralten Bühne zu präsentieren, stellt ein zweifaches Rollenspiel dar: es befördert im selben Maß die parabelhafte Trauerarbeit an den Ereignissen, wie sie eine Reihe von Niederlagen umschreibt in die Geschichte eines Sieges. Was Homer beschreibt, ist zum einen der Krieg der Vätergeneration. Für ihre de facto Niederlage hat er dabei auch eine Apologie parat: die *Ilias* betont ja immer wieder, daß ihre Krieger im Vergleich zu den vormaligen Helden einen weit schwächeren Menschenschlag darstellen. So gesehen sind es erst die Söhne der iliadischen Kämpfer – ihre Epigonen also –, die durch die Identifikation mit den assyrischen Siegern gewinnen: indem sie sich in Kilikien festsetzen können.

---

1 *Gewisse Autoren, Sophokles als erster, haben in der Tat die Szene [des Streits zwischen Amphilochos und Mopsos] nach Kilikien verlegt. Wobei Sophokles von einer Lizenz Gebrauch macht, die bei allen tragischen Dichtern üblich ist – so nennt er Lykien mit dem Namen Karien, die Troas und Lydien mit dem Namen Phrygien und mit dem Namen Pamphylien bezeichnet er in diesem Kontext Kilikien.* Strabon XIV 18.

Zum anderen dient diese Art der Episierung aber auch einer ganz konkreten Pragmatik: Herrschaftsanspruch – wie gerade die assyrischen Annalen und die Statueninschriften ihrer Könige zeigen – beruht immer auch auf der Macht über das Wort, die zu allen Zeiten streng überwacht wurde. Die Geschichte der kilikischen Revolten mittels des troianischen Krieges darzustellen, ist unter diesem Blickwinkel betrachtet auch Mittel der Camouflage. So zwiespältig die Erinnerung des kilikischen Publikums daran gewesen sein mochte, so klar mußte den lokalen Vasallen auch gewesen sein, daß ein offenes und kritisches Thematisieren der Ereignisse ihnen als Treuebruch ausgelegt werden würde: Beispiele für das harte Durchgreifen der Assyrer haben wir ja zur Genüge gehört. Und was für den kilikischen Herrscher gilt, trifft um so mehr auch für seinen von den Assyrern ausgebildeten Schreiber zu: der sich darüber hinaus noch mit ihrer Kultur so identifizierte, daß er ihre Texte als Vorbilder nahm. Die assyrischen Grausamkeiten anhand des Griechen Achilleus und in einer historischen Fiktion vorzuführen, machte dabei jede Art von Kritik weniger angreifbar: bereits Bellerophontes' Beispiel zeigt ja, daß die Schrift todbringend sein kann.

Thebe I

Deshalb scheint es wenig verwunderlich, daß Kilikien in der *Ilias* nie direkt genannt wird: es taucht weder beim Katalog der Griechen noch in dem der Troianer auf, wo sonst die gesamte kleinasiatische Geographie verarbeitet wird. Ist diese Aussparung – angesichts der Rolle, die diese Region immer schon gespielt hat – an sich schon verräterisch, wird die indirekte Nennung Kilikiens dann um so bezeichnender. Denn es ist trotz allem im Epos präsent: als das *eine versteckte Motiv*, das uns den ganzen Umfang der geographischen und historischen Translatio des Epos vor Augen führt – und uns dabei als Wasserzeichen und letzter Wahrheitsbeweis unseres Arguments dienen mag.

Die Art und Weise, wie Homer dabei den einen Mosaikstein präsentiert, durch den die kilikischen Bildkonturen plötzlich sichtbar werden, ist von charakteristischer Subtilität. Denn im VI. Gesang wird uns mit einem Mal Eetion als ›Herr über das kilikische Volk unter dem bewalde-

 ten Plakos‹[1] vorgestellt; er residiert in der ›gutgelegenen Stadt der Kiliker, Thebe, mit ihren hohen Toren‹[2]. Wo dieses Thebe und die Plakos-
berge liegen, verrät Homer nicht direkt; er verortet es nur implizit
durch Achilleus' Kaperfahrten und die Geschichte Andromaches in der
Umgebung von Ilios[3] – was ebenso ungewöhnlich ist wie die Verset-
zung von Pandaros' Lykaoniern vom westlichen Vorland des Taurus an
den Fuß des Berges Ida.[4]

Diese topographische Verschiebung ist um so überraschender, als
Thebe und ihr Herrscher Eetion bereits zu Beginn des Epos unvermittelt erwähnt werden[5], wo sie völlig aus dem Erzählrahmen fallen: ›es
bräuchte schon ein spezielles Wissen (oder eine untypische Nachlässig-
keit) seitens des Schöpfers dieser Verse, um sie zu erklären‹[6], fügt ein
moderner Kommentator an. Aber auch schon Strabon machte dieses kilikische Thebe in der Troas stutzig genug, um sich dann genötigt zu sehen, in eine seitenlange Diskussion der homerischen Geographie Kleinasiens zu verfallen.[7]

Das ändert nichts daran, daß es in der Troas niemals Kiliker gegeben
hat – was sich dadurch jedoch zeigt, ist Homers Translatio kilikischer
Zeitgeschichte und Räume in den Troiastoff. Um diesen Nachweis zu

---

1 VI 396–7; im Epos gibt es noch einen zweiten Eetion, der mit Imbros in Verbindung gebracht wird. Aber auch für dieses Imbros läßt sich bereits ein kilikischer Bezug herstellen:
Plinius kennt dort noch einen *mons Imbarus* (Nat. Hist. V 93), ein Name, der sich darüber
hinaus zu Homers Zeit auch sonst in Kilikien nachweisen läßt (siehe U). — 2 VI 415–6. —
3 In dieser Verortung folgt ihm bereits Herodot VII 42 – eine Rückprojektion der epischen
Geographie Homers auf die Troas, der alle nach ihm folgen sollten. — 4 I 824–7. — 5 I
366. — 6 Kirk im Ilias-Kommentar zu dieser Stelle; wobei Kirk sich nicht nur darauf bezieht, daß Eetion und Thebe hier ohne jeden Kontext als bekannt vorausgesetzt werden,
sondern auch daß Achilleus ausgerechnet in Thebe die Chryseis erbeutet, obwohl sie ja
eigentlich aus Chryse stammt und von Odysseus dorthin wieder zurückgebracht wird. —
7 *Vom troianischen Kilikien, das Homer erwähnt, bis zum Kilikien jenseits des Taurus ist es weit,
wie man weiß. Trotzdem haben einige Autoren geglaubt, daß die Kiliker von jenen in der Troas abstammen würden, weil man bei ihnen teilweise dieselben Ortsnamen findet, wie man auch bei den
Pamphylern die Namen von Thebe und Lyrnessos kennt; andere Autoren vertreten jedoch, wie man
zugeben muß, die umgekehrte These, indem sie sich darauf stützen, daß auch die Troas ein Aleum
und eine alesische Ebene kennt. Strabon XIV 21 –* worauf dann eine Diskussion des Schiffskatalogs, der troianischen Verbündeten und von Apollodorus' Kommentar dazu erfolgt, die
die Abschnitte 22 bis 29 umfaßt. Kilikien ist jedoch eine klare Zeitmarkierung; es leitet sich
vom assyrischen Namen für das Rauhe Kilikien, ›Hilakku‹, ab und ist so erst im 7. Jahrhundert denkbar.

erbringen, müssen wir jedoch erst einmal Homers kilikisches Thebe verorten. Die Ruinen von Karatepe haben uns ja genügend Hinweise dafür geliefert, daß Homer mit seinem Troia eigentlich auf Azatiwadas Felsenfestung in der alesischen Ebene anspielt, deren Versorgungsstadt das unmittelbar benachbarte Kastabala war. In der Bilingue dort beruft Azatiwada sich dabei auch auf Mopsos, dessen Mutter aus dem boiotischen Thebe stammte: dessen Wanderzug hierher mochte die Tradition eines ›thebanischen Volkes‹ in Kilikien begründet haben. Bekräftigt wird dies zunächst durch Diodor, der aus Thebe eine Tochter des mythischen Kilix macht.[1]

Eine erste historische Bestätigung dafür erhalten wir jedoch dank Cicero, der einmal Statthalter Kilikiens war: er kennt in dieser Gegend noch ›wagemutige Tebaraner‹.[2] Präziser verortbar wird Homers ›heilige Stadt des Eetion‹[3] dann durch einen Nachfolger Ciceros: Dexter nennt die Bewohner der Hierapolis Kastabala (die schon im 2. Jahrtausend ›heilige Stadt hieß[4]) dezidiert ›das Volk von Thebe‹[5]. Da Kastabala am Fuß eines sehr markanten Karstrückens liegt, ergibt dann auch der ›bewaldete Plakos‹ seinen Sinn. Und auch daß Hektor seine Andromache dort heiraten kann, um sie dann gleich heim in seinen Palast zu führen[6]: von Kastabala nach Karatepe ist es zu Fuß eine Stunde.

| 86

Die *Ilias* aber liefert uns noch weitere Hinweise auf diese Gegend, wenn sie Achilleus die Briseis in einer Nachbarstadt Thebes rauben läßt. Er erbeutet sie nämlich nach der Eroberung von Lyrnessos.[7] Lyrnessos betreffend gibt das Epos an, daß ihr Nachbarort die Hauptstadt der ›kriegsliebenden Leleger‹ ist: ›das steile Pedasos am Satnioeis-Fluß‹; beide liegen am Fuß des Ida.[8] Daß dieses Pedasos existiert hat, wissen wir durch Cicero. Er kennt im Amanusgebirge noch ein ›steil und hoch gelegenes‹ Pindenissos[9]: sie war die ›Festungsstadt der *Freien Kiliker*, die sich, seit

| 87

---

1 Diodor V 49,3. — 2 Cicero, fam. XV 4.10; er kämpft dort gegen Aufständische im Amanusgebirge, deren Nachbarn er *Tebarani, pari scelere et audacia* nennt. — 3 I 366. — 4 Kastabala geht auf die alte kizzuwatnische Hauptstadt Kummani zurück, deren Name ›heilige Stadt‹ bedeutet; Identifikation: Casabonne 2004. — 5 Weihinschrift des Dexter; Pilhofer 2006. — 6 XXII 471–2. — 7 II 689–93. — 8 XX 90–6, 188–91 und XXI 86–7. — 9 *Altissimo et munitissimo loco,* fam. XV 4.10./Wie aus Ciceros Brief (siehe Fußnote 6, S. 318) hervorgeht, lag Pindenissos am Ende jener Ebene, die sich östlich von Karatepe zum Amanusgebirge hinzieht, unweit von Erana (dem früheren Stadtstaat Hiri-ka; das spätere Irenopo-

man sich erinnern kann, im Kriegszustand befinden, gnadenlos harte Krieger, die sich auf alle Arten zu wehren verstehen‹ – wobei er hinzufügt, daß ›die Tebaraner ihre nächsten Nachbarn waren‹.[1] Bestätigt wird uns die Lage von Homers Pedasos überdies von Plinius: er listet, nach Alae am Westufer des Golfs von Issos und nach Pinara am Ostufer des Golfes[2], ein Pedalie auf.[3]

Analog dazu, daß im Epos sowohl Lyrnessos wie das lelegische Pedasos am Fuß des Ida und in der Nachbarschaft Thebes verortet werden, lagen also auch Issos und Pendenissos am Fuß des Amanusgebirges und somit in der Nähe der Tebaraner. Wobei es diese Deckungsgleichheit von fiktiver und faktischer Geographie zwingend macht, hinter Homers Lyrnessos einen sozusagen lyrischen Verweis auf die Küstenstadt Issos[4] und im epischen Berg Ida das Amanusgebirge zu sehen.

lis): er belagerte die Festung 56 Tage lang, bevor er sie einnehmen konnte./Pedasos/Pindenissos/Pedalie ist nicht identifiziert. Verorten läßt sich diese Festung am plausibelsten auf einem gut 10 km südlich von Hirika/Irenopolis liegenden Felssporn. Dort erhob sich im Mittelalter die Burg Sarbanda (heute Savuran Kalesi), deren Name noch auf Pindenissos verweisen mag: ›Sie ist von einem zur Schlucht des Gökpinar vorspringenden hohen Felssporn krönt, dessen Spitze zu einer großen Vorburg und einer kleineren Oberburg ausgebaut ist. Die Ringmauern sind nicht durchgehend geschlossen, offenbar weil der stellenweise schroffe Felsen steil abbricht‹ (Hild-Hellenkemper 1990). Darunter liegt das Flußtal des heutigen Suyu. / Über den Satnioeis läßt sich nur sagen, daß er eine eindeutige anatolische Wurzel besitzt: Namen wie *Satas* und *Satetios* gehen auf einen alten kilikischen Sippennamen zurück; Zgusta 1964, § 13. — 1 Att. V 20.3. — 2 Die Stadt Pinara muß am südlich von Issos in den Golf mündenden Pinaros gelegen haben. Ihr luwischer Name war Pinasara (Forlanini 2001), der dann zu Pinaros gräzisiert wurde. — 3 Nat. Hist. V 92; Plinius listet in Kilikien hintereinander Pinara, Pedalie und Alae auf. Pinara lag bei Issos (heute: Kinet Hüyük) – das ergibt sich durch Quintus Curcius (III 12.27), der berichtet, daß Alexander der Große nach der Schlacht von Issos drei Altäre am Ufer des Pinaros (heute: Deli Cay) errichten ließ. / Alae ist identisch mit dem griechischen Alai (heute Sugözü), eine Hafenstadt nördlich von Aigai, etwa auf der Höhe von Issos auf der gegenüberliegenden Seite des Golfes. Identifikation Hild-Hellenkemper 1990. — 4 Auch deshalb, weil sie trotz ihrer großen regionalen Bedeutung nie direkt in der *Ilias* erwähnt wird – obwohl alle rund um sie liegenden Städte aufgezählt werden; siehe infra. Issos wird mit dem Kinet Hüyük identifiziert.

Darüber hinaus erschließt uns diese Verortung des Epischen in der kilikischen Geographie eine ganze Reihe von weiteren, ebenso versteckten wie weitreichenden Lokalbezügen. Das beginnt mit Pedasos: auf diesen Namen tauft Homer nicht nur das einzige Pferd, das es mit Peleus' göttlichen Rössern aufnehmen kann[1] – um damit dem für seine Roßzucht berühmten Kilikien seine Hommage zu erweisen.[2] So hieß auch ein Neffe des Priamos'[3] sowie eine von Priamos' Frauen: die Mutter Lykaons' und Polydoros' stammt aus Pedasos.[4]

In Lyrnessos wiederum situiert Homer die Geschichte Aineias'[5] und läßt dort die Söhne des Herrschers Euenos regieren. Diese frappanten Namensähnlichkeiten erlauben es, Pedasos und Lyrnessos mit einem weiteren Ort zu einem Dreieck zu verbinden. So lag zu Homers Zeit unweit von Issos auf dem Weg nach Kastabala eine Stadt mit dem luwischen Namen Oinoanda[6] – ›Weingarten‹: in ihr haben wir wohl den eigentlichen Stammsitz von Euenos' Herrschergeschlecht zu sehen.

Nicht genug damit, zieht Homer dann eine ganze Weinstraße weiter nach Süden. Denn die Namensähnlichkeit zwischen Euenos und Eioneus, dem Vater des Rhesos[7], ist ebenfalls topographisch bezeichnend: die kilikische Grenzstadt Rhosos lag südlich von Issos.[8]

Der Verlauf dieses Weges führt jedoch noch weiter in die Region hinter dem Amanus. Mit Euenos lautlich wie durch die Heiratspolitik verbunden[9] ist nämlich auch der Aitoler Oineus: womit die Geschichte von ihm und seinem Sohn Meleagros, ihr verwüsteter Weingarten, die Eberjagd und der Kampf mit den Kureten um Kalydon[10] einen nordsyrischen Kontext erhalten. Wo diese Namen und Orte sich am griechischen Festland nur sehr viel später, oft unsicher und meist gar nicht situ-

| 88

---

1 XVI 152. — 2 Siehe U. — 3 VI 21–26; Pedasos ist ein Enkel Laomedons – der Priamos' Vater war. — 4 XXI 84–91. — 5 XX 90–2 und 188–94. — 6 Das war die gräzisierte Schreibweise des luwischen Toponyms Wiyanawanda, ›Weingarten‹, das später Epiphaneia hieß (heute Gözeneler Harabeler; Hild-Hellenkemper 1986 und 1990). Die Identifikation von Epiphaneia mit Oinoanda geht auf Stephanus von Byzanz zurück (Diskussion: Casabonne 2004). Epiphaneia wird auch von Plinius (Nat. Hist. V 93) unmittelbar nach Kastabala aufgelistet. — 7 X 435. — 8 Heute Ulucinar, 30 km südlich von Alexandreia; Identifikation: Hild-Hellenkemper 1990. — 9 Der Sohn des Oineus – Meleagros – hat mit Kleopatra eine Enkelin Euenos' zur Frau; IX 553–8. — 10 II 638–44 und in IX 529–99.

ieren lassen – ohne daß sich dafür mykenische Namen fänden[1] –, bieten die alten Städte und Regionen der Antiocheia hingegen klare Entsprechungen.[2] Es ist dies das Gebiet des späthethitischen Reiches Unqi/Patina[3] am Orontes, zu dem die Griechen mit ihrem Emporion in Al Mina schon vor dem kilikischen Abenteuer Zugang gehabt hatten.

Die Bezeichnung Aitoler leitet sich dabei von der Südspitze jener Bergregion ab, die jenseits des Amanus liegt und sich vor dem Tal des Afrin in die Amuq-Ebene schiebt: sie wurde Atalura genannt.[4] In der Ebene davor lagen die Städte Palija[5] und Alimus[6], die Homer Pleuron und Olenos nennt; das aitolische Pylene mag mit der syrischen Pforte – den *syria Pylai* – zu identifizieren sein; und für Chalkis ist eine Entsprechung zu Kalkija denkbar, das an der Grenze zum Nachbarstaat Arpad lag, südwestlich des späteren Aleppo.[7]

Auch für die Namen seiner Helden bieten sich Bezüge zu dieser Gegend an. Der Vater des aitolischen Heerführers Thoas heißt Andraimon:

1 Pleuron ist nur in hellenistischer Zeit bezeugt, Pylene wird bloß von späteren Geographen erwähnt; das gleiche gilt für Chalkis und Kalydon, dessen Epitheton *petreeis* nicht ins griechische Aitolien passt; und ein Olenos ist dort ebensowenig zu finden wie die Kureten oder die Namen der aitolischen Herrscher. Diskussion: Visser 1997. — 2 Die geographischen Identifizierungen der folgenden Orte divergieren meist sehr; es wurde jedoch versucht, jene Vorschläge herauszugreifen, die entweder der neuesten Literatur entstammen oder einen breiten Konsens gefunden haben. — 3 In der Bronzezeit das Reich Mukish; zur Geschichte Unqis/Patinas siehe Hawkins CLHI I.2. — 4 Der Berg Atalur (auch: Lallar) ist in diesen Bergen des Kurt Dag zu suchen; Hawkins CHLI I.2, VII Fußnote 23. Zu Atalura siehe auch del Monte-Tischler 1978. Es gab dort auch eine Stadt namens Atalhazi/Atalahenase, die zum alten Reich von Mukish gehörte; del Monte-Tischler 1978 und Marin 2001./ Mit der Eroberung von Atalura und seinem Berg ›Atursaliyanza‹ brüstet sich um 850 auch der Herrscher des östlich des Amanus gelegenen Kleinstaates Gurgum (rund um das heutige Maras); er erobert den Berg zusammen mit der Stadt Iluwasi (das hethitische Ilisa; Homers ›Land Elis‹) und dem Land Hirika (Eirenopolis; Homers ›Hire‹ im ›sandigen Pylos‹) – was die Verortung all dieser Toponyme um den Amanus weiter stärkt. Text in Hawkins CHLI I.IV.2. — 5 Beim römischen Pagrae (heute Bagras), del Monte-Tischler 1978. — 6 Am Orontes, in der Nähe des späteren Antiochia – vgl. Salmanasser III: ›Vom Amanus-Gebirge brach ich auf, überschritt den Orontes und näherte mich Alimus, der Festung des Patinäers Sapalulmu‹; Marin 2001. Alimus wird auch von Salmanasser III. in Unqi erwähnt; Hakwins CHLI I.2. — 7 Del Monte 1992; er verortet Kalkija nicht, bringt es jedoch mit einem eigenen, 19 Götter umfassenden Kult in Verbindung. Das paßt gut zu jenem Chalkis, das mit dem heutigen syrischen Qinnesrin identifiziert wird und in der Chalkidike genannten Region lag, die auch in spätantiker Zeit noch ein bedeutendes religiöses Zentrum war; siehe Canivet 1977.

Adramu war der Stammvater eines Herrschergeschlechts, das Mitte des 9. Jahrhunderts eine breite nordsyrische Allianz gegen die Assyrer bildete.[1] Thoas selbst verweist auf die Dynastie der ›Söhne des Tuate‹, die zur selben Zeit ein Gebiet westlich des heutigen Malatya dominierte: das alte Bit-Purutas; in ihm haben wir es wohl mit Tuwatis – dem Großvater Awarikas – zu tun.[2] Meleagros und Oineus wiederum finden sich zur Römerzeit in der Stadt Meleagrum am Rand der Amuqebene, die vom Oinoparas durchflossen wurde.[3] Und die Namen von Oineus' Brüdern Agrios und Melas[4] lassen sich im römischen Pagrae beim Eingang der syrischen Pforte und dem Melas, einem Nebenfluß des unteren Orontes, wiederfinden.[5]

Die Kureten hingegen sind mit dem Stadtstaat Kurata zu identifizieren. Ihr Gebiet lag nördlich der Ataluraberge; es grenzte im Süden an das Reich von Aleppo und im Osten an Karkemish, unter deren Herrschern er einmal eine nicht unwesentliche Rolle gespielt hatte.[6] Aus dieser Region ging dann die römische Cyrrestice mit ihrer Hauptstadt Cyrrus am Oberlauf des Afrin hervor[7], die sich mit Kuree[8] und dem biblischen Gur[9] in Verbindung bringen läßt.

Für den Kampf der Aitoler und Kureten um Kalydon scheint es dabei auch einen historischen Kontext zu geben: als nämlich Tiglatpilesar III. einen Aufstand im Nordwesten seines Reiches niederschlug, an dem neben Unqi, Aleppo und Karkemish auch der danaische König Awarikas beteiligt war.[10] Im Zuge dieser Kampagne – bei der der ›Kuru-Stamm‹ genannt wird – nahm Tiglatpilesar im Jahre 740 zuerst das alte Land Ha-

1 Er herrschte zwischen 858 und 834 über Aleppo; Hawkins CHLI I.2, S. 389. — 2 Die Region lag auf dem Gebiet des südlichen Tabal, rund um Kululu-Sultanhan-Kültepe – wo auch zu Bit-Purutas liegende Städe lagen. Tuate/Tuatti wird bei einem Feldzug Salmanassers III. 836 greifbar; das ›Land der Söhne des Tuate‹ wird bei einer Kampagne des Königs von Urartu gegen Melid (Malatya) um 780 aufgelistet; siehe Hawkins CHLI I.2, S. 426. Zu Tuwatis, dem Vater des tabalischen Herrschers Wasurmas, siehe W. — 3 Die Ebene von Amuq. Meleagrum ist heute Gündüzlü, der Oinoparas der frühere Apre, heute Nahr Afrin; Barrington Atlas. — 4 XIV 115–7. — 5 Pagrae ist das heutige Bagras; der Melas entweder der Büyük Karacay oder der Kücük Karacay; Barrington Atlas. — 6 Marin 2001 (Gurat und Kurat); Kurata gehörte dabei früher zum alten Reich von Mukish. — 7 Zur Cyrrestice siehe Ptol. V 14.10, Cyrrus ist heute Nebi Ouri in Syrien; Barrington Atlas. — 8 Kuree gehörte zum alten Reich von Mukish, aus dessen Gebiet dann Unqi/Patina hervorging; Marin 2001 (Kuru). — 9 Marin 2001 (Gurra). — 10 ARAB I 769–72; Diskussion: Hawkins CHLI I.2, S. 363 und 390.

lab um Aleppo ein: die Römer kennen dort noch Callicome als Vorstadt Aleppos am Fluß Chalos in der sogenannten Chalybonitis.[1] Und im Jahre 738 eroberte er die Hauptstadt Unqis, um sie dann zum Gouverneurssitz einer großen assyrischen Provinz zu machen und dort Stämme aus dem Osten anzusiedeln[2]: diese Stadt wurde von den Assyrern Kullani[3] und von der Bibel Kalno genannt.

Auf welche dieser beiden Städte Homers Kalydon nun anspielt, ist nicht zu entscheiden. Klar ist hingegen, daß Oineus' Stammsitz – in dem er Bellerophontes seine Gastfreundschaft erweist, als dieser auf der alesischen Ebene rund um Thebe herumirrt[4] – auf der anderen Seite des Amanus lag. Und damit erhalten auch Oineus' Sohn und Enkelsohn Tydeus und Diomedes nordsyrische Wurzeln.[5] Wobei Homer einmal Diomedes Worte in den Mund legt, die sich auch auf ihn selbst beziehen könnten: daß er nämlich ›noch klein war, als das Heer der Achaier in Thebe vernichtet wurde‹.

Was für die Aitoler und Kureten gilt, trifft auch auf Nestors Pylener und ihre Gegner zu, die Epeier: deren Städte sind entweder nur sehr spät, unklar oder gar nicht auf der Peloponnes festlegbar.[6] Anders im südanatolischen Raum: denn die Städte Pteleon, Helos und Dorion im Kern-

---

1 Zwischen Aleppo und Euphrat; Barrington Atlas. — 2 Diskussion: Hawkins CHLI I.2, S. 363. — 3 ARAB I 770; Kullani wird entweder mit Ain Dara im Afrintal identifiziert oder mit dem Tell Tayinat am Südrand der Amuqebene, unweit der ehemaligen Hauptstadt des Reiches Mukish, Alalah (Hawkins CHLI I.2 S. 362, der sie dort auch mit dem biblischen Kalno gleichsetzt). Sie läßt sich darüber hinaus auch mit der im ehemaligen Reich von Mukish liegenden Stadt Chalabiya (Marin 2001) und dem um den Amanus zu verortenden Berg Kalanija (del Monte-Tischler 1978) in Verbindung bringen. — 4 VI 216–21. — 5 XIV 115–20. — 6 Was das Reich von Pylos betrifft, so ist die Identifizierung des mykenischen Pylos mit Homers Beschreibung davon ebenso problematisch, wie auch die Lokalisierung Arenes unklar bleibt; der Minyeos läßt sich ebensowenig verorten; Thryon/Thryoessa bleibt gleich schattenhaft wie Aipy; Kyparisseis und Amphigeneia ist nur dank späterer Geographen zu finden; und für Pteleos, Helos und Dorion gibt es ebenfalls wieder Schwierigkeiten./Was die Epeer betrifft, so kennt man nur ab dem 6. Jahrhundert eine Stadt Elis, jedoch kein Land dieses Namens; für Bouprasion gibt es bloß sehr gewundene Deutungsversuche; Hyrmine wird allein von Pausanias genannt, ohne verortet zu werden; einzig ein Myrsinos scheint in Griechenland bekannt gewesen zu sein (ab wann, ist nicht zu sagen); der olenische Felsen hingegen ist unbekannt; und für Alesion gibt es ebenfalls wieder nur Verortungsversuche Strabons, der allgemein bemüht war, die homerische Geographie zurück auf Griechenland zu übertragen. Diskussion: Visser 1997.

land der Pylener[1] finden alle ihre Entsprechung in Orten der Umgegend des heutigen Malatya. Es ist dies eine Region, die südlich von Ambaris' Stammsitz, dem tabalischen Bit-Purutas, lag.

Pteleon zeigt sich dabei als gräzisierte Form von Pitalahsi[2], Helos als die von Halas[3] und Dorion als jene von Dura[4], das sich unweit der bedeutenden Stadt Garahna befand. Die Assyrer schrieben sie ›Kirini‹[5]; Homer macht sie jedoch unter dem Namen Gerenia zu jenem Ort, an dem Nestor sich seine Sporen als Kämpfer verdiente. Das Herrschaftsgebiet der Pylener lag damit nordöstlich des Amanus und erstreckte sich auf ein altes Durchgangsland von Bergpässen. Wie der nächste Abschnitt zeigen wird, reichte es noch weiter, bis ins Hinterland der alesischen Ebene; im Gegensatz zum gebirgigen Pylos ist dies jedoch das ›sandige Pylos‹.

Die Grenze zwischen diesen beiden Teilregionen bildete in etwa der Minyeios-Fluß. Dort formiert sich denn auch das Heeresaufgebot der Pylener, als es zwischen ihnen und den Epeiern des Landes Elis zum Kampf um Thryoessa kommt.[6] Den Minyeios betreffend gibt das Epos an, daß er unweit von Arene ins Meer mündet. Beziehen läßt sich dieser Flußname auf die Bergstadt Minuzija, die an einem oberen Zufluß des Saros lag; sie war ein alter kizzuwatnischer Grenzposten, ein ganzes Stück westlich von Malatya.[7] Und mit Homers Arene muß die ehemalige kizzuwatnische Grenzstadt Aruna vor der kilikischen Pforte gemeint sein, das spätere Mopsoukrene, das nicht weit von der Mündung des Saros entfernt war.[8]

Vom Minyeios marschieren die Truppen dann in einem halben Ta-

1 II 591–602. — 2 Del Monte-Tischler 1978; es wird im Zusammenhang mit Sunupasi erwähnt, das am nordwestlichen Ausgang der Ebene von Malatya verortet wird; das heutige Fetyhiye. — 3 Del Monte-Tischler 1978; es wird im Zusammenhang mit dem Berg Sunara erwähnt, der in der Gegend von Malatya zu suchen ist. — 4 Del Monte-Tischler 1978 (Tura), das durch seinen Sonnenkult bei Karahna zu suchen ist. — 5 Del Monte-Tischler 1978 (Karahna); es wird mit dem späteren Korne am Euphrat unweit Malatyas und mit Samuha – das ebenfalls bei Malatya lag – in Verbindung gebracht. — 6 Der Kampf zwischen Pylenern und Epeern in XI 670–761. — 7 Minzuija markierte die ehemalige Nordgrenze Kizzuwatnas; sie befand sich unweit von Komana, welches am heutigen Göksu lag, und wird in den alten hethitischen Grenzverträgen nach Arana genannt, das – wie auch Tirusa (Homers Thryoessa) – an der Grenze zum Reich von Ismerika (um das heutige Severik) lag; siehe del Monte-Tischler 1978 (Minuzija, Kizzuwatna und Arana). — 8 Aruna wird in den alten Grenzverträgen zwischen Kizzuwatna und den Hethitern nach Lamija (Lamos) genannt, womit es irgendwo in der Umgegend von Tarsos gelegen haben muß; es ist möglicherweise ident mit Arina III, das mit Mopsoukrene nördlich von Tarsos gleichgesetzt wird; del Monte-Tischler 1978.

gesmarsch zum Alpheios-Fluß, mit dem ein Nebenfluß des oberen Pyramos bezeichnet scheint, den die Einheimischen Alta nannten.[1] Dort konfrontieren Nestor und seine Pylener die Epeier, die aus dem Amanus gekommen sind und einen Belagerungsring um Thryoessa gebildet haben. Mit diesem Ort ist ebenfalls wieder eine alte kizzuwatnische Grenzstadt im Antitaurus gemeint: Tirusa, das demnach irgendwo südwestlich von Malatya, zwischen dem heutigen Göksun und Elbistan gelegen haben muß.[2]

Bei der darauffolgenden Schlacht erleiden die Epeier eine Niederlage; sie werden von den Pylenern wieder auf ihr Gebiet zurückgeschlagen und weiter noch bis zum olenischen Felsen, der den Norden von Oineus' aitolischem Herrschaftsgebiet markiert. Auf der Flucht dorthin gelangen sie dabei zu den Weizenfeldern von Bouprasion und dem Hügel von Alesion: bei Bouprasion handelt es sich um die gräzisierte Form des heiligen Berges Puparash[3] und bei Alesion um die Stadt Alhisa im Land Alha, das in den hethitischen Annalen im Zusammenhang mit der Eroberung des Landes Apaja erwähnt wird.[4]

Von ebendiesem Apaja leiten sich die Epeier ab; ihr Land Elis – das Homer zu ihrem Kernraum zählt – lag passend zu unseren Verortungen am Fuße des Berges Ilisa im Amanus.[5] Die ihnen im Schiffskatalog zugeschriebenen Städte[6] zeigen dabei, daß das Gebiet der Epeier rund um das der Aitoler und Kureten zu situieren ist. Denn als seine ›äußersten Grenzen‹ gelten Hyrmine und Myrsinos. Die Hethiter wie Assyrer kennen jenseits des Amanus eine Stadt, die Hurmu oder Urmine geschrieben und im Zusammenhang mit Alimus/Olenos in Unqi erwähnt wird[7];

---

1 Del Monte 1992; Homers Beschreibung zufolge muß dies der heutige Göksun Cavi sein. — 2 Tirusa wird im nördlichen Kizzuwatna an der Grenze zum Reich von Kommagene und als kizzuwatnische Grenzstadt zum ehemaligen Ismerika (um das heutige Siverik ganz im Osten Malatyas) verortet und unmittelbar nach Minuzija aufgelistet; del Monte-Tischler 1978. — 3 Lage nicht identifiziert; del Monte 1992. — 4 Del Monte-Tischler 1978; Alha wird mit dem römischen Arcas am Westrand der Ebene von Malatya gleichgesetzt; seine Eroberung wird im Zusammenhang mit dem Land Apaja und seiner Hauptstadt Parmana genannt. — 5 Del Monte-Tischler 1978. — 6 II 615–24. — 7 Das Hurma der Hethiter läßt sich nur grob im Umfeld des Amanusgebirges verorten (del Monte-Tischler 1978), ein Hurmu wird von Tiglatpilesar III. zu Unqi gezählt (ARAB I 821) und ein Urime wird zusammen mit Alimus beim Heereszug Salmanassers III. erwähnt (Hawkins CHLI I.2); es scheint mit dem römischen Urmagiganti beim heutigen Kilis – östlich von Cyrrus – in Verbindung zu bringen zu sein (Barrington Atlas).

und für das iliadische Myrsinos ließen sich Musunni und Murtini vorschlagen.[1] Auch für ihre Helden und Heerführer – Moulios, die Molionen, Thalpios sowie Diores, dem Sohn des Amarynkeus – sind Bezüge auf diese Region auszumachen, die sich vom nördlichen Amanus in einem Bogen um die Aitoler und Kureten legt. Dem mythischen Status von Moulios und den Molionen entsprechend wurde im Amanus ein göttlicher Berg namens Mulijanta verehrt[2], und die Stadt Talpa sowie der Berg Amarik scheinen die südöstlichen Grenzen der Epeier markiert zu haben, wo ihr Reich an das von Karkemish und von Aleppo stieß.[3]

Daß die Regionen der Aitoler, Pylener und Epeier eine zusammenhängende geographische Einheit bilden, zeigt das Epos auch anläßlich des Todes von Amarynkeus, der in Bouprasion begraben wird: dort kommen Vertreter all dieser Stämme zu Wettkämpfen zusammen.[4]

Was die südwestlichen Teilregion der Pylener hingegen betrifft, so klärt sich bereits dank der Verortung von Pedasos und Oinoanda die Frage, weshalb Agamemnon Achilleus sieben Städte schenken kann, die auf Griechenland bezogen entweder zum Herrschaftsgebiet Menelaos' gehören müßten oder zu Nestors Reich zu zählen wären, ohne daß diese übergriffige Eigenmächtigkeit auch nur einmal thematisiert würde. Und auch warum Homer diese sieben Städte in einem ›sandigen‹ Pylos verortet[5] – wo doch das messenische Pylos durch solche Strände gewiß nicht charakterisiert werden kann. Im Osten der Peloponnes läßt sich deshalb – bis auf ein Pherai und möglicherweise Kardamyle – keiner dieser Orte identifizieren.[6]

In einem Bogen, der vom Antitaurus über Pedasos bis an den Amanus und die dortige Küste reicht, lassen sich diese Städte jedoch allesamt positionieren; sie bildeten die eher wilde Grenzregion zwischen der alesischen Ebene und den Pylenern, wo jenes in ihren Augen barbarische

1 Musunni lag im ehemaligen Reich von Mukish (Marin 2001), und Murtini ist nicht verortet, wird jedoch in einem für diese Gegend bezeichnenden hurritischen Kontext genannt (del Monte 1992). — 2 Del Monte-Tischler 1978. — 3 Talpa lag früher einmal im Land Takarama, das ein Nachbarland von Karkemish war (del Monte-Tischler 1978). Amarik bildete die weiter südlich liegende Grenze zu Karkemish und Mukish; es wird mit dem Gebel Seman unweit von Aleppo identifiziert (del Monte 1992 und Marin 2001). — 4 XXIII 629–42. — 5 IX 291–5. — 6 Diskussion: Visser 1997 und Eder 2003.

Bergvolk wohnte, das die Luwier ›Leleger‹ – ›Stammler‹[1] – nannten. Wobei sich nicht nur wieder jenes Doppelspiel zeigt, mit dem Homer Kilikisches aus seiner Landkarte hervorstechen läßt, sondern auch welches Danaergeschenk Agamemnon dem Achilleus letztlich anbietet: indem er ihm nämlich Städte schenkt, die wohl kaum je eine Oberhoheit anerkannten.

Das beginnt mit der ›heiligen Stadt Pherai‹: sie kann mit dem heutigen Ferhatli identifiziert werden[2], das 8 km nördlich von Sizzu und damit jenseits von Azatiwadas Herrschaftsgebiet liegt. Dort finden sich ein hethitisches Felsrelief[3] ebenso wie ein Temenos, der von der Römerzeit bis in Mittelalter hinein bestand[4]: die Stadt scheint von den Hethitern Piris[5] und von den Römern Se-Pyra genannt worden zu sein.[8] Antheia mit seinen ›tiefen Wiesen‹ ist durch sein Epithethon möglicherweise mit

1 Was die Leleger betrifft, so ist damit weniger ein einheitliches Volk gemeint denn eine abschätzige Bezeichnung für jene autochthone Gebirgsstämme, die keine der sonst in Kilikien gebräuchlichen Sprachen verwendeten: das geht daraus hervor, daß die anatolischen Luwier bereits in der Bronzezeit anderssprachige Stämme als *lulahi* – ›Laller‹ – bezeichneten (Sevoroskin 1990)./Dazu gehörten nicht nur die später ebenfalls als *barbaroi* – ›Blablaer‹ – bezeichneten Karier und Lykier, sondern auch die Isaurier am Oberlauf des Kalykadnos. Dort lassen sich eine Stadt namens Laletta und die Ylyrgen nachweisen (Casabonne 2004) sowie ›Leute von Lalanda‹ – ein Gebiet, das neben Hulaya zum ›Unteren Land‹ gezählt wurde (Heinhold-Kramer 1977, 365) und damit ebenfalls irgendwo in Isaurien lag./Das gleiche gilt aber auch für die Gegend des nördlichen Amanusgebirges; das zeigt die homerische Bezeichnung der Leute von Pedasos/Pedenissos als ›Leleger‹ ebenso wie der hurritische Ullikummi-Mythos, wo von einem Berg namens ›Lalapatuwa‹ die Rede ist (del Monte-Tischler 1978) und von dem Berg Atalaura nördlich der Amuqebene, der auch ›Lallar‹ hieß (Hawkins CHLI I.2, VII Fußnote 25). — 2 Da sich – wie die Beispiele Tarsos, Seleukia/Silifke, Aigai/Ayas oder Hiri/Haronia zeigen – viele türkische Orte ihre alten Namen bewahrten, kann angesichts der hethitischen Spuren und des römischen Heiligtums auf das ›heilige Pherai‹ geschlossen werden, um so mehr als damit ein Bogen von Orten beginnt, der folgerichtig über den Amanus bis an die Küste führt. — 3 Casabonne 2004. — 4 Der alte Name von Ferhatli ist nicht mehr definitiv eruierbar; doch es ist dort ein alter Siedlungsplatz – Uzunoglantepe – erhalten; Hild-Hellenkemper 1990. Möglich ist, daß dahinter das hethitische Piris steht, ein Berg, der im Zusammenhang mit Kultritualen des Amanus genannt wird (del Monte-Tischler 1978). — 5 Del Monte-Tischler 1978; dort mit dem Amanus verknüpft. — 6 Cic., fam. XV 4.10. Bei der Belagerung von Pindenissos (dem homerischen Pedasos) erwähnt Cicero im Zusammenhang mit Erana (dem homerischen Hire) auch die mit ihr vergleichbaren Städte Sepyra und Commorim. Erana wurde auch Irenopolis genannt, später Haronia (heute Düzcici); und Commorim ist entweder das alte Komana am Saros (vgl. Strabon XII 2.3 und Plinius, Nat. Hist. VI. 8; heute: Sar) oder Kidmoeris, die Hauptstadt der Kikonen (vgl. Hild-Hellenkemper 1990 Sew Purc) im Amanus.

Andul auf dem Berg gegenüber von Ferhatli in Verbindung zu bringen, wo man eine antike weibliche Statue fand.[1] Eindeutiger zu identifizieren ist jedoch das ›grasige Hire‹: es lag an der östlich von Karatepe anschließenden Ebene und war im 9. Jahrhundert ein eigener Stadtstaat namens Hiri[2]; zu Ciceros Zeit wurde dieser Ort offenbar Era-na[3] genannt, später Irenopolis und dann Haronia. An einem Berghang vor der amanischen Pforte liegt dann die bereits erwähnte Hauptstadt der Leleger, das ›rebenreiche Pedasos‹. Und einen Tagesmarsch von Hire entfernt, kurz vor Issos, befindet sich die Stadt Oino-anda, die von Homer zu ›Eno-pe‹ gräzisiert wurde. ›Kardamyle‹ lag ein kleines Stück südlich davon: die Ägypter kannten an der Küste dort ein Karta-maruta[4], das von mittelalterlichen Portulanen als Hafenstadt Caramella an der Mündung des Pinaros verzeichnet wird.[5] Ihr damaliger Nachbarort hieß in der Achämänidenzeit Payas[6] – Homer nennt es als siebte und letzte Stadt ›Aipeia‹.

Das ›sandige Pylos‹ ist dabei für diesen Landstreifen eine durchaus zutreffende Bezeichnung. Zum einen ist die Küste und ihr unmittelbares Hinterland auch noch heute noch weit sandiger als die kilikische Tiefebene. Und zum anderen macht dieser bergige Bogen auch dem Begriff ›Pylos‹ alle Ehre: im gebirgigen Pylos liegen die Pässe des Antitaurus, im sandigen Pylos dagegen der Eingang zur amanischen Pforte[7], die späteren ›Amanikai Pylai‹[8] – ein Durchgang zwischen zwei Höhenzügen bei Issos – und auch das syrische Tor.[9] Es sind dies jene Pforten, die schon Xenophon und Alexander der Große durchschritten, um mit ihren Heeren weiter in den Osten zu ziehen.

1 Hild-Hellenkemper 1990. — 2 Cic., fam. XV 4.10. Bevor Cicero Pindenissos belagert, erreicht er in einem Nachtmarsch von Epiphania (dem früheren Oinoanda) aus Erana am Ausläufer des Amanusgebirges: ›Sie ist die Hauptstadt dieser Region, mehr Dorf als Stadt‹. Östlich von Erana – gerade hinter der amanischen Pforte – lag das späthethitische Gurgum (heute: Karaman Maras). In einer dort gefundenen hieroglyphenhethitischen Stele aus dem 9. Jahrhundert brüstet sich der König von Gurgum – Halparuntiyas – ›die Stadt und das Land Hirika‹ erobert zu haben (siehe Fußnote 2, S. 310). — 3 -na ist ein hurritisches Ortssuffix, -ka ein hethitisches. — 4 Diskussion: Forlanini 2001. — 5 Hild-Hellenkemper 1986; heute Cinkulesi, bei der heute ebenfalls wieder ›Payas‹ heißenden Stadt. — 6 Diskussion: Casabonne 2004 und Hild-Hellenkemper 1986. — 7 Heute der Bahce-Pass. — 8 Heute Karanlikkapi; Diskussion: Hild-Hellenkemper 1986. — 9 Nördlich von Iskenderun, beim heutigen Sariseki; Hild-Hellenkemper 1986.

Homer bringt also diese sieben lelegischen Städte in seine mythische Geographie Griechenlands unter, um damit neben Thebe eine weitere kilikische Region in sein Epos einzurücken. Das gleiche gilt für den Schiffskatalog: dort ist das Kontingent der Myrmidonen und der Phylaker ebenfalls zwischen zwei griechischen Regionen eingeschoben, um einen Periplos' des Rauhen Kilikien skizzieren zu können. Wobei er diese Region – bevor er auf die Geschichte von Lyrnessos, Thebe und Euenos eingeht – das ›pelasgische Argos‹ nennt.[1]

Diese Bezeichnung ist nicht als Verweis auf Agamemnons Stammsitz auf der Peloponnes aufzufassen, was in diesem Kontext keinen Sinn ergäbe; es kann darunter auch nicht ein alter Anspruch Argos' auf thessalisches Gebiet zu verstehen sein, der historisch gesehen mehr als fragwürdig wäre. Und es ist mit den Pelasgern auch nicht ein archaischer Stamm irgendwo in Griechenland gemeint – obwohl diese Bedeutung mitschwingen mag. Was Homer uns damit präsentiert, ist vielmehr das kilikische Territorium Achilleus', das mit dem seines Rivalen Agamemnon am griechischen Festland konkurrieren und genauso alte Wurzeln vorweisen kann: denn da steht Peleus' Geschlecht – die Pelasger – den Atreiden in nichts nach.

Dem Epos zufolge muß sich dabei das Gebiet der alten Pelasger in zwei Teile gespalten haben. Der troianische Katalog verortet die Pelasger Hippothoos' rund um Larisa[2]: diese Stadt ist in ebendieser Schreibweise im Nordwesten Kilikiens nachweisbar.[3] In Anspielung auf Tarsos – das viel auf seine Besiedlung durch Argeier gab – begann das *argeische* Pelasgos hingegen im Hinterland dieser Stadt, um sich dann entlang der Küste des Rauhen Kilikien in den Südwesten hinzuziehen: dort also, wo die Griechen ihre alten Basen hatten, von denen aus sie sich zu Homers Zeit im kilikischen Tiefland festsetzten.

Versucht man die Herkunftsorte von Achilleus' Kontingent auf das griechische Festland zu beziehen, verwundert es deshalb nicht, daß ihre Städte und Regionen den Kommentatoren seit jeher Kopfzerbrechen bereitet haben.[4] Wenn Alus, Alope und Trachis sich dort nicht finden lassen, Hellas ein offensichtlicher Anachronismus scheint und bei Phthia

1 II 681–94. — 2 II 840–3. — 3 Del Monte-Tischler 1978; sie läßt sich dank der Schilderung des Feldzugs von Telipinu gegen Lahha von Lawanzatija in Kilikien verorten. Lawanzatija selbst ist im östlichen Kilikien zu verorten; M.C. Trémouille 2001. — 4 Diskussion: Visser 1997.

sogar fraglich ist, ob es nun ein Ort oder ein Gebiet ist, lassen sich all diese Toponyme in einem folgerichtigen Periplos entlang der Küste des Rauhen Kilikien über die Kietis bis weiter in den Westen verorten: sie geben mit ihren griechischen Schreibweisen ebenfalls alte einheimische Ortsnamen wieder.

In Alus ist wohl das heutige Ulas 15 km nördlich von Tarsos zu sehen, wo jene heißen Quellen am kalten Kydnos liegen, die Homer beim Wettrennen zwischen Hektor und Achilleus beschreibt.[1] Alope ist die gräzisierte Schreibweise der alten luwischen Stadt Aluprata[2], die die Assyrer ›Illubru‹ nannten und die gute 50 km nordwestlich von Tarsos im Taurus lag: sie war der Stammsitz Kiruas während der zweiten kilikischen Revolte. Und Trachis verweist auf das noch von Strabon als ›Trachiotis‹ bezeichnete Rauhe Kilikien[3]: als Stadt war damit wohl das spätere Seleukia gemeint, das den Beinamen ›Tracheia‹ trug.[4]

Auch was Hellas, Phthia und die Myrmidonen betrifft, so gibt Homer dabei nicht etwa griechische Landstriche wieder, sondern greift damit auf die archaische Vergangenheit des Rauhen Kilikien zurück. Denn südlich von Aluprata/Alope begann einmal jenes Flußland namens Hulaya[5], das Homer ›Hellas‹ nennt – ohne noch zu wissen, welch weitreichende Folge das später für ganz Griechenland haben würde: es ist wohl dem Prestige Achilleus' in der *Ilias* zu verdanken, daß die Griechen ihr Land später danach benannten. In der Mitte der hulayischen Küste, die sich zwischen Soloi und Holmoi erstreckte, lag damals die befestigte Inselstadt Elai (›Elai-oussa‹[6]), die die lautliche Nähe zum gräzisierten ›Hellas‹ noch verdeutlicht. Ihr Nachbarort war Korykos – wo Homer den Mythos des Typhoeus verortet.[7] Ein wenig südlich davon, in der Kietis entlang des Kalykadnos[8], hatten sich Phönizier niedergelas-

---

1 Siehe U. Denkbar wäre aber auch Aulas, die 20 km östlich von Tarsos liegende Hafenstadt, die heute Karaduvar heißt; Identifikation Hild-Hellenkemper 1990. — 2 Diskussion: Trémouille 2001. — 3 Strabon XIV 5.1. — 4 Barrington Atlas. — 5 Es ist dies ein Küstenstrich rund um den Lamos-Fluß, von dem unklar ist, wie weit er ins Binnenland reichte. Um 1250 wurde Hulaya jedenfalls als Region von Tarhuntassa aufgefaßt: das geht aus dem Vertrag Hattusilis III. mit Ulmi-Teshup von Tarhuntassa hervor (Beckman 1996, Nr. 18B § 3 und 18 C § 8), wo die Grenzen von Hulaya im Norden zwischen Aluprata (das alte Illubru; später Lampron) und Saliya (bei Bolkar Dag in der Nähe der kilikischen Pforte; Identifikation Jasink 2001, Dincol, Yakar et al. 2001 und Symington 2001) und im Süden bei Walma (Holmoi) gezogen werden. — 6 Strabon XIV 5.6; das spätere dominante und reiche Sebaste Elaioussa; heute Ayas. — 7 In Arima/Arimmatta; siehe P. — 8 In der späteren Kietis.

sen: worauf Homer Bezug nimmt, wenn er Phoinix' Großvater zum Herrscher über Hellas erhebt.[1]

Phoinix selbst flüchtet dann aufgrund einer unglückseligen Liebesgeschichte zu Fuß[2] nach Phthia. So wie dieses Gebiet in der *Ilias* stets zusammen mit Hellas genannt wird, grenzte auch Pitassa an Hulaya[3] – wobei es von der alten Hafenstadt Ura in Hulaya nicht einmal einen Tagesmarsch weit zu einer Inselstadt ist, die auch nach Homers Zeit noch Pity hieß.[4] Diese Insel, auf der mehrere tausend Mann stationiert werden konnten, weist zusammen mit dem ihr gegenüberliegenden Steilufer zwei antike Siedlungsplätze auf.[5] Hinter diesem Bergrücken dort, am Ausgang eines Tales, lag der eigentliche Verbindungshafen der Insel: die uralte Stadt Palapalasha, die dann auch Palaiai, Philai oder Paleas genannt wurde.[6] Pity wie Paleas bildeten dabei das Zentrum eines Gebiets, das sich im Westen bis etwa nach Anemourion erstreckte, durch den Riegel der Akcali-Daglari-Berge im Norden jedoch geographisch isoliert war.

Alles, was wir über Phthia wissen, läßt sich mit dieser Landschaft in

---

1 Die *Ilias* erhebt in IX 448 Phoinix' Großvater Ormenos zum Herrscher über Hellas: Herodot kennt um 500 einen *Oromedon* als kilikischen König (VII 98) und Strabon in dieser Gegend noch das Geschlecht der *Omonaden* (XIV 5.1). Die alte Hafenstadt Ura am Kalykadnos ließe sich mit diesem Herrschersitz gut in Verbindung bringen. — 2 IX 434–84. — 3 Mursili erreichte auf seinem Feldzug gegen Uchaziti erst Aura (Ura), dann Walma (Holmoi), das an der Grenze zu Pitassa lag (Heinhold-Kramer 1977, S. 108). Im Vertrag Hattusilis III. mit Ulmi-Teshup von Tarhuntassa wird Pitassa ebenfalls als unmittelbare Nachbarregion Hulayas erwähnt (Beckman 1996, Nr. 18B § 2 und 18 C § 3–4). — 4 Pityoussa (›Insel Pity‹), östlich von Aphrodisias, heute Dana Adasi. / Im 6. Jahrhundert kämpfte der neubabylonische König Neriglissar gegen Appuashua, den Dynasten von Pirindu, der in Ura residierte und dessen Reich sich bis ins westliche Sellune (Selinont) erstreckte. Dabei kam es zu einem einem Kampf um einen ›Berg mitten im Meer‹ namens Pitussu, wobei auf dieser Insel damals 6000 Mann stationiert waren. Text und Diskussion Casabonne 2004./ Von den Hethitern wurde Pitassa sowohl als Stadt wie als Land bezeichnet (Heinhold-Kramer 1977, S. 355); wie weit dieses Gebiet nach Westen reichte, ist nicht klar – es scheint sich jedoch einmal bis ins spätere Pisidien erstreckt zu haben./Frappant ist auch, daß die griechisch-phönizische Kolonie auf Ischia – wo man ein kilikisches Siegel fand – fast gleich hieß: Pithekoussa. Wie das Schiff von Uluburun zeigt, bestand zwischen diesen beiden Regionen schon im 2. Jahrtausend eine Seehandelsroute – was die Namensähnlichkeit dieser Orte etwas weniger zufällig erscheinen läßt. — 5 Hild-Hellenkemper 1990. — 6 Die Stadt Palapalasha wird zusammen mit Alisha (Elaioussa) und Arena (Mospokrene) erwähnt; del Monte-Tischler 1978. Palaiai – das auch Philai oder Paleas genannt wurde – heißt heute Tahtalimani; Identifikation Hild-Hellenkemper 1986 und 1990 sowie Barrington Atlas.

Deckung bringen: als ›Mutter der Schafe‹[1] bezeichnet, beschreibt dies gut die Weiden der Bergflanken; dank der exponierten Lage weht dort beständig jener Westwind, der Peleus' berühmte Stuten befruchtet[2] (zu seinen Ehren benannte man das Kap bei Aphrodisias Zephyrion); Achilleus' legendärem Eschenspeer vom Gipfel des Pelion entsprechend wachsen hier heute noch ungewöhnlich viele Eschen, selbst auf den Berggraten. Und auch daß Phoinix von Peleus die Herrschaft über die Doloper am Rand der Phthia erhält, ist mit unserem historischen Wissen stimmig: das Land der Dalawer war eine Grenzregion Hulayas.[3] Womit sich in der Stadt Palapalasha/Paleas wohl der Ursprung der Namen Pelasger und Peleus findet: das Suffix -asha erklärt wohl, weshalb sie nicht Peleiden, sondern Pelasger genannt wurden. Die Burg von Achilleus' Vater muß dabei oben auf der Kuppe gelegen haben, wo sich Reste einer großen Ringmauer befinden, die einen bedeutenden Ruinenplatz aus Quadermauerwerk umschließt.[4]

Stimmig wird dann auch die Beschreibung Homers, der zufolge zwischen Phthia und den Troianern ›viele dunkle Berge und das Brüllen der See liegen‹[5]. Pityoussa und sein Umland war einerseits durch das Rauhe Kilikien und das Meer von den kilikischen Kriegsschauplätzen getrennt, lag andererseits aber noch nahe genug, daß die Möglichkeit bestand, man könnte von dort aus die Ernte zerstören und Pferde und Kühe rauben. Auf die Troianer paßt dies jedenfalls ganz und gar nicht: die besitzen ja nicht einmal eine Flotte – wie wollten sie da nach Thessalien kommen? Dagegen ist es im Laufe von 500 Jahren von ›Pitassa‹ zu ›Phthia(ssa)‹ nicht weit: der Lautwechsel von *P* zu *Ph* ist gerade an der Stadt Palaiai belegbar, die auch Philai genannt wurde.[6] Linguistisch ebenso bezeichnend ist, daß zu Homers Zeit in dieser Gegend ein thessalischer Dialekt gesprochen wurde, der bestens mit Achilleus' fiktiver Heimat in Griechenland stimmig ist.[7]

Was nun Achilleus' Gefolgsleute betrifft – die Myrmidonen –, so las-

| 92

---

1 IX 489. — 2 XVI 149–51. — 3 Die Doloper ›am Rand von Phthia‹ (IX 484) lassen sich mit dem Land von Dalawa in Verbindung bringen, das in KUB XXI 6a als Grenzregion von Hulaya genannt wird; Heinhold-Kramer 1977, S. 246. — 4 Früher gab es dort eine große Speermauer, die etwa verhinderte, daß Palai im Jahre 354 n. u. Z. von den Isauriern erobert werden konnte; von dieser Festung wie von den alten Häusern ist dort heute jedoch kaum noch etwas zu erkennen. Hild-Hellenkemper 1986 und 1990. — 5 I 154–7. — 6 Hild-Hellenkemper 1990. — 7 Zum pamphylischen Dialekt siehe Finkelberg 2006.

sen diese sich dank der der alten hethitischen Geographie ebenfalls hier verorten. Denn im Westen grenzte das Reich Mira einmal direkt an Pitassa[1]; da einmal seine Grenze mit Aura (Ura) angegeben wird[2], scheint es den kleinen Inselstaat Pity umschlossen zu haben. Eine Allianz zwischen beiden Reichen gegen die Hethiter ist dabei schon im Rahmen von Atarsias' Umtrieben belegt[3]; und um 1350 werden beide Inselstädte zum Anlaß einer Schlacht zwischen Arzawa und den Hethitern, die in Tyana an der Nordgrenze Kilikiens ausgetragen wird.[4] Zu identifizieren ist die Hauptstadt Mira mit dem späteren Marassa, etwa 30 km südöstlich des heutigen Antalya.[5]

Städte, die auf das ehemalige Mira verweisen, gab es aber auch in der Umgebung der Insel Pity: dazu zählt die spätere griechische Kolonie Anemourion[6], das zwischen Nagidos und Kelenderis liegende Myous[7], Mylai bei Holmoi[8] – aber auch Myriandros[9] südlich von Issos. Und das ist für den Troiastoff nicht unerheblich. Zum einen fallen die Kontakte zwischen Mira und Achijawa gerade in die Zeit um 1250, als der mit achaischer Unterstützung agierende Rebell Pijamaradu eine Rückzugsbasis in Issos hatte: was gut zum Namen der etwas weiter südlich gelege-

1 Heinhold-Kramer 1977, S. 328 und 335f.; im Westen grenzte Mira an Arzawa, mit dem es eng liiert war. — 2 Vertrag zwischen Mursili II. und Kupanta-Kurunta von Mira-Kuwaliya (Beckman 1996, Nr. 11 § 9); in § 4 ist auch die Rede davon, daß Mira versucht hatte, Pitassa gegen die Hethiter aufzuwiegeln, was zusätzlich für diese Nachbarschaft spricht./ Mira hieß dabei nicht nur das Reich, sondern auch die Hauptstadt: das geht aus KUB XIV 15 IV 37, 45 und KUB XIV 16 IV 17 hervor. Dies wiederum legt den Schluß nahe, daß das eigentliche Staatsgebiet – dem Titel Kupanta-Kuruntas gemäß – mit der Region Kuwalija gleichzusetzen ist (vgl. Heinhold-Kramer 1977, S. 335ff.). Kuwalija selbst ist ein alter Name für einen Teil des Rauhen Kilikien (Casabonne 2004)./Herodot I. 7 assoziiert mit dem alten Mira noch das Geschlecht der *Mermnaden* – was ebenfalls gut zu den Myrmidonen paßt; als ihren König nennt er *Myrsilos*. — 3 Im Maduwatta-Text (Beckman 1996, Nr. 27 § 23–24) ist von Pitassa und Marassa die Rede. — 4 Suppiluliumas Mannestaten, Güterbock 1955, Fr. 15, 18 und 19, wo Pitassa auch als Stadt Pita bezeichnet wird und zusammen mit Mauirassa genannt wird (vgl. auch Heinhold-Kramer 1977, S. 64ff.). — 5 Wie aus den beiden obigen Fußnoten hervorgeht, kann die Stadt Mira deshalb mit Marassa/Mauirassa gleichgesetzt werden (heute Asar Tepe, nordöstlich von Hocalar; Identifikation: Hild-Hellenkemper 1990). — 6 Heute Eskianamur auf der NO-Flanke des Kaps Anamur (Hild-Hellenkemper 1990). — 7 Es wird bereits im Periplos des Skylax erwähnt; heute wahrscheinlich Yenikas (Identifikation: Hild-Hellenkemper 1990). — 8 Heute die Manastir genannte Ruinenstätte mit kleinem Hafen, gute 3 km südwestlich von Holmoi (Tasucu); Identifikation: Hild-Hellenkemper 1990. — 9 Wahrscheinlich Ada Tepe, etwa 13 km südlich von Iskenderun (Identifikation: Hild-Hellenkemper).

nen Siedlung Myriandros – ›Männer von Myra‹ – geführt haben mag.
Zum anderen kam es bereits um 1318 in der Gegend von Pity und Mira
zu einem Kampf zwischen den Hethitern und jenem Ucha-lu, in dem
man durchaus ein Vorbild für Achilleus sehen kann.[1] Daß dessen Krieger
dann den Namen Myrmidonen erhielten, deckt sich nicht nur mit
unserem Periplos, sondern er ruft ein passendes geschichtliches Echo
wach: das Ethnikon ›Myr-mido-nen‹ scheint dabei auf derselben Art
von lingustischer Reduplizierung zu beruhen wie das der ›Dar-dan-er‹ –
was für eine alte Assimilationsform sprechen würde.[2]

Nach dieser kurzen kilikischen Ortsliste innerhalb der Aufzählung von
Achilleus' Gefolgsleuten leitet Homer zum Stammbaum Euenos' über,
dessen Vater er mit dem alten Namen des Grenzflusses des Rauhen Kilkien in Verbindung bringt, dem Kalykadnos, der früher einmal ›Sele-
pios‹ hieß.[3]

Das etabliert das Umfeld für den nächsten Abschnitt des Schiffskatalogs, der mit den Männern aus Phylake und Pyrasos beginnt. Wo beide
Orte ebenfalls in Griechenland nicht verortbar sind[4], läßt sich Phylake
jedoch auf den assyrischen Namen für das Rauhe Kilikien – Hilakku –
beziehen: denn was dieser Abschnitt an Städten nennt, ist hauptsächlich
in den Bergen hinter Hulaya/Hellas angesiedelt. Pyrasos mit seinem
Demeter-Hain ist mit dem Perasia-Kult in der Gegend von Kybistra und
der hethitischen Stadt Pirwashuwa in Deckung zu bringen.[5] Iton wäre

1 Siehe B. — 2 Siehe B. — 3 Der Kalykadnos (heute Göksu) wurde später auch Saleph, Sa-
lef, Selephica oder Selef genannt, was auf seinen alten einheimischen Namen zurückgehen
muß (Hild-Hellenkemper 1990). Wahrscheinlich wurde damit ursprünglich einer der Zuflüsse im Oberlauf des Kalykadnos bezeichnet – denn dort scheint die Stadt Sallapa gelegen
zu haben, die im Telipinu-Erlaß zusammen mit Adanija erwähnt wird und die Mursili II.
auf seinem Weg nach Arzawa erreicht; Mursili trifft dort mit Hilfstruppen aus Karkemish
zusammen und marschiert von dort dann nach Aura (Ura) und Walma (Holmoi) am
Astarpa-Fluß (was der damalige Name für den Unterlauf des Kalykadnos gewesen sein
muß). Aus dem Maduwatta-Text geht auch ein Zusammenhang mit Pitassa hervor, und,
aus einem Gebet Muwatallis ein Zusammenhang mit dem Land Harziuna, das wie die Region Hulaya zum ›Untern Land‹ südlich des Halys zählte – womit diese geographischen
Nachbarschaften bestens zum Gebiet um das heutige Ermenek in Isaurien passen. (Textstellen bei Heinhold-Kramer 1977, S. 359 ff.). — 4 Nur Pyrasos wird von Strabon erwähnt
– jedoch in Anbindung an den Schiffskatalog, was die später typische Rückprojektion des
Epos auf die griechische Geographie zeigt; Diskussion: Visser 1997. — 5 Diskussion: Casabonne 2004; siehe P.

mit dem weiter südwestlich gelegenen Otanas zu identifizieren[1]; Pteleos
mit Pateu-x[2] südlich von Tyana; der oder das an Schafherden reiche
Iphiklos mit Issikale 11 km nördlich von Seleukia; und Antron böte dieser Region dann den notwendigen Zugang zum Meer: darunter ist
wohl Korykion Antron mit seinen Karsthöhlen zu verstehen.

Danach macht Homer mit einer aus den *Kypria* übernommenen Anekdote weiter und führt dann mit einem weiteren Pherai das nächste
Truppenkontingent ein.

An diesen Ortslisten ist nun einiges interessant. Zum einen gibt Homer
damit Regionen wieder, die nicht zu den damaligen Kleinstaaten Melid
(das heutige Malatya), Gurgum (heute Maras) oder Kummuh (Comma-
gene) gehörten – und damit wohl unter kilikischem Einfluß standen.
Zum anderen gibt Homer die alten einheimischen Namen zwar gräzisiert, dennoch aber erkennbar wieder – und beläßt damit eine lokalgeo-
graphische Grundierung; mit dem Firnis des Fiktiven versehen werden
nur wenige Orte wie Lyrnessos/Issos. Der Umstand, daß sich ein kleiner
Teil dieser Ortsnamen auch in Griechenland wiederfinden läßt, mag dabei einerseits der Rückprojektion der iliadischen Namen auf griechisches Gebiet durch die antiken Geographen zuzuschreiben sein. Daß
sich kilikische mit auch in Griechenland identifizierbaren Namen vermischt finden, mag auf dreierlei Gründe zurückzuführen sein: auf mangelnde Identifizierungsmöglichkeiten der alten südanatolischen Städte-
namen; auf die narrative Strategie des Epos, das an der Oberfläche ja
eine griechische Geschichte erzählen will; und auf die griechischen
Siedler in Kilikien, die ihre Herkunftsorte in die neue Heimat übertru-
gen, im Sinne eines ›Paris, Texas‹ oder ›Vienna, Virginia‹.

Die Gräzisierung dieser Ortsnamen – und damit auch ihrer Mythen –
hatte jedenfalls weitreichende Folgen. Was ursprünglich wohl nur be-
absichtigt war, um Griechen wie Kilikern mit einem gemeinsamen
Stammraum zu identifizieren und ihn mit dem griechischen Festland zu
integrieren, leistete später einem hellenistischen Nationalismus Vor-
schub, der sich zu Athens Blütezeit dann intensiv auf die *Ilias* stürzen

---

1 Hild-Hellenkemper 1990 (Otanda); heute Hotamisalani nördlich von Olba. — 2 Del
Monte-Tischler 1978; Pateu-x gehörte zur Region Azi, zu der auch Ura – Holmoi – zählte
und wird zusammen mit Hajasa genannt, das bei Tyana lag; besser bestimmbar ist der Ort
nicht.

würde. Auf das kilikische Umfeld bezogen, ließ Homer durch die Einbeziehung des griechischen Hinterlandes diese Region jedoch weitaus größer und bedeutender erscheinen, als sie de facto war: ob dahinter auch das Kalkül steckte, sich den assyrischen Oberherrn als bedeutende Macht zu präsentieren, scheint dabei nicht undenkbar.

Thebe II

Doch damit wiederum zurück zum geographischen Paradoxon eines ›kilikischen Thebe‹, das bei weitem noch nicht ausgeschöpft ist. Denn mit Eetions Residenzstadt treibt Homer nun ein dreifaches allegorisches Spiel. Zunächst stellt er, wie gesagt, mit diesem Ort einen Bezug des Troiastoffes zu Kilikien her. Dann aber doppelt er diese Stadt durch das boiotische Thebe, um ihr zusätzlich mythische Tiefe zu verleihen. Daß Homer die Saga der ›Sieben gegen Thebe‹[1] im Epos einbaut, kann auch als Hommage an das ›Haus des Mopsos‹ zu verstehen sein: sie liefert damit ja den Grund für den Auszug von Mopsos' Mutter Manto aus Böotien. Zugleich schenkt Homer dadurch aber auch den griechischen Siedlungen in Kilikien eine mythische Legitimation: da viele von ihnen Herakles zu ihrem Stammvater erhoben, erzählt er ihnen zu Ehren, wie es zu dessen Geburt im boiotischen Thebe kam.[2] Darüber hinaus bringt er jedoch noch ein drittes Thebe ein, das dem Text einen direkten Gegenwartsbezug verleiht: jenes ägyptische Thebe[3], das zu seiner Zeit gerade von den Assyrern erobert worden war.

›Thebe‹ wird dadurch zu einem symbolischen Ort, in dem das Publikum sozusagen an einer realen wie an einer epischen Realität gleichzeitig teilhaben kann. Es gerät damit zu einem Kippbild – je nachdem, von welcher Seite man es betrachtet. Denn von ihm aus lassen sich drei Projektionslinien in das Gemälde der *Ilias* ziehen. Unter dem Blickwinkel des ägyptischen Thebe verläuft eine Linie direkt in Homers Gegenwart. Vom boiotischen Thebe wiederum führt eine zweite Linie zum Kriegsherrn der Griechen: Agamemnon erzählt ja, wie Hera dort die Geburt Herakles' verzögerte, um Eurystheus zum ersten Herrscher über Mykene und die Argeier – und damit zu seinem illustren Vorfahren – wer-

1 IV 376–81/404–9. — 2 XIV 323–4. — 3 IX 382–4.

den zu lassen.[1] Vom kilikischen Thebe hingegen geht eine dritte Linie aus, die über Andromache zum Kriegsherrn der Troianer führt: Hektors Frau stammt nicht nur aus dieser Stadt, sie wird auch dort von ihm geheiratet.[2]

Schneiden läßt Homer all diese Paralellen sich in Eetions Residenz Thebe. Denn diese Stadt trägt nicht nur die Geschichte der *Ilias* im Kern bereits in sich, sie initiiert auch die Konstruktion ihrer Fabel: in Thebe erbeutet Achilleus die Chryseis[3], mit deren Rückholungsszene das Epos einsetzt; Chryseis wird darauf zum Anlaß, der die Pest auslöst; der Streit um sie und die in der Nachbarstadt Lyrnessos/Issos erbeutete Briseis weitet sich dann zu jenem Konflikt zwischen Achilleus und Agamemnon aus, der die Fabel bis zum Ende hin motiviert; und die Parabel um den thebanischen Herakles dient Agamemnon dann auch zur Entschuldigung seines anfänglichen Wahns.[4] Selbst der Fall Troias findet sich in Thebe bereits vorweggenommen: Achilleus erobert und plündert diese Stadt auf dieselbe Art und Weise, wie es für Troia in Aussicht gestellt wird. Das Vorzeichen wird dabei jedoch umgekehrt gesetzt: er tötet zwar Eetion samt seinen sieben Söhnen, respektiert aber seinen Leichnam und bestattet ihn in allen Ehren[5] – als positiver Kontrast zu seinem späteren Verhalten Hektor gegenüber wie als Wunschdenken angesichts der assyrischen Brutalitäten in Kilikien.

Verstärkt wird dieser Lokalbezug noch durch drei weitere Motive. Wenn Achilleus in Thebe sein Beipferd Pedasos erbeutet[6], dessen Tod am Schlachtfeld die Tötung Patroklos' mit all ihrem Pathos vorbereitet[7], dann steht dies nicht nur symbolisch für die berühmte kilikische Roßzucht, sondern auch für den Fall der lokalen Herrscher. Bei den Wettkämpfen anläßlich seiner Bestattung wird wiederum ein Eisenbarren – *solos* – Eetions als Trophäe ausgesetzt[8], dreimal hintereinander genannt, bezieht sich diese Vokabel auf Soloi, jene griechische Siedlung in Kilikien, die kurz darauf auch als Handelsort für dieses Metall impliziert wird.[9] Am elegantesten ist jedoch, wie Homer durch das kilikische Thebe nicht nur Achilleus, sondern schließlich auch sich selbst emblematisch als Sänger unseres Epos einbringt: denn aus dieser Stadt stammt jene ›klar und hell klingende, wunderbar gearbeitete Phorminx‹, mit

1 XIX 96–133. — 2 XXII 471f. — 3 I 366–9. — 4 XIX 125–38. — 5 VI 414–27. — 6 XVI 152–4. — 7 XVI 466–9. — 8 XXIII 826–7/839/844. — 9 XXIII 835.

328

der er vom Ruhm der Krieger und ihren Heldentaten singt – während
ihm gespannt zugehört wird.[1]

Läßt sich über dieses dreifache Kippbild Thebes ein Aufriß des Epos
zeichnen, stellt die Bellerophontes-Saga das komplementäre Vexierbild
dazu dar. Denn wo Bellerophontes' Herrschersitz sich befindet, verrät
Homer nur implizit – was um so ungewöhnlicher ist, als er dies sonst bei
jeder noch so kleinen biographischen Anekdote tut. Er verortet ihn als
Sarpedons Großvater nur am Xanthos/Kalykadnos, um ihn dann von
der lykisch-kilikischen Grenze schrittweise – über die Chimäre von Korykos, die Solymier, die Amazonen – in die alesische Ebene um Thebe
zu bringen.[2]

Dieser Lokalbezug erhärtet sich noch durch drei weitere Anspielungen: zum einen galt Bellerophontes, wie wir gesehen haben, als griechische Entsprechung des kilikischen Heroen Sandan. Zum zweiten wurde
Sandan zum Stammvater Tarsos', deren Bewohner sich auf eine Abstammung aus Argos beriefen – von dem legendären König dieser Stadt
erhält der Bellerophontes dann auch die Wachstafel mit den todbringen-
den Zeichen, die ihn erst auf seine Wanderungen schicken. Und zum
dritten war Sandan nicht nur der Name für eins von Hektors Vorbildern – Sanduarri –, sondern auch der Schutzgott jenes Fürsten, der zu
Homers Zeit in Kilikien auf dem Thron saß: Sandasharme. Holt Homer
so aus dem kilikischen Thebe die Leier für seine Gesänge, so erhält er
mittels dieser allegorischen Sandanfigur, des ›argeischen‹ Tarsos und des
Herrschers, unter dem er als Schreiber gearbeitet haben mag, nun auch
das, was sich einzig in der Erzählung Bellerophontes' genannt findet: die
Schrift.

1 IX 186–90. — 2 Siehe P.

Y – HOMER

Homer und Assurbanipal

Was sich über Homer sagen läßt, ist dennoch zunächst kaum mehr, als
daß er die Realgeschichte seiner Zeit anhand der Annalen aufarbeitet,
sie mit literarischen Stoffen verschiedenster Provenienzen amalgamiert
und dann mit den auch in Zypern kursierenden Troiastoffen legiert –
um dies alles in der *Ilias* in eine Form zu gießen. Mit eingeflossen ist dabei sicherlich auch das, was man ihm an Anekdoten über die kilikischen
Revolten erzählt hat – wie sonst wäre er zu der Fülle von die einfache
Fabel stellenweise überlastenden Kampfbeschreibungen gekommen, wo
er eher die Rolle eines Chronisten und Kriegskorrespondenten als die
eines Sängers übernimmt? Seine Ausbildung als Schreiber scheint angesichts der vielfältigen Vorlagen ebenso zwingend, wie daß diese in einer
der lokalen Machtzentren erfolgte: die umfassenden Kenntnisse der assyrischen Annalen und die präzise Schilderung der zu seiner Zeit üblichen Rechts- und Vertragspraktiken[1] legt dies nahe. Ob er er sie beim
assyrischen Gouverneur oder beim lokalen Herrscher erfuhr, muß of-
fenbleiben: denkbar ist Tarsos oder das assyrische Verwaltungszentrum
Adanija, deren Bibliotheken gut ausgestattet sein mußten.

Welches Publikum hatte Homer dabei jedoch vor Augen? Denn daß
sein Epos viel zu monumental für reine Unterhaltungszwecke war, wird
selbst heute noch jedem klar, der sich näher darauf einläßt: sein Anspruch ist weit enzyklopädischer, seine Anspielungen meist viel zu subtil, das Intertextuelle samt allen Bezügen viel zu weitreichend und komplex für eine bloße Geschichte – Homers Werk ist schlicht und einfach
zu klug dafür. An wen mochte es also gerichtet sein? Ein plausibler Vorschlag dafür wäre: Assurbanipal. Denn er, der ursprünglich einmal die
Priesterlaufbahn hätte einschlagen sollen, instrumentalisiert zu dieser
Zeit erstmals alles Wissen: ihm ging es dabei weniger um Selbstdarstel-
lung, als um das Verfügen über jede Art von Fachwissen – um es zum
Herrschaftswissen zu machen und damit seiner Macht eine weitere
Grundlage zu geben.

1 Diskussion: Rollinger 2004 c.

Die Fähigkeit, mit Bogen, Pferd und Streitwagen umgehen zu können, stellt Assurbanipal dabei auf eine Stufe mit den ›Lehren all der Spezialisten, soviel es deren gibt, die er erforschen will‹. Er selbst lernt das
›verborgene Geheimnis der gesamten Schreibertradition‹, ist fähig ›in
Versammlungen mit Gelehrten zu diskutieren‹, kann mit den ›Weisen
über die Serie *Wenn die Leber das Ebenbild des Himmels ist* disputieren‹,
die ›kompliziertesten Reziproke und Multiplikationen, die nicht leicht
zu durchschauen sind, lösen‹ und ist in der Lage ›kunstvolle Texte in ob-
skurem Sumerisch und schwer verständlichem Akkadisch sowie Stein-
inschriften aus der Zeit vor der Sintflut zu lesen‹:

> Die umfassenden Kenntnisse aller Handwerker insgesamt beherr-
> schend, pflegte ich das für die Herrschaftsausübung Wesentliche zu
> erlernen und verhielt mich dabei auch stets wie ein König. Ich er-
> teilte den Fürsten regelmäßig Anweisungen: ohne mich wurde nor-
> malerweise keinem Verantwortlichen ein Amt anvertraut und ohne
> meine Mitwirkung kein Statthalter eingesetzt.[1]

In seinem Auftrag wird deshalb überall im Reich gezielt alles Wissen aus
den Städten, Tempelarchiven, aber auch von Privatpersonen zusammengetragen – von Rechtsurkunden und Tributlisten über literarische Texte
und Mythen bis hin zum den verschiedensten Formen von praktischem,
religiösem und akademischem Spezialwissen. Bestimmt ist diese riesige
Bibliothek nur für Eingeweihte – damit sollte verhindert werden, daß
dieses Wissen in falsche Hände gelangte, zu inkompetenten Vorgehens-
weisen führen oder gar gegen den König selbst gerichtet werden
konnte: deshalb mußten all die Gelehrten und Schreiber ja auch einen
Loyalitätseid ablegen. Ninive sollte zum ›Sitz aller Geheimnisse werden,
daß sich in ihr jedes erdenkliche Werk der Kunstfertigkeit zusammengetragen findet‹. Es geht Assurbanipal also um die Konkretisierung seiner
Herrscherkompetenz, die ihre Führungsqualitäten dezidiert durch die
Kenntnisse von Spezialwissen erweitern will – ein operationelles Wissen,
das Assurbanipal zur Weltbemächtigung und Weltbeherrschung dient.

Das gilt nicht nur für Ninive; auch in Babylon ordnet er an, daß
›Zimmerleute, Edelstein- und Metallarbeiter, Bildhauer und Handwer-

---

1 Alle Zitate in Pongratz-Leisten 1999, die dieses Thema ausführlich behandelt.

ker, die über spezielles Wissen verfügen‹ in der Tempelwerkstatt arbeiten sollen. Und dasselbe gilt für alle zu seiner Zeit restaurierten oder neugegründeten Tempel. Zusätzlich hatte dies natürlich auch eine politische Funktion: denn in den Schreiberzentren konnten dadurch die zukünftigen Mitglieder der Bürokratie sozialisiert und indoktriniert werden – wobei die Gelehrten in den Rang einer Sachverständigen- und Expertenkommission erhoben wurden, die mit denen heutiger Regierungen vergleichbar waren.

Daß dabei auch Kilikien an die Reihe kam, ist mehr als wahrscheinlich: die neue Präsenz der Griechen dort verlangte ja auch nach der Erfassung ihres Wissens, ihrer Geschichte und ihren Mythen – nicht zuletzt auch, um den ursprünglichen Feind endlich (und besser nun) kennenzulernen. Das würde nicht nur die Initiative für ein solches Werk wie die *Ilias* erklären, sondern auch, daß man es einem assimilierten Griechen auftrug. Dem jeweils regierenden Herrscher etwas vorzusingen, gehörte ja stets zu den Aufgaben eines Sängers: das zeigt auch ein Relief von Sanheribs Feldzug, wo drei – ihren Gewändern nach zu schließen judäische oder griechische – Leierspieler dem Großkönig zur Unterhaltung vorgeführt werden.[1]

Dies würde verständlich machen, weshalb Homer seine Griechen in einem assyrischen Rollenspiel vorstellt, er sich des *Gilgamesh* als Folie bediente, er darin auch alles kilikische ›Spezialwissen‹ einarbeitete und sich auch sonst bemühte, dem von Assurbanipal eingeforderten Wissensprofil Rechnung zu tragen: von der Protohistorie bis zur Protogeographie des griechischen wie des späthethitischen Umfeldes bis hin zur Demonstration seiner mathematischen und administrativen Kenntnisse. Assurbanipal dieses nationale Epos zu übergeben, hieße damit auch quasi einen Staatsakt zu vollziehen, mit dem sich die Kiliker präsentierten.

Das böte zumindest eine Erklärung dafür, wie es zu den Kopien der *Ilias* kam, die dann kursierten: denn auch der kilikische Herrscher mußte an einem solchen Nationalepos genügend Interesse haben, um in seinen Schreibstuben Abschriften anfertigen zu lassen. Wie wir gesehen haben, hatten ja auch die späthethitischen Kleinfürsten in Karkemish

1 Barnett-Bleibtreu-Turner 1998, 511 – siehe Abbildung 68.

und Tabal ihre hochbegabten Schreiber: man denke nur an Iariri, dessen Herrscher von ihm die Beherrschung von zwölf Sprachen und vier Schriften verlangte. Von einem provinziellen Hinterland sind wir dabei weit entfernt: das Martialische verband sich unserer Region ebenso nahtlos mit dem Kulturstreben wie all die Schlachtszenen in unserem Epos mit den darin vorgestellten zivilisatorischen Errungenschaften. Da das Verhältnis der Kiliker zu den Assyrern nun einmal von politischer Abhängigkeit gekennzeichnet war, mochten sich die Motivationen für ein solches Werk gegenseitig bedingt und befördert haben. Wobei zusätzlich noch denkbar wäre, daß die *Kypria* genauso wie die etwa zeitgleich zur *Ilias* entstehende *Aithiopis* diesem Impetus zu verdanken sind.

In einer spezifischen Ausrichtung des Epos auf Assurbanipal wäre dabei jedoch der Grund für den Mangel an kritischer Stellungnahme in der *Ilias* zu sehen. Denn anders als sein zynischer Zeitgenosse Archilochos oder sein misanthropischer Vorgänger Hesiod windet Homer sich ja, wo er kann: er bezieht als Erzähler kaum einmal offen und direkt Position, sondern wenn, dann bloß zwischen den Zeilen. Das kann man ihm als Feigheit wie als Opportunismus auslegen – oder es seinem Loyalitätseid als Schreiber und seinem Treueschwur dem kilikischen Herrscher gegenüber zuschreiben. Daß er dabei aber nicht ganz ohne politisches Kalkül vorgeht, das zeigt zum einen die Parabel auf dem Schild des Achilleus – aber auch die mythische Geographie seines Schiffskataloges, die mit den historisch belegbaren wie den zeitgenössischen Gegebenheiten nur zum Teil übereinstimmt. Die Geographie Griechenlands wie jene Kleinasiens mit all ihren Stämmen und Orten, Kriegern und Heldentaten durch ein gerütteltes Maß an Fiktivem anzureichern, um den Griechen wie ihren diversen Nachbarn in Kleinasien mehr Stellenwert zu verleihen, als sie den Assyrern gegenüber eigentlich hatten, konnte durchaus dazu angelegt gewesen sein, Assurbanipal und seinem Expansionsdrang zu zeigen, daß er sich an ihnen die Zähne ausbeißen würde.

Der Ignoranz der Assyrer gegenüber den Griechen und Späthethitern etwas entgegenhalten zu können, das eigene Prestige zu unterstreichen und zugleich zwischen den Kulturen zu vermitteln, mochte Homers Anliegen in der *Ilias* gewesen sein. Die Motivation für die Abfassung eines derart enzyklopädischen Werkes ist dabei mit der von Berossos im 3. Jahrhundert zu vergleichen – der in vielem wie ein Doppelgänger Homers scheint. Ebenfalls zwischen zwei Kulturen stehend – der Baby-

Ionischen und der Graeko-Mazedonischen – und in einem von Alexanders Satrapen beherrschten Land geboren, schrieb er seine *Babylonika* zur Belehrung Antiochius' I.: augenscheinlich in der Erwartung, er könne dessen Politik seiner babylonischen Heimat gegenüber verändern, indem er ihn über deren Geschichte, Sitten und Gebräuche aufklärte. Wie Homer kompilierte auch er eine Vielzahl von einheimischen und fremden Mythen, wobei er sich – trotz seiner enttäuschten Hoffnungen – letztlich für die Assimilation in einer Fremdkultur entschied und sich im hohen Alter noch auf Kos niederließ. Und so wie Homer darauf nur mehr als Sagengestalt greifbar war, rankten sich auch um ihn bald Legenden, die ihn zum Erfinder der Sonnenuhr werden ließen, ihm eine Sybille als Tochter zuschrieben und ihn zum Propheten machten, dem in Athen eine Statue aufgestellt wurde.[1] Als Vermittlerfigur blieb er dabei nicht der einzige: zur selben Zeit bereitete auch der ägyptische Priester Manetho für den griechischen Satrapen Ptolemaios I. die Geschichte seines Landes auf – und Flavius Josephus tat mit seinen *Jüdischen Altertümern* später das gleiche.

Der einzige wirkliche Unterschied zu ihnen ist dabei nicht, daß ihre Werke in Prosa verfaßt wurden: denn die mußte die griechische Tradition ja erst erfinden – zu Homers Zeit galt noch das Prärogativ des Epischen, das Mythen und Historie mit dem roten Faden einer Fabel verband (der in der *Ilias* jedoch bereits etwas dürftig geworden ist: sie bezieht ihre Spannung ja eher aus dem Anekdotischen). Was Homer von Berossos und Josephus absetzt, ist vielmehr, daß er sein Epos nicht in einer fremden Sprache und Schrift niederschrieb, sondern auf griechisch und in einem lokal adaptierten Alphabet: doch wo Assurbanipal sich soviel auf seine intellektuelle Versatilität zugute hielt, kann man darin eine subtile Herausforderung erkennen. Oder das Wissen, daß es zu dieser Zeit auch griechische Schreiber in assyrischen Verwaltungspositionen gab, die sein Epos für Assurbanipal übersetzen konnten.[2]

1 Burstein 1978. — 2 Diskussion: Rollinger 2001 c.

Homer als Schreiber zu sehen, steht dabei nicht notwendig im Widerspruch zum Bild eines Sängers: die kyprischen Geschichten im Ohr, von in Tarsos wie in Karatepe belegten Leierspielern umgeben und mit der orientalischen Diktion konfrontiert, bot das genug Nährboden für sein Talent, ohne daß man dazu die alleinige Zugehörigkeit zum Berufsstand eines Aoiden postulieren muß. Wenn Hesiod Schafhirte sein konnte, Archilochos Krieger, Alkaios aus einer Familie von Handelskaufleuten kam und Sappho sich um die Erziehung von Mädchen kümmerte, spricht nichts gegen eine Ausbildung und Arbeit Homers als Schreiber.

Klar ist jedenfalls, daß ›Homer‹ kein griechischer Name ist; mit ihm konnten schon die alten Scholiasten nichts anfangen. Sie sahen sich dabei zu den gewundensten Etymologien gezwungen: etwa daß er sich von *homera*, ›Geisel‹, ableite – was zu allen möglichen Legenden führte.[1] So wären etwa vor langer Zeit die Frauen beim Dionysosfest auf Chios verrückt geworden und hätten so lange gegen die Männer gekämpft, bis ein Waffenstillstand vereinbart wurde, bei dem man gegenseitig Knaben und Mädchen als Geiseln austauschte; die hätten dann geheiratet – und ihnen würde Homer entstammen. Das ist ebensowenig glaubwürdig wie die Erklärung eines Historikers aus Kyme, der Homer eingemeinden wollte und deshalb behauptete, in seiner Stadt wäre *homeros* ein Begriff für ›blind‹. In der *Odyssee* taucht das Verb *homerein* auf, wo es ›jemanden treffen‹ bedeutet; Hesiod adjektiviert damit einmal das ›Singen‹ als ›treffend‹, möglicherweise im Sinne eines Unisonos – doch da die epischen Sänger alle Soloartisten waren, scheint dies wenig wahrscheinlich. Auch ein Versammlungsplatz ist unter diesem Namen – *homarion* – in Achaia bekannt: dazu jedoch will die Idee poetischer Unterhaltung ebenfalls nicht passen.[2]

Zu Homers Zeit war wie gesagt die Hälfte der Schreiber in Assyrien aramäischer Herkunft. In ihrer Muttersprache war *homer* ein geläufiger Begriff[3]: er benannte die Gewichtseinheit für eine Eselslast (220 kg) und

1 Den einzigen greifbaren Hinweis auf Homers Kontext scheint der pseudohesiodische Wettstreit zu liefern, wo die Rede davon ist, daß Homers Vater von den Zyprioten an die Perser als Geisel ausgeliefert wurde – auf die Kämpfe der zypriotischen Ionier mit den Assyrern, ein halbes Jahrhundert bevor die Perser sich in Kilikien festsetzten, würde dies als fernes Echo passen. — 2 Diskussion: West 1999. — 3 Im *Alten Testament* wird diese Maßeinheit mehrmals definiert: Ezechiel 45.13; Levitikus 27.16.

die Maßeinheit für einen Acker, der mit dieser Menge an Samen besät werden konnte: sechs Morgen Land. Das würde eine ländliche Herkunft denkbar machen, die mit der bäuerlichen Wirklichkeit, die die Gleichnisse ins Epos einbringen, und Homers spürbarem Ressentiment gegen alles Städtische bestens einhergeht. Und dann hätte er sich auch mit dem Jungen, der einen störrischen Esel aus dem Kornfeld treibt[1], ein Denkmal gesetzt – oder ein Wortspiel mit einer anderen Bedeutung dieses Namens zum Ausdruck gebracht.

Denn *homer* (und heute noch ›Omar‹) bedeutet nämlich in den westsemitischen Sprachen soviel wie ›Sprecher, Erzähler‹. So wie die Tempelmusiker in Zypern die Berufsbezeichnung ihrer phönizischen Kollegen übernahmen – *bene kinnur*, ›Söhne der Leier‹ – und sich als ›Kinyradai‹ bezeichneten (was zum Mythos eines legendären zyprischen Königs namens Kinyras führte), ist auch der Name – *bene homerim* – als Bezeichnung für die professionellen kilikischen Geschichtenerzähler möglich.[2] Wo West diesen Vorschlag für ›zu abenteuerlich hielt, um ihn ein zweites Mal zu äußern‹[3], erscheint er im kilikischen Kontext jedoch durchaus passend. Falls Homer seine Texte auch selber vortrug, dann ist er deshalb wohl auch mit einem Standesbegriff wie diesem bezeichnet worden: um so mehr, als er durch die Phönizier prestigeträchtig genug war, um dann auch an der Westküste übernommen werden zu können.

Diese beiden Namensdeutungen schließen einander nicht aus: *nomen est omen* gilt für damalige Zeit noch weit mehr als heute; und bei all den sprechenden Namen seines Epos wäre es wohl seltsam, wenn sein Dichter nicht auch den symbolischen Spielraum des eigenen Namens ausgeschöpft hätte. Dabei läßt sich der Name Homeros aber auch noch geographisch verorten – und zwar am Schnittpunkt jener Volksgruppen, denen Homer die im Epos quantitativ umfangreichsten Geschichten widmet: nämlich den Aitolern, Kureten, Pylenern und Epeiern. Denn jenseits des Amanus, südlich des römischen Cyrrus, kennt man in der Spätantike noch eine Stadt namens Omeros: sie wird mit dem heutigen Amaranli identifiziert[4] und lag unweit des heiligen Berges Amarik, unter dessen Name eine lokale Zeusfigur als Wettergott verehrt wurde.[5]

1 XI 557–61. — 2 West 1997, S. 622/3. — 3 Ibid. — 4 Canivet 1977; siehe auch Barrington Atlas. Das H ist ein Laut, das bei griechischen Namen im Laufe der Zeit oft und bald verschwindet; im Gegenzug dazu beginnen semitische Namen in der Regel nie mit einem Vokal, sondern mit einem dem H vergleichbaren Rachenlaut. — 5 Del Monte 1992 und Marin 2001.

7 DER WESTEN

Z – Zirkulation

Sich vorzustellen, wie unser Epos von Kilikien an die kleinasiatische Westküste kam, ist nicht schwer. Wie die Zitate in der erhaltenen Literatur und Vasenmalerei zeigen, war die *Ilias* dort etwa ab 630 in breiterem Umlauf. Das paßt zeitlich bestens dazu, daß ab 660 den Kolonialisationsbestrebungen der Griechen in Kilikien ein Riegel vorgeschoben worden war. Sie mußten deshalb ihre Aktivitäten weiter in den Westen verlegen oder sich wieder auf ihre alten Ausgangsbasen zurückziehen: die Leute aus Anchiale und Soloi auf Rhodos, jene in Tarsos auf Argos; der Rest auf Zypern, Pamphylien, Euböa und die kleinasiatischen Inseln – all jene Ionier, die sich am Aufstand beteiligt hatten und vielleicht sogar namentlich darin erwähnt wurden, mochten da ein persönliches Interesse an dieser Geschichte haben, die zu ihrer Verbreitung führte.

Daß umgekehrt der zeitgenössische Horizont zusammen mit dem Wissen um die Person des Autors in Vergessenheit geriet, hat ebenfalls damit zu tun. Völlig untypisch für die griechische Literatur, deren Verfasser von Hesiod an bekannt blieben, läßt sich auch dies mit dem Ende des kilikischen Abenteuers und der darauf folgenden Isoliertheit der dortigen Städte erklären. Befördert wurde dies zusätzlich dadurch, daß die Weltlage sich veränderte: Assurbanipal starb 629, Assyrien geriet wieder in den Hintergrund – statt dessen begannen sich nun die Perser in Kilikien festzusetzen.

Währenddessen begann jedoch die große Zeit der griechischen Kolonien in Kleinasien: man denke nur an Milet oder Knidos, diese Städte mit ihren Philosophen und Naturwissenschaftlern, die aus dem orientalischen Erbe eigenständige Denkweisen formten. Sie profitierten nun von der aufblühenden Goldproduktion bei Sardes und der Königsstraße nach Syrien und Mesopotamien, die seit der Initiative des lydischen Königs Gyges bestand. Daß dort ein neues und auch zahlkräftiges Publikum auf Geschichten wie die *Ilias* wartete, scheint selbstverständlich – auch angesichts dessen, daß sie darin ja nun das alte Troia vor Augen hatten. Wobei die phönizischen Seerouten und die umtriebigen Umschlaghäfen auf Chios, Lesbos, Samos, Rhodos oder in Kyme mit ihren internationalen Handelsbeziehungen das ihre getan haben mochten, um die *Ilias* über Kilikien hinaus bekannt zu machen.

Dies geschah eher durch den von Rhapsoden vorgetragenen Text als in Person eines Homers auf Gastspiel – denn erst so wird stimmig, daß uns seine Name erstmals bei den ›Homeriden‹ begegnet, einer Sängergilde, die sich auf den Vortrag der homerischen Epen spezialisiert hatte. Sie beriefen sich mit diesem Namen, als das Wissen um die eigentliche Person verlorengegangen war, auf ›Homer‹ als Stammvater ihres Berufs.[1] Von ihnen wird das Epos dann auch seinen Titel erhalten haben, der eigentlich ›die in der Gegend von Ilios erzählten Geschichten‹ verspricht. Homers ursprünglicher Titel wird jedoch – den Gepflogenheiten akkadischer Schreiber entsprechend – in den ersten Worten seiner Saga bestanden haben: *menin aeide, thea.*

Homers Epen in Abschriften präsent, verwalteten die Homeriden auf Chios das Erbe des Dichters.[2] Um seinen Ruhm – und damit ihren eigenen Ruf – zu vergrößern, erzählten sie jede Menge an erfundenen Geschichten über ihn[3], rezitierten einzelne Gesänge und leiteten dabei ihren Vortrag mit selbstverfaßten ›homerischen Hymnen‹ an die Götter ein; dabei wurden sie reich genug, um andere Vortragende, die Homer Ehre gemacht hatten, mit goldenen Krönchen zu belohnen.

Der Wendepunkt kam dann 523, als Polykrates – Tyrann von Samos – ein Fest auf Delos zelebrierte, wo die Rhapsoden Stücke dieses nunmehr ›blinden Poeten aus Chios‹ präsentierten. Dem wollte Athen nicht nachstehen: die Stadt war dabei, groß zu werden, stimuliert durch die Kontakte mit der ionischen Küste – deren Dichter Simonides und Anakreon von Hipparchos patronisiert wurden. In Athen waren zu der Zeit Hesiods Werke im Umlauf, und Onomakritos verfaßte bereits die ersten

---

1 Die Deutung der Homeriden als reale ›Söhne Homers‹ ist unzutreffend; Diskussion: West 1999; das heißt jedoch nicht unbedingt, daß der Name ›Homer‹ *nur* als Berufsbezeichnung diente und nicht auch auf den biblischen ›Homer‹ verweist. — 2 Diskussion: West 1999, 2001 und Graziosi 2002. — 3 Gesammelt in West ed. 2003.

antiken Fälschungen: die Orakel des Musaeus. Jedenfalls institutionalisierte Hipparchos um 520 anläßlich der viertägigen Panathenischen Festspiele erstmals den vollständigen Vortrag von Homers beiden Epen (und nur dieser). Abschriften wurden zusammengetragen, damit sie die Rhapsoden auswendig lernen und weiter ausschmücken konnten – eine Praxis, die spätestens dann eingeschränkt wurde, als die *Ilias* und die *Odyssee* wie der *Gilgamesh* in Mesopotamien zum Schulstoff gerieten.

Dabei wurde Homer nun zum Objekt historischer Neugier, biographischer Romanzen – und auch der Literaturkritik. Schon vor 500 hatte Theagenes von Rhegium ein Traktat samt allegorischer Interpretation über die homerische Theologie verfaßt. Ab dem Ende des 5. Jahrhunderts gehörte Homer in jede Privatbibliothek – von denen es nun mehrere gab –; und die Scholiasten taten das ihre, um das zu erklären, was ihnen mit der Zeit und der Ferne des Raumes fremd geworden war: Aristoteles etwa händigte seinem Schüler Alexander dem Großen eine solche korrigierte Abschrift aus. Dann machten sich die alexandrinischen Gelehrten über den Text her, Zenodotus, Didymus, Kallistratus, Aristarchus – um nur einige zu nennen: Homer war längst zum *Praeceptor* geworden.

Dabei ist es ein ironischer Treppenwitz der Geschichte, daß sich ausgerechnet in den Satiren Lukians – der aus Kommagene östlich von Kilikien stammte – ein Körnchen Wahrheit über Homers eigentlichen Hintergrund findet:

Es waren noch nicht zwei oder drei Tage vergangen, so begab ich mich zum Dichter Homer, als wir beide Zeit hatten, und fragte ihn unter anderem auch, woher er sei, wobei ich bemerkte, daß bei uns die Frage bis jetzt noch lebhaft erörtert werde. Er erwiderte, er wisse sehr wohl, daß einige ihn für einen Chier halten, andere für einen Smyrnäer, viele für einen Kolophonier; er behauptete jedoch, ein Babylonier zu sein und bei seinen Mitbürgern nicht Homer, sondern Tigranes zu heißen.[1]

1 Wahre Geschichten II 20.

BILDTEIL

1 Adanija und der Saros heute.

2 Kinet Hüyük, der Schutthügel des alten Issos; am rechten Bildrand
liegt das Meer.

3 In Tarsos ausgegrabene Siegel aus dem
7. Jahrhundert.

344

4 Bronzeschild aus dem Haus D in Karkemish (7. Jahrhundert).

Und er nahm seinen mächtigen, mannsgroßen Schild,
ein schönes, kostbar gearbeitetes Stück, zehn Ringe aus Bronze darauf
und zwanzig Buckel aus Zinn,
weiße, mit einem aus schwarzblauem Niello in der Mitte.
Gekrönt wurde der Schild von der grimmigen Maske der Gorgo,
ihrem furchterregenden Starren, Terror und Panik rechts und links davon.
Der Schildgurt war aus Silber gemacht, und darauf wand sich
eine Schlange aus Niello, aus deren einem Hals
drei Köpfe wuchsen, die sich nach allen Seiten krümmten.

XI 32–40

5 Die Bucht von Aigai heute.

6 Felsfigur bei Sibyla – Homers *Niobe*.

346

7 Das Karstloch des Cennet Cökügü – wo Homer den Mythos des Typhoeus lokalisiert.

8 Das Kap, auf dem einmal Sarpedons Grab verehrt wurde; im Hintergrund die Insel Pity.

9 Zwei Schreiber protokollieren im Krieg erbeutete Speere, Möbel und die Zahl der abgeschlagenen Köpfe; Relief aus Sanheribs Palast in Ninive.

10 Zwei assyrische Schreiber mit Tontafel und Papyrus – vergleiche auch Umschlagmotiv.

348

11 Abzeichnung eines Reliefs aus Sanheribs Palast in Ninive, Raum LI.

12 Römische Ruinen von Soloi.

13 Der Pyramos südöstlich von Kastabala mit Schilfufer und Auen.

14 Schlucht bei Ulas, aus der der kalte
Kydnos kommt.

15 Brücke über den Kydnos bei Ulas; in der Bildmitte der Rücken mit
den Schwefelquellen, darunter der antike Weg.

16 Reste des antiken Weges.

17 Ausgewaschenes Becken unter der Brücke.

18 Die beiden Felskegel der ›Aianten‹ vor dem Pahrischen Bergen; der Pyramos
fließt dazwischen hindurch.

                                    Und hinter ihnen
hielten die Aianten sie zurück, wie ein bewaldeter Berggrat
der sich quer durch eine Ebene zieht, die Wasser aufstaut
und selbst den hartnäckigen Strom der mächtigen Flüsse aufhält
und ihren Lauf geradewegs zurück auf die Ebene wendet,
ohne daß die Stärke ihrer Strömung ihn durchbrechen kann.

XVII 746–51

354

19 Der Pyramos bei Mopsouhestia; im Hintergrund die Pahrischen Berge.

20 und 21 Südtor von Karatepe: Die Tötung des Humbaba.

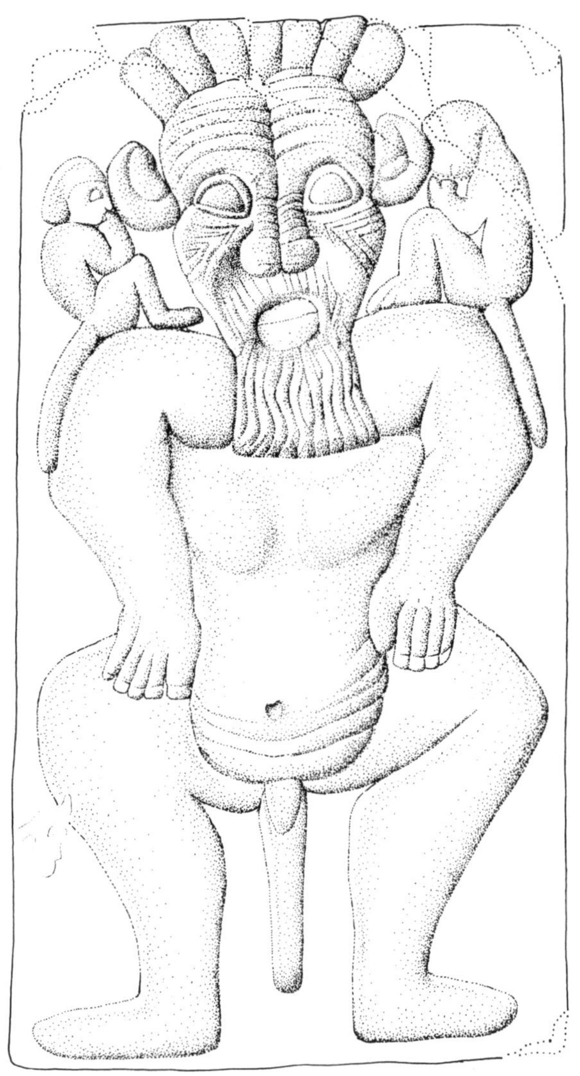

22 Nordtor von Karatepe: Der Gott Bes.

23 Nordtor von Karatepe: Der Bogengott und der Bär.

den mächtigen *Orion*
und die Bärin, die die Menschen auch ›Wagen‹ nennen:
sie dreht sich um dieselbe Stelle, beäugt dabei den Jäger
und ist die einzige Konstellation, die nicht im Okeanos badet.

XVIII 487–9

358

24 Nordtor von Karatepe, Reliefs mit den nun folgenden Motiven
des Toreingangs.

25 Nordtor: Die Muttergöttin Hebat stillt Sharumma.

Seine Mutter drüben aber klagte jammernd und vergoß Tränen,
sie öffnete die Falte ihres Kleides und hielt mit der anderen Hand ihre Brust hin
und Tränen vergießend, sagte sie zu ihm mit scharfen Worten:
Hektor, mein Kind, zeig Respekt und hab Mitleid mit mir,
wenn ich dir jemals diese Brust gegeben habe, um deinen Kummer zu stillen.

XXII 79–83

26 (links) Nordtor von Karatepe: Göttlicher Adler, Flügelsonne stützend.

Und sogleich schickte Zeus einen Adler, das gültigste Omen von all den Vögeln,
einen dunklen Jäger, den man als den Schwarzen Adler kennt.
Seine Fittiche breiteten sich auf beiden Seiten so weit aus
wie die Tore, die man für das hoch überdachte Gemach
eines reichen Mannes baut und mit starken Riegeln versieht.

XXIV 315–9

27 (rechts) Nordtor von Karatepe: kilikischer Hirtengott mit Ziege,
der lokale Hermes.

28 Südtor von Karatepe: Oben eine Festmahlszene, unten ein Stieropfer.

29 Nordtor von Karatepe: Oben Speerträger mit Opferziege, unten Stieropfer.

Wie wenn ein starker junger Mann *das scharfe Beil in seinen Händen*
einem Feldochsen hinter den Hörnern in den Nacken schlägt
und die Sehne ganz durchtrennt, daß der Ochse vorspringt und niederbricht.

XVII 520–2

30 Südtor von Karatepe: Speiseträger und Musikanten.

Und sie fanden Achilleus wie er sein Herz mit der *klar gestimmten Phorminx* erfreute,
einem schönen, wunderbar verarbeiteten Instrument mit einem Steg aus Silber,
das er erbeutet hatte, als er Eetions Stadt zerstörte.

IX 186–8

Und Jünglinge wirbelten im Tanz herum und unter ihnen
erklang die Musik von Auloi und Phormingen.
Da schritten junge Männer und *Frauen,* deren Hochzeit viele Ochsen einbringen würde,
im Tanz und hielten einander an den Handgelenken;

31 Nordtor von Karatepe: Oben Frauen mit Kranz und Tamburin;
unten Musikanten mit Rundbodenleier und Aulos sowie Sprungtänzer.

die Mädchen trugen Kleider aus feinem Leinen und die jungen Männer
gutgewirkte Umhänge, die noch sanft vom Olivenöl glänzten,
wo die einen *schöne Kränze trugen*, hatten die anderen
goldene Dolche von silbernen Gürteln hängen.
Eine dichte Menge umstand sie und erfreute sich am Anblick des lieblichen Reigens
und zwei *Springtänzer darunter führten den Tanz an:*
sie wirbelten in der Mitte herum und hüpften auf und nieder.

XVIII 494-5/593-8/603-5

32 und 33 Reliefs mit Löwen aus Assurbanipals Palast in Ninive.

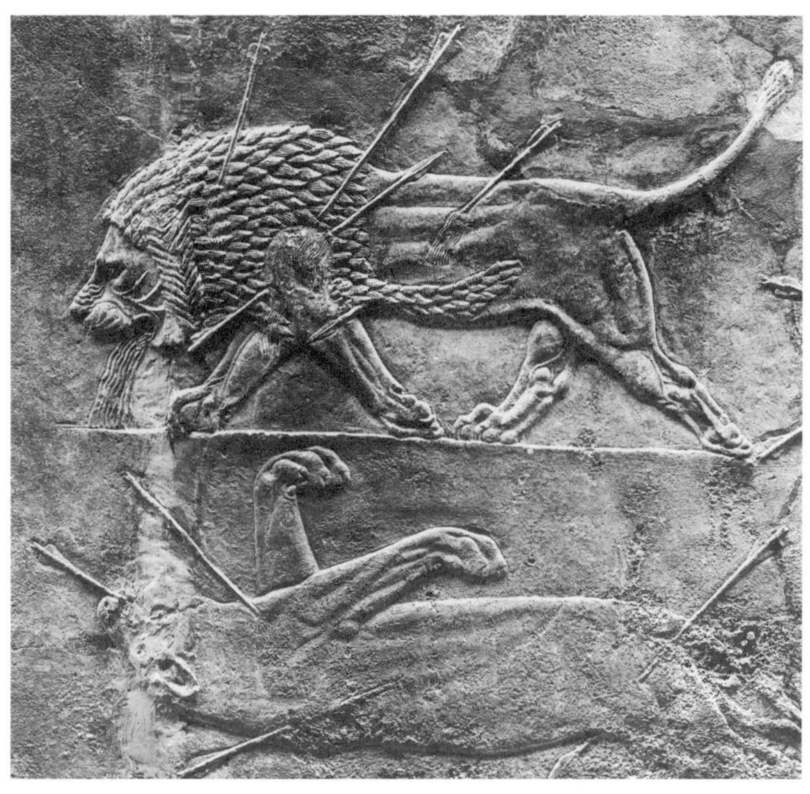

34 Nordtor von Karatepe: Göttlicher Krieger
mit Keule, Lanze und Schwert.

35 Nordtor von Karatepe: Antithetische Krieger.

36 Nordtor von Karatepe: Antithetische Kampfszenen.

Wie zwei scharfzähnige, in der Jagd geübte Hunde,
die hartnäckig *hinter* einem Reh oder *einem Hasen her sind*
und ihn über waldbestandenes Land hetzen, daß er ihnen piepsend davonläuft,
so jagten ihn der Sohn des Tydeus und der Städteeroberer Odysseus.

X 360–3

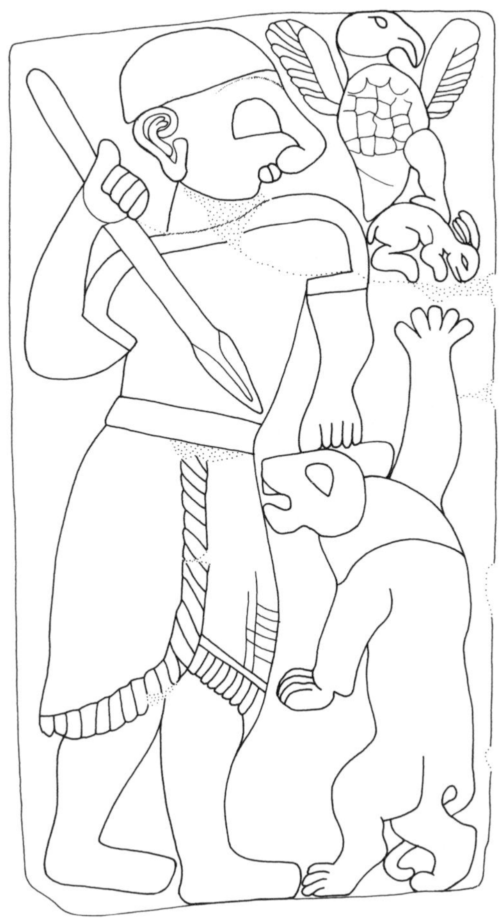

37 Nordtor von Karatepe: Göttlicher Krieger im Kampf mit einem Löwen;
Greifvogel mit einem Hasen.

Und Menelaos ging los *wie ein Löwe*, der aus einem Pferch läuft,
wenn er seiner Angriffe gegen die Hunde und Männer müde geworden ist.
Und er spähte überall um sich wie ein Adler, von dem es heißt,
er habe von allen Vögeln am Himmel das schärfste Auge:
obwohl er hoch oben ist, entgeht ihm der schnellfüßige Hase nicht,
der sich im Laub eines Busches zusammengekauert hat –
der Adler stößt auf ihn herab, greift ihn sich schnell und nimmt ihm das Leben.

XVII 657–8 / 674–9

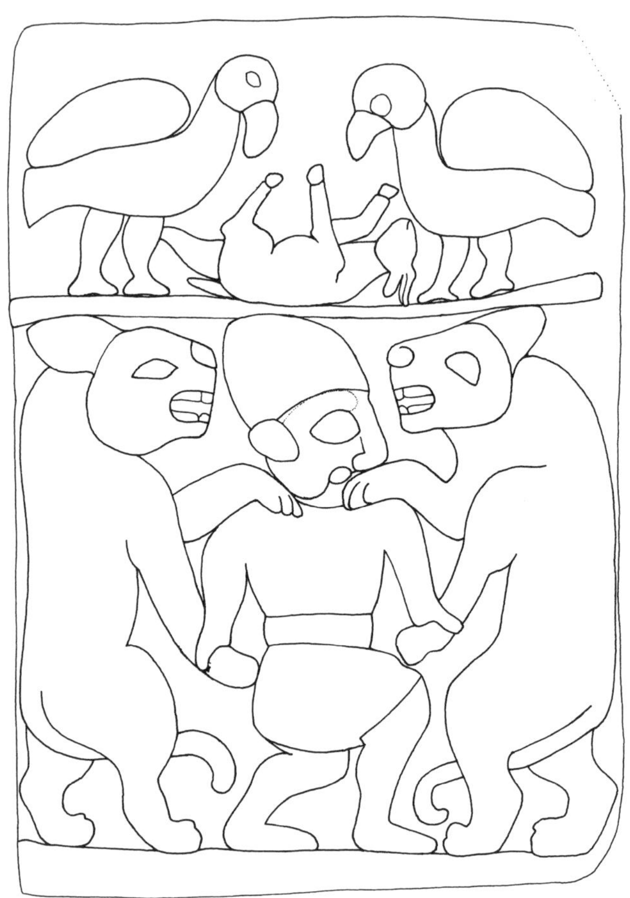

38 Nordtor: Oben zwei Geier an einer Ziege; unten Held
zwischen zwei Löwen.

Die zwei Aianten aber, voll vom Furor des Kampfes, hoben Imbrios hoch
wie zwei Löwen, die eine von scharfzahnigen Hunden bewachte *Ziege packen*
und sie durch die dichte Macchie wegschleppen,
indem sie sie in ihren Kiefern hoch über dem Boden tragen –
so hielten die zwei Aianten Imbrios hoch, *rissen ihm die Rüstung vom Leib*
und der Sohn des Oileus hackte ihm den Kopf
vom weichen Hals, voller Zorn über Amphimachos' Tod.

XIII 197–203

372

39 Nordtor von Karatepe: Rudersegler griechischen Typs samt den Sieg feiernder Besatzung, während Tote im fischreichen Meer treiben.

40 Modell von Azatiwadas Festung aus dem Museum von Karatepe
(es ist insofern ungenau, als der Palasthügel nicht gezeigt wird, der höher
als die Wehrmauer liegt); unten der zum Pyramos abfallende Teil des Walls;
links die zum Südtor führende Wegrampe.

374

41 Südtor mit Palast im Vordergrund.

42 Nordtor mit dem zum Pyramos hinunter führenden Weg.

43 Nordtor von Karatepe während der Ausgrabungen 1948; hinter dem zweiten Flußknie des Pyramos befindet sich der Seymen Tepe und die Furt.

44 Karawane beim Durchqueren der Furt im Jahre 1949.

45 Der Pyramos zwischen dem Domuztepe rechts und dem Fuß des
Burgfelsens von Azatiwadas Festung links.

46 Blick von Azatiwadas Festung auf den gegenüberliegenden Domuztepe.

47 Die ›Batieia‹ mit der armenischen Burg auf dem Felssporn links; das Relief mit dem ›Zeichen der Myrine‹ befindet sich auf dem kleinen Felszacken unmittelbar rechts des Einschnitts.

48 Das späthethitische Felsrelief mit griechischem Krieger vor springendem Pferd und Reitergöttin.

49 Timur, die ehemalige Hauptstadt Kilikiens im 8. Jahrhundert – Homers
›Thymbra‹.

50 Assyrisches Wehrlager während Sanheribs phönizisch-kilikischer
Kampagne, in gebirgigem Terrain an einem Meeres- oder Flußufer.
Oben die Hütte des Königs mit Leibwache; unten Zelte, wo Kochtöpfe aufs
Feuer geschoben werden, ein Schaf geschlachtet wird, Krieger am Tisch sitzen,
ihre Schilde an einem Pfahl aufgehängt. Abzeichnung eines Reliefs aus Raum
VIII von Sanheribs Palast in Ninive.

51 Assyrisches Wehrlager in bewaldetem Gebirge am Fluß. Oben assyrische Krieger mit Beute vor dem König auf seinem Thron; unten Zelte und Hütten, wo gekocht wird, Betten bereitet und Pferde gefüttert werden. Abzeichnung eines nicht zuordenbaren Reliefs von Sanheribs Palast.

52 Der Hügel der ehemaligen Akropolis von Mopsouhestia (Misis Yakapinar).

53 Die Statue von Cineköy im Museum von Adana.

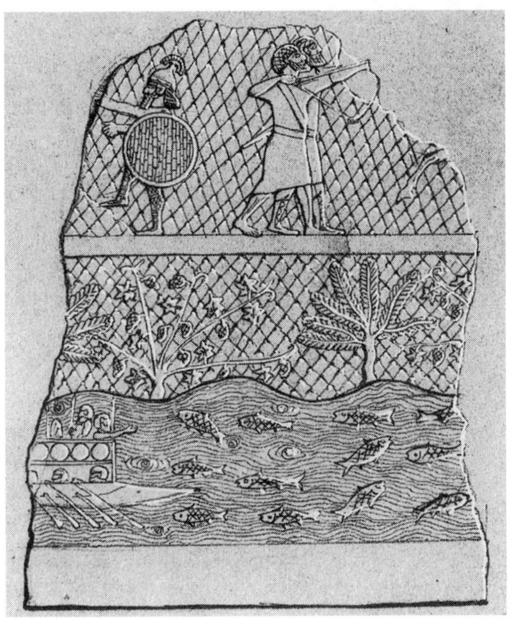

54 und 55 Abzeichnungen von Reliefs aus Sanheribs Palast, die phönizische Kriegsgaleeren und feindliche Krieger anläßlich seiner phönizisch-kilikischen Kampagne zeigen (Raum VIII).

56 Abzeichnung eines Reliefs aus Sanheribs Palast (Hof VI). Es zeigt das assyrische Heer in gebirgigem Terrain voller Reben, Feigen- und Granatapfelbäume im Kampf gegen Krieger, die Homers ›rundverschlossene Köcher‹ tragen. Die stilistische Nähe zu Jagdreliefs in Sargons Palast in Khorsabad (Raum VII) sowie der Umstand, daß solcherart bewaffnete Krieger bei der Belagerung von Lachish dann auf Sanheribs Seite auftauchen, legt nahe, daß es sich dabei um Kiliker handelt, die nur bei Sargons Kampagnen zwangsrekrutiert worden sein können. Diskussion Russell 1991 und Barnett-Bleibtreu-Turner 1998.

57 Abzeichnung eines Reliefs aus Sargons Palast in Khorsabad, die sein Heer im Kampf gegen eine Bergfestung zeigt (Raum II).

58 Krieger mit rundverschlossenem Köcher samt ihren Familien vor
assyrischen Lanzenkämpfern (Sanheribs Palast; Raum XLIII).

59 Abzeichnung eines Reliefs aus Sanheribs Palast in Ninive, das bei der
Belagerung von Lachish Krieger mit rundverschlossenen Köchern
(unterste Reihe) an der Seite des assyrischen Heers zeigt (Raum XXXVI).

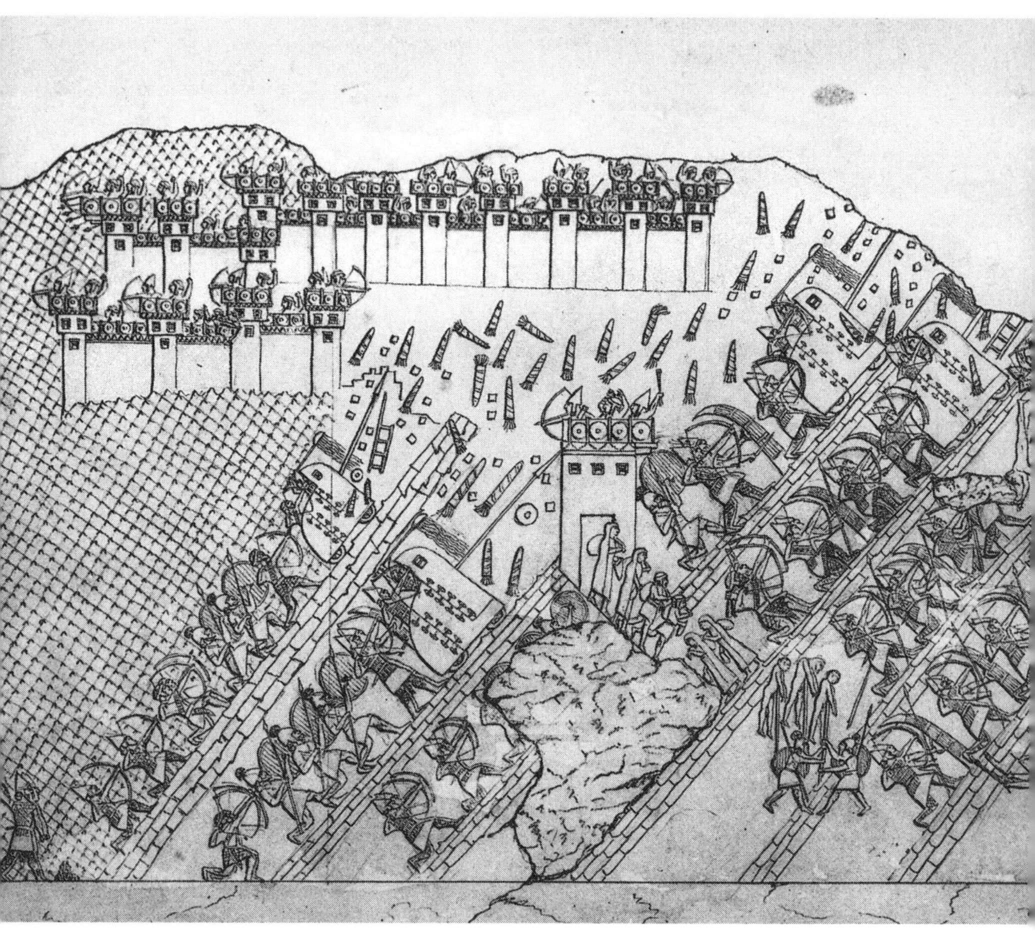

60 Belagerung von Lachish durch das assyrische Heer mittels aufgeschütteter
Rampen und Belagerungsmaschinen – siehe auch die Turmschilde
(Raum XXXVI von Sanheribs Palast).

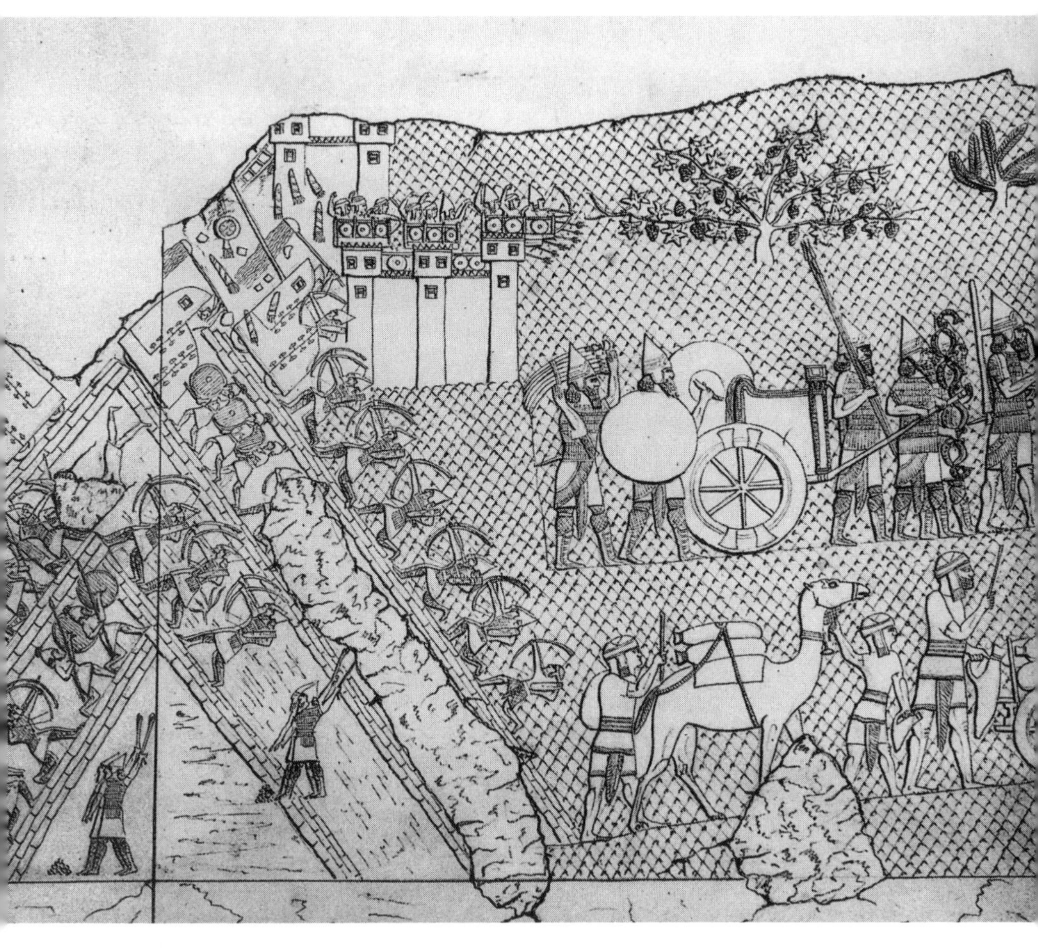

61 und 62 Deportierte Judäer, darunter auch zwei Männer, denen man die
Haut abzieht, werden nach der Belagerung von Lachish Sanherib vorgeführt,
der auf seinem Thron sitzt, seinen Mundschenk und seine Generäle hinter sich
(Raum XXXVI von Sanheribs Palast).

63 Sanheribs Wehrlager vor Lachish (Raum XXXVI Sanheribs Palast).

64 Abfolge von Reliefs aus Raum XLVII aus Sanheribs Palast: Assyrische
Soldaten verbrennen im Gebirge (wo ein Mann am Fluß fischt) Baumstämme.

65 Eine Festung wird systematisch zerstört, Dachbalken und Quadersteine
herabgeworfen, während Gefangene deportiert werden; die Inschrift lautet:
›Ich trug ihre Beute davon, ich riß sie nieder, ich zerstörte sie, ich brannte diese
Stadt mit Feuer nieder‹. (Russell 1991) Die Strafmaßnahme der Holzverbren-
nung, die Lage der Burg sowie die Nähe dieses Reliefband zum nächsten
Raum, wo Tarsos' Eroberung dargestellt wird, machen es denkbar, daß sich in
ihnen die Zerstörung Illubrus dargestellt findet.

66 und 67 Nord- und Südseite der Burg von Lambrun – das alte Aluprata/
Illubru (Homers ›Alope‹) mit Blick auf den Taurus.

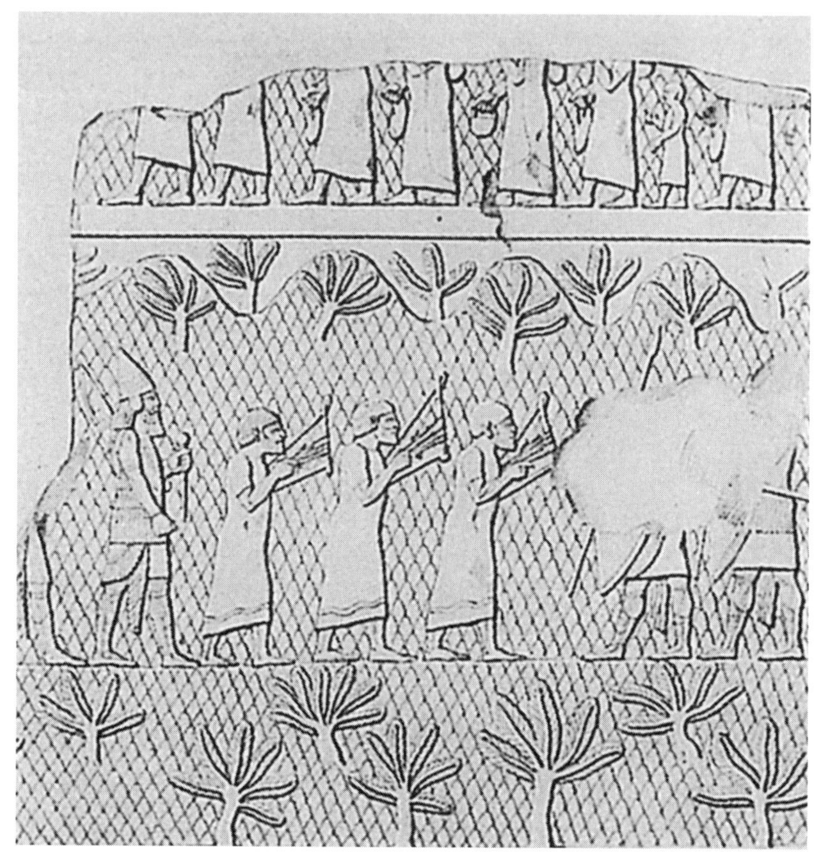

68 Assyrische Soldaten folgen drei Leierspielern, die bei der Eroberung
Illubrus (?) erbeutet worden sind.

69 und 70 Seekampf und Flucht des Königs Lulli von Sidon aus der Stadt Tyrus nach Zypern, fünf Jahre vor der kilikischen Kampagne (Thronraum I von Sanheribs Palast).

71 Einem Gefangenen wird die Haut mit dem Messer abgezogen;
Abzeichnung eines Reliefs aus Sargons Palast in Khorsabad, Raum VIII.

72 Abfolge von Reliefs aus Raum XLVIII aus Sanheribs Palast, der der kilikischen Kampagne gewidmet war. Das assyrische Heer überquert das Amanusgebirge.

73 Assyrische Soldaten mit Rundschild; Bäume werden gefällt.

74 Tarsos wird erobert und Beute den Kydnos entlang zu Sanheribs Wehrlager fortgeschleppt; links, wo Bäume gefällt werden, ein Nest mit Vögeln.

75 Sanheribs Wehrlager, wo dem König Gefangene vorgeführt werden, darunter offenbar ein Ionier mit seinem typischen langen Gewand.

76 und 77 Die Tarhunta/Baal-Statue mit Azatiwadas Bilingue, die zwischen dem Südtor seiner Festung und dem Palast stand.

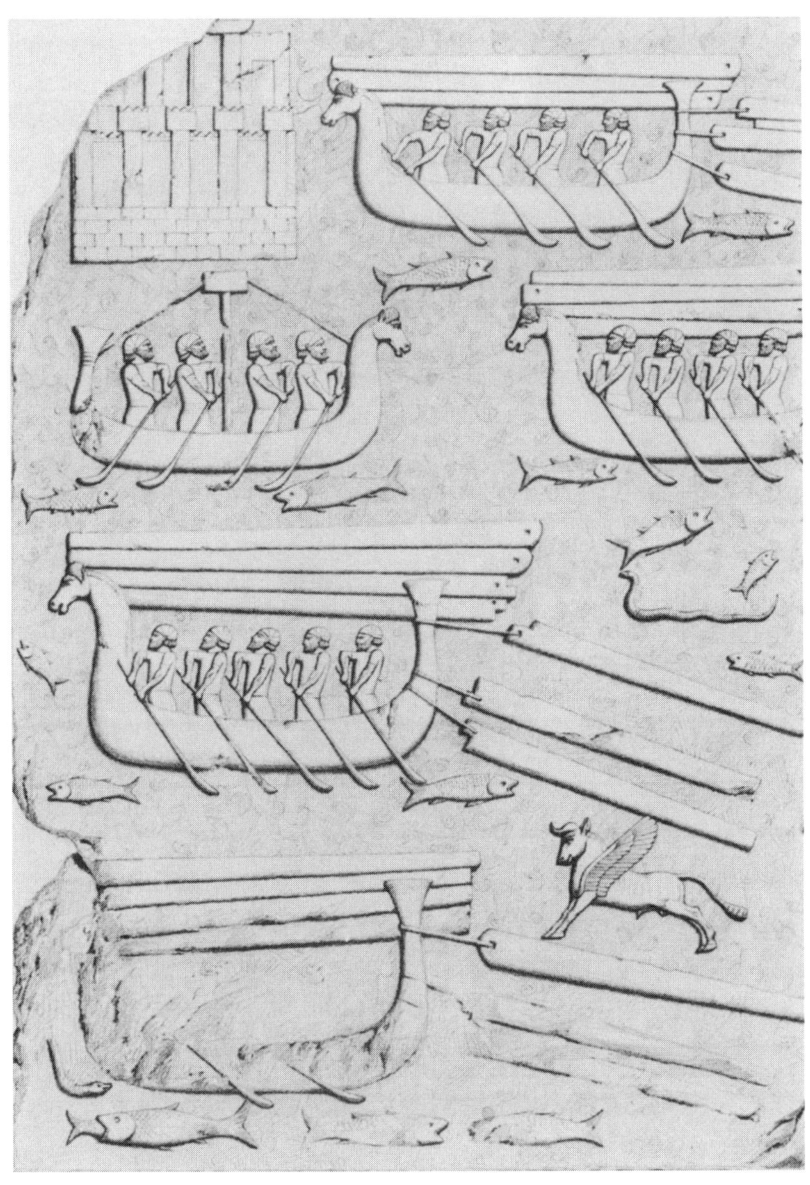

78 Phönizische Schiffe, die Baumstämme übers Meer transportieren; Fassadenrelief aus Sargons Palast in Khorsabad.

79 Zerstörung einer Festung im Gebirge durch assyrische Krieger mit Rund-
und Turmschilden; nicht zuordenbares Relief aus Sanheribs Palast – das auch
aus Asarhaddons Zeit stammen kann.

80 Die Furt am Pyramos; unter dem Dana Kaya im Hintergrund der Hügel,
wo Azatiwadas Festung stand. Die Burg Kumkale ist aus späterer Zeit und liegt
heute, wie die Ebene hier, unter einem Stausee – ihr Hügel ist jedoch eine
mögliche Verortung für ›Ilos' Hügel‹ , den Homer bei der troianischen Furt
erwähnt.

81 Der Mittellauf des Kalykadnos, den Homer ›Xanthos‹ nennt.

82 Der Burgfelsen von Anazarbo, dem früheren Kundi, einem der beiden Herrschaftssitze von Sanduarri von Sizzu.

83 Rechts der Hügel unter dem die Ruinen von Kurupijara/Koropissos liegen.

84 Ein besiegter Herrscher, den abgeschlagenen Kopf eines Verbündeten um den Hals, wird Assurbanipal vorgeführt; Detail eines Reliefs aus Assurbanipals Palast in Ninive.

85 und 86 Die Hierapolis Kastabala – Homers ›kilikisches Thebe am Fuß des Plakos‹.

87 Sarbanda am Eingang der amanischen Pforte, links der Ansatz des Amanusgebirges, darunter die Schlucht des Suyu-Flusses: auf diesem Hügel muß
Ciceros Pindenissos und Homers ›Pedasos am Satnioeis-Fluß‹ gelegen haben.

88 Ruinen im ehemaligen Oinoanda, Homers ›Enope im sandigen Pylos‹;
im Hintergrund der Amanus – rechts führte der Weg nach Issos; links nach
Kastabala.

410

89 Gebirgslandschaft bei Kapnisperti – irgendwo dort in der Gegend muß
Homers ›Thryoessa‹ gelegen haben.

90 Die Insel Pity, von Aphrodisias aus gesehen.

91 Das Tal von Palaiai/Peleas. Rechts der Bergrücken, der sich bis Aphrodisias
erstreckt und die Küste vor der Insel Pity bildet; am Einschnitt selbst beginnt
das Meer – dort und auf der Hügelkuppe links befinden sich zwei antike
Siedlungsplätze.

92 Die inzwischen verlandete Insel Aphrodisias mit dem Kap Zephyrion rechts.

BIBLIOGRAPHIE

PRIMÄRWERKE

P. Albenda, The Palace of Sargon, King of Assyria, Paris 1986

ARAB I + II: Ancient records of Assyria and Babylonia, ed. D. D. Luckenbill, Chicago 1926 und 1927

Barnett-Bleibtreu-Turner, Sculptures from the Southwest Palace at Nineveh, Band I und II, London 1998

Barrington Atlas of the Greek and Roman World, ed. R. J. A. Talbert, Princeton 2000

G. Beckman, Hittite Diplomatic Texts, Atlanta 1996

R. Borger, Die Inschriften Asarhaddons, Königs von Assyrien, Graz 1956

CAH II.1 + 2, Cambridge Ancient History, ed I. E. S. Edwards, C. J. Gadd und N. G. L. Hammond, Cambridge 1973 und 1975

CAH III.3, Cambridge Ancient History, ed. J. Boardman und N. G. L. Hammond, Cambridge 1982

H. Cambel und A. Özyar, Karatepe-Aslantas, Azatiwataya, Mainz 2003

O. Carruba, Beiträge zur mittelhethitischen Geschichte, in: Studi Micenei ed Egeo-Anatolici, Rom 1977

CHLI I.1 + 2: Corpus of Hieroglyphic Luwian Inscriptions – Inscriptions of the Iron Age, ed. J. D. Hawkins, Berlin 2000

CHLI II: Corpus of Hieroglyphic Luwian Inscriptions, Karatepe-Aslantas, ed. H. Cambel, Berlin 1998

Correspondance of Sargon II., Vol. 1–3, Helsinki 1987–2001

H. Donner und W. Röllig, Kanaanäische und Aramäische Inschriften, Wiesbaden 1964

F. M. Fales und J. N. Postgate, Imperial Administrative Records, Part II, Helsinki 1995

E. Frahm, Einleitung in die Sanherib-Schriften, Archiv für Orientforschung, Beiheft 26, Wien 1997

A. Fuchs, Die Inschriften Sargons II. aus Khorsabad, Göttingen 1993

A. Fuchs, Die Annalen des Jahres 711. v. Chr., Helsinki 1998

A. Kirk Grayson, Assyrian Rulers of the Early First Millenium BC II (858–745 BC), Toronto 1996

V. Haas, Die hethitische Literatur, Texte, Stilistik, Motive, Berlin 2006

Heidel-Zylinder, in: Sumer 9, 1953

H. Hunger, Babylonische und assyrische Kolophone, Neukirchen 1968

R. Jas, Neo-Assyrian Judicial Procedures, Helsinki 1996

L. Kataja und R. Whiting, Grants, Decrees and Gifts of the Neo-Assyrian Period, Helsinki 1995

D. D. Luckenbill, The Annals of Sennacherib, Chicago 1924

W. Mayer, Sargons Feldzug gegen Urartu – 714 v. Chr., Text und Übersetzung, in: Mitteilungen der Deutschen Orient-Gesellschaft 115, Berlin 1983

Mesopotamische Epen zitiert nach: B. R. Foster, Before the Muses 1 + II, Bethesda 1993 sowie Gilgamesh, ed. A. George, London 1999

S. Parpola, The Correspondence of Sargon II, Part I, Helsinki 1987

A. Paterson, Assyrian Sculptures, Palace of Sennacherib, Den Haag 1915

RLA: Reallexikon der Assyrologie und Vorderasiatischen Archäologie, ed. Dietz Otto Edzard, Berlin 1928–80

M. L. West ed., Homeric Hymns – Homeric Apocrypha – Lives of Homer; London 2003 c

M. L. West ed., Greek Epic Fragments, London 2003 b

The Iliad: A Commentary, Vol. I–VI, Cambridge 2000

SEKUNDÄRLITERATUR

E. Akurgal, Die Kunst der Hethiter, München 1961

J. K. Anderson, The Trojan Horse Again, in: The Classical Journal 66, 1970

R. D. Barnett, Illustrations of Old Testament History, London 1977

G. F. Bass, Die Schiffswracks der Bronzezeit im östlichen Mittelmeer, in: Das Schiff von Uluburun, ed. Ü. Yalcin, C. Pulak und R. Slotta, Bochum 2005

C. Baurain, Chypre et l'Égée à l'âge du Bronze. Trafic de biens et d'idées, migrations, in: Cahiers de Clio 120, 1994

G. Beckman, Gilgamesh in Hatti, in: Hittite Studies in Honor of Harry A. Hoffner, Jr., ed. G. Beckmann, R. Beal und G. McMahon, Winona Lake 2003

G. Beckmann, Hittite and Hurrian Epic, in: a Companion to Ancient Epic, ed. J. M. Foley, Oxford 2005

R. S. P. Beekes, Pre-Greek: The Pre-Greek Loans in Greek (in Vorbereitung zum Druck); www.indo-european.nl/ied/pdf/pre-greek.pdf

R. Bellamy, Bellerophon's Tablet, Classical Journal 84, 1989

I. Benda-Weber, Lykier und Karer – Zwei autochthone Ethnien Kleinasiens zwischen Orient und Okzident, Bonn 2005

J. D. Bing, Tarsus: A Forgotten Colony of Lindos, Journal of Near Eastern Studies 30, I, 1971

P. Blome, Die dunklen Jahrhunderte – aufgehellt, in: Zweihundert Jahre Homerforschung, ed. J. Latacz, Stuttgart 1991

J. Boardman, The Greeks Overseas, Their early Colonies and Trade, London 1980

Ph. Bourgeaud, La Mère des Dieux – De Cybele à la Vierge Marie, Paris 1996

T. Bryce, The Trojan War: Is There Truth behind the Legend?, in: Near Eastern Archaeology, 65, 2002

T. Bryce, Relations between Hatti and Ahhiyawa in the Last Decades of the Bronze Age, in: Hittite Studies in Honor of Harry A. Hoffner, Jr., ed. G. Beckmann, R. Beal und G. McMahon, Winona Lake 2003

W. Burkert, Das hunderttorige Theben und die Datierung der Ilias, in: Wiener Studien 89, 1979

W. Burkert, Homerstudien und Orient, in: Zweihundert Jahre Homer-Forschung, ed. J. Latacz, Stuttgart 1991

W. Burkert, Die Griechen und der Orient, München 2003

W. Burkert, Near Eastern Connections, in: a Companion to Ancient Epic, ed. J. M. Foley, Oxford 2005

St. M. Burstein, The *Babyloniaca* of Berossu, Malibu 1978

Rh. Carpenter, Folk Tale, Fiction and Saga in the Homeric Epics, Berkeley 1946

H. Cancik, Die hethitische Historiographie, in: Die Hethiter und ihr Reich, ed. H. Willinghöfer und U. Hasekamp, Bonn 2002

P. Canivet, Le Monachisme syrien selon Théodoret de Cyr, Paris 1977

E. Carter, St. Kaufman und B. Zuckerman, Incirli Stele, 1998 www.humnet.ucla.edu/humnet/nelc/stelasite/stelainfo.html

O. Casabonne und M. Egetmeyer, Notes ciliciens – 10. À propos du sceau de Diweiphilos, in: Anatolia Antiqua 10, 2002

O. Casabonne, La Cilicie á l'époque achéménide, Paris 2004

E. Cook, Near Eastern Sources for the Palast of Alkinoos, in: American Journal of Archaeology, Vol. 108, Nr. 1, 2004

J. M. Cook, The Troad – An Archaeological and Topographical Study, Oxford 1973

R. M. Cook, Speculations on the Origins of Coinage, in: Historia 7, 1958

A. Dalby, Rediscovering Homer, Inside the Origins of the Epic, New York 2006

S. Deger-Jalkotzy, The post-palatial period of Greece: An Aegean Prelude to the 11th Century B.C. in Cyprus, in: Proceedings of the International Symposium ›Cyprus in the 11th Century‹, Nicosia 1994

A. Demsky, The Name of the Godess of Ekron, in: Journal of the Ancient Near Eastern Society 25, 1997

P. Desideri und A. M. Jasink, Cilicia – Dall' età di Kizzuwatna alla Conquista Macedone, Turin 1990

Ch. Desroches-Noblecourt, La troisiéme bataille de Qadesh, d'après le poème de Pantaour, membres.lycos.fr/slave1802/article.php3?id_article=319#nb28; 2003

M. Dietrich und O. Loretz, Amurru, Yaman und die Ägäischen Inseln nach den Ugaritischen Texten, in: Past Links, Oriental Studies XVIII, ed. S. Isre'el, I. Singer und R. Zadok, Winona Lake 1998

A. Dincol, J. Yakar, B. Dincol, A. Taffet, Die Grenzen von Tarhuntassa, in: La Cilicie: Espace et Pouvoirs Locaux, ed. E. Jean, A. M. Dincol und S. Durugönül, Paris 2001

O. Eckart, Mose – Ägypten und das alte Testament, Stuttgarter Bibelstudien 189, Stuttgart 2000

B. Eder, Noch einmal: der homerische Schiffskatalog, in: Der neue Streit um Troia, ed. Ch. Ulf, München 2003

B. Eder, Antike und moderne Mythenbildung: Der Troianische Krieg und die historische Überlieferung, in: Griechische Archaik, ed. R. Rollinger und Ch. Ulf, Berlin 2004

B. Eder, Völkerwanderungen in der Spätbronzezeit aus althistorischer und archäologischer Sicht, in: Das Schiff von Uluburun, ed. Ü. Yalcin, C. Pulak und R. Slotta, Bochum 2005

K. Ehling, D. Pohl und M. H. Sayar, Kulturbegegnungen in einem Brückenland, Gottheiten als indikatoren von Akkulurationsprozessen im Ebenen Kilikien, Asia Minor Studien 53, Bonn 2004

K. O. Eriksson, Red Lustrous Wheel-made ware, in: Studies in Mediterranean Archaeology C III, Göteborg 1993

M. Finkelberg, The *Cypria,* the *Iliad,* and the Problem of Multiformity in Oral and Written Tradition, in: Classical Philology 95, 2000

M. Finkelberg, Greeks and Pre-Greeks: Aegean Prehistory ands Greek Heroic Tradition, Cambridge 2006

I. Finkelstein und N. A. Silberman, The Bible Unearthed, Archaeology's New Vision of Ancient Israel and the Origin of the First Sacred Texts; New York 2001

K. Fittschen, Untersuchungen zum Beginn der Sagendarstellung bei den Griechen, Berlin 1969

M. Forlanini, L'Anatolia Nordoccidentale Nell' Imperio Eteo, in: Studi Micenei Ed Egeo-Anatolici, Rom 1977

M. Forlanini, Awariku, un nom dynastique dans le mythe et l'histoire, in: Hethitica 13, 1996

M. Forlanini, Quelques Notes sur la Geographie Historique de la Cilicie, in: La Cilicie: Espace et Pouvoirs Locaux, ed. E. Jean, A. M. Dincol und S. Durugönül, Paris 2001

E. Forrer, Vorhomerische Griechen in den Keilschrifttexten von Boghazköi, in: Mitteilungen der Deutschen Orient-Gesellschaft zu Berlin, 63, 1924

B. Forrsman, Schichten in der homerischen Sprache, in: Zweihundert Jahre Homer-Forschung, ed. J. Latacz, Stuttgart 1991

S. Forsberg, Near Eastern Destruction Datings as Sources for Greek and Near Eastern Iron Age Chronology, Uppsala Studies in Ancient Mediterranean and Near Eastern Civilizations 19, Uppsala 1995

E. Frahm, Nabu-Zuqup-kenu, das Gilgamesh-Epos und der Tod Sargons II., in: Journal of Cuneiform Studies 51, 1999

D. French, Prehistoric sites in the Göksu Valley, Anatolian Studies XV 1965

J. Freu, De l'indépendance à l'annexion: Le Kizzuwatna et le Hatti aux XVI et XV siècles avant notre ère, in: La Cilicie: Espace et Pouvoirs Locaux, ed. E. Jean, A. M. Dincol und S. Durugönül, Paris 2001

J. Garstang, Prehistoric Mersin, Yümük Tepe in Southern Turkey, Oxford 1953

Ch. Gates, Research in Late Bronze Age and Iron Age Cilicia: Whence and Whither?, in: La Cilicie: Espace et Pouvoirs Locaux, ed. E. Jean, A. M. Dincol und S. Durugönül, Paris 2001

M. H. Gates, Potmarks at Kinet Höyük and the Hittite Ceramic Industry, in: La Cilicie: Espace et Pouvoirs Locaux, ed. E. Jean, A. M. Dincol und S. Durugönül, Paris 2001

A. George, The Babylonian Gilgamesh Epic I und II, Oxford 2003

A. Goetze, Cuneiform Inscriptions from Tarsus, in: Journal of the American Oriental Society 59, 1939

A. Goetze, Kizzuwatna and the Problems of Hittite Geography, New Haven 1940

A. Goetze, Cilicians, in: Journal of Cuneiform Studies 9, 1957

A. Goetze, Cilicians, in: Journal of Cuneiform Studies 16, 1962

H. Goldman, Excavations at Gözlü Kule, Tarsus II und II, Princeton 1956 und 1963

A. J. Graham, The Colonization of Samothrace, in: Hesperia 71, 2002

D. Gray, Seewesen, Archaeologia Homerica II, 1990

B. Graziosi, Inventing Homer, The Early Reception of Epic, Cambridge 2002

F. Gschnitzer, Zur homerischen Staats- und Gesellschaftsordnung: Grundcharakter und geschichtliche Stellung, in: Zweihundert Jahre Homer-Forschung, ed. J. Latacz, Stuttgart 1991

H. Güterbock, The Deeds of Suppiluliuma, in: JCS X, 1956

M. G. Guzzo-Amadasi, Eemarques sur Trois Anthroponymes de Kition, in: Semitica 28, 1978

V. Haas, Geschichte der hethitischen Religion, Köln 1994

B. Hänsel, Troia im Tausch- und Handelsverkehr der Ägäis, in: Der neue Streit um Troia, ed. Ch. Ulf, München 2003

P. W. Haider, Griechenland–Nordafrika. Ihre Beziehung zwischen 1500 und 600 v. Chr., Darmstadt 1988

P. W. Haider, Griechen im Vorderen Orient und in Ägypten bis ca. 590, in: Wege zur Genese griechischer Identität, ed. Ch. Ulf, Berlin 1996

P. W. Haider, Westkleinasien nach ägyptischen Quellen des Neuen Reiches, in: Der Neue Streit um Troia, ed. Ch. Ulf, München 2003

P. W. Haider, Kontakte zwischen Griechen und Ägyptern und ihre Auswirkungen auf die archaisch-griechische Welt, in: Griechische Archaik, ed. R. Rollinger und Ch. Ulf, Berlin 2004

I. Hajnal, Troia aus sprachwissenschaftlicher Sicht. Die Struktur einer Argumentation, Innsbruck 2003

J. D. Hawkins, Some Historical Problems of the Hieroglyphic Luwian Inscriptions, in: Anatolian Studies 29, 1979

S. Heinhold-Kramer, Arzawa – Untersuchungen zu seiner Geschichte nach den hethitischen Quellen, Heidelberg 1977

S. Heinhold-Kramer, Ahhiyawa – Land der homerischen Achäer im Krieg mit Wilusa?, in: Der neue Streit um Troia, ed. Ch. Ulf, München 2003

E. Heitsch, Altes und Neues zur Ilias – Überlegungen zur Genese des Werkes, Mainz–Stuttgart 2006

D. Hertel, Gleichsetzung einer archäologischen Schicht Troias mit Homers Ilios, in: Der neue Streit um Troia, ed. Ch.Ulf, München 2003

A. Heubeck, Schrift, Archaeologia Homerica X, Göttingen 1979

F. Hild und H. Hellenkemper, Neue Forschungen in Kilikien, Wien 1986

F. Hild und H. Hellenkemper, Tabula Imperii Byzantini 5 – Kilikien und Isaurien, Teil I und II, Wien 1990

T. Hodos, Kinet Höyük and Al Mina, in: Periplous, ed. Tseskhladze/Prag/Snodgrass, London 2000

O. Höckmann, Schiffahrt im östlichen Mittelmeer im 2. Jahrtausend v. Chr., in: Das Schiff von Uluburun, ed. Ü. Yalcin, C. Pulak und R. Slotta, Bochum 2005

P. Högemann, Zum Iliasdichter – Ein anatolischer Standpunkt, in: Studia Troica 10, 2000

H. A. Hoffner, Jr., Hurrian Civilization from a Hittite Perspective, in: Urkesh/Mozan Studies 3, Bibliotheca Mesopotamica, Vol. 26, Malibu 1998

M. Hutter, Aspects of Luwian Religion, in: The Luwians, ed. H.C. Melchert, Leiden 2003

V. Vs. Ivanov, Horse Symbol and the Name of the Horse in Hurrian, in: Urkesh/Mozan Studies 3, Bibliotheca Mesopotamica, Vol. 26, Malibu 1998

A. Ivantchik, Les Cimmériens au Proche Orient in: Orbis biblicus et Orientalis, Freiburg/Göttingen 1993

R. Janko, Homer, Hesiod and the Hymns, Diachronic Developments in Epic Diction, Cambridge 1982

R. Janko, Go away and Rule, in: Times Literary Supplement, 15. 4. 2005

A. M. Jasink, Kizzuwatna and Tarhuntassa, their historical evolution and interactions with Hatti, in: La Cilicie: Espace et Pouvoirs Locaux, ed. E. Jean, A. M. Dincol und S. Durugönül, Paris 2001

E. Jean, The ›Greeks‹ in Cilicia at the End of the 2nd Millenium B.C.: Classical Sources and Archaeological Evidence, in: Olba II, Mersin 1999

F. Joannès, L'Asie Mineure Méridionale d'après la documentation cunéiforme d'époque Néo-Babylonienne, in: Anatolia antiqua, 1991

A. Kammenhuber, Hethitisch, Palaisch, Luwisch und Hieroglyphenluwisch, Leiden 1969

H. von Kamptz, Homerische Personennamen, Göttingen 1982

V. Karageorghis und M. Demas, Excavations at Maa-Palaeokastro, Nikosia 1988

W. L. King, Sanherib and the Ionians, in: Journal of Hellenic Studies 30, 1910

K. A. Kitchen, Ramesside Inscriptions, Bd. 2, 1999

F. Kolb, War Troia eine Stadt?, in: Der neue Streit um Troia, ed. Ch. Ulf, München 2003

D. Koppenhöfer, Troia VII – Versuch einer Zusammenschau, in: Studia Troica 7, 1997

M. Korfmann, Zusammenfassung des Kolloqiumbeitrags und des Vortrages ›Homer als Zeitzeuge für die Ruinen von Troia im 8. Jahrhundert v.u.Z.‹, in: Würzburger Jahrbücher für die Altertumswissenschaft, N.F. 23, 1999

W. Kullmann, Die Quellen der Ilias (Troischer Sagenkreis), Wiesbaden 1960

W. Kullmann, Ergebnisse der motivgeschichtlichen Forschung zu Homer (Neoanalyse), in: Zweihundert Jahre Homer-Forschung, ed. J. Latacz, Stuttgart 1991

E. Lafli, Alacadag – Eine neue Fundstelle von späteisenzeitlicher Keramik im westlichen Rauhen Kilikien, in: La Cilicie: Espace et Pouvoirs Locaux, ed. E. Jean, A. M. Dincol und S. Durugönül, Paris 2001

G. B. Lanfranchi, The Luwian-Phoenician Bilingual of Cineköy and the Annexation of Cilicia to the Assyrian Empire, in: Alter Orient und Altes Testament 325, 2005

V. Langlois, Voyage dan la Cilicie, Paris 1861

E. Laroche, Les Noms des Hittites, Paris 1966

E. Laroche, Linguistique asiatique, in: Minos 11, 1970

M. Lang, Assyrien im 7. Jahrhundert und die literarische Produktion in der Levante und in der Ägäis, Vortrag auf dem Internationalen Kolloquium »Die Vielfältigen Ebenen des Kontakts: Interkulturelle Begegnungen in der Alten Welt«, Innsbruck November 2007 (wird veröffentlicht: Congress-Volume 2008)

M. Lang, Einige Beobachtungen zur sumerisch-akkadischen Überlieferung der Fluterzählung(en), Vortrag auf der Rencontre Assyrologique, Münster 2006 (im Druck: RAI-Volume 2006)

J. Latacz, Homer – Der erste Dichter des Abendlandes, Zürich 1989

J. Latacz, Troia und Homer, der Weg zur Lösung eines alten Rätsels, München 2003

J. Latacz, Formelhaftigkeit und Mündlichkeit, in: Homers Ilias – Gesamtkommentar, Prolegomena, ed. J. Latacz, München 2000

R. Lébrun, Kummani et Tarse, deux centres ciliciens majeurs, in: La Cilicie: Espace et Pouvoirs Locaux, ed. E. Jean, A. M. Dincol und S. Durugönül, Paris 2001

G. A. Lehmann, Die ›politisch-historischen‹ Beziehungen der Ägäis-Welt des 15.–13. Jahrhunderts v. Chr., in: Zweihundert Jahre Homer-Forschung, ed. J. Latacz, Stuttgart 1991

G. A. Lehmann, Das Auftreten der ›Seevölker‹, in: Das Schiff von Uluburun, ed. Ü. Yalcin, C. Pulak und R. Slotta, Bochum 2005

A. Lemaire, Tarshish-Tarsisi: Problème de Topographie Historique Biblique et Assyrienne, in: Studies in Historical Geography and Biblical Historiography, ed. Galil und Weinfeld, Köln 2000

A. Lemaire, Les Langues du Royaume de Sam'al aux IXe–VIIIe s. av. J.C. et leurs Relations avec le Royaume de Qué, in: La Cilicie: Espace et Pouvoirs Locaux, ed. E. Jean, A. M. Dincol und S. Durugönül, Paris 2001

Ch. Le Roy, La naissance d'Apollon et les Palmiers Déliens, BCH, Suppl. I 1973

B. Lewis, The Sargon Legend: A study of the akkadian text and the tale of the hero who was exposed at birth, Cambridge, Mass. 1980

E. Lipinski, Phoenicians in Anatolia and Assyria, 9th–6th Centuries B.C., in: Orientalia Lovaniensia Periodica 16, 1985

A. B. Lord, The Singer Resumes the Tale, ed. M. L. Lord, Ithaca 1995

G. Lorenz, Asklepios, der Heiler mit dem Hund, und der Orient, in: Griechische Archaik, ed. R. Rollinger und Ch. Ulf, Berlin 2004

F. Lo Schiavo, Metallhandel im zentralen Mittelmeer, in: Das Schiff von Uluburun, ed. Ü. Yalcin, C. Pulak und R. Slotta, Bochum 2005

B. Louden, The Iliad – Structure, Myth and Meaning, Baltimore 2006

J. A. B. Marin, Répertoire Géographiqie des Textes Cunéiformes, Die Orts- und Gewässernamen der Texte aus Syrien im 2. Jt. v. Chr., Wiesbaden 2001

O. Masson, le mot inis ›fils, fille‹ chez les poètes et dans les inscriptions, REG 88, 1975

H. C. Melchert, ed., The Luwians, Leiden 2003

M. J. Mellink, Karatepe – More light on the dark ages, in: Bibliotheca Orientalis 7.5, 1950

G. F. del Monte und J. Tischler, Répertoire Géographique des Textes Cunéiformes, Die Orts- und Gewässernamen der hethitischen Texte, Beihefte zum Tübinger Atlas des Vorderen Orients, Bd. 6, Wiesbaden 1978

G. F. del Monte, Répertoire Géographique des Textes Cunéiformes, Die Orts- und Gewässernamen der hethitischen Texte, Beihefte zum Tübinger Atlas des Vorderen Orients, Bd. 6/2 – Supplement, Wiesbaden 1992

R. S. Moorey, Ancient Mesopotamian Materials and Industries, The Archaelogical Evidence, Winona Lake 1999

W. L. Moran, The Armana Letters, London 1992

P. G. Mosca und J. Russell, A phoenician inscription from Cebel Iris Dagi in Rough Cilicia, in: Epigraphica Anatolica 9, 1987

P. A. Mountjoy, The East Aegean-West Anatolian Interface in the Late Bronze Age: Mycenaeans and the Kingdom of Ahhiyawa, in: Anatolian Studies 48, 1998

D. G. Mylonas, Archaische Kalksteinplastik Zyperns; Diss. Mannheim 1998

G. Nagy, Poetry as Performance: Homer and Beyond, Cambridge 1996

G. Neumann, Beiträge zum Kyprischen X, in: Kadmos 28, 1995

W. Niemeier, The Myceneans in Western Anatolia and the Problem of of the Irigins of the Sea Peoples, in: Mediterranean Peoples in Transition, ed. S. Gitin, Jerusalem 1998

W. Niemeier, Hattusa und Ahhijawa im Konflikt um Millawanda/Milet, in: Die Hethiter und ihr Reich, ed. H. Willinghöfer und U. Hasekamp, Bonn 2002

W. Niemeier, The Minoans and Mycenaeans in Western Asia Minor, in: Aegaeum 25, 2005

W. Orthmann, Untersuchungen zur späthethitischen Kunst, Bonn 1971

V. Parker, Zur Datierung der Dorischen Wanderung, in: Museum Helveticum 52, 1995

M. Parry, The Making of Homeric Verse, ed. A. Parry, Oxford 1971

B. Patzek, Griechischer Logos und das intellektuelle Handwerk des Vorderen Orients, in: Griechische Archaik, ed. R. Rollinger und Ch. Ulf, Berlin 2004

B. Patzek, Götter und Helden im Alten Orient und in den homerischen Epen: Homers Ilias und das Gilgamesh-Epos, in: Neue Forschungen zur Religionsgeschichte Kleinasiens, ed. H. Heedemann und E. Winter, Bonn 2003

E. Peltenburg ed., Early Society in Cyprus, Edinburgh 1989

S. Pilhofer, Romanisierung in Kilikien? Das Zeugnis der Inschriften, München 2006

R. Pirngruber, Aspekte der Rolle von Eunuchen in den Palastverwaltungen des Vorderen Orients; Diplomarbeit Universität Wien 2006

E. Pöhlmann, Die Topographie der Troas in der Ilias: Fiktion und Realität, in: Würzburger Jahrbücher für die Altertumswissenschaft, N.F. 23, 1999

B. Pongratz-Leisten, Herrschaftswissen in Mesopotamien, Helsinki 1999

J. N. Postgate, Assyrian Texts and Fragments, in: Iraq 35, 1973

J. B. Pritchard, The Ancient Near East, New Jersey 1969

C. Pulak, Das Schiffswrack von Uluburun und seine Ladung, in: Das Schiff von Uluburun, ed. Ü. Yalcin, C. Pulak und R. Slotta, Bochum 2005

K. A. Raaflaub, Homer und die Geschichte des 8. Jahrhunderts v. Chr., in: Zweihundert Jahre Homer-Forschung, ed. J. Latacz, Stuttgart 1991

M. Reichel, Gräzistische Bemerkungen zur Struktur des Gilgamesch-Epos, in: Historical Philology, ed. B. Brogyanyi und R. Lipp, Amsterdam 1992

F. Reinecker und G. Maier, Lexikon zur Bibel, Wuppertal 1994

N. J. Richardson, The Individuality of Homer's Language, in: Homer – Beyond Oral Poetry, ed. J. M. Bremer, I. J. F. De Jong und J. Kalff, Amsterdam 1987

W. Richter, Die Landwirtschaft im homerischen Zeitalter, Archaeologia Homerica II, Göttingen 1992

R. Rollinger, Altorientalische Motivik in der frühgriechischen Literatur am Beispiel der homerischen Epen. Elemente des Kampfes in der Ilias und in der altorientalischen Literatur, in: Wege zur Genese griechischer Identität, ed. Ch. Ulf, Berlin 1996

R. Rollinger und M. Korenjak, Addikritusu: Ein namentlich genannter Grieche aus der Zeit Asarhaddons (680–669 v. Chr.), in: Altorientalische Forschungen 28, 2001 a

R. Rollinger, The ancient greeks and the impact of the Ancient Near East: Textual evidence and historical perspective (ca. 750–650), in: Mythology and Mythologies, ed. R. M. Whiting, Helsinki 2001 b

R. Rollinger, Homer, Anatolien und die Levante: Die Frage der Beziehungen zu den östlichen Nachbarkulturen im Spiegel der schriftlichen Quellen, in: Der neue Streit um Troia, ed. Ch. Ulf, München 2003

R. Rollinger, Von der Levante nach Griechenland, in: Antike, ed. E. Wirbelauer, München 2004 a

R. Rollinger, Von Griechenland nach Mesopotamien und zurück: Alte und neue Probleme bei der Beschäftigung mit Fragen des Kulturtransfers, von Kulturkontakten und interkultureller Kommunikation. Zu den Beziehungen zwischen Mesopotamien und Griechenland im ersten Jahrtausend v. Chr., in: Zwischen Euphrat und Tigris, ed. F. Schipper, Wien 2004 b

R. Rollinger, Die Verschriftlichung von Normen: Einflüsse und Elemente orientalischer Kulturtechnik in den homerischen Epen, dargestellt am Beispiel des Vertragswesen, in: Griechische Archaik, ed. R. Rollinger und Ch. Ulf, Berlin 2004 c

R. Rollinger, Assyrios, Syros und Leukosyros, in: Welt des Orients 36, 2006 a

R. Rollinger, ›Yauna Takabara‹ und ›Maginnata‹ tragende ›Ionier‹. zum Problem der ›griechischen‹ Thronträger-Figuren in Naqsch-i Rustam und Persepolis, in: Altertum und Mittelmeerraum: Die antike Welt diesseits und jenseits der Levante, ed. R. Rollinger und B. Truschnegg, Stuttgart 2006 b

R. Rollinger, ›Griechen‹ und ›Perser‹ im 5. und 4. Jahrhundert v. Chr. im Blickwinkel orientalischer Quellen *oder* Das Mittelmeer als Brücke zwischen Ost und West, in: Grenzen und Entgrenzungen, ed. B. Burtscher-Bechter, P. W. Haider, B. Mertz-Baumgartner, R. Rollinger, Würzburg 2006 c

R. Rollinger, Gilgamesh als ›Sportler‹, oder: pukku und mikku als Sportgeräte des Helden von Uruk; in: Nikephoros 19, 2006 d

Ch. B. Rose, The 1996 Post-Bronze Age Excavations at Troia, in: Studia Troica 7, 1997

D. W. Rupp, The seven Kings of the Land of Ia, a District on Ia-ad-na-na; in: Stephanos (Studies), ed. Hartswick und Sturgeon, Philadelphia 1998

J. M. Russell, Sennacheribs Palace Without Rival, Chicago 1991

H. W. F. Saggs, The Nimrud Letters, 1952 – Part II, in: Iraq 17, 1955

H. Sancisis-Weerdenburg, The Problem of the Yauna, in: Achaemenid Anatolia, ed. T. Bakir, Leiden 2001

C. Schäfer-Lichtenberger, The Godess of Ekron and the Religious-Cultural Background of the Philistines, in IEJ 50, 2000

Cl. Schaeffer, Stratigraphie comparée et chronologie de l'Asie occidentale, Oxford 1948

W. Schirmer, Stadt, Palast, Tempel, in: Die Hethiter und ihr Reich – Das Vol der 1000 Götter, Bonn 2002

M. Schretter, Zur Rolle der altmesopotamischen Schule bei der Gestaltung und überregionalen Verbreitung kultureller Orientierungsmuster, in: Commerce and monetary systems in the Ancient World: Means of Transmission and Cultural Interaction, ed. R. Rollinger und Ch. Ulf, Stuttgart 2004

M. Schretter, Kulturkontakte im Umfeld Ugaritischer Schreiber, in: Altertum und Mittelmeerraum: Die antike Welt diesseits und jenseits der Levante, ed. R. Rollinger und B. Truschnegg, Stuttgart 2006

U. Seidl, Die Babylonischen Kudurru-Reliefs, Symbole Mesopotamischer Gottheiten, Göttingen 1989

U. Sinn, Archäologischer Befund – Literarische Überlieferung, in: Der neue Streit um Troia, ed. Ch. Ulf, München 2003

Th. de Sonneville-David ed., Le manuscrit de Roman Ghirshman. Les Cimmériens et leurs Amazones, Mémoire 18, ERC, Paris 1988

F. Starke, Troia im Kontext des historisch-politischen und sprachlichen Umfelds Keinasiens im 2. Jahrtausend, in: Studia Troica 7, 1997

I. Stewart, Why Beauty is Truth – A History of Symmetry, New York 2007

H. E. Stier, in: Historia 1, 1950 227

D. Symington, Hittites at Kilise Tepe, in: La Cilicie: Espace et Pouvoirs Locaux, ed. E. Jean, A. M. Dincol und S. Durugönül, Paris 2001

H. Tadmor, Philistia under Assyrian Rule, in: The Biblical Archaeologist XXIX, 1963

P. Taracha, Is Tuthaliya's Sword Really Aegean?, in: Hittite Studies in Honor of Harry A. Hoffner, Jr., ed. G. Beckmann, R. Beal und G. McMahon, Winona Lake 2003

O. Tekin, River Gods in Cilicia in the Light of Numismatic Evidence, in: La Cilicie: Espace et Pouvoirs Locaux, ed. E. Jean, A. M. Dincol und S. Durugönül, Paris 2001

R. Tekoglu und A. Lemaire, La bilingue royale louvito-phénicienne de Cineköy, in: CRAIBL 2000

K. van der Toorn, Scribal Culture and the Making of the Hebrew Bible, Cambridge MA 2007

K. Trampedach, Tempel und Großmacht: Olba in Hellenistischer Zeit, in: La Cilicie: Espace et Pouvoirs Locaux, ed. E. Jean, A. M. Dincol und S. Durugönül, Paris 2001

M. C. Trémouille, Kizzuwatna, terre de frontière, in: La Cilicie: Espace et Pouvoirs Locaux, ed. E. Jean, A. M. Dincol und S. Durugönül, Paris 2001

D. Ulansey, The origins of Mithraic Mysteries: Cosmology and Salvation in the Ancient World, Oxford 1991

Ch. Ulf, Griechische Ethnogenese versus Wanderungen von Stämmen und Stammstaaten, in: Wege zur Genese griechischer Identität, ed. Ch. Ulf, Berlin 1996

Ch. Ulf, Was ist und was will ›Heldenepik‹?, in: Der neue Streit um Troia, ed. Ch. Ulf, München 2003

J. Vanschoonwinkel, Mopsos: légendes et réalité, in: Hethitica X, 1990

P. Vargyas, Marchands Hittites à Ugarit, in: Orientalia Lovaniensia Periodica 16, 1985

E. Visser, Homers Katalog der Schiffe, Stuttgart 1997

V. Sevoroskin, Proto-Languages and Proto-Cultures, Bochum 1990

J. Wagner, Türkei – Die Südküste von Kaunos bis Issos, München 1998

C. Watkins, Observations on the ›Nestors Cup‹ inscription, in: Selected Writings II, Innsbruck 1994

C. Watkins, Homer and Hittite Revisited II, in: Recent Developments in Hittite Archaeology and History, ed. K. A. Yener und H. Hoffne, Jr., Winona Lake 2002

C. Watkins, Le dragon hittite Illuyankas et le géant grec Typhoeus, in: Comptes Rendus de l'Académie des Inscriptions et Belles Lettres, Paris 1992

B. Watson-Treumann, Beyond the Cedars of Lebanon, Phoenician Timber Merchants and Trees from the ›Black Mountain‹, in: Die Welt des Orients 31, 2000/2001

H. van Wees, The homeric way of war: The Iliad and the hoplite phalanx, in: Greece and Rome 41, 1994

M. L. West, The Rise of the Greek Epic, in: Journal of Hellenic Studies 58, 1988

M. L. West, The Date of the Iliad, in: Museum Helveticum 52, 1995

M. L. West, The East Face of Helicon, West Asiatic Elements in Greek Poetry and Myth, Oxford 1997

M. L. West, The Invention of Homer, in: Classical Quarterly 49.2, 1999

M. L. West, Geschichte des Textes, in: Homers *Ilias* – Gesamtkommentar, Prolegomena, ed. J. Latacz, München 2000

M. L. West, Studies in the Text and Transmission of the Iliad, München 2001

M. L. West, Iliad and Aethiopis, in: Classical Quarterly 53.1, 2003 a

M. L. West, Greek Epic Fragments, London 2003 b

M. L. West, Geschichte und Vorgeschichte: Die Sage von Troia, in: Studia Troica 14, 2004 a

M. L. West, ›West on Rengakos and Nagy‹, in: Bryn Mawr Classical Review 4, 2004 b

J. Whitley, Early States and Hero Cults: A Re-Appraisal, in: Journal of Hellenic Studies 58, 1988

G. Wilhelm, Grundzüge der Geschichte und Kultur der Hurriter, Darmstadt 1982

I. J. Winter, On the Problems of Karatepe: The Reliefs and their Context, in: Anatolian Studies 29, 1979

E. Wirbelauer, Der Schild des Achilleus, in: Vergangenheit und Lebenswelt, ed. H. J. Gehrke und A. Möller, Tübingen 1996

A. M. Wittke, Musker und Phryger, Ein Beitrag zur Geschichte Anatoliens vom 12. bis zum 7. Jahrhundert (Beihefte zum Tübinger Atlas des Vorderen Orients), Wiesbaden 2004

A. Yassur-Landau, The Mother(s) of all Philistines? Aegean enthroned Deities of the 12th–11th Century Philistia, in: Potnia – Deities and Religion in the Aegean Bronze Age, ed. R. Laffineur und R. Hägg, Liège 2001

R. Yagci, The Importance of Soli in the Archaeology of Cilicia in the Second Millenium B.C., in: La Cilicie: Espace et Pouvoirs Locaux, ed. E. Jean, A. M. Dincol und S. Durugönül, Paris 2001

J. Yakar, La Cilicie: The Socio-Economic Organization of the Rural Sector in Kizzuwatna – An Archaeological Assessment; in: La Cilicie: Espace et Pouvoirs Locaux, ed. E. Jean, A. M. Dincol und S. Durugönül, Paris 2001

J. Yakar, Pouvoirs locaux à l'époque hittite, in: La Cilicie: Espace et Pouvoirs Locaux, ed. E. Jean, A. M. Dincol und S. Durugönül, Paris 2001

K. A. Yener, Bronze Age Source of Tin Found in Turkey?, in: Biblical Archaeological Review 20.3, 1994

K. A. Yener, Early Bronze Age Tin Processing at Goltepe and Kestel, Turkey, in: Civilizations of the Ancient Near East, ed. J.M. Sasson, Massachusetts 1995

L. Zgusta, Anatolische Personennamensippen, Prag 1964

L. Zgusta, Neue Beiträge zur Kleinasiatischen Anthroponymie, Prag 1970

Albenda, Pauline: ›The Palace of Sargon King of Assyria – Le Palais de Sargon d'Assyrie. Monumental Wall Reliefs at Dur-Sharrukin, from Original Drawings Made at the Time of Their Discovery in 1843–1844 by Botta and Flandin‹, ins Französische übertragen von Annie Caubet, Paris 1985, Culturesfrance © ADPF-ERC, Ministère des Affairs étrangères, Paris:
S. 385, Abb. 57 — S. 397, Abb. 71 — S. 404, Abb. 78

Jas, Remko: ›Neo-Assyrian Judicial Procedures‹, State Archives of Assyria Studies, Volume V, Helsinki 1996, Titelbild: The Assyrian Royal Seal emblem, gezeichnet von © Dominique Collon nach einem Abdruck aus dem 7. Jhd. v.Chr. (BM 84672 und 84677) im British Museum:
S. 348, Abb. 10

Hild, Friedrich; Hellenkemper, Hansgerd: ›Kilikien und Isaurien‹, 2. Teil, Tabula Imperii Byzantini, Band 5, Denkschriften der philosophisch-historischen Klasse, 215. Band, Wien 1990, © Österreichische Akademie der Wissenschaften:
S. 346, Abb. 6 — S. 347, Abb. 7 — S. 382, Abb. 52 — S. 393, Abb. 66 und 67 — S. 406, Abb. 81 — S. 407, Abb. 82 — S. 411, Abb. 89

Hild, Friedrich; Hellenkemper, Hansgerd: ›Neue Forschungen aus Kilikien‹, Veröffentlichungen der Kommission für die Tabula Imperii Byzantini, Band 4, Denkschriften der philosophisch-historischen Klasse, 186. Band, Wien 1986, © Österreichische Akademie der Wissenschaften:
S. 343, Abb. 2 — S. 412, Abb. 91

Cambel, Halet; Özyar, Aslı: ›Kartepe – Aslantaş. Azatiwataya. Die Bildwerke‹, Mainz 2003, © DAI Zentrale, Berlin:
S. 215 — S. 217 — S. 219 — S. 356, Abb. 20 — S. 356, Abb. 21 — S. 357, Abb. 22 — S. 358, Abb. 23 — S. 360, Abb. 25 — S. 361, Abb. 26 (links) — S. 361, Abb. 27 (rechts) — S. 362, Abb. 28 — S. 363, Abb. 29 — S. 364, Abb. 30 — S. 365, Abb. 31 — S. 368, Abb. 34 — S. 369, Abb. 35 — S. 370, Abb. 36 — S. 371, Abb. 37 — S. 372, Abb. 38 — S. 373, Abb. 39 — S. 376, Abb. 43 — S. 376, Abb. 44 — S. 377, Abb. 45 — S. 377, Abb. 46 — S. 402, Abb. 76 und 77

Barnett, R.D.; Bleibtreu, Erika; Turner, Geoffrey: ›Sculptures from the Southwest Palace of Sennacherib at Ninevh‹, London 1988, © 1988 The Trustees of the British Museum:
S. 349, Abb. 11 — S. 380, Abb. 50 — S. 381, Abb. 51 — S. 383, Abb. 54 — S. 383, Abb. 55 — S. 384, Abb. 56 — S. 386/387, Abb. 58 — S. 386, Abb. 59 — S. 388/389, Abb. 60 — S. 390, Abb. 61 — S. 391, Abb. 62 — S. 390, Abb. 63 — S. 392, Abb. 64, 65 — S. 394, Abb. 68 — S. 395, Abb. 69 — S. 396, Abb. 70 — S. 398, Abb. 72 — S. 399, Abb. 73 — S. 400, Abb. 74 — S. 400, Abb. 75 — S. 405, Abb. 79

Barnett, R.D.: ›Illustrations of Old Testament History‹, London 1982, © 1977 The Trustees of the British Museum:
S. 345, Abb. 4

Barnett, R.D.: ›Assyrische Skulpturen im British Museum‹, Recklinghausen 1975, © Amleto Lorenzini/The Trustees of the British Museum:
S. 348, Abb. 9 — S. 366/367, Abb. 32 und 33 — S. 408, Abb. 84

Fotos © Raoul Schrott:
S. 343, Abb. 1 — S. 344, Abb. 3 — S. 346, Abb. 5 — S. 347, Abb. 8 — S. 350, Abb. 12 — S. 351, Abb. 13 — S. 352, Abb. 14 und 15 — S. 353, Abb. 16 und 17 — S. 354, Abb 18 — S. 355, Abb. 19 — S. 359, Abb. 24 — S. 374, Abb. 40 — S. 375, Abb. 41 und 42 — S. 378, Abb. 47 und 48 — S. 379, Abb. 49 — S. 382, Abb. 53 — S. 407, Abb. 83 — S. 409, Abb. 85 und 86 — S. 410, Abb. 87 und 88 — S. 412, Abb. 90 — S. 413, Abb. 92

VERZEICHNIS DER KARTEN

S. 9/10, das östliche Mittelmeer im 2. Jahrtausend — S 215/216 und 219/220, Karatepe und Umgebung — S. 226/227, das assyrische Reich im 7. Jahrhundert — S. 428–431, Kilikien

S. 428–431: Das Rauhe und das Ebene Kilikien.

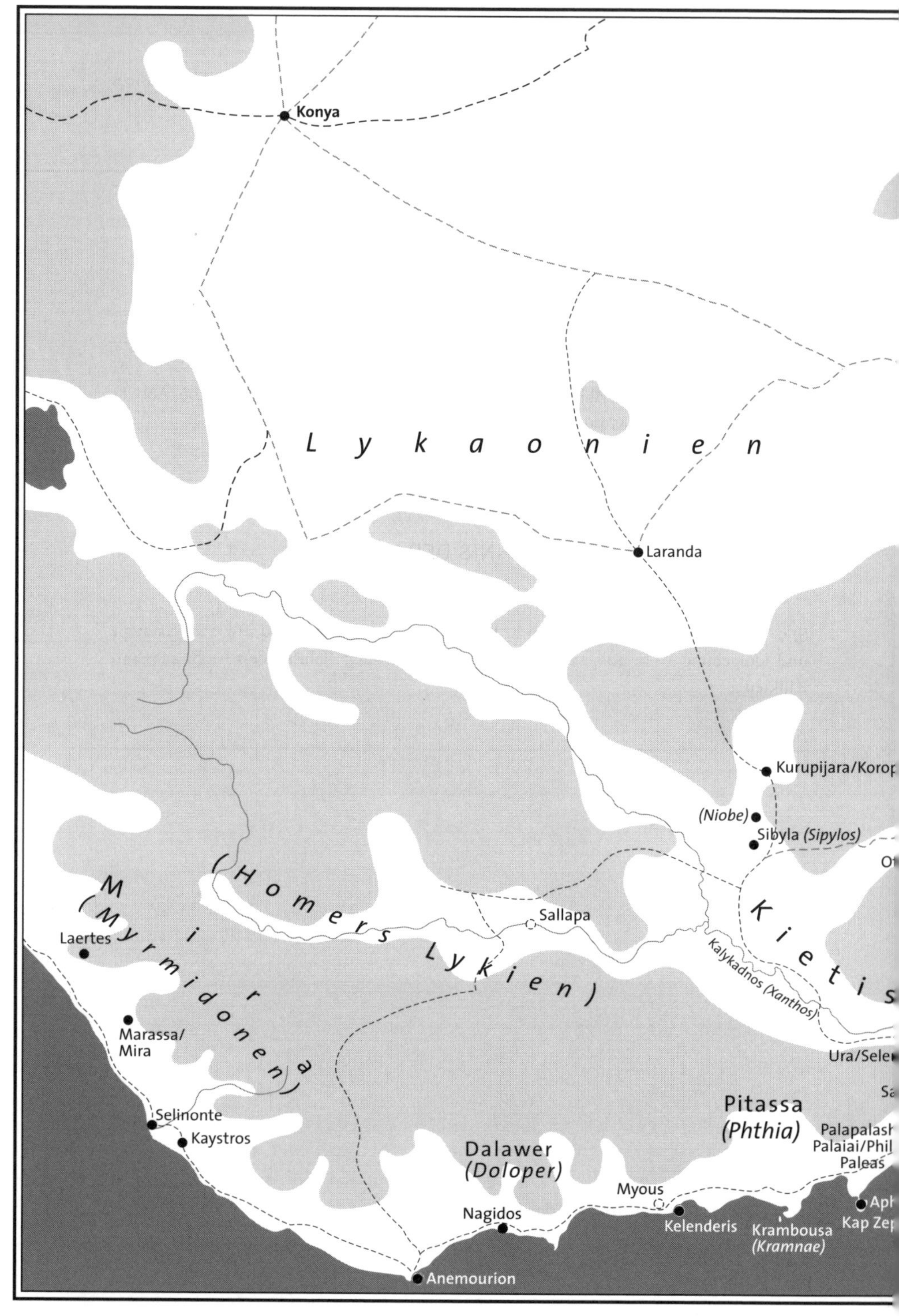

Konya
Laranda
Lykaonien
Kurupijara/Korop
(Niobe)
Sibyla (Sipylos)
Kietis
O
Kalykadnos (Xanthos)
Sallapa
(Homers Lykien)
Mira
(Myrmidonen)
Laertes
Marassa/
Mira
Selinonte
Kaystros
Dalawer
(Doloper)
Pitassa
(Phthia)
Palapalash
Palaiai/Phil
Paleas
Ura/Sele
Sa
Myous
Nagidos
Kelenderis
Krambousa
(Kramnae)
Aph
Kap Zep
Anemourion

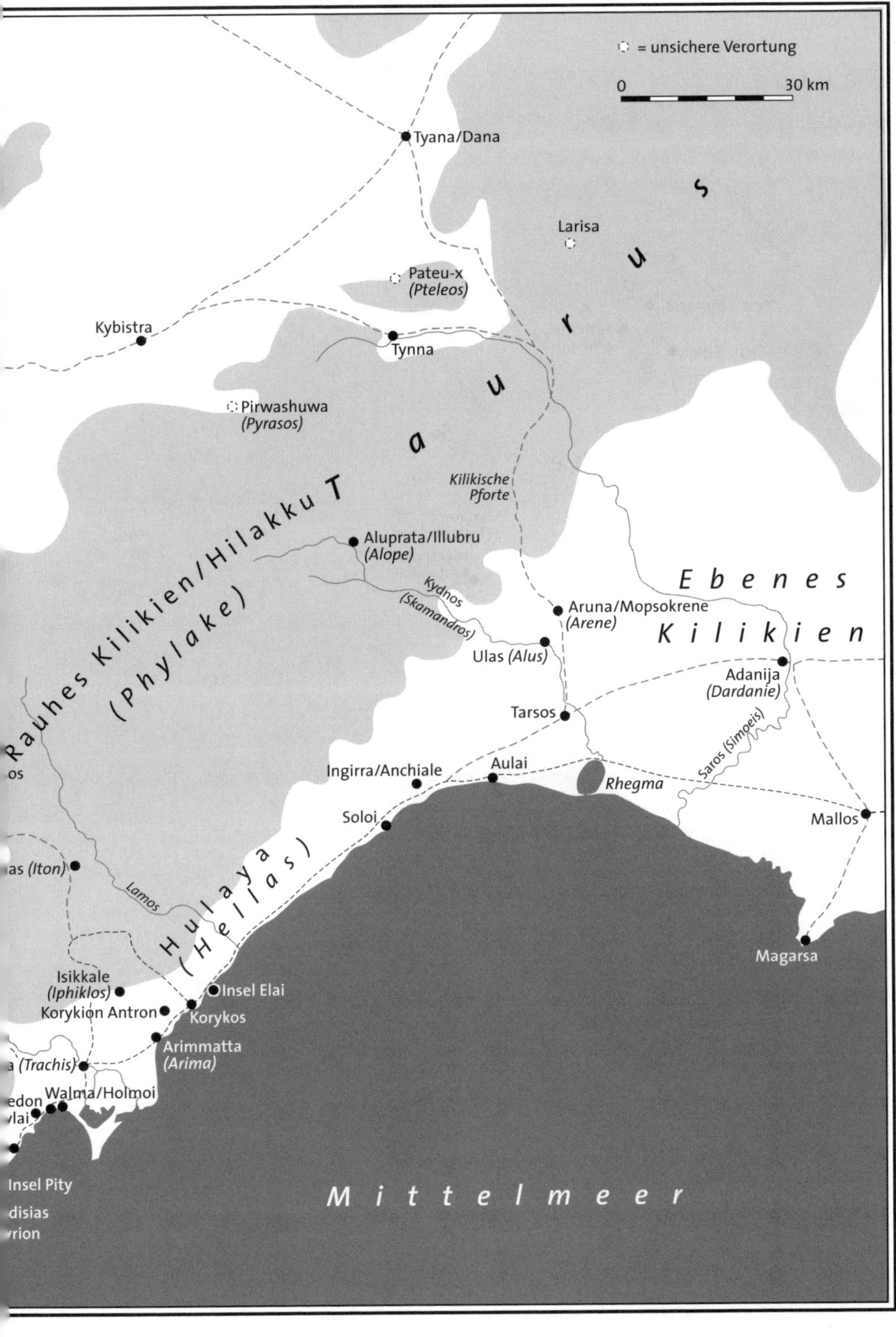
= unsichere Verortung
0 30 km
Tyana/Dana
Larisa
Pateu-x (Pteleos)
Kybistra
Tynna
Pirwashuwa (Pyrasos)
Taurus
Kilikische Pforte
Rauhes Kilikien/Hilakku T (Phylake)
Aluprata/Illubru (Alope)
Kydnos (Skamandros)
Ebenes Kilikien
Aruna/Mopsokrene (Arene)
Ulas (Alus)
Adanija (Dardanie)
Tarsos
Saros (Simoeis)
Ingirra/Anchiale
Aulai
Rhegma
Soloi
Mallos
...as (Iton)
Lamos
Hulaya (Hellas)
Magarsa
Isikkale (Iphiklos)
Korykion Antron
Insel Elai
Korykos
Arimmatta (Arima)
a (Trachis)
...edon
Walma/Holmoi
...lai
Insel Pity
...disias
...rion
Mittelmeer

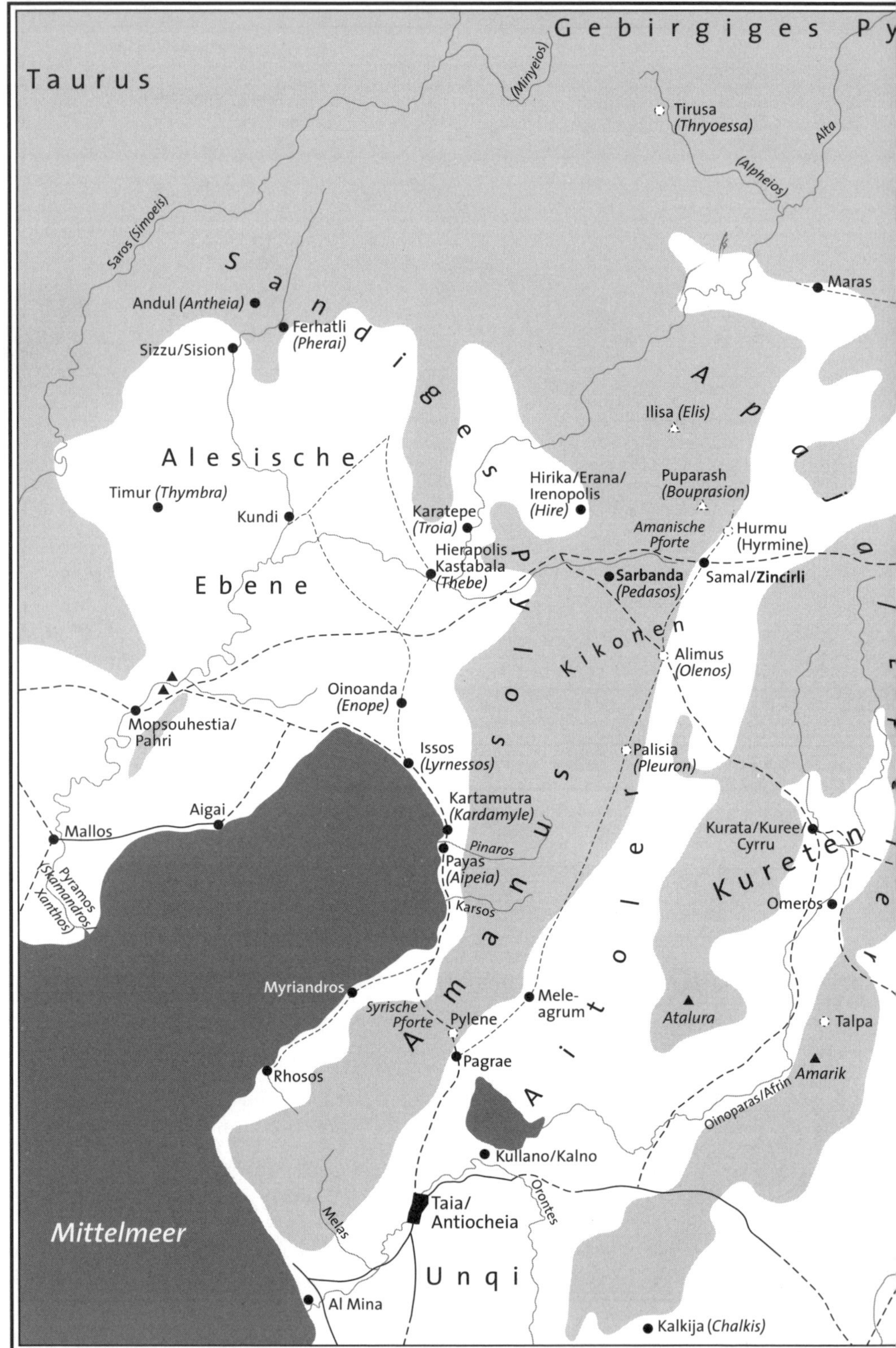

Taurus
Gebirgiges Py
Mittelmeer
Sandiges
Alesische
Ebene
Solymos
Kikonen
Apaja
Amanusgebirge
Aitoler
Kureten
Unqi
Saros (Simoeis)
(Minyeios)
Alta
(Alpheios)
Tirusa (Thryoessa)
Maras
Andul (Antheia)
Ferhatli (Pherai)
Sizzu/Sision
Ilisa (Elis)
Timur (Thymbra)
Kundi
Hirika/Erana/ Irenopolis (Hire)
Puparash (Bouprasion)
Karatepe (Troia)
Amanische Pforte
Hurmu (Hyrmine)
Hierapolis Kastabala (Thebe)
Sarbanda (Pedasos)
Samal/Zincirli
Alimus (Olenos)
Oinoanda (Enope)
Mopsouhestia/ Pahri
Palisia (Pleuron)
Issos (Lyrnessos)
Kartamutra (Kardamyle)
Aigai
Kurata/Kuree/ Cyrru
Mallos
Pinaros
Payas (Aipeia)
Pyramos (Skamandros) (Xanthos)
Karsos
Omeros
Atalura
Myriandros
Mele- agrum
Talpa
Syrische Pforte
Pylene
Amarik
Rhosos
Pagrae
Oinoparas/Afrin
Kullano/Kalno
Melas
Orontes
Taia/ Antiocheia
Al Mina
Kalkija (Chalkis)